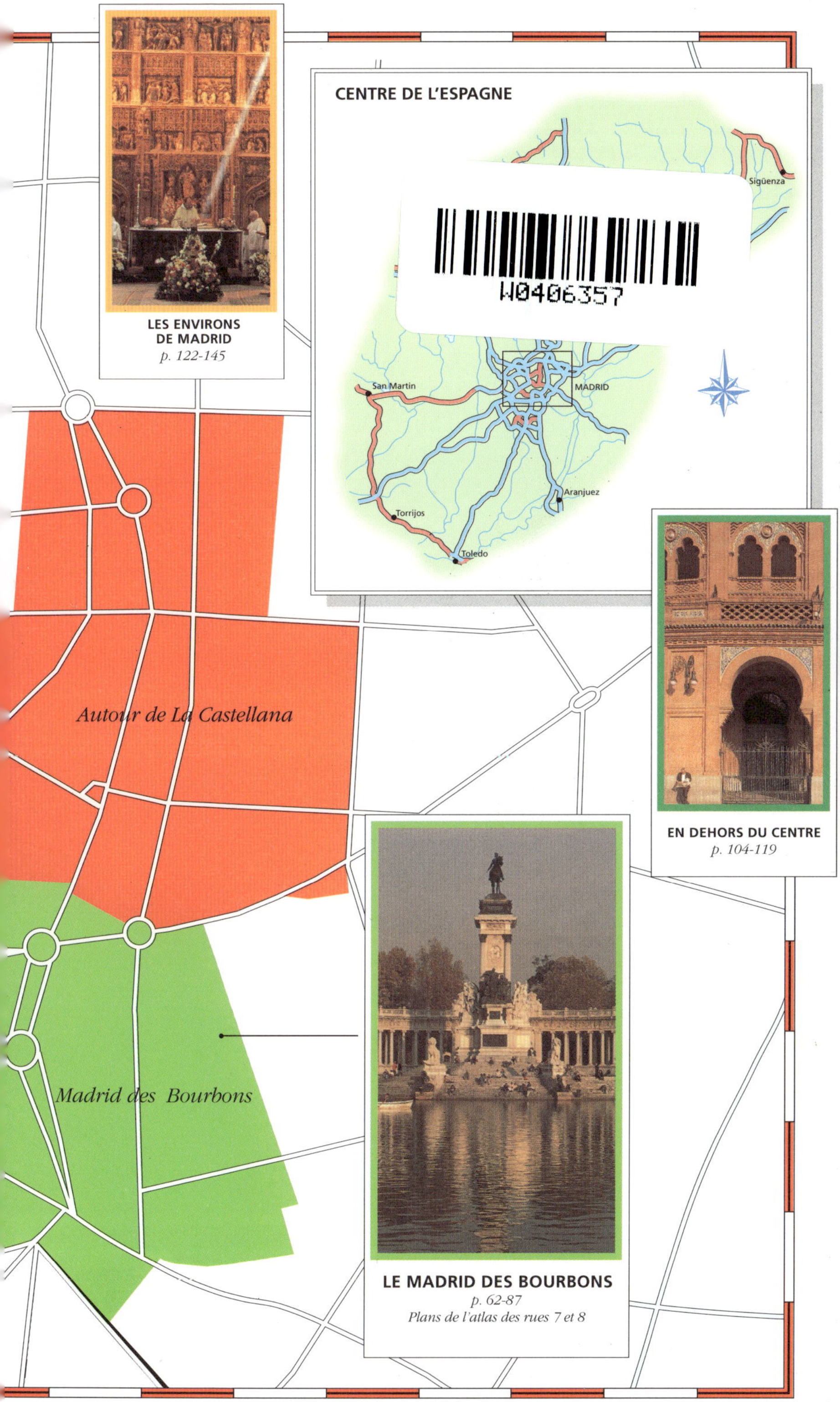

LES ENVIRONS DE MADRID
p. 122-145
CENTRE DE L'ESPAGNE
Sigüenza
San Martin
MADRID
Aranjuez
Torrijos
Toledo
EN DEHORS DU CENTRE
p. 104-119
Autour de La Castellana
Madrid des Bourbons
LE MADRID DES BOURBONS
p. 62-87
Plans de l'atlas des rues 7 et 8

GUIDES VOIR

MADRID

GUIDES VOIR

MADRID

HACHETTE

HACHETTE

HACHETTE TOURISME
43, quai de Grenelle, 75905 Paris Cedex 15

DIRECTION
Nathalie Pujo

RESPONSABLE DE COLLECTION
Catherine Laussucq

ÉDITION
Jennifer Joly

TRADUIT ET ADAPTÉ DE L'ANGLAIS PAR
Dominique Brotot,
avec la collaboration de Anthony Moinet
et de Safia Aït Si Ahmed

MISE EN PAGES (PAO)
Anne-Marie Le Fur

CE GUIDE VOIR A ÉTÉ ÉTABLI PAR
Adam Hopkins, Mark Little et Edward Owen

DK

Publié pour la première fois en Grande-Bretagne en 1999,
sous le titre : *Eyewitness Travel Guide : Madrid*

IMPRIMÉ ET RELIÉ EN CHINE PAR SOUTH CHINA PRINTING COMPANY LTD

DÉPÔT LÉGAL : 75422, janvier 2007
ISBN : 2-01-240623-8
ISSN : 1246-8134
COLLECTION 32 - ÉDITION 01
N° DE CODIFICATION : 24-0623-9

Aussi soigneusement qu'il ait été établi, ce guide
n'est pas à l'abri des changements de dernière heure.
Faites-nous part de vos remarques, informez-nous
de vos découvertes personnelles : nous accordons
la plus grande attention au courrier de nos lecteurs.

SOMMAIRE

Dôme de l'Edificio Metrópolis et sa Victoire ailée *(p. 74)*

PRÉSENTATION DE MADRID

Castizos* participant aux Fiestas de San Isidro *(p. 34)

MADRID QUARTIER PAR QUARTIER

Salle à manger de El Sobrino de Botín *(p. 30)*

San Esteban, église du XIIIe siècle de Ségovie *(p. 132)*

LES BONNES ADRESSES

RENSEIGNEMENTS PRATIQUES

Chorizo

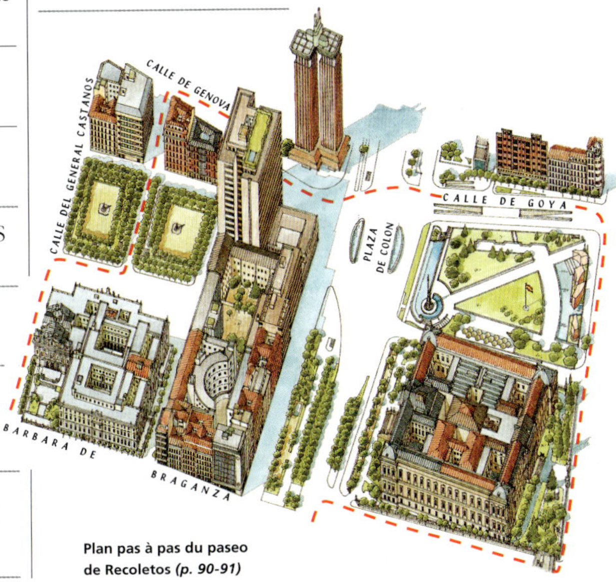

Plan pas à pas du paseo de Recoletos *(p. 90-91)*

LA CASA
LA CASA
Gambas a la Plancha
ración 560 pts.
VINO
'EL ABUELO'
Chato 145 pts.
Gambas al Ajillo
ración 695 pts.
Langostinos Plancha
ración 750 pts.

PRÉSENTATION DE MADRID

QUATRE ITINÉRAIRES D'UNE JOURNÉE

Bien que la superficie de Madrid ait quadruplé au cours des 50 dernières années, les principales attractions de la ville restent concentrées dans le centre historique. Les trois premiers itinéraires peuvent être parcourus à pied.

Broche d'une boutique madrilène

Pour la journée en famille, il faudra emprunter les moyens de transport (les taxis sont nombreux et bon marché). La plupart des lieux mentionnés ici sont présentés en détail plus loin dans le guide. Les prix incluent les frais de transport, de repas et de billets d'entrée.

Palmiers du Real Jardín Botánico

ART ET HISTOIRE

- **Les trésors du Prado**
- **Un moment de détente dans le Real Jardín Botánico**
- **Picasso au Centro de Arte Reina Sofía**
- **Cocktail à l'hôtel Westin Palace**

DEUX ADULTES compter 45 euros minimum

Le matin
Commencez par le **museo Thyssen-Bornemisza** *(p. 72-77)* pour découvrir la plus importante collection d'œuvres d'art privée du monde. Le musée possède aussi une excellente librairie. Rendez-vous ensuite au **museo del Prado** *(p. 78-79)*. Bien que ce dernier soit de dimension relativement modeste, il est conseillé de se doter d'un plan du musée afin de ne rien manquer. Parmi les nombreux chef-d'œuvres de l'art espagnol qu'il abrite, vous verrez, entre autres, des tableaux du Greco et de Goya. Vous pourrez déjeuner dans le café qui se trouve à côté de la sortie et qui donne sur le **Real Jardín Botánico** *(p. 82)*, un oasis de fraîcheur en plein cœur de Madrid.

L'après-midi
Visitez le musée d'art moderne du **Centro de Arte Reina Sofía,** où est exposé le *Guernica* de Picasso, puis rebroussez chemin pour aller prendre un cocktail à l'hôtel **Westin Palace** *(p. 71)*.

Centro de Arte Reina Sofía

LE VIEUX MADRID

- **Trésors artistiques et monastères**
- ***Tapas* sur la plaza de Oriente**
- **Le majestueux Palacio Real**
- **La Cava Baja**

DEUX ADULTES compter 45 euros minimum

Le matin
Commencez votre balade par le **monasterio de las Descalzas Reales** *(p. 52)*, où vous découvrirez les trésors accumulés par la reine Juana, l'épouse de Philippe II, puis allez visiter le **monasterio de la Encarnación** *(p. 53)*, construit à la demande de l'épouse de Philippe III, Marguerite d'Autriche. Rejoignez ensuite la **plaza de Oriente** *(p. 58)* pour déguster des *tapas* à la Taberna de Alabardero (Felipe V 4) ou au **Café de Oriente** *(p. 169)*.

L'après-midi
Traversez la plaza de Oriente et pénétrez dans le **Palacio Real** *(p. 54-57)*, pour visiter notamment, la salle d'armes.

Fresques allégoriques de la Casa de la Panadería, Plaza Mayor

Boutiques élégantes de la calle Serrano

Dirigez-vous ensuite vers la **Plaza Mayor** *(p. 44)*. Après avoir servi de cadre aux procès de l'Inquisition, cette place a longtemps accueilli des courses de taureaux. Aujourd'hui, la Plaza Mayor est un véritable havre de paix. Ne manquez pas les fresques de la Casa de la Panadería, à côté, ni la Casa Botín (Cuchilleros 17), qui serait le plus vieux restaurant du monde. De l'autre côté de la **Cava Baja,** sur la droite, se trouve le quartier ancien.

SHOPPING ET BOUTIQUES DE MODE

- **Hôtels particuliers du XIXe siècle**
- **Boutiques de luxe**
- **Déjeuner dans un bar à vin**
- **Un peu d'archéologie**

DEUX ADULTES compter 45 euros minimum

Le matin

Avant de commencer votre journée de shopping, offrez-vous un voyage dans le temps : découvrez comment s'habillaient les Madrilènes élégants au XIXe siècle, en visitant les demeures du peintre **Joaquín Sorolla** *(p. 100)* et du collectionneur **Lázaro Galdiano** *(p. 98-99)*, qui ont été transformées en musées. Puis profitez de la proximité de José Luis, un bar à *tapas* chic de la calle Serrano, pour prendre une collation. Descendez cette rue pour faire vos emplettes, au centre commercial ABC (sur la droite) ou au Multicentro (sur la gauche). À quelques pâtés de maisons de là, O'Caldino (Lagasca 74) est un bar à *tapas* galicien traditionnel très à la mode, apprécié pour son atmosphère détendue.

L'après-midi

Le quartier délimité par les rues Lagasca, Serrano et Goya abrite de nombreuses boutiques de mode haut de gamme, ainsi que deux grands magasins de la chaîne **El Corte Inglés** *(p. 173)*. On trouve aussi de beaux magasins dans le prolongement de la calle Serrano, sur la **plaza de Colón** *(p. 96)* et en face du **Museo Arqueológico Nacional** *(p. 96)*, qui contient de véritables trésors. Pour finir en beauté, allez dîner au restaurant Mallorca (calle Serrano 6).

UNE JOURNÉE EN FAMILLE

- **Stade du Real Madrid**
- **Dinosaures du museo de Ciencias Naturales**
- **Déjeuner dans le parc**
- **Science et technologie interactive**

FAMILLE (4 PERS.) compter 175 euros minimum

Le matin

Rendez-vous à l'**Estadio Santiago Bernabeú** du Real Madrid (ouv. t.l.j. 10 h 30-18 h 30), sur le paseo de la Castellana *(p. 107)*. Ne manquez pas la salle des Trophées ni la boutique du club. Puis, allez visiter le **museo de Ciencias Naturales** *(p. 107)*, où vous verrez un impressionnant squelette de dinosaure. Prenez un taxi jusqu'à la calle Alfonso XII pour visiter l'**Observatorio Astronómico** *(p. 82)*, qui possède un large pendule de Foucault et une collection de télescopes (ferm. à 14 h).

L'après-midi

Déjeunez dans l'un des cafés qui bordent le lac du **Parque del Retiro** *(p. 77)*, dont vous pourrez faire le tour en barque (location). Vous pouvez aussi déjeuner dans le wagon-restaurant des années 1930 du **museo del Ferrocarril** *(p. 110)*, dans la gare de Delicias, où sont exposés des locomotives anciennes et des trains miniatures.

Squelette de dinosaure, museo de Ciencias Naturales

L'Espagne dans son environnement

À l'extrême sud-ouest de l'Union européenne, dont elle est le deuxième pays par la superficie, l'Espagne occupe la majeure partie de la péninsule Ibérique et comprend les archipels des Baléares en Méditerranée et des Canaries en Atlantique, ainsi que deux petits territoires en Afrique du Nord. Sa capitale, Madrid, se trouve au centre géographique du pays et à 650 m d'altitude.

La péninsule Ibérique vue de l'espace

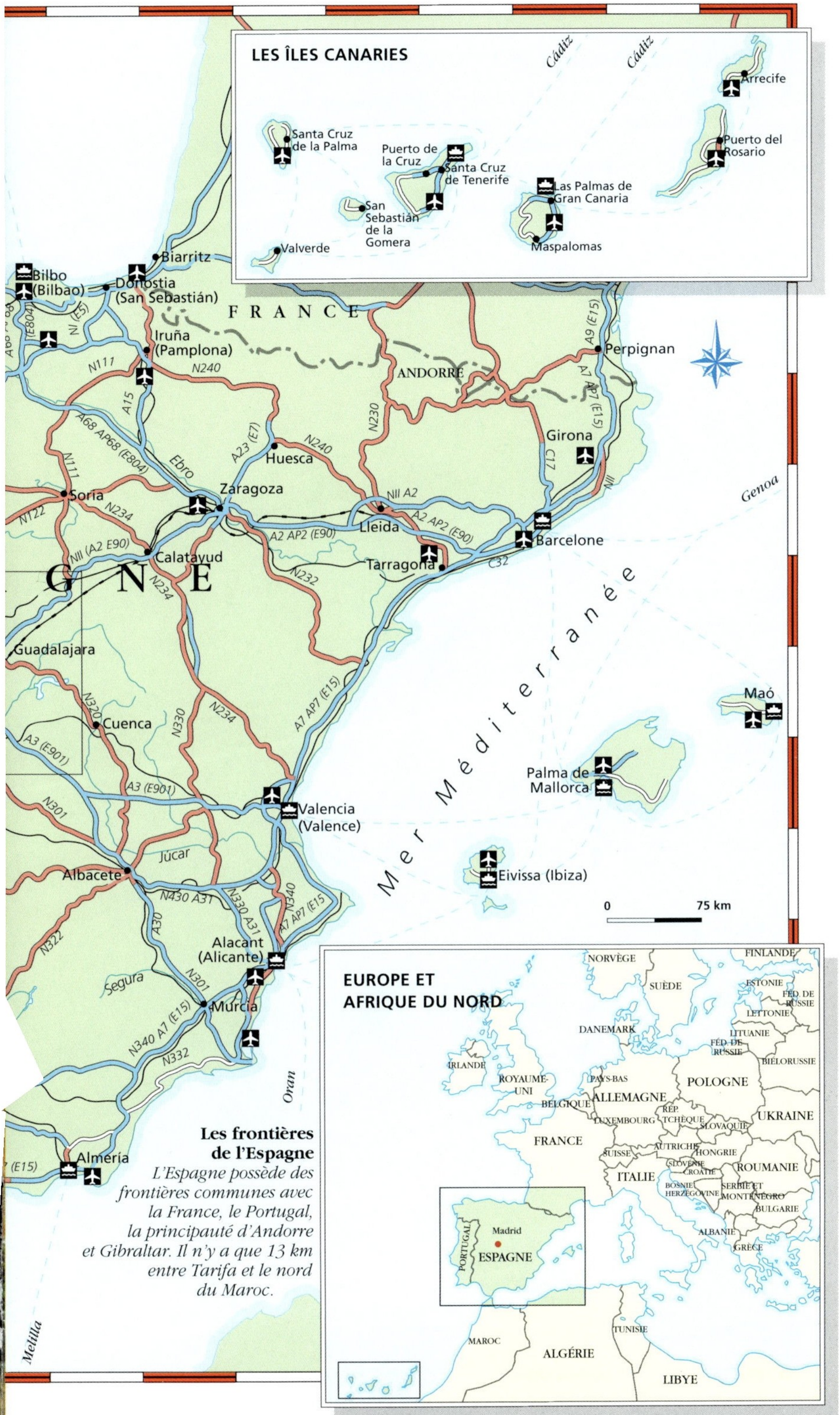

Les frontières de l'Espagne

L'Espagne possède des frontières communes avec la France, le Portugal, la principauté d'Andorre et Gibraltar. Il n'y a que 13 km entre Tarifa et le nord du Maroc.

Madrid dans son environnement

Avec plus de trois millions d'habitants, Madrid est la ville la plus peuplée d'Espagne. Sa province, la Comunidad de Madrid, entourée par les provinces de Guadalajara, Cuenca, Tolède, Ávila et Ségovie, occupe le cœur du plateau central ibérique : la *meseta*.

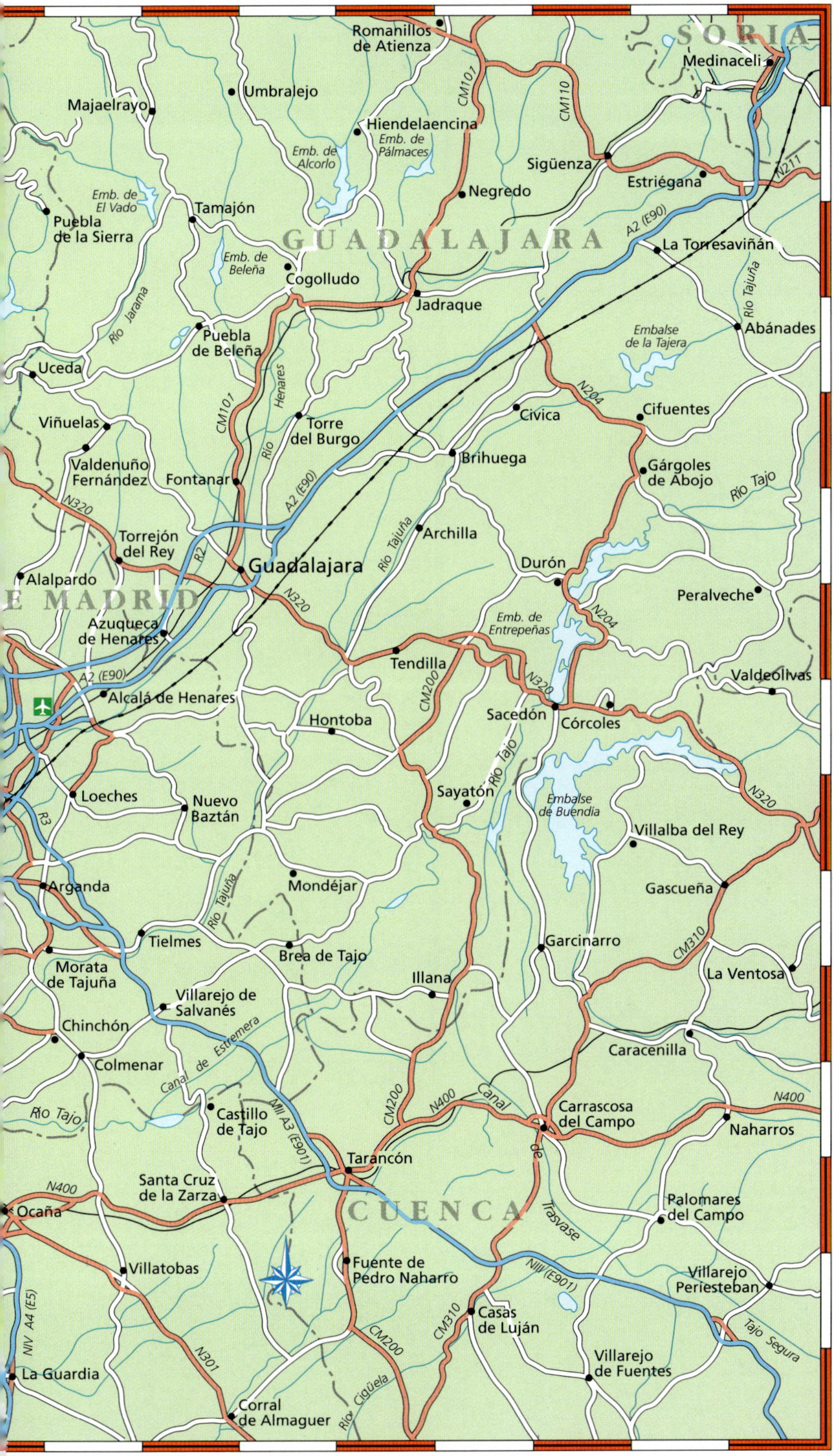

SORIA
Romanillos de Atienza
Medinaceli
Umbralejo
Majaelrayo
Hiendelaencina
Emb. de Pálmaces
Emb. de Alcorlo
CM101
CM110
Sigüenza
Estriégana
N211
Negredo
Emb. de El Vado
Puebla de la Sierra
Tamajón
GUADALAJARA
A2 (E90)
La Torresaviñán
Emb. de Beleña
Cogolludo
Jadraque
Río Tajuña
Abánades
Río Jarama
Puebla de Beleña
Embalse de la Tajera
Uceda
Río Henares
N204
Cifuentes
Viñuelas
Torre del Burgo
Civica
Brihuega
Valdenuño Fernández
Fontanar
Gárgoles de Abajo
Río Tajo
N320
Torrejón del Rey
Archilla
Río Tajuña
R2
Guadalajara
Durón
Alalpardo
MADRID
Peralveche
Azuqueca de Henares
Emb. de Entrepeñas
Tendilla
Valdeolivas
A2 (E90)
CM200
N320
Alcalá de Henares
Sacedón
Córcoles
Hontoba
Río Tajo
N320
Loeches
Nuevo Baztán
Sayatón
Embalse de Buendía
R3
Villalba del Rey
Arganda
Mondéjar
Gascueña
Río Tajuña
Tielmes
Brea de Tajo
Garcinarro
CM310
Morata de Tajuña
Illana
La Ventosa
Villarejo de Salvanés
Chinchón
Canal de Estremera
Caracenilla
Colmenar
Río Tajo
Castillo de Tajo
CM200
N400
Canal de Trasvase
Carrascosa del Campo
N400
Naharros
MIII A3 (E901)
N400
Santa Cruz de la Zarza
Tarancón
Ocaña
CUENCA
Palomares del Campo
Villatobas
Fuente de Pedro Naharro
NIII (E901)
Villarejo Periesteban
NIV A4 (E5)
CM310
Casas de Luján
Tajo Segura
N301
CM200
Villarejo de Fuentes
La Guardia
Corral de Almaguer
Río Cigüela

HISTOIRE DE MADRID

Si des vestiges archéologiques indiquent que l'homme habita la région dès l'âge de la pierre, l'histoire de Madrid ne commence qu'en 852 après J.-C. avec la construction par les Maures d'une forteresse sur le río Manzanares. La petite communauté qui se développa autour est devenue la capitale d'un pays qui compte des cités bien plus anciennes, telle Cadix fondée plus de deux mille ans plus tôt.

Au début du VIIIe siècle, une armée d'Arabes et de Berbères, venue d'Afrique du Nord, débarque à Gibraltar et conquiert en quelques années la majeure partie de la péninsule Ibérique. Ces « Maures » établissent un émirat indépendant à Cordoue et, en 852, pendant le règne de Mohammed Ier, bâtissent sur le site de l'actuel palais royal de Madrid une forteresse (alcazar) protégeant l'approche par le nord de la ville la plus importante de la région, Tolède, dont les Wisigoths ont fait une capitale au VIe siècle. Une petite communauté appelée Mayrit, nom qui évoluera en Magerit puis Madrid, grandit autour de la forteresse.

Casque de guerrier maure

LA CONQUÊTE CHRÉTIENNE

Timidement au début, puis avec une détermination grandissante, les chrétiens du nord entreprennent depuis la Navarre, la Castille et l'Aragon la Reconquête des territoires contrôlés par les musulmans. Au XIe siècle, le royaume de Castille qui s'étend jusqu'à la chaîne montagneuse de la Cordillera, visible de Mayrit, s'affirme comme la principale puissance chrétienne. Les Castillans conduits par Alphonse VI investissent la forteresse en 1083 car elle se dresse sur le chemin de Tolède, ville qu'ils prendront deux ans plus tard. Selon une légende, ils n'auraient assiégé Mayrit que parce qu'ils avaient confondu ses remparts avec ceux de Tolède.

La ville retombe ensuite dans une torpeur rurale, malgré les privilèges que lui accordent les souverains espagnols. Ceux-ci encouragent aussi la fondation de monastères, et la communauté, qui reste peu peuplée, possède bientôt treize églises. En 1170 meurt saint Isidore (San Isidro Labrador), un laboureur qui deviendra le patron de la ville. On sait peu de choses de lui, hormis le fait qu'il fonda une *cofrádia* (confrérie religieuse) et aurait accompli des miracles.

C'est une querelle survenue au XIIIe siècle à propos des droits de chasse sur les terrains appartenant à l'Église qui donne à Madrid son symbole : un ours (emblème de l'Église) humant un arbousier. Le règlement de la dispute accorde aux Madrilènes des droits sur tout ce qui se trouve au-dessus du sol, c'est-à-dire le gibier.

CHRONOLOGIE

711 Invasion maure de la péninsule

932 Le roi chrétien Ramiro II occupe brièvement Madrid

1109 Les Maures assiègent en vain Madrid

700 av. J.-C. | **800** | **900** | **1000** | **1100** | **1200**

756 Mohammed Ier fonde l'émirat de Cordoue

852 Les Maures fondent Mayrit

Cerf en bronze d'un palais maure

1085 Les Castillans prennent Madrid

1202 Madrid obtient le statut de ville

◁ **Décor mural en céramique représentant saint Isidore aux champs**

Christophe Colomb débarquant aux Amériques à la fin du XVe siècle

TERRAIN DE CHASSE ROYAL

Madrid a la réputation d'être un paradis pour la chasse, et la région attire l'attention des membres de la famille royale de Castille. Au XVe siècle, la ville séduit en particulier Henri IV l'Impuissant, réputé pour sa laideur, son incompétence politique et sa perversion morale. Il a pour épouse Jeanne de Portugal, dont la fille, qui se prénomme aussi Jeanne, a reçu le surnom de la Beltraneja, d'après le nom de l'amant de la reine, Beltrán de la Cueva, parce que personne ne pense que le roi en est le père. Henri IV la désavoue d'ailleurs au profit de sa demi-sœur Isabelle, ce qui déclenche une guerre dynastique à sa mort pendant l'année 1474.

Ferdinand d'Aragon, le Roi Catholique

La noblesse madrilène apporte son soutien à la Beltraneja. Isabelle et son mari, Ferdinand d'Aragon, les « Rois Catholiques », assiègent la cité, la prenant avec la complicité de partisans qu'ils ont à l'intérieur. Leur règne a une influence majeure sur l'histoire espagnole car ils instaurent l'Inquisition, achèvent la Reconquête en prenant Grenade et financent le voyage d'exploration qui conduit Christophe Colomb jusqu'au Nouveau Monde.

À la mort d'Isabelle en 1504, sa fille Jeanne la Folle, épouse de Philippe le Beau, l'archiduc d'Autriche, se révèle incapable de gouverner le royaume de Castille et c'est Ferdinand qui assume la régence jusqu'au couronnement en 1516 de Charles Ier (le futur empereur germanique Charles Quint), le premier des Habsbourg à la tête de l'Espagne. Élevé aux Pays-Bas, celui-ci ne connaît pas le pays à son arrivée en 1517, et le début de son règne est houleux, marqué par plusieurs révoltes. Il exerce le pouvoir pendant quarante ans, mais n'en passe que seize dans la péninsule, menant de nombreuses guerres en Europe, en particulier contre la France, et en Afrique du Nord. Il prend néanmoins le temps d'embellir suffisamment Madrid pour que les grandes familles nobles commencent à y construire des palais. C'est là qu'il retient prisonnier son rival François Ier après la bataille de Pavie (1525). En abdiquant en 1556 pour se retirer dans le couvent de Yuste, il laisse la couronne à celui qui va donner à la cité son véritable essor.

Charles Ier (1516-1556)

CHRONOLOGIE

1300 – 1350 – 1400 – 1450 – 1500

1309 Première réunion des Cortes (parlement) à Madrid

1339 Alphonse XI réunit les Cortes à Madrid

1361 Pogroms dans le quartier juif de Madrid

1434 Madrid subit neuf semaines de pluie, de grêle et d'inondation

1474 Les partisans d'Isabelle assiègent Madrid

1478 Instauration de l'Inquisition

1492 Chute de Grenade ; Christophe Colomb atteint l'Amérique ; expulsion des juifs

1498 Interdiction de laisser les porcs en liberté dans les rues

Membre de la confrérie de la Mort

LE MADRID DES HABSBOURG

Les maîtres du royaume de Castille ont jusqu'à présent parcouru en permanence leur territoire, suivis de leur cour. Le successeur de Charles Ier, son fils Philippe II, décide de donner à l'État une capitale permanente. Il choisit Madrid en 1561. Située au centre géographique de la péninsule, elle offre l'avantage d'être restée suffisamment modeste pour échapper aux réseaux de loyautés et d'intrigues en vigueur dans des villes plus importantes telles que Tolède. Sa population croît en quarante ans de 20 000 habitants à 85 000. Les artisans, cuisiniers, poètes, soldats, voleurs ou parasites qui y affluent alors fournissent au roman picaresque ses personnages truculents.

Philippe V, le premier Bourbon

Contrairement à son père, Philippe II se consacre principalement à l'Espagne qu'il réussit à maintenir au rang de première puissance mondiale, malgré des revers comme la destruction de l'Invincible Armada envoyée contre l'Angleterre. Très croyant, il renforce les pouvoirs de l'Inquisition et fait construire l'austère Escorial. Le pays entre en déclin pendant les règnes de ses successeurs mais connaît en même temps un Siècle d'or artistique et culturel financé par ce que les guerres incessantes laissent des richesses du Nouveau Monde. C'est l'époque où brillent Cervantes, Lope de Vega, Velázquez, Zurbarán et Murillo *(p. 28-29)*. Madrid, dont la population ne cesse de croître, se transforme, avec des réalisations comme la Plaza Mayor *(p. 44)* aménagée sous Philippe III qui, en expulsant les Morisques (Maures christianisés), porte un coup très dur à l'agriculture de la péninsule, ou le palais del Buen Retiro construit par Philippe IV, qui marie sa fille Marie-Thérèse au roi de France Louis XIV.

LE MADRID DES BOURBONS

En 1700, Charles II, le fils de Philippe IV, meurt sans laisser d'héritiers, et il désigne comme successeur Philippe d'Anjou, petit-fils de Louis XIV et de Marie-Thérèse. Inquiets d'une alliance entre la France et l'Espagne, l'Angleterre, l'Autriche et la Hollande, bientôt rejointes par le Portugal, déclenchent la guerre de Succession d'Espagne en soutenant les prétentions de l'archiduc Charles d'Autriche. Au terme de quatorze ans de conflit, Philippe d'Anjou l'emporte et devient le premier roi Bourbon d'Espagne sous le nom de Philippe V. Il perd cependant Gibraltar et le royaume de Naples.

Course de taureaux sur la Plaza Mayor au XVIIIe siècle

1520 Madrid rejoint la révolte des *Comuneros* contre Charles Ier

1550

1561 Philippe II établit la capitale de l'Espagne à Madrid

1563 El Escorial *(p. 122-125)* est entrepris

1588 Échec de l'Invincible Armada

1600 Philippe III déplace la capitale à Valladolid

1600

1605 Publication du *Don Quichotte* de Cervantes

1606 Madrid redevient capitale

1621 Mort de Philippe III, Philippe IV lui succède

1632 Achèvement du palais del Buen Retiro *(p. 77)*

1650

Philippe III

1700

1701 Philippe V, premier roi Bourbon, arrive à Madrid

1734 Un incendie détruit l'alcazar maure

1746 Avènement de Ferdinand VI

Les Bourbons se montrent d'habiles administrateurs, et leurs conseillers français et italiens introduisent des réformes qui ouvrent la voie à une modernisation du pays. Après l'incendie de l'alcazar en 1734, Philippe V ordonne la construction d'un palais inspiré de celui de Versailles où il a grandi. Il meurt avant son achèvement, et l'édifice a pour premier occupant Charles III qui donnera à Madrid, dont la population atteint alors 150 000 habitants, une splendeur jusque-là inégalée. Son zèle urbanistique est tel qu'il reste encore aujourd'hui considéré comme le meilleur « maire » que la ville ait jamais eu. Avec la construction de nombreux bâtiments, le centre de la capitale se déplace de la Plaza Mayor au paseo del Prado.

Charles III

Les Madrilènes n'apprécient toutefois pas toutes les initiatives des conseillers étrangers des Bourbons, d'autant que l'Église encourage les sentiments xénophobes à leur égard. Un incident resté célèbre survient en 1766 quand le marquis de Esquilache interdit le chapeau à large bord et la longue cape traditionnels car ils permettent de dissimuler des armes. Les habitants de la ville croient qu'on veut leur imposer une mode étrangère et provoquent de graves émeutes. Le pouvoir chasse d'Espagne les jésuites qu'il soupçonne de soutenir ces troubles. Charles IV monte sur le trône en 1788. Sous l'influence d'une épouse autoritaire, Marie-Louise de Parme, et de son favori, Manuel Godoy, il amorce le déclin de la monarchie.

MADRID EN ARMES

Rêvant de se tailler un fief au Portugal, Godoy permet en 1807 à Napoléon de traverser l'Espagne avec son armée afin d'attaquer ce pays. L'empereur français profite toutefois de la situation pour occuper finalement toute la péninsule et placer son frère Joseph Bonaparte sur le trône espagnol. Une insurrection populaire éclate à Madrid devant le Palacio Real le 2 mai 1808. La répression féroce exercée par les troupes françaises le lendemain marque le début de la guerre d'Indépendance. Tout le pays se soulève. Des Anglais débarquent au Portugal. Napoléon est obligé d'intervenir en novembre avec sa Grande Armée pour reprendre Madrid et repousser les Britanniques. Les actions de guérilla menées par les

La répression exercée par les Français inspira à Goya *Le 3 Mai 1808* (1814)

CHRONOLOGIE

1750 **1770** **1790** **1810** **1830**

1759 Sacre de Charles III

1763 Création de la Loterie nationale

1764 Achèvement du Palacio Real

1767 Expulsion des jésuites

1769 La Puerta de Alcalá (*p. 66*) est commencée

1788 Mort de Charles III. Charles IV lui succède

1790 Grave incendie de la Plaza Mayor

1805 Nelson écrase la flotte franco-espagnole à Trafalgar

Joseph Bonaparte

1808 Armée française en Espagne ; émeutes à Madrid ; Bonaparte devient roi

1812 Wellington entre dans Madrid

1813 Ferdinand VII devient roi

1820 Coup d'État du général Riego

1835 Saisie des biens de l'Église

Espagnols continuent toutefois, et le duc de Wellington revient en 1810 avec une armée à laquelle se joignent les insurgés. En 1813, Ferdinand VII, le fils de Charles IV, retrouve son trône, mais il dirige désormais un empire ébranlé où les colonies du Nouveau Monde ont profité des nombreux troubles en Europe pour commencer à s'émanciper.

LIBÉRAUX CONTRE CONSERVATEURS

Un siècle de contact étroit avec la France a laissé sa marque en Espagne. Les idées issues de la Révolution ont trouvé un terrain fertile parmi les classes éduquées, et les Cortes réunis à Cadix en 1812 rédigent une Constitution libérale. Ferdinand VII la rejette et règne en monarque absolu jusqu'en 1820 alors que le coup d'État du général Rafael de Riego l'oblige à respecter la Constitution... Jusqu'en 1823 le roi réussit à retrouver un pouvoir sans partage. Cette opposition entre forces conservatrices et progressistes va peser sur l'histoire du pays pendant un siècle et demi.

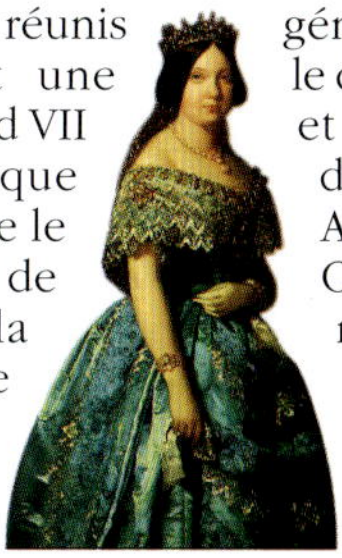

Isabelle II

À la mort de Ferdinand VII, les libéraux se rangent derrière Isabelle II, héritière désignée âgée de trois ans, et la régente Marie-Christine de Bourbon. Les absolutistes soutiennent les prétentions du frère de Ferdinand, don Carlos. Les guerres carlistes que cette opposition déclenche font 140 000 victimes. Malgré les circonstances, Madrid se transforme peu à peu en une capitale moderne où s'affirment les classes moyennes. La démolition des anciens remparts permet l'*Ensanche* (« l'agrandissement »), et d'élégants quartiers résidentiels remplacent des faubourgs populaires surpeuplés.

En 1868, les libéraux s'allient à une partie des forces armées pour imposer l'abdication d'Isabelle II accusée de corruption. Une assemblée élue au suffrage universel promulgue une nouvelle Constitution et le fils du roi d'Italie, Amédée de Savoie, coiffe la couronne en 1871. Mal accueilli par les Madrilènes, il ne parvient pas à apaiser les querelles qui déchirent le pays ; il renonce au trône au bout de deux ans. Les Cortes instaurent la Première République. En seulement onze mois, quatre présidents se succèdent à sa tête et elle subit deux coups d'État. Le général Martínez Campos réussit le deuxième, rétablit la monarchie et confie le pouvoir au fils d'Isabelle II : Alphonse XII. Après l'adoption d'une nouvelle Constitution en 1876, l'Espagne retrouve enfin le calme pendant son règne et pendant la régence exercée jusqu'en 1902 par sa femme, Marie-Christine de Habsbourg-Lorraine. Madrid connaît alors une période de prospérité et de croissance qui culmine avec le percement de la Gran Vía *(p.48)*, inaugurée en 1908.

LA BATAILLE DE MADRID

La Constitution de 1876 instaure une monarchie parlementaire, mais Alphonse XIII se croit tenu de se mêler des affaires politiques... 33 gouvernements se succèdent entre 1902 et 1923. La montée du mouvement anarchiste dans le sud et les ambitions autonomistes de la Catalogne créent de nouvelles tensions, et le général Miguel Primo de Rivera organise en 1923 un coup d'État soutenu par le roi.

1840 Coup d'État du général Espartero

1843 Coup d'État du général Narváez

1850

1850 Inauguration du Parlement et du Teatro Real *(p. 58)*

1868 Le général Prim dépose Isabelle II ; la peseta devient la monnaie espagnole

1870

1873 Première République

1875 Restauration des Bourbons avec Alphonse XII

1876 Nouvelle Constitution

Alphonse XII

1885 Mort d'Alphonse XII

1890

1897 Un anarchiste italien tue le Premier ministre Cánovas del Castillo

1906 Ouverture de l'hôtel Ritz

1908 La Gran Vía est entreprise

1910

Affiche nationaliste pendant la guerre civile

L'ordre revient mais la politique de Rivera se révèle désastreuse sur le plan économique, et le pays se retrouve au bout de six ans au bord de la faillite. Le dictateur abandonne le pouvoir en 1930, et les républicains imposent des élections à Alphonse XIII l'année suivante. Les partis de gauche l'emportent dans les villes et le roi est contraint à l'exil. Pendant l'éphémère Deuxième République, la bourgeoisie, les propriétaires terriens et l'armée manifestent une peur grandissante devant l'écho rencontré par les idées socialistes et anarchistes. En 1936, la victoire du front populaire aux élections de janvier et l'assassinat, en juin, de José Calvo Sotelo, un parlementaire conservateur, précipitent dramatiquement les événements.

Les Madrilènes apprennent le 18 juillet qu'une insurrection menée par les troupes stationnées au Maroc sous les ordres du général Franco a déjà pris plusieurs villes d'Andalousie, dont Séville. La population se précipite dans les casernes pour demander des armes et, bien que les soldats de Franco atteignent la périphérie de Madrid dès novembre 1936, la capitale résiste jusqu'en mars 1939. Sa chute marque la victoire des nationalistes. La répression, qui se poursuit pendant plusieurs années, fait des centaines de milliers de victimes.

Malgré l'aide apportée par Hitler et Mussolini pendant la guerre civile, Franco réussit à garder l'Espagne à l'écart de la Seconde Guerre mondiale. Mais le pays subit un complet ostracisme diplomatique et économique après la victoire alliée. La misère pousse des millions d'Espagnols à émigrer. La situation ne commence à s'améliorer qu'après 1953, avec la signature d'un accord avec les Américains, alors en pleine guerre froide, qui échangent leur aide contre des bases militaires. L'interdiction de toute expression autonomiste dans les provinces provoque au Pays basque la création de l'ETA en 1959.

Général Francisco Franco

DE LA DICTATURE À LA DÉMOCRATIE

À partir de 1957, Franco nomme dans ses gouvernements des ministres dont les réformes vont permettre, en ouvrant le pays aux capitaux étrangers et en limitant l'intervention de l'État, une véritable révolution économique dans laquelle le tourisme joue un grand rôle. Le dictateur vieillissant désigne en 1969 pour lui succéder le

CHRONOLOGIE

1910 | 1920 | 1930 | 1940 | 1950

1921 Inauguration du métro de Madrid

1923 Primo de Rivera impose la dictature

Primo de Rivera

1929 Achèvement du Telefónica *(p. 49)*

1931 Instauration de la Deuxième République ; exil d'Alphonse XIII

1936 Guerre civile ; les nationalistes assiègent Madrid

1939 Les troupes de Franco entrent dans Madrid

1953 L'Espagne accepte la création de bases américaines sur son sol ; inauguration de l'Edificio de España *(p. 53)*

1955 L'Espagne rejoint l'ONU

Coup d'État aux Cortes le 23 février 1981

petit-fils d'Alphonse XIII, le prince Juan Carlos, mais confie le pouvoir à un Premier ministre aux vues autoritaires, l'amiral Luis Carrero Blanco. Celui-ci est assassiné par les séparatistes basques de l'ETA en 1973.

La démocratie espagnole doit beaucoup au roi Juan Carlos, couronné le 22 novembre 1975, peu après la mort du général Franco. Profitant de l'autorité que lui confère son titre auprès de l'armée, il réussit avec habileté, et l'aide d'Adolfo Suárez qu'il a nommé à la tête du gouvernement, à contourner les rigidités du régime franquiste pour permettre des élections libres dès 1977. En 1981, c'est en grande partie grâce à lui qu'échoue une tentative de coup d'État militaire. En 1982, l'accession du chef du parti socialiste, Felipe González, à la fonction de Premier ministre marque le début d'une période d'euphorie que couronnent en 1992 les Jeux olympiques de Barcelone et l'Exposition universelle de Séville. Madrid est la même année « capitale culturelle européenne », permettant au plus grand nombre de présenter les résultats de l'incroyable effervescence artistique et intellectuelle, appelée la *Movida (p. 102),* qu'elle a connue pendant une décennie avec le soutien du maire Enrique Tierno Galván.

Mais en 1996, après une série d'affaires de corruption, les socialistes perdent le pouvoir au profit du Parti populaire de José Maria Aznar.

Comme tous les habitants de grande capitale, les Madrilènes se plaignent de la circulation et de la pollution. Ils n'en gardent pas moins un esprit férocement individualiste, et continuent de refuser de se conformer aux horaires des autres Européens.

Vue aérienne de Madrid, une métropole dynamique

1966 Le Real Madrid gagne sa 6e Coupe d'Europe

1975 Mort de Franco ; 3e restauration des Bourbons avec Juan Carlos Ier

1976 Création à Madrid du journal *El País*

1977 Élections générales ; victoire du parti centriste UCD (Unión de Centro Democrático)

1996 Le Parti populaire conservateur remporte une majorité relative aux élections

1960 **1970** **1980** **1990** **2000**

1965 Fermeture de l'université de Madrid après des manifestations

1973 L'ETA assassine Carrero Blanco

Journal El País

1981 Échec d'un coup d'État ; retour du *Guernica* *(p. 85)* de Picasso

1982 Le PSOE de Felipe González gagne les élections

1986 L'Espagne rejoint la CEE et l'OTAN

2002 Le Real Madrid entre dans l'histoire du football en gagnant sa 9e Coupe d'Europe

2004 Le PSOE (Parti socialiste espagnol) remporte les élections législatives

Les souverains espagnols

Prémisse de l'unification des deux royaumes, c'est le mariage d'Isabelle de Castille et de Ferdinand d'Aragon en 1469 qui établit les fondements de l'État espagnol. Avec Charles Ier, petit-fils d'Isabelle, la dynastie des Habsbourg en prend les rênes en 1516, mais, en 1700, Charles II meurt sans laisser d'héritier direct. Après la guerre de Succession d'Espagne, c'est un petit-fils de Louis XIV, Philippe V de Bourbon, qui monte sur le trône. Juan Carlos Ier est un de ses descendants. Souverain d'une monarchie constitutionnelle, il a joué un rôle essentiel dans l'instauration de la démocratie espagnole.

1665-1700 Charles II

1474-1504 Isabelle, reine de Castille

1479-1516 Ferdinand, roi d'Aragon

1516-1556 Charles Ier d'Espagne (empereur Charles Quint)

1598-1621 Philippe III

1400	1450	1500	1550	1600	1650
ROYAUMES INDÉPENDANTS		HABSBOURG			
1400	1450	1500	1550	1600	1650

1469 Mariage de Ferdinand d'Aragon et d'Isabelle de Castille

1504-1516 Jeanne la Folle (Ferdinand est régent)

1621-1665 Philippe IV

1556-1598 Philippe II

Ferdinand et Isabelle, les Rois Catholiques

L'UNIFICATION DE L'ESPAGNE

Le mariage en 1469 d'Isabelle et Ferdinand, les « Rois Catholiques », ouvrit la voie à l'union des deux plus importants royaumes chrétiens de la péninsule : la Castille, et l'Aragon, qui comprenait Barcelone et la Sicile péninsulaire. Les deux souverains menèrent une politique déterminée qui conduisit à la conquête, en 1492, du royaume nasride de Grenade, dernier territoire des Maures *(p. 16)*. En s'emparant de la Navarre, Ferdinand achève en 1512 l'unification de l'Espagne.

1843-1868 Règne d'Isabelle II après les régences de sa mère Marie-Christine (1833-1841) et d'Espartero (1841-1843)

1814-1833 First Première restauration des Bourbons : Ferdinand VII

1871-1873 Amédée Ier de Savoie

1939-1975 Dictature du général Franco

1724 Louis Ier après l'abdication de Philippe V

1931-1939 Deuxième République

1759-1788 Charles III

1875-1885 Deuxième restauration des Bourbons : Alphonse XII

1700	1750	1800	1850	1900	1950
DYNASTIE DES BOURBONS		BOURBONS		BOURBONS	
1700	1750	1800	1850	1900	1950

1746-1759 Ferdinand VI

1808-1813 Joseph Bonaparte

1788-1808 Charles IV

1724-1746 Philippe V reprend le trône après la mort de son fils Louis Ier

1902-1931 Alphonse XIII

1886-1902 Marie-Christine de Habsbourg-Lorraine, régente d'Alphonse XIII

1700-1724 Philippe V

1873-1874 Première République

1868-1870 Coup d'État du général Prim

1975 Troisième restauration des Bourbons : Juan Carlos Ier

METROPOLIS
PIAGET
19h54
SE ALQUILAN
OFICINAS
ASSY

MADRID D'UN COUP D'ŒIL

Ce guide décrit plus de 100 lieux à visiter dans les chapitres *Madrid quartier par quartier* et *Les environs de Madrid*. Les bâtiments et sites historiques présentés permettent de découvrir la ville au fil de son histoire, en commençant par le Madrid des Habsbourg (« Madrid de los Austrias ») des XVIe et XVIIe siècles, dont subsistent aussi bien la Plaza de la Villa médiévale *(p. 45)*, que la Colegiata de San Isidro baroque *(p. 46)*, pour rejoindre celui des Bourbons, où s'ouvrent le Parque del Retiro *(p. 77)* et la plaza de Cibeles *(p. 67)*, puis le quartier chic du barrio de Salamanca, aménagé au XIXe siècle, et enfin les gratte-ciel modernes de l'Azca *(p. 109)*. La ville possède aussi de riches musées et des parcs de loisirs comme la Casa de Campo *(p. 112)*. Cette page vous propose les visites à ne pas manquer.

LES SITES À NE PAS MANQUER

Plaza Mayor
p. 44.

Plaza de Toros de Las Ventas
p. 108.

Museo Lázaro Galdiano
p. 98-99.

Parque del Retiro
p. 77.

Museo Thyssen-Bornemisza
p. 70-73.

Museo Arqueológico Nacional
p. 94-95.

Centro de Arte Reina Sofía
p. 84-87.

Palacio Real
p. 54-57.

Museo del Prado
p. 78-81.

◁ **L'Edificio Metrópolis, à l'angle de la calle Alcalá et de la Gran Vía**

Les plus beaux musées de Madrid

Madrid possède trois musées particulièrement réputés : le Prado, qui abrite la plus riche collection d'art espagnol du monde, le Thyssen-Bornemisza qui retrace l'évolution de l'art occidental depuis le XIVe siècle, et le Reina Sofía qui présente un ensemble exceptionnel d'œuvres du XXe siècle. Beaucoup d'autres méritent également une visite. Ils sont généralement plus petits et plus intimes, à l'instar du Museo Lázaro Galdiano qui propose, dans un luxueux hôtel particulier du début du siècle, l'éclectique collection réunie par un amateur d'art avisé.

Museo Municipal
L'exposition, installée dans l'ancien hospice Saint-Ferdinand, illustre l'évolution de Madrid depuis la préhistoire et comprend une maquette de la ville au XIXe siècle (p. 101).

Museo Cerralbo
Pénétrer dans la demeure du XVIIe siècle où vécut le marquis de Cerralbo, et où les objets d'art qu'il rassembla au cours de sa vie restent exposés comme il les appréciait, donne l'impression de remonter dans le temps (p. 52).

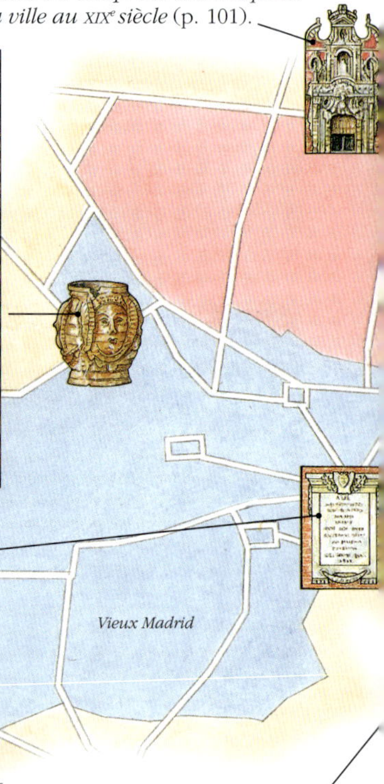

Real Academia de Bellas Artes
L'Académie des beaux-arts possède plus de 1 000 peintures et sculptures du XVIe au XXe siècle, dont L'Enterrement de la sardine *de Goya* (p. 47).

Museo Thyssen-Bornemisza
Aucune collection d'art réunie par des particuliers n'est sans doute aussi riche. Elle comprend des œuvres de Titien, Goya, Picasso et Rubens (p. 70-73).

Museo Lázaro Galdiano

La demeure néo-Renaissance de José Lázaro Galdiano, récemment restaurée, offre toujours un magnifique écrin à une collection où voisinent peintures, bijoux, pièces archéologiques et céramiques (p. 98-99).

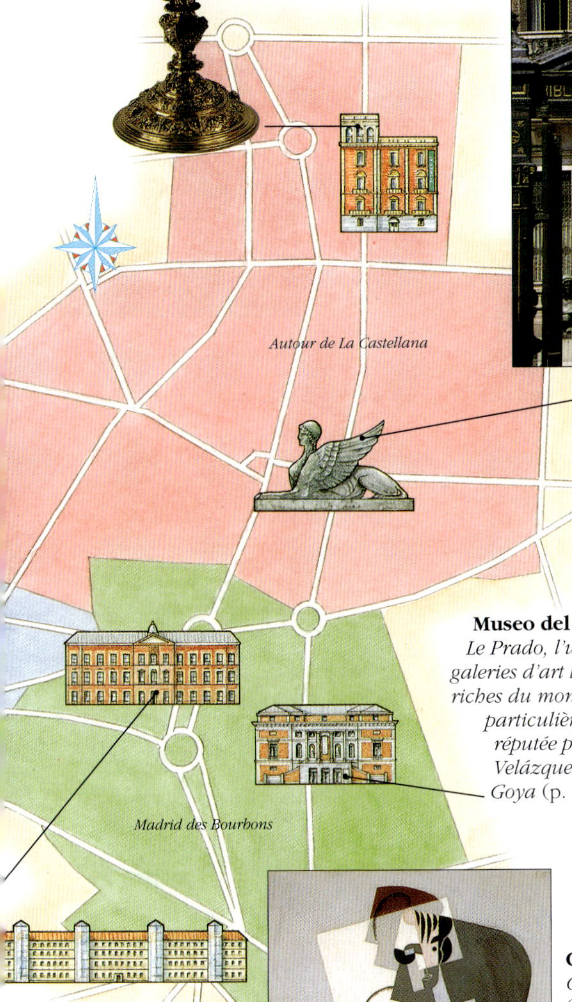

Museo Arqueológico Nacional

Ce musée, situé derrière la Biblioteca Nacional, présente des objets laissés par les civilisations qui se sont succédé en Espagne depuis la préhistoire (p. 94-95).

Museo del Prado

Le Prado, l'une des galeries d'art les plus riches du monde, est particulièrement réputée pour ses Velázquez et ses Goya (p. 78-81).

Centro de Arte Reina Sofía

Ce musée d'art moderne (p. 84-87) *occupe un ancien hôpital néo-classique et a pour fleuron* Guernica, *le célèbre tableau inspiré à Picasso par les horreurs de la guerre civile. La collection comporte également* Le Portrait de Josette (ci-contre), *par le cubiste Juan Gris.*

Les hôtes célèbres

En établissant la capitale de l'Espagne à Madrid en 1561 *(p. 17),* Philippe II transforma cette ville alors sans rayonnement en un pôle artistique et culturel qui attira peintres, écrivains, compositeurs et architectes en quête de parrainage royal et d'un cadre où faire connaître leurs œuvres. Les plus grands auteurs du Siècle d'or fréquentèrent ainsi le quartier des Huertas, tandis que les commandes de la cour permirent au génie de Velázquez et de Goya de s'affirmer. Les souverains de la maison des Habsbourg, puis de celle des Bourbons, firent appel à d'excellents architectes pour parer la cité de monuments et de places.

Félix Lope de Vega, prolifique dramaturge du Siècle d'or

ÉCRIVAINS

C'est dans le domaine de la littérature que Madrid joua pour la première fois un rôle prédominant dans la vie culturelle de l'Espagne, en attirant les auteurs les plus remarquables du XVIIe siècle. Après une vie aventureuse, c'est dans le quartier des Huertas, qui prendra le surnom de barrio de los Literatos, « le quartier des écrivains », que Miguel de Cervantes Saavedra (1547-1616), une des plus grandes figures littéraires espagnoles, acheva *Don Quichotte.* Il retrouvait dans les tavernes son rival Félix Lope de Vega (1562-1635), le plus prolifique auteur dramatique ibérique.

D'autres grandes figures littéraires de l'époque vécurent aussi aux Huertas, comme le dramaturge Pedro Calderón de la Barca (1600-1681) et Francisco de Quevedo y Villegas (1580-1645), satiriste et philosophe à la plume acérée.

Les auteurs les plus en vue continuent ensuite de fréquenter le quartier, tels Leandro Fernández de Moratín dont la comédie *El Sí de las Niñas* montre l'influence de l'esprit des Lumières français, José Zorrilla y Moral (1817-1893), qui écrit en 1844 *Don Juan Tenorio,* l'œuvre la plus célèbre du romantisme espagnol, et Benito Pérez Galdós (1843-1920) dont le roman *Miau* entraîne le lecteur dans un voyage au cœur de la société madrilène.

C'est à Madrid que Federico García Lorca (1899-1936), le membre le plus connu du groupe qui se donne pour nom « Génération de 1927 », fait ses études et trouve les théâtres où présenter ses œuvres. Il meurt au début de la guerre civile, exécuté par les troupes nationalistes.

José Zorrilla (1817-1893)

Après sa victoire, Franco impose une censure tatillonne, mais le prix Nobel Camilo José Cela (1916-2001) réussit à contourner ces contraintes dans des romans comme *La Colmena* qui dépeint la vie quotidienne difficile des Madrilènes après la guerre.

Le prix Nobel Camilo José Cela (1916-2001) peint par Alvaro Delgado

Son séjour à Madrid pendant la guerre civile inspire à Ernest Hemingway (1899-1961) son célèbre roman *Pour qui sonne le glas.* On raconte qu'il passait de longues nuits à siroter du gin au bar du Ritz *(p. 68).* Aujourd'hui encore, il reste difficile de traverser la Plaza Mayor sans imaginer sa silhouette massive descendant les escaliers de l'Arco de Cuchilleros pour aller dîner au El Sobrino del Botín *(p. 30).*

PEINTRES

Deux génies dominent l'histoire artistique de la capitale espagnole.

Chaque week-end, quand les Madrilènes affrontent les embouteillages pour échapper à la ville, c'est en quête du ciel bleu que Diego de Velázquez (1599-1660) rendit célèbre dans les décors où il plaçait ses scènes d'extérieur. Ce peintre reste cependant surtout connu pour ses portraits de la cour de Philippe IV, maître d'un empire en déclin. Le Museo del Prado *(p. 78-81)* permet d'en admirer un grand nombre, dont *Les Ménines* (1656).

Tout en travaillant lui aussi à la cour, pour quatre rois, Charles III, Charles IV, Joseph Bonaparte et Ferdinand VII, Francisco de Goya (1746-1828) représenta la vie quotidienne du petit peuple madrilène au cours d'une des périodes les plus tragiques de la cité : la guerre d'Indépendance. La collection du Prado illustre ces facettes de son art avec des chefs-d'œuvre tels que *La Maja desnuda, Le 3 Mai 1808* et *Saturne dévorant l'un de ses enfants,* mais plusieurs autres musées de la ville abritent certaines de ses œuvres.

Les Ménines **(1656) par Diego de Velázquez**

ARCHITECTES

Disciple de Juan de Herrera, qui dessina pour Philippe II le palais-monastère El Escorial *(p. 126-129),* Juan Gómez de la Mora adoucit le style austère de son maître lorsqu'il entreprit, d'après ses plans, la construction de la Plaza Mayor *(p. 44),* achevée en 1619. Il est également l'auteur, dans les années 1640, du Monasterio de la Encarnación *(p. 53)* et de l'*ayuntamiento* (hôtel de ville) de la plaza de la Villa que Juan de Villanueva,

Palacio de Cristal de Velázquez Bosco

l'architecte du Prado, agrémenta ultérieurement d'un balcon. C'est Villanueva qui aménagea, en 1781, avec l'aide du botaniste Gómez Ortega, le Real Jardín Botánico *(p. 82).* Francesco Sabatini fut aussi très actif au XVIIIe siècle. Il dessina le Palacio Real *(p. 54-57),* édifié sur le site de l'alcazar – ravagé par un incendie en 1734 – ainsi que la majestueuse Puerta de Alcalá *(p. 66).* C'est lui, aussi, qui conçut l'agrandissement du Palacio de El Pardo *(p. 138).*

Le Parque del Retiro *(p. 77)* abrite deux splendides édifices bâtis par Velázquez Bosco en 1887 : le Palacio de Velázquez néo-classique et le Palacio de Cristal en verre et en métal.

Parmi les architectes contemporains dignes d'attention figurent Rafael Moneo Valles, qui conçut l'agrandissement du Museo del Prado *(p. 78-81)* et remania le Palacio de Villahermosa (XVIIIe siècle), occupé par le Museo Thyssen-Bornemisza *(p. 70-73),* Luis Gutiérrez Soto, le créateur du Ministerio del Aire, qui borde la plaza de la Moncloa, et Antonio Lamela pour les Torres de Colón de la plaza de Colón *(p. 96).*
Bien qu'il ne fut pas un architecte, le marquis de Salamanca influa aussi directement sur le visage de Madrid. Dans les années 1860, ce brillant banquier finança l'aménagement d'un des quartiers les plus élégants, le barrio de Salamanca *(p. 97).*

HOMMES POLITIQUES

Les souverains, dictateurs et Premiers ministres qui dirigèrent l'Espagne depuis Madrid ne manifestèrent pas tous le même attachement à la cité. Si Philippe II *(p. 17)* avait choisi Madrid pour en faire la capitale du pays, il la quitta rapidement pour son palais El Escorial.

En revanche, Charles III *(p. 18),* qui fut baptisé le *rey-alcade* (« le roi-maire »), para la ville de monuments et de fontaines au XVIIIe siècle. Il la dota aussi d'un éclairage de rues et d'un réseau d'égouts.

Une autre personnalité politique sut s'attacher l'affection des Madrilènes, le maire socialiste Enrique Tierno Galván, élu en 1979 et mort en 1986, et connu pour ses idées progressistes, qui aida la ville à sortir des années grises de la dictature en apportant tout son soutien à la vie culturelle. C'est sous son mandat que s'épanouit la *Movida (p. 104)* et que la Fiesta de San Isidro *(p. 34)* devint la grande fête madrilène qu'elle est aujourd'hui.

Enrique Tierno Galván, maire de Madrid après la période franquiste

Les meilleures *tabernas* de Madrid

Il est probable que le premier commerce ouvert à Madrid fut une *taberna* (« taverne »). Le quartier de la Plaza Mayor et celui de la plaza de la Villa en abritaient plus de 50 au XIVe siècle. Leur nombre s'élevait à 800 deux cents ans plus tard, et elles prirent un style caractéristique à partir de la première moitié du XIXe siècle. Il ne subsiste aujourd'hui qu'une centaine de ces *tabernas* traditionnelles, qui ont quelques traits en commun : une grande horloge trônant sur un comptoir en bois sculpté à plateau de zinc, des bouteilles de vin rafraîchies par de l'eau courant à travers un filtre poli ou encore des carreaux de céramique ornant la salle. Quelques-unes des plus prisées sont présentées ci-dessous.

Bodega de Angel Sierra
Cette taverne pleine de charme fondée en 1897 a conservé son décor d'origine, avec ses vieux carreaux de céramique.

La Bola
Ce restaurant existe depuis près de deux cents ans. Son bar en bois est superbement sculpté.

El Sobrino del Botín
Cette taberna *ouverte en 1725, l'une des plus anciennes de Madrid, propose des plats castillans tels que le cochon de lait rôti qui lui valent la réputation d'être l'un des meilleurs restaurants de la ville. Hemingway l'appréciait beaucoup.*

0 0,5 km

Taberna Antonio Sanchez
La Taberna Antonio Sanchez est une référence depuis deux siècles, et l'atmosphère y a autant d'importance que le service. Son décor a été maintes fois imité.

Casa Carmencita
Ouverte au milieu du XIXe siècle, cette élégante taberna *devint dans les années 20 un lieu de rendez-vous où se retrouvaient écrivains, artistes et hommes politiques.*

Casa Domingo
Transformée en restaurant de luxe il y a près de 80 ans, la Casa Domingo sert aujourd'hui des plats espagnols et internationaux dans un cadre chaleureux.

Los Gabrieles
Les étonnantes céramiques de l'artiste Enrique Guijo couvrent les murs de cette taberna *qui constitue pour beaucoup de noctambules une étape obligée.*

Viva Madrid
Célèbre pour son décor carrelé, à l'extérieur comme à l'intérieur, Viva Madrid a été adopté par les Madrilènes qui fréquentent le soir le quartier animé de la plaza de Santa Ana.

Casa del Abuelo
L'ambiance de cette petite taberna *compense son espace réduit. Fondée en 1906, elle a pour spécialités le vin rouge doux et les crevettes préparées selon quatre modes de cuisson.*

L'architecture à Madrid

La capitale espagnole présente une grande diversité de styles architecturaux. Sous les Habsbourg a prévalu l'influence austère de Juan Herrera, l'architecte de la cour de Philippe II, à qui l'on doit l'imposant Escorial, situé au nord-ouest de la ville *(p. 126-129)*, et elle marque de nombreux édifices du vieux Madrid. Au cours du XVIIIe siècle, les façades deviennent plus animées avec l'introduction du baroque, puis, au début du règne des Bourbons, une ornementation exubérante s'impose, et le néo-classicisme revient à des formes plus dépouillées à la fin du XVIIIe siècle. Le XIXe siècle et le début du XXe voient se multiplier les styles, du néo-mudéjar à l'Art déco. Depuis la fin du franquisme, le dynamisme de la ville et sa foi en l'avenir s'expriment notamment par d'audacieuses créations contemporaines.

Modernisme
Les tours jumelles de la Puerta de Europa semblent défier la gravité au-dessus du paseo de La Castellana.

Art déco
Joyau du style Art déco, l'imposant Palacio de la Música abrite sur la Gran Vía (p. 48) *une salle de cinéma de 2 600 places.*

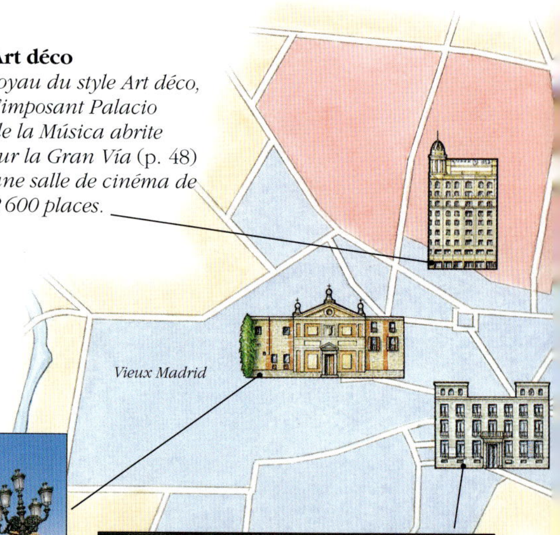

Habsbourg
Le Monasterio de las Descalzas Reales (p. 52), *fondé en 1560, abrite derrière une façade dépouillée une très riche décoration intérieure.*

Baroque
Ce bâtiment conçu dans les années 1720 par José de Churriguera fut dépouillé de sa riche décoration baroque après son acquisition par la Real Academia de Bellas Artes, en 1774.

0 0,5 km

Art nouveau
La Sociedad General de Autores de España offre un bon exemple de ce style du tournant du siècle.

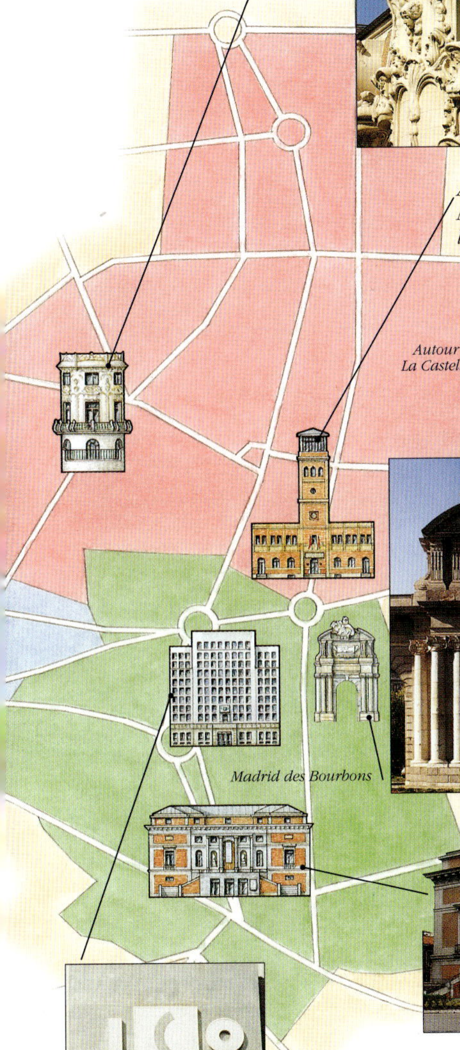

Néo-mudéjar
À la fin du XIXe siècle, Madrid remit en vogue l'architecture des mudéjars, les Maures restés en territoire chrétien après la Reconquête. L'Antiguas Escuelas Aguirre en offre un bon exemple.

Influence française
La Puerta de Alcalá fut construite sous Charles III. Elle faisait partie d'un projet visant à développer l'est de Madrid. Le centre de la ville se déplaça alors de la Plaza Mayor au Paseo del Prado.

Néoclassique
Dessiné en 1785 par Juan de Villanueva, le Museo del Prado (p. 78-81) témoigne d'un retour à plus de simplicité, en réaction à l'exubérance du baroque et du rococo.

Franquiste
L'Instituto de Crédito Oficial est d'un style typique de l'ère franquiste, appelé néo-herrerisme d'après l'architecte de l'austère Escorial, Juan de Herrera.

MADRID AU JOUR LE JOUR

Les Espagnols adorent les fêtes et chaque quartier, ville ou village en organise. Elles sont particulièrement nombreuses en été, programmant des courses de taureaux et de spectaculaires feux d'artifice. Musique et danse entretiennent l'ambiance jusqu'à l'aube. Les célébrations religieuses attirent toujours beaucoup de fidèles, et des processions ponctuent Noël et Pâques. En mai, quinze jours de réjouissances honorent le patron de Madrid lors de la Fiesta de San Isidro. Rencontres sportives et manifestations culturelles rythment aussi le calendrier. Les bureaux d'information touristique et les magazines de programme *(p. 172)* vous en donneront le détail.

Matador effectuant une passe à la muleta

Les tulipes signalent partout en ville l'arrivée du printemps

PRINTEMPS

Des tulipes illuminent les boulevards de la ville à la fin mars, et les cafés servent en terrasse dès les premiers beaux jours d'avril. Le temps reste cependant très changeant, et la pluie gâte souvent la Fiesta de San Isidro qui marque en mai le début de la saison tauromachique. C'est toutefois la période de l'année où la campagne est la plus belle, et de nombreux Madrilènes quittent la ville pendant la Semana Santa, la semaine de Pâques riche en processions religieuses.

MARS

Cristo de Medinaceli *(1er ven.),* Iglesia de Medinaceli, Calle del Duque de Medinaceli. Des milliers de personnes font trois vœux devant le Christ en espérant qu'il en exaucera un.

Expo/Ocio, Fiera del Tiempo Libre *(2e ou 3e sem.),* Parque Ferial Juan Carlos I. La foire annuelle du temps libre est dédiée aux sports, aux loisirs et aux passe-temps.

AVRIL

Semana Santa *(sem. de Pâques).* Des processions ont lieu partout dans Madrid et à Tolède *(p. 140-145)* les jeudi et vendredi saints. Le samedi, les habitants de Chincón *(p. 139)* interprètent la Passion. Le dimanche à midi, ceux de Tiermes brûlent symboliquement un arbre et l'effigie de Judas.

Foire artisanale et de la céramique *(sem. de Pâques),* plaza de la Comendadoras.

El Día de Cervantes *(23 avr.),* Alcalá de Henares. Une foire aux livres, et des débats littéraires commémorent la mort de Cervantes.

Marathon de Madrid *(dern. dim.).*

MAI

Fête du Travail *(1er mai).* Jour férié et rassemblement à la Puerta del Sol *(p. 44).*

Fiestas de Mayo *(1er mai),* Ajalvir, Casarrubuelos, Fresno de Torote et Torrelaguna. Fêtes locales célébrant mai.

Las Mayas *(1er dim.),* autour de l'Iglesia de San Lorenzo dans le quartier de Lavapiés *(p. 61).* Vieux rituel de fertilité toujours pratiqué, chaque rue élit une reine de mai *(maya).*

La Maya *(2 mai),* Colmenar Viejo. Voir ci-dessus.

Día de la Comunidad *(2 mai).* Jour férié à Madrid, ponctué par un défilé militaire à la Puerta del Sol, et une fête à Móstoles et sur la plaza del Dos de Mayo *(p. 101).*

Fiestas de San Isidro *(15 mai).* Pendant une semaine avant et après le 15 mai, les Madrilènes s'adonnent aux plaisirs de la musique et de la danse, des *chotis* notamment. Des orchestres jouent le soir dans les Jardines de las Vistillas, calle de Bailén

Corridas de San Isidro *(15 mai-fin juin).* Courses de taureaux à la Plaza de Toros de Las Ventas *(p. 108).*

Fête-Dieu *(fin mai).* Fête religieuse avec grandes processions à Madrid et à Tolède.

Romería Alpina *(der. dim.),* Lozoya. Procession de la Virgen de la Fuensanta.

Feria del Libro *(fin mai-mi-juin),* Parque del Retiro *(p. 77).* Foire aux livres.

La Semana Santa donne lieu à Pâques à de grandes processions religieuses

Ensoleillement
Sa situation continentale au centre de la péninsule protège Madrid des influences maritimes, et la ville jouit d'hivers ensoleillés bien que rigoureux. En été, mieux vaut prévoir un chapeau et une crème solaire... Et ne pas hésiter à imiter les Espagnols en faisant la sieste aux heures les plus chaudes de la journée.

ÉTÉ

Les piscines en plein air et les parcs aquatiques de Madrid ouvrent en juin *(p. 189)*. En août, de nombreuses familles fuient la chaleur torride de l'été en se rendant à la montagne ou au bord de la mer. En revanche, beaucoup de bars et de restaurants ferment. Ceux qui restent ouverts sont bondés jusqu'au petit matin, et la circulation plus fluide que d'ordinaire fait de ce mois de congé une période agréable pour découvrir la ville.

Madrilènes en costumes traditionnels de *castizos* à la Fiesta de San Isidro

Sous le chaud soleil d'été à la terrasse d'un bar de Madrid

JUIN

Fiesta de San Antonio de la Florida *(mi-juil.)*, Ermita de San Antonio, Paseo de la Florida. Les *señoritas* jettent des épingles dans une fontaine et trempent leurs mains en priant saint Antoine. Elles auront autant d'amoureux dans l'année que d'épingles collées à leurs mains.

JUILLET

Fiestas de la Virgen del Carmen *(mi-juil.)*, Chamberí.
Concierto de las Velas *(9 juil.)*, Pedraza, Ségovie. Fête et musique aux chandelles.
Fiestas de Santiago Apóstol *(25 juil.)*. Jour férié pour la fête du saint patron d'Espagne.
Romería Celestial *(26 juil.)*, Alameda del Valle, Lozoya. Pèlerinage de 3 km jusqu'à La Ermita de Santa Ana.

AOÛT

Castizos Fiestas *(6-15 août)*, quartiers de La Latina et de Lavapiés. Les fêtes traditionnelles des *castizos (p. 103)* célèbrent San Cayetano *(3 août)*, San Lorenzo *(5 août)* et La Virgen de la Paloma *(15 août)*.
Fiesta de San Lorenzo *(10 août)*, El Escorial *(p. 126-129)*.
Fiesta de San Roque *(12-18 août)*, Chinchón. Une fête d'une semaine donne lieu à une corrida sur la Plaza Mayor et à des dégustations d'*anís*.
Asunción *(15 août)*. Jour férié national.
Encierros *(fin août)*. Lâchers de taureaux à San Sebastián de los Reyes.
Fiestas de San Bartolomé *(24 août)*, Alcalá de Henares. Géants légendaires, théâtre classique et corridas.
Encerrios *(der. sem.)*, Cuellar, Ségovie. Lâchers de taureaux datant de 1546.
El Motín de Aranjuez *(fin août ou déb. sept.)*. Corridas, concerts en plein air et feux d'artifice.

Décorations pour La Virgen de la Paloma

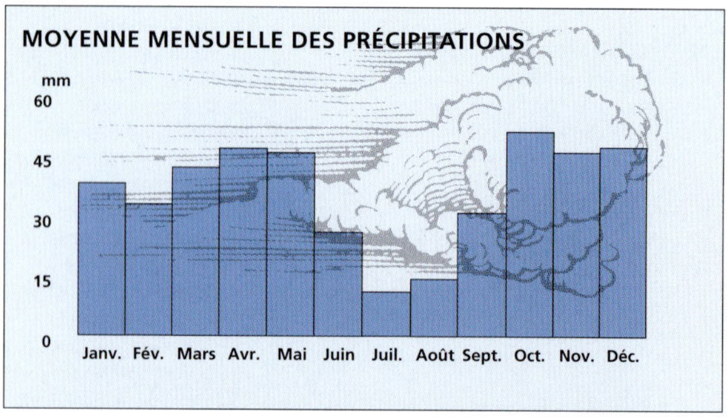

Précipitations
Madrid connaît deux principales périodes de pluie : de mars à mai et d'octobre à décembre. En automne, la saison la plus humide, les précipitations prennent surtout la forme de courts orages. Une quasi-sécheresse règne de juin à septembre.

La plaza de España *(p. 53)* en automne

AUTOMNE

Les pluies d'automne, après une sécheresse parfois de plusieurs mois, permettent à la campagne de reverdir et aux Madrilènes de partir ramasser les champignons dans les forêts, une de leurs distractions préférées. À partir d'octobre, sanglier, perdrix et faisan commencent à apparaître à la carte des restaurants.

Champignons sauvages

SEPTEMBRE

Encierros *(12 premiers jours de sept.),* Torrelaguna. Lâchers de taureaux lors de la fête locale.
Procesión Marítima *(1er dim.),* Fuentidueña de Tajo. Des barques illuminées participent à la procession maritime.
Procesión de la Virgen de la Cigüeña *(6 sept.),* Fuente de Saz de Jarama. La Vierge de la Cigogne avance au milieu de broussailles embrasées.
Romería Panorámica *(2e dim.),* San Lorenzo de El Escorial. Procession de la Virgen de la Gracia.
Romería de la Virgen de los Hontanares *(10 sept.),* Riaza, Ségovie. Pèlerinage de la Vierge des Sources.
Virgen de la Fuencisla *(27 sept.).* Fête de Ségovie.
Procesión de San Andrés *(30 sept.),* Rascafría. Célébration du patron local.

OCTOBRE

Festival Taurino *(vers le 12 oct.),* Chinchón. Corridas.
Día de la Hispanidad *(12 oct.).* Fête nationale.
Virgen de Pilar *(vers le 12 oct.),* plaza Dalí, Salamanque. Fêtes de quartier.
Festival de Otoño *(mi oct.-mi-nov.),* Madrid. Festival annuel de théâtre, ballet et opéra.

NOVEMBRE

Todos los Santos *(1er nov.).* On fleurit les tombes le 2 novembre, jour des Morts. Les boulangeries vendent des *huesos de santo* (« os de saint »).
La Almudena *(9 nov.).* Processions en l'honneur de la Vierge, patronne de la ville, dans le vieux Madrid.
Romería de San Eugenio *(14 nov.).* Pèlerinage *castizo* jusqu'à El Monte de El Pardo. Pique-nique, ramassage de glands, chants et danse.

Messe en l'honneur de La Virgen de la Almudena, sur la Plaza Mayor

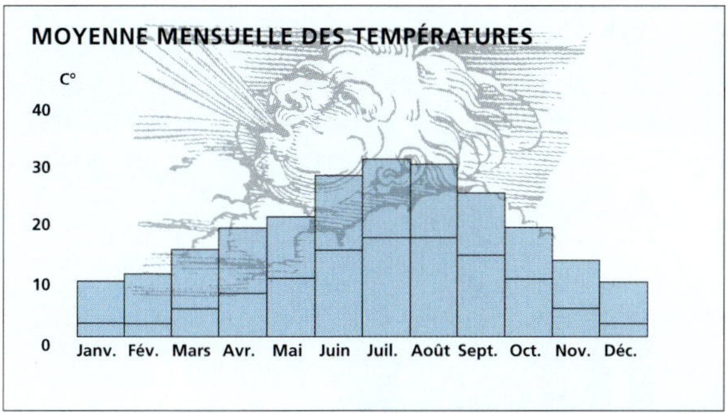

Températures
Sa situation continentale vaut à Madrid des étés torrides et des hivers glacials, et les moyennes mensuelles de ce tableau ne donnent qu'une faible idée des écarts de températures que peut subir la ville. Leur douceur rend les mois de juin et d'octobre très agréables pour une visite.

HIVER

Dès les premières neiges, des embouteillages se forment sur les routes d'accès aux petites stations de sport d'hiver de la Sierra de Guadarrama *(p. 130)*. Il fait très froid en hiver à Madrid. Noël est célébré avec ferveur, et la foule se presse à la Puerta del Sol pour le réveillon du nouvel an.

DÉCEMBRE

Día de la Constitución *(6 déc.)*. Jour férié national.
Immaculada Concepción *(8 déc.)*. Jour férié national.
Foire de Noël *(mi-déc.-fin janv.)*, Plaza Mayor, Madrid.
Noche Buena *(24 déc.)*. Le réveillon de Noël se passe en famille.
Día de Navidad *(25 déc.)*. Jour de Noël.
Belén Viviente *(dern. soirs de déc.)*, Buitrago del Lozoya. Représentation équestre de la Nativité.
Noche Vieja *(31 déc.)*. Chacun fait un vœu en mangeant un grain de raisin à chacun des douze coups de minuit.

JANVIER

Cabalgata de Reyes *(5 janv., 18 h)*. Défilé du Parque del Retiro *(p. 77)* à la Plaza Mayor *(p. 44)* pour la fête des Rois.
Los Reyes Magos *(6 janv.)*. L'Épiphanie donne lieu à des échanges de cadeaux.
San Antón *(17 janv.)*, calle de Hortaleza 63, Madrid. Bénédiction des animaux à l'Iglesia de San Antón.
Cabalgata de Cercedilla *(19 janv.)*, Cercedilla. Cavalcade en traîneaux.

Sur les pentes de la Sierra de Guadarrama, au nord de Madrid *(p. 126)*

Vaquillas *(20 janv.)*, Pedrezuela et Fresnedillas. Des jeunes se déguisent en taureaux.
San Sebastián *(20 janv.)*, Villaviciosa de Odón. Procession et danses.
Foire touristique FITUR *(fin janv.)*, Parque Ferial Juan Carlos I.

FÉVRIER

La Vaquilla Premiada *(2 fév.)*, Colmenar Viejo. Concours amateur de tauromachie.
La Romería de San Blas *(3 fév.)*, Madrid et Miraflores. Célébrations costumées.
Alcadesas de Zamarramala *(autour du 1er dim.)*, Ségovie. Les femmes prennent le pouvoir pendant une semaine.
Semana Internacional de la Moda *(mi-fév.)*. Défilés de mode au Parque Ferial Juan Carlos I.
ARCO *(mi-fév.)*, Parque Ferial Juan Carlos I. Grande foire internationale d'art contemporain.
Carnaval *(jusqu'au carême)*.
Entierro de la Sardina *(mardi gras)*, Casa de Campo. L'Enterrement de la sardine, qui symbolise la mort de l'hiver, conclut le carnaval.

JOURS FÉRIÉS

Año Nuevo *(nouvel an)* : 1er janvier
Los Reyes Magos *(Épiphanie)* : 6 janvier
Jueves Santo *(jeudi saint)* : mars-avril
Viernes Santo *(vendredi saint)* : mars-avril
Domingo de Pascua *(dimanche de Pâques)* : mars-avril
Día del Trabajo *(fête du Travail)* : 1er mai
Asunción *(Assomption)* : 15 août
Día de la Hispanidad *(Fête nationale)* : 12 oct.
Todos los Santos *(Toussaint)* : 1er novembre
Día de la Constitución *(fête de la Constitution)* : 6 déc.
Immaculada Concepción *(Immaculée Conception)* : 8 décembre
Navidad *(Noël)* : 25 décembre

MADRID
QUARTIER PAR QUARTIER

SVMADRE
AÑO

LE VIEUX MADRID

Madrid a commencé à se développer le long des ruelles sinuant derrière l'alcazar, la forteresse arabe *(p. 15)* qui occupait le site du Palacio Real actuel.

La ville ne comptait que 20 000 habitants quand Philippe II y installa sa capitale en 1561, mais sa population avait plus que triplé cinquante ans plus tard. Centre nerveux de l'empire, le « Madrid de los Austrias » vit se multiplier couvents et palais seigneuriaux pendant le règne des Habsbourg. À partir de 1617, Juan Gómez de la Mora aménage la Plaza Mayor pour Philippe III. En 1622 débute la construction de San Isidro, la cathédrale de Madrid. La Puerta del Sol, vaste place portant le nom d'une ancienne porte des remparts, devient alors le cœur spirituel et géographique non seulement de Madrid mais de toute l'Espagne.

LES SITES D'UN COUP D'ŒIL

Bâtiments historiques
Edificio Grassy 11
Muralla Àrabe 26
Palacio de Santa Cruz 7
Palacio del Senado 18
Palacio Real p. 54-57 20
Teatro Real 22
Telefónica 12

Musées
Museo Cerralbo 16
Real Academia de Bellas Artes 9

Églises et monastères
Basílica Pontíficia de San Miguel 5
Catedral de la Almudena 24
Colegiata de San Isidro 6
Iglesia de San Nicolás 23
Monasterio de la Encarnación 19
Monasterio de las Descalzas Reales 14
San Francisco el Grande 27

Rues, places et parc
Calle de Preciados 15
Campo del Moro 25
Gran Vía 10
La Latina 29
Plaza de España 17
Plaza de la Paja 28
Plaza de la Villa 4
Plaza de Oriente 21
Plaza de Santa Ana 8
Plaza del Callao 13
Plaza Mayor 2
Puerta del Sol 1

Marchés
El Rastro 30
Mercado de San Miguel 3

COMMENT Y ALLER

Les lignes de métro 1, 2, 3, 5 et 10 desservent les principaux sites d'intérêt. Les bus les plus utiles sont les 51, 52, 150 et 153 qui s'arrêtent à la Puerta del Sol.

LÉGENDE

- Plan du quartier pas à pas *p. 42-43*
- Station de métro
- Arrêt de bus important
- Information touristique

◁ **Statue équestre de Philippe III, au centre de la Plaza Mayor** ***(p. 44)***

Le vieux Madrid pas à pas

S'étendant de la Puerta del Sol à la plaza de la Villa médiévale, le cœur du vieux Madrid, riche en monuments tels que la Colegiata de San Isidro et le Palacio de Santa Cruz, forme un ensemble compact marqué par l'histoire. Entourée de portiques, la Plaza Mayor, aménagée par la maison d'Autriche, en est le plus bel élément architectural. Si elle servit jadis de cadre à des exécutions ordonnées par l'Inquisition, elle accueille désormais des manifestations culturelles. De nombreux cafés et les éventaires du Mercado de San Miguel ajoutent au plaisir de se promener dans ce quartier vivant.

★ Plaza Mayor
Cette superbe place du XVIIe siècle, œuvre de Juan Gómez de la Mora, abrite sous ses arcades de nombreux cafés et des magasins d'artisanat ❷

Mercado de San Miguel
Ce marché couvert à structure métallique date du XIXe siècle ❸

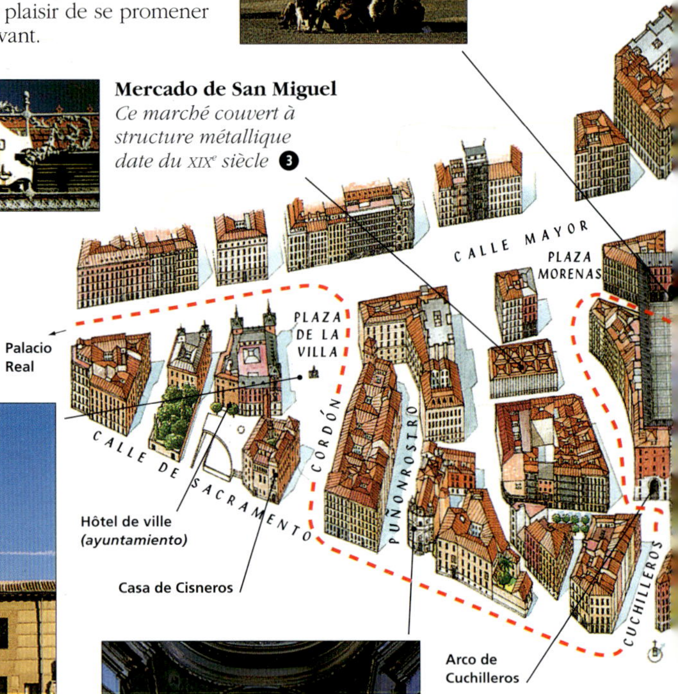

★ Plaza de la Villa
La Torre de los Lujanes (XVe siècle) est le plus ancien des bâtiments qui la bordent ❹

À NE PAS MANQUER

- ★ Plaza Mayor
- ★ Plaza de la Villa
- ★ Puerta del Sol

Basílica Pontificia de San Miguel
Cette imposante église du XVIIIe siècle possède un élégant intérieur baroque ❺

★ Puerta del Sol
Avec ses boutiques et ses cafés, cette place est très animée. Une enseigne pour une marque d'alcool, Tío Pepe, en est devenue un symbole ❶

CARTE DE SITUATION
Voir l'atlas des rues, plan 4.

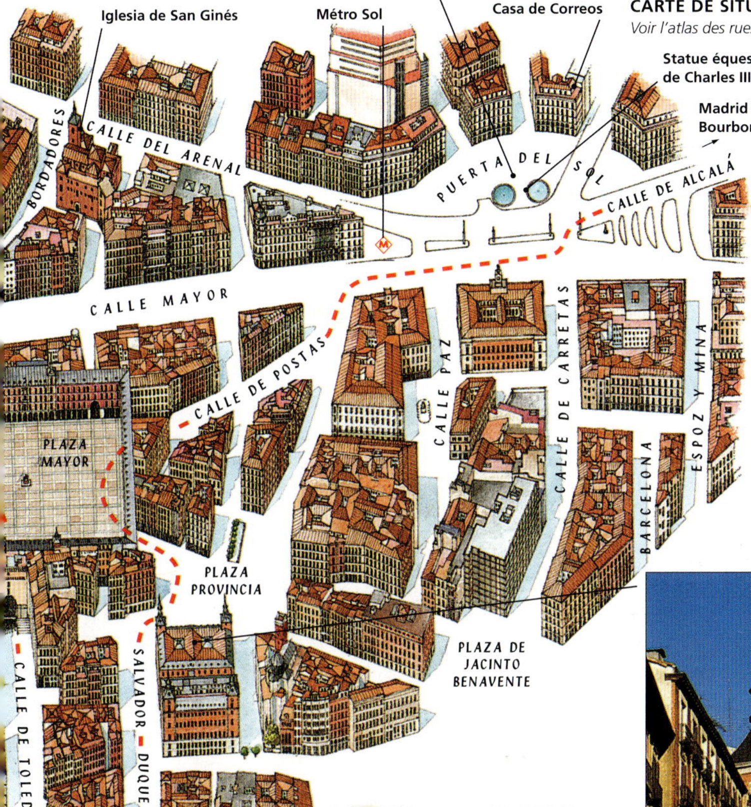

LÉGENDE

- - - Itinéraire conseillé

Palacio de Santa Cruz
Le ministère des Affaires étrangères occupe aujourd'hui ce palais baroque construit au XVIIe *siècle* ❼

Colegiata de San Isidro
Cathédrale de Madrid jusqu'à la construction de la Almudena (p. 59), *cette église baroque est dédiée au patron de la ville, un laboureur du* XIIe *siècle* ❻

Le kilomètre 0 des routes nationales espagnoles, Puerta del Sol

Puerta del Sol ❶

Plan 4 F2. Ⓜ *Sol.*

Le vacarme qu'y entretiennent les conversations et la circulation fait de la place de la Puerta del Sol le centre qui convient à la capitale espagnole. Malgré son manque d'intérêt architectural, Madrilènes et visiteurs s'y pressent en foule pour flâner ou se rendre dans les très nombreuses boutiques. Attention, d'importants travaux risquent d'entraver la circulation dans le quartier jusqu'en 2007.

Une porte fortifiée et un château défendaient jadis ici l'entrée orientale de la ville, la « porte du Soleil ». Tous deux ont depuis longtemps disparu, et plusieurs églises se sont succédé sur le site avant qu'il ne prenne son apparence actuelle à la fin du XIXe siècle.

Un austère édifice néo-classique en brique rouge ferme la Puerta del Sol au sud. Édifié en 1760 sous Charles III pour abriter la poste centrale, il devint en 1847 le siège du ministère de l'Intérieur. L'horloge est un ajout datant de 1866. Le régime franquiste *(p. 20)* y installa la Sûreté générale, qui s'y rendit coupable de maintes infractions aux Droits de l'homme. En 1963, Julián Grimau, membre du Parti communiste clandestin, tomba ainsi « accidentellement » d'une fenêtre des étages. Il survécut miraculeusement à sa chute mais fut exécuté peu après. Le gouvernement régional de la Comunidad de Madrid occupe désormais le bâtiment. Devant, une plaque sur le sol marque le kilomètre 0 des routes nationales espagnoles.

Les immeubles en arc de cercle qui forment l'autre côté de la place abritent des magasins et des cafés modernes. Au coin de la calle del Carmen, une statue en bronze représente l'Ours et l'Arbousier *(El Oso y el Madroño),* symboles de la ville.

De nombreux événements historiques se déroulèrent sur la Puerta del Sol. Le 2 mai 1808, c'est là que commença le soulèvement contre les forces d'occupation napoléoniennes *(p. 18).* En 1912, des anarchistes y assassinèrent le Premier ministre José Canalejas et, en 1931, la Deuxième République *(p. 20)* fut proclamée depuis le balcon du ministère de l'Intérieur.

Le soir du 31 décembre, une foule immense se réunit sur la place pour attendre le jour de l'an. Selon la tradition, manger un grain de raisin à chacun des douze coups de minuit portera chance pendant l'année qui commence.

Plaza Mayor ❷

Plan 4 E3. Ⓜ *Sol.*

Vaste rectangle d'environ 120 m de long sur 90 m de large, la Plaza Mayor offre avec ses toits pentus, ses balcons et

Peintures allégoriques de la Casa de la Panadería, Plaza Mayor

ses clochetons, un décor théâtral très castillan de caractère. Juan Gómez de Mora dessina les immeubles qui l'entourent. Il reprenait un projet de Juan de Herrera, l'architecte de l'austère monastère d'El Escorial *(p. 126-129),* et il s'inspira du style de son maître en l'adoucissant.

Les travaux commencèrent en 1617 à l'emplacement d'un grand marché dont les noms de la Casa de la Carniceria (« boucherie ») et de la Casa de la Panadería (« boulangerie »), qui se font face au nord et au sud, entretiennent le souvenir. Les peintures allégoriques de la **Casa de la Panadería** datent d'une restauration récente.

Inaugurée en 1620, la place fut le théâtre de nombreuses manifestations publiques auxquelles assistaient souvent le roi et la reine : courses de taureaux, tournois, autodafés... En 1621 eut lieu l'exécution de Rodrigo Calderón, secrétaire du duc de Lerme, le favori de Philippe III. Malgré la haine que lui vouait le peuple madrilène, son attitude face au bourreau impressionna tellement qu'on utilise encore aujourd'hui l'expression « plus orgueilleux que don Rodrigo sur l'échafaud ». L'année suivante, une grande cérémonie célébra la canonisation de saint Isidore, le patron de la ville. Mais la manifestation la plus spectaculaire fut sans doute l'arrivée en 1760 de Charles III, jusqu'alors roi de Naples et de Sicile.

Bordée de cafés, et décorée en son centre d'une **statue équestre** de Philippe III, commencée par Jean de Bologne et achevée en 1616 par son élève Pietro Tacca, la place accueille le dimanche matin un marché aux timbres et aux monnaies *(p. 165).* Elle donne au sud sur la calle de Toledo qui conduit aux rues où se tient le Rastro *(p. 61).* Dans l'angle sud-ouest, une volée de marches mène sous l'Arco de Cuchilleros à la calle de Cuchilleros où s'ouvrent de nombreux *mesones,* petits restaurants traditionnels.

Éventaire coloré du Mercado de San Miguel

Mercado de San Miguel ❸

Plaza de San Miguel. **Plan** 4 D3. *Sol.* *9 h-14 h, 17 h-20 h lun.-ven., 9 h-14 h sam.* *j. fériés.*

Ce n'est pas le plus grand marché de Madrid, mais le Mercado de San Miguel, bâti en 1914, est la dernière halle vitrée à structure métallique à avoir subsisté dans la ville. Il ne possède qu'un niveau et doit son nom à l'ancienne Iglesia de San Miguel de los Octoes, démolie en 1810 pendant le règne de Joseph Bonaparte, dont il occupe l'emplacement. De beaux carreaux décorent ses étals de produits alimentaires tels que poisson, viande, fruits et légumes. La concurrence des supermarchés en a conduit plusieurs à fermer.

Plaza de la Villa ❹

Plan 4 D3. *Ópera, Sol.*

Havre de paix, cette place piétonne, souvent remaniée, possède un grand charme.

Le plus ancien des bâtiments historiques qui la bordent est la **Torre de los Lujanes** (XVe siècle), dotée d'un portail gothique et ornée d'arcs en fer à cheval de style mudéjar. François Ier y aurait été emprisonné après sa défaite face aux troupes de Charles Quint à Pavie en 1525. Construite en 1537 pour le neveu du cardinal de Cisneros, le fondateur de la prestigieuse université d'Alcalá de Henares *(p. 135),* la **Casa de Cisneros** présente sur la calle de Sacramento une façade principale qui offre un bel exemple du style plateresque du début de la Renaissance.

Un arc relie la maison à l'**hôtel de ville** *(ayuntamiento),* dessiné en 1640 par Juan Gómez de Mora, l'architecte de la Plaza Mayor, qui lui donna, comme aux immeubles de la place, un toit pentu percé de lucarnes, des tourelles d'angles et une austère façade en brique et en pierre. Il reçut avant son achèvement d'élégants portails baroques. Juan de Villanueva, l'architecte du Prado *(p. 78-81),* ajouta postérieurement le balcon qui permettait à la famille royale d'assister aux processions religieuses.

Portail de la Torre de los Lujanes

Basílica Pontificia de San Miguel ❺

Calle de San Justo 4. **Plan** 4 D3.
Tél. *91 548 40 11.* *Sol.* *10 h-14 h, 18 h-20 h 30 lun.-sam., 18 h-21 h dim.*

Destinée à Don Luis de Borbón y Farnesio, le plus jeune fils de Philippe V nommé archevêque de Tolède dès l'âge de cinq ans, la basilique San Miguel, l'un des rares édifices baroques bâtis sous les Bourbons du vieux Madrid, se dresse sur le site d'une ancienne église romane consacrée à deux enfants mis à mort par les Romains.

Plusieurs architectes participèrent à sa construction entre 1739 et 1746. Son fronton et ses deux tours jumelles sont des ajouts postérieurs. Des sculptures à l'effigie des deux jeunes martyrs, Justo et Pastor, et quatre statues allégoriques représentant la Charité, la Force morale, la Foi et l'Espoir ornent son élégante façade animée par un jeu subtil de courbes et de contre-courbes.

L'intérieur à nef unique abrite un décor mêlant curieusement l'ancien et le moderne. Les fresques du plafond et l'orgue au-dessus de l'entrée datent du XVIIIe siècle, mais beaucoup de peintures et de vitraux sont contemporains.

Statue de la Charité ornant la Basílica Pontífica de San Miguel

C'est l'influente association catholique Opus Dei qui administre aujourd'hui l'église, l'utilisant pour certaines de ses activités. L'une des chapelles latérales renferme une statue du fondateur espagnol de cette organisation créée en 1928 : Monsignor José María Escrivá de Balaguer (1902-1975), un prêtre d'origine aragonaise béatifié en 1992.

Autel de la Colegiata de San Isidro

Colegiata de San Isidro ❻

Calle de Toledo 37. **Plan** 4 E3.
Tél. *91 369 20 37.* *La Latina.*
8 h -midi, 19 h-20 h lun.-sam. ; 9 h-14 h, 18 h-20 h dim.

Entreprise en 1622, l'ancienne église du collège de la Compagnie de Jésus connut un remaniement intérieur commandé à Ventura Rodríguez par Charles III après l'expulsion des jésuites d'Espagne en 1767 *(p. 18)*. Le sanctuaire baroque fut alors dédié au patron de la ville, saint Isidore, un laboureur mort en 1170, et il reçut ses reliques conservées auparavant dans l'Iglesia de San Andrés. Rendue aux jésuites pendant le règne de Ferdinand VII (1814-1833), San Isidro devint la cathédrale de Madrid de 1885 jusqu'à l'achèvement de Nuestra Señora de la Almudena *(p. 59)* en 1993, et la consécration de cette dernière par le souverain pontife.

Palacio de Santa Cruz ❼

Plaza de Santa Cruz. **Plan** 4 E3.
Tél. *91 379 97 00.* *Sol.*
fermé au public.

Ce bâtiment édifié entre 1629 et 1643, l'un des joyaux du « Madrid de los Austrias », prit son nom en 1846 quand s'y installa le ministère de l'Outre-mer. Le palais avait abrité auparavant des tribunaux, mais il était à l'origine la Carcel de la Corte, la prison de la cour. C'est dans ses geôles qu'attendaient de connaître leur sort les malheureux participants aux autodafés, les procès organisés par l'Inquisition sur la Plaza Mayor voisine *(p. 44)*. La prison compta parmi ses plus célèbres prisonniers le dramaturge Lope de Vega (1562-1635), incarcéré pour avoir calomnié son ancienne maîtresse, l'actrice Elena Osorio. Un écrivain anglais, George Borrow, y passa également trois semaines parce qu'on l'accusait de répandre des idées libérales. Le général Rafael de Riego, qui dirigea le soulèvement contre Ferdinand VII en 1820, y vécut ses dernières heures, à l'instar du célèbre bandit Luis Candelas. Ce dernier était un personnage haut en couleurs à la Robin des Bois. Cultivé, il avait appris le grec et le latin, il n'hésitait pas à se mêler à l'aristocratie dont il volait des bijoux. Un restaurant touristique porte son nom dans la cava de San Miguel voisine.

Le palais a connu deux importantes restaurations, l'une à la suite d'un incendie en 1846, l'autre après la guerre civile *(p. 20)*, mais il a gardé son style originel, proche de celui des bâtiments de la Plaza Mayor. Ses quatre tours d'angle dominent deux cours intérieures. Il abrite depuis 1901 le ministère des Affaires étrangères.

L'élégant Palacio de Santa Cruz bâti au XVIIe siècle

Plaza de Santa Ana ❽

Plan 7 A3. Ⓜ *Sevilla, Antón Martín.*

Lieu de rendez-vous toujours animé, cette grande place piétonne se trouve à quelques pâtés de maisons au sud-est de la Puerta del Sol *(p. 44).* Son aménagement, pendant le règne de Joseph Bonaparte (1808-1813), entraîna la démolition du couvent de carmélites du XVIe siècle dont elle porte le nom.

À une extrémité de la place, une statue du poète Federico García Lorca *(p. 28),* érigée en 1998, commémore le centenaire de sa naissance. À l'autre extrémité se dresse l'effigie en marbre de Pedro Calderón de la Barca (1600-1681), le plus grand dramaturge du *Siglo de Oro,* le Siècle d'or des arts et de la culture que connut l'Espagne à la fin du règne des Habsbourg. Né à Madrid, il écrivit plus de 200 œuvres. La plus célèbre s'intitule La *Vida es Sueño* (*la Vie est un songe*). Sculpté par Juan Figueras en 1878, le monument porte sur son socle des scènes tirées de quatre pièces de Calderón et fait face au **Teatro Español** *(p. 76)* construit en 1745. Inauguré sous le nom de Teatro del Príncipe, il dut être restauré en 1980 après un incendie dévastateur.

Le théâtre occupe l'emplacement du Corral del Príncipe, l'un des plus populaires des *corrales de comedias* du Madrid du XVIe siècle. Les représentations prenaient souvent un tour tumultueux dans ces théâtres de plein air et finissaient parfois en batailles rangées entre les acteurs et le public.

En face s'élève l'élégant hôtel **Hard Rock Madrid** *(p. 151),* à la façade agrémentée de balcons vitrés. Avant son rachat par la chaîne Tryp, cet hôtel remanié en 1916 par Jesús Carrasco y Encina avait perdu son standing et recevait les toreros qui ne pouvaient s'offrir une chambre dans un établissement de luxe. Aujourd'hui, c'est un hôtel moderne de grand standing.

Scène d'une pièce de Calderón de la Barca sur le socle de sa statue

Certains des bars et restaurants les plus appréciés de la ville bordent les deux autres côtés de la place et les rues voisines. Fréquentée pendant la guerre civile par Ernest Hemingway, et toujours bondée, la **Cervecería Alemana** date de 1904. Deux bars attirant une clientèle jeune, branchée et souvent célibataire, **Viva Madrid** et **Los Gabrieles** *(p. 31),* méritent un coup d'œil pour leurs décors en céramique du XIXe siècle. Des paysages en carreaux émaillés ornent aussi la **Villa Rosa,** située à l'angle de la plaza de Santa Ana et de la calle de Núñez de Arce.

Real Academia de Bellas Artes ❾

Calle de Alcalá 13. **Plan** 7 A2.
Tél. *91 524 08 64.* Ⓜ *Sevilla, Sol.*
9 h-19 h mar.-ven., 9 h-14 h 30 sam.-lun. *certains j. fériés.*
(gratuit mer.) *sur rendez-vous.*
www.rabasf.insde.es

Installée dans un bâtiment édifié en 1711 par Churriguera, l'Académie des beaux-arts eut notamment pour élèves Dalí et Picasso. Son musée présente une riche collection comprenant de superbes dessins par Raphaël et Titien et des tableaux de Rubens et Van Dyck. Les maîtres espagnols du XVIe au XIXe siècle sont particulièrement bien représentés avec des peintures, de Ribera, Murillo, El Greco et Velázquez notamment. Une série de portraits de moines par Zurbarán, dont celui de *Fray Pedro Machado,* constitue un des fleurons de l'exposition.

Une salle entière est consacrée à Goya. On y admire un portrait de Manuel Godoy, Premier ministre de Charles IV *(p. 16), L'Enterrement de la sardine (p. 35), La Maison de fous* et un autoportrait peint en 1815.

Fray Pedro Machado de Zurbarán

Gran Vía ⓾

Au milieu du XIXe siècle, alors que l'on repoussait les limites de Madrid en rasant des quartiers pauvres pour ouvrir des espaces résidentiels à une classe moyenne en pleine croissance, les responsables de l'urbanisme décidèrent de doter la cité d'une nouvelle artère dont la construction ne devrait rien au hasard : la Gran Vía. Ce projet fut proposé dès 1860 mais approuvé seulement en 1904, et il devint bientôt le sujet d'une *zarzuela (p. 75)* satirique. Inaugurés en 1908 par Alphonse XIII *(p. 19)*, les travaux se firent en trois étapes, chaque tronçon portant un nom différent aujourd'hui tombé en désuétude. Le premier et le plus élégant, l'avenida Conde de Peñalver, nommée d'après le maire, courait de la calle de Alcalá à la Red de San Luis. La deuxième tranche de construction, jusqu'à la plaza de Callao, s'acheva en 1922. Le percement de la troisième partie, jusqu'à la plaza de España, dura de 1925 à 1929. Les architectes profitèrent des opportunités créées par ce vaste chantier, et la Gran Vía offre un large aperçu des styles du début de ce siècle.

Ornement de l'Edificio Metrópolis

Le Museo Chicote, *un bar à cocktails installé au n° 12 de la Gran Vía, possède un intérieur Art déco superbement préservé. Ouvert en 1932, il eut pour clients Salvador Dalí, Frank Sinatra, Ava Gardner et Orson Welles.*

Des immeubles Art déco *tels que celui-ci donnèrent à la Gran Vía la majesté qui sied à la principale artère de la ville. Beaucoup de ce style abritaient des cinémas, en particulier autour de la plaza de Callao.*

La Gran Peña, *dont la façade convexe domine le n° 2, abrite un luxueux club masculin. La candidature de Franco en 1926 causa tant de remous que la milice occupa ses locaux pendant la guerre civile* (p. 20).

L'Edificio la Estrella *offre au n° 10 un bon exemple du style éclectique inspiré du néoclassique, qui caractérise les premiers immeubles élevés sur la Gran Vía.*

La Gran Vía, *que bordent théâtres, cinémas, hôtels, boutiques et restaurants, reste aujourd'hui une avenue très commerçante.*

L'Edificio Grassy et son couronnement à colonnades

Edificio Grassy 11

Gran Vía 1. **Plan** 7 B1. ***Tél.*** *91 532 10 07. Banco de España, Sevilla.* **Musée et boutique** *10 h-13 h, 17 h-20 h lun.-sam.*

Construit par Eladio Laredo sur un terrain triangulaire entre la Gran Vía et la calle de Caballero de Gracia, cet immeuble possède, comme l'Edificio Metrópolis *(p. 74)* voisin, une extrémité arrondie évoquant une tour. Un kiosque à double étage de colonnades la couronne. Bien qu'édifié en 1917, le bâtiment ne prit son nom actuel que dans les années 50, quand s'y installa la bijouterie qui occupe le rez-de-chaussée. Cette enseigne prestigieuse, fondée en 1923, a pour spécialité l'horlogerie et, au sous-sol, le **Museo de Reloj Grassy** présente une collection de quelque 500 pièces datant des XVIe-XIXe siècle. Elles comprennent des pendules d'une grande rareté fabriquées pour des têtes couronnées européennes.

Pendule du Museo de Reloj Grassy

Telefónica 12

Gran Vía 28. **Plan** 4 F1, 7 A1. *Gran Vía, Callao.* **Musée** ***Tél.*** *91 522 66 45. 10 h-14 h, 17 h-20 h mar.-ven., 11 h-20 h sam., 11 h-14 h dim. et j. fériés. août. tél. avant.* **www**.fundacion.telefonica.com

Bien que l'architecte espagnol Ignacio de Cárdenas en assuma officiellement la responsabilité pour contourner les résistances de l'administration, c'est un Américain, Louis S. Weeks, qui dessina le Telefónica, construit entre 1926 et 1929 pour la compagnie de téléphone nationale, et l'édifice possède un air de famille indéniable avec les gratte-ciel new-yorkais de l'époque. Cárdenas lui donna son peu d'ornementation extérieure pour qu'il paraisse moins déplacé au milieu des immeubles du quartier. Une tour centrale de 81 m domine sa façade en décrochés, et il était le plus haut bâtiment de Madrid à son achèvement. Ses étages supérieurs offrent une vue dégagée. Ils permirent aux défenseurs républicains de la capitale de surveiller les mouvements des forces nationalistes qui les assiégeaient pendant la guerre civile *(p. 20)*. Une partie des niveaux inférieurs abrite des expositions temporaires et, au premier étage, une collection permanente illustrant l'histoire des télécommunications, depuis de vieux téléphones, dont celui qu'utilisa Alphonse XIII pour inaugurer la mise en service de l'automatique en 1926, jusqu'à la reconstitution complète d'un standard. Les salles entourent la galerie, au-dessus de l'entrée principale, qu'occupait jadis la remarquable collection d'art moderne du Telefónica. Elle est aujourd'hui prêtée au Centro de Arte Reina Sofía *(p. 84-91)*.

Le Telefónica, gratte-ciel à l'américaine des années 20

Plaza del Callao 13

Plaza del Callao. **Plan** 4 E1. *Callao.*

Cette place située à la jonction de la Gran Vía et de la calle de Preciados doit son nom à une bataille navale qui se déroula au large de Callao, au Pérou, en 1866. Elle constitue le cœur du quartier des cinémas de Madrid et pas moins de sept salles l'entourent, dont le Capitol installé dans un bâtiment construit en 1933 par Martínez Feduchi. Il offre un superbe exemple d'architecture Modernista (Art déco). De grands panneaux peints à la main annoncent les films. Parmi les autres édifices dignes d'intérêt bordant la place figurent le Palacio de la Música et le siège du Palacio de la Prensa (association de la presse). Le n° 1 abrite l'Alliance française.

Le cinéma Capitol, bel exemple d'architecture Art déco

HOTEL WASHINGTON
COLISEVM
H. MAGERIT
CINE
Metro

VP
EUROPA
MADRID
CALDERON

Autel de la chapelle, Monasterio de las Descalzas Reales

Monasterio de las Descalzas Reales ⓮

Plaza de las Descalzas 3. **Plan** 4 E2. ***Tél.*** *91 454 88 00. Sol, Callao.* *10 h 30-12 h 45, 16 h-17 h 45 mar.-jeu. et sam., 10 h 30-12 h 45 ven., 11 h-13 h 45 dim. et j. fériés.* *1er et 6 janv., 3 jours une sem. après Pâques, 1er et 15 mai, 9 nov., 24, 25 et 31 déc.* *(gratuit mer. pour les membres de l'UE).* **www**.patrimonionacional.es.

Ce magnifique édifice religieux est un des rares exemples d'architecture du XVIe siècle à avoir survécu dans la capitale.

Ancien palais où naquit Jeanne d'Autriche, la sœur de Philippe II, il fut aménagé vers 1560 en couvent de clarisses. Le rang des dames de la cour qui s'y retirèrent explique la richesse de sa décoration.

Sous un plafond peint par Claudio Coello et ses élèves, l'escalier principal conduit à la galerie supérieure du petit cloître. Peintures et objets d'art abondent dans les chapelles qui l'entourent. La principale renferme le tombeau de Jeanne d'Autriche. La Sala de Tapices contient une série de tapisseries datant du XVIIe siècle ainsi que des tableaux de Pieter Bruegel l'Ancien, Titien, Zurbarán, Murillo et Ribera.

Calle de Preciados ⓯

Plan 4 F2. *Sol, Callao.*

Cette rue piétonne reliant la Puerta del Sol à la plaza de Callao est devenue un des hauts lieux du lèche-vitrines de la capitale espagnole, mais n'était à l'origine qu'un modeste sentier qui conduisait du centre du vieux Madrid jusqu'aux vergers et aux aires de battage du couvent San Martín. Celui-ci fit face jusqu'en 1810 au Monasterio de las Descalzas Reales.

Au XVIIe siècle, deux frères, les Preciados, qui avaient la charge du contrôle officiel des poids et mesures utilisés pour commercer, achetèrent du terrain au couvent pour construire leurs demeures.

La calle de Preciados prit son visage moderne au milieu du XIXe siècle dans le cadre du programme de rénovation urbaine appelé *Ensanche*. C'est ici qu'ouvrit la chaîne de grands magasins El Corte Inglès. La modeste boutique de prêt-à-porter ouverte en 1840 par Ramón Areces s'est transformée en un établissement de huit étages situé à l'extrémité sud de la rue. À l'extrémité nord s'élève l'immeuble moderne de la FNAC. Entre les deux, des boutiques chic voisinent avec des vitrines au décor suranné.

Museo Cerralbo ⓰

Calle de Ventura Rodríguez 17. **Plan** 1 C5. ***Tél.*** *91 547 36 46. Plaza de España, Ventura Rodríguez.* *sept.-juin : 9 h 30-15 h mar.-sam., 10 h-15 h dim. ; juil.-août. : 9 h 30-14 h mar.-sam., 10 h-14 h dim.* *j. fériés.* *(gratuit mer. et dim.)* **www**.museocerralbo.mcu.es

Cet hôtel particulier de la fin du XIXe siècle, proche de la plaza de España, est un monument à la mémoire d'Enrique de Aguilera y Gamboa, le dix-septième marquis de Cerralbo. Ce collectionneur passionné légua en 1922 à l'État les œuvres et objets d'art qu'il avait réunis depuis des poteries ibères jusqu'à des armes japonaises. Il exigea toutefois qu'ils restassent exposés tels qu'il les laissait. Un *Saint François d'Assise* par le Greco orne la chapelle, sont également exposées des œuvres plus mineures de Ribera, Zurbarán, Alonso Cano et Goya.

Escalier de l'exubérant Museo Cerralbo

◁ **La Gran Vía de nuit, vue de la Plaza de España**

Monument à Miguel de Cervantes, plaza de España

Plaza de España 17

Plan 1 C5. *Plaza de España.*

Important carrefour routier et lieu de rencontre apprécié des Madrilènes, la place d'Espagne descend en pente douce vers le Palacio Real *(p. 54-57)* et les jardins de Sabatini. Aux XVIIIe et XIXe siècles, avant que le développement de la ville ne conduisît à ouvrir un espace public, une caserne occupait cet emplacement proche du palais.

La place prit son aspect actuel sous Franco avec la construction, entre 1947 et 1953, du massif **Edificio España,** haut de 26 étages, entrepris par la société Metropolitana. Alors que l'Espagne subissait l'ostracisme des autres pays occidentaux, il fut présenté par le régime comme un succès de la politique d'autarcie. La Metropolitana édifia aussi, à l'angle de la plaza de España et de la calle Princesa, la **Torre de Madrid,** achevée en 1957. Surnommée *La Jirafa* (« la Girafe »), elle fut un temps le plus haut édifice en béton du monde.

Au centre de la place, un jardin entoure le monument à Cervantes élevé en 1927. Sous la statue du célèbre écrivain *(p. 135),* Don Quichotte chevauche Rossinante, à côté de son valet Sancho Pança monté sur un âne. À gauche est représentée Dulcinée, paysanne dont le chevalier fit la « dame de ses pensées ».

Palacio del Senado 18

Plaza de la Marina Española.
Plan 3 C1. ***Tél.*** *91 538 441.*
Plaza de España, Ópera.
tél. d'abord au 91 538 1441.
www.senado.es

Créée en 1837, la chambre haute des Cortes, le Parlement espagnol, a pour siège un couvent du XVIe siècle, remanié en 1814 pour remplir des fonctions laïques.

Certaines salles de réunion, comme le Salón de los Pasos Perdidos (« salle des pas perdus »), abritent d'immenses peintures représentant de grands moments de l'histoire espagnole, tels que la reddition de Grenade en 1492 ou le serment par la reine Marie-Christine de défendre la Constitution de 1897.

De style gothique anglais, la magnifique bibliothèque date du tournant du siècle. Ses rangs de meubles en métal noir ouvragé renferment 14 000 volumes, dont la première grammaire espagnole, la *Gramática* de Nebrija.

En 1991, le Palacio del Senado a été doté d'une aile circulaire moderne en granite et en verre.

Il est ouvert au public chaque début décembre pendant trois jours, pour célébrer l'instauration de la Constitution du 6 décembre (entrée gratuite).

Une ancienne église abrite une des salles de réunion du Sénat espagnol

Entrée imposante du Monasterio de la Encarnación

Monasterio de la Encarnación 19

Plaza de la Encarnación 1. **Plan** 3 C1. ***Tél.*** *91 454 88 00. Ópera, Santo Domingo. 10 h 30-12 h 45, 16 h-17 h 45 mar.-jeu. et sam. ; 10 h 30-12 h 45 ven., 11 h-13 h 45 dim. et j. fériés. 1er et 6 janv., 3 jours une sem. après Pâques, 1er et 15 mai, 27 juil., 9 nov., 24, 25 et 31 déc. (gratuit mer. pour les membres de l'UE)*
www.patrimonionacional.es

Fondé en 1611 par Marguerite d'Autriche, épouse de Philippe III, ce couvent dessiné par Juan Gómez de Mora, l'architecte de la Plaza Mayor *(p. 44),* borde une charmante place ombragée. Des augustines occupent toujours le monastère. Il abrite une collection de peintures du XVIIe siècle comprenant des œuvres de José de Ribera et Vincente Carducho. Parmi les statues en bois polychrome, remarquez le *Cristo Yacente* (« Christ couché ») de Gregorio Fernández. C'est la salle des reliques, au plafond peint par Carducho, qui constitue le principal intérêt de la visite. Des centaines de reliquaires couvrent les parois. Une ampoule renferme le sang coagulé de saint Pantaléon, supposé se liquéfier chaque 27 juillet, jour anniversaire de sa naissance. Reconstruite en 1767 par Ventura Rodríguez après un incendie, l'église est ornée de peintures de Francisco Bayeu et de fresques de González Velázquez.

Le Palacio Real 20

Statue de Charles III

Conçu pour impressionner, le Palais royal de Madrid se dresse sur une hauteur dominant le río Manzanares, à l'emplacement qu'occupa pendant des siècles la forteresse de l'alcazar, détruite par un incendie en 1734. Philippe V commanda alors un édifice grandiose. Sa construction dura vingt-six ans, et la majeure partie de sa riche ornementation reflète les goûts de Charles III et Charles IV *(p. 18)*. Le Palacio Real resta résidence royale jusqu'à l'abdication d'Alphonse XIII en 1931. Il continue d'accueillir des réceptions officielles, mais Juan Carlos Ier habite hors de Madrid le palais de la Zarzuela, plus modeste.

★ La salle à manger
Aménagée en 1879 et décorée de magnifiques tapisseries de Bruxelles, sa longue table peut accueillir 145 convives.

★ La salle de porcelaine
Les murs et le plafond de cette salle, aménagée sur l'ordre de Charles III, sont entièrement couverts de porcelaine de la manufacture de Buen Retiro.

Le salon des Colonnes, orné de bronzes du XVe siècle et de bustes de la Rome impériale, servait aux banquets royaux.

★ Le salon Gasparini
Nommé d'après son créateur napolitain, le salon Gasparini présente une somptueuse décoration rococo. Un portrait de Charles IV par Goya orne l'antichambre voisine.

À NE PAS MANQUER

- ★ La salle à manger
- ★ La salle de porcelaine
- ★ Le salon Gasparini
- ★ La salle du Trône

Plaza de Armas
Cette place constitue l'entrée principale, de la pharmacie et de l'Armurerie royale. À midi, chaque 1er mercredi du mois, on peut assister à la relève de la garde.

MODE D'EMPLOI

Calle de Bailén. **Plan** 3 C2. ***Tél.*** *91 454 88 00.* *Ópera.* *3, 25, 33, 39, 148.* *avr.-sept. : 9 h-18 h lun.-sam, 9 h-15 h dim. et j. fériés. ; oct.-mars : 9 h 30-17 h lun.-sam., 9 h-14 h dim. et j. fériés.* *lors des réceptions officielles, 1er et 6 janv., 1er et 15 mai, 12 oct., 9 nov., 24, 25 et 31 déc.* *(gratuit mer. pour les membres de l'UE)* **www.**patrimonionacional.es

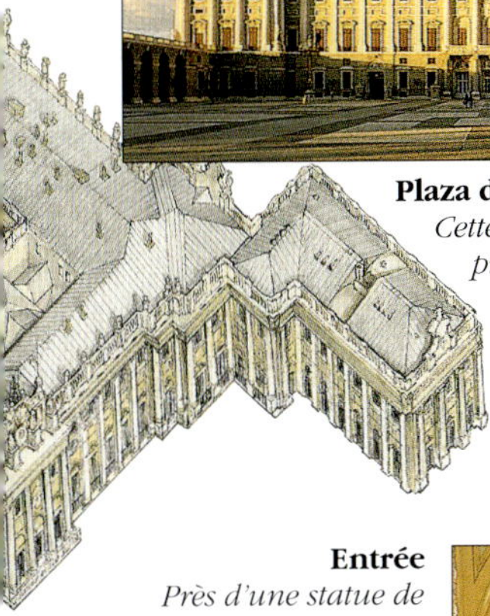

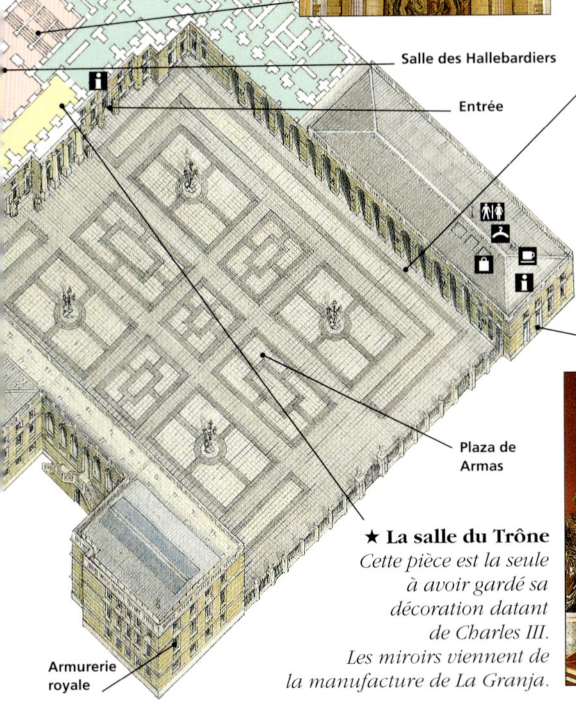

Entrée
Près d'une statue de Charles III, un escalier en marbre par Sabatini, dont le plafond est orné de scènes allégoriques par Giaquinto, conduit à l'étage principal.

Pharmacie
Elle a conservé ses tiroirs destinés aux herbes médicinales et des bocaux en faïence de Talavera. Son musée abrite des recueils de remèdes prescrits à la famille royale.

LÉGENDE

- Salles d'exposition
- Entrées
- Appartements de Charles III
- Chapelle
- Appartements de Charles IV

★ La salle du Trône
Cette pièce est la seule à avoir gardé sa décoration datant de Charles III. Les miroirs viennent de la manufacture de La Granja.

À la découverte du Palacio Real

Le majestueux Palais royal occupe entre le vieux Madrid et le río Manzanares l'emplacement de l'alcazar, l'ancienne forteresse maure conquise par les chrétiens en 1085 *(p. 15)*. Après un important remaniement en 1561, elle devint la résidence de Philippe II jusqu'à l'achèvement d'El Escorial *(p. 126-129)* en 1584. Un incendie la ravagea la veille de Noël 1734, pendant le règne de Philippe V. Le premier souverain Bourbon d'Espagne n'en eut aucune peine. Il s'empressa de commander la construction d'un palais ressemblant plus à celui de Versailles où il avait grandi.

Façade principale du Palacio Real sur la plaza de Armas

LE PALAIS

Dessiné, pour l'essentiel, par l'Italien Giovanni Battista Sachetti, le bâtiment principal, bâti en granite et en calcaire blanc, forme un quadrilatère de 140 m de côté. Quelques éléments baroques agrémentent son architecture néo-classique. Le projet était si ambitieux que la construction, commencée en 1738, dura jusqu'en 1764, bien après le décès de Philippe V. C'est son fils Charles III qui fut le premier à s'installer au palais. Celui-ci resta la résidence officielle de la famille royale jusqu'au départ en exil d'Alphonse XIII en 1931, et les monarques qui s'y succédèrent apportèrent des modifications à la décoration intérieure et l'organisation des pièces. Le général Franco *(p. 20)* aimait prononcer des discours depuis le balcon dominant la plaza de Oriente *(p. 58)*.

La façade principale donne sur la **plaza de Armas** qu'encadrent deux ailes commandées par Charles III et la cathédrale de la Almudena *(p. 59)*. Le fronton au-dessus de l'entrée porte une horloge et deux cloches. L'une d'elles, fondue en 1637, a survécu à l'incendie qui détruisit l'ancien alcazar.

Salle du Trône au plafond peint par Tiépolo

Le grand escalier compte 72 marches en marbre de Tolède

L'ENTRÉE

L'escalier d'apparat en marbre de Tolède donne immédiatement le ton du décor intérieur, avec son plafond allégorique peint par Giaquinto. Au 1er étage, une fresque par Tiépolo orne le **Salón de los Alabarderos** (salle des Hallebardiers) qui jouxte le **Salón de Columnas** (salle des Colonnes), la pièce où se tenaient les banquets jusqu'à l'aménagement d'une nouvelle salle à manger au XIXe siècle. Le traité d'adhésion de l'Espagne à la Communauté européenne fut signé sur sa table aux pieds en forme de sphinx. Au mur, cinq tapisseries exécutées d'après des cartons de Raphaël et commandées à l'origine par le Vatican représentent des actes des apôtres.

Le **Salón del Trono** (salle du Trône) qui mène aux appartements de Charles III a conservé sa décoration rococo achevée en 1772. Les murs sont ornés de hauts miroirs aux riches dorures, sous un plafond baroque dû à Tiépolo. Les deux trônes sont récents (1977), mais les lions de bronze doré qui en gardent l'accès datent de 1651. La salle reste utilisée pour des cérémonies officielles comme l'audience royale du Día de la Hispanidad, la fête nationale célébrée le 12 octobre, ou l'accueil annuel du corps diplomatique en poste à Madrid.

LES APPARTEMENTS DE CHARLES III

Les trois pièces visitées après la salle du Trône portent le nom du Napolitain Mattia Gasparini, qui en conçut la décoration. Elles faisaient partie des appartements du roi. Celui-ci prenait ses repas dans la **Sala de Gasparini.** L'**Antecámara de Gasparini** abrite quatre portraits par Goya de Charles IV et de Marie-Louise de Parme. La Cámara de Gasparini, où le roi s'habillait en présence de ses courtisans, est la seule à avoir conservé son aspect d'origine avec ses murs couverts de soie brodée.

Une petite pièce, la **Tranvía de Carlos III,** mène à l'ancienne chambre de Charles III. Dans la **Sala de Porcelana** (« salle de porcelaine »), de style baroque, de la porcelaine de la manufacture de Buen Retiro couvre murs et plafond. La **Salita Amarilla** (« salle jaune »), ornée de tapisseries, conduit à la salle à manger de gala.

Portait de Charles IV par Goya dans l'Antecámara de Gasparini

LA SALLE À MANGER

Aménagée en 1879, pendant le règne d'Alphonse XII, en réunissant plusieurs pièces des appartements de la reine, la salle de banquet du Palais royal possède une superficie de 400 m². Dorures, plafond peint, lustres de cristal, tapisseries flamandes, vases chinois et rideaux brodés composent une riche décoration. La table peut accueillir jusqu'à 145 convives. Les salles qui l'entourent abritent des médailles commémoratives, l'imposant milieu de table utilisé lors des réceptions, de l'argenterie, de la vaisselle et de la verrerie, ainsi qu'une très belle collection d'instruments de musique. Elle a pour fleurons des créations uniques de Stradivarius, le célèbre luthier de Crémone.

Salle à manger de gala aménagée dans les anciens appartements de la reine

LA CHAPELLE

Construite entre 1749 et 1757, la chapelle accueille toujours des offices religieux. Son décor somptueux présente surtout de l'intérêt pour les peintures de Giaquinto.

Les visiteurs passent ensuite par le **Salón de Paso** pour rejoindre les appartements de Marie-Christine (jadis ceux de Charles IV). Pendant le règne d'Alphonse XII, ces quatre petites pièces aveugles tenaient lieux de salle de billard, de fumoir, de chambre de la reine **(Salón de Estucos)** et de bureau **(Gabinete de Maderas de Indias).**

LA PHARMACIE ET L'ARMURERIE

Sur la plaza de Armas, près de la billetterie, s'ouvre la **Real Farmacia** (pharmacie royale) fondée par Philippe II en 1594. Elle forme un dédale empli de pots et de fioles en verre et en porcelaine portant le nom de potions et de plantes médicinales.

De l'autre côté de la place, le **Real Armería** (armurerie royale) occupe un pavillon bâti en 1897 après l'incendie de l'armurerie d'origine. Ouverte au public depuis que Philippe II rapporta à Madrid la collection d'armes et d'armures de Charles Quint, elle peut être considérée comme le premier musée de la ville. Elle possède des pièces exceptionnelles, en particulier les armures personnelles de Charles Quint et de Philippe II, ainsi qu'un bel ensemble de fusils de chasse utilisés par les Bourbons.

Armure de Charles Quint

Statue équestre de Philippe IV, plaza de Oriente

Plaza de Oriente 21

Plan 3 C2. *Ópera.*

C'est Joseph Bonaparte qui fit détruire les immeubles situés à l'est du Palacio Real *(p. 54-57)* pour dégager cette place et ouvrir la perspective qu'elle offre sur le palais, mais les travaux d'aménagement ne s'achevèrent qu'en 1841 pendant le règne d'Isabelle II. Rois, reines et dictateurs utilisèrent le balcon qui domine la plaza de Oriente pour prononcer des discours lors de grandes occasions. Les effigies des premiers souverains espagnols qui agrémentent les jardins devaient à l'origine décorer le toit mais se révélèrent trop lourdes. Pietro Tacca fondit à Florence en 1640 la statue équestre de Philippe IV, modelée d'après un portrait par Velázquez, qui orne le centre de la place.

Au sud-est,on trouve l'agréable **Café de Oriente** *(p. 165).*

Teatro Real 22

Plaza de Oriente. **Plan** 4 D2. ***Tél.*** *91 516 06 00 (info) ; 90 224 48 48 (billets). Ópera. 10 h 30-13 h lun. et mer.-ven. ; 11 h-13 h 30 sam.-dim. et certains j. fériés. dern. sem. de juil. et août.* **www**.teatro-real.com

De style romantique, l'Opéra de Madrid obéit à un plan hexagonal irrégulier et dresse sa masse imposante en face du Palacio Real. Six niveaux en sous-sol servant de magasins complètent les neuf autres qui dominent d'un côté la plaza de Oriente, de l'autre la plaza Isabel II. S'il peut aujourd'hui représenter dignement la culture dans la trinité symbolique qu'il forme avec le Palais royal et la cathédrale de la Almudena, c'est au prix de près de trois siècles d'efforts et d'obstination. Une compagnie italienne édifia dès 1708 un petit théâtre sur le site. Une salle plus ambitieuse le remplaça en 1735, mais le bâtiment souffrit de graves problèmes de fondations, causés par la présence de cours d'eau souterrains. À l'instigation de Ferdinand VII, il fut démoli en 1816 pour laisser place à un opéra moderne dont la construction fut si lente qu'Isabelle II eut le temps d'atteindre l'âge de vingt ans pour l'inaugurer en 1850, le jour de son anniversaire. Elle assista pour l'occasion à une représentation de *La Favorite* de Gaetano Donizetti. Il apparut toutefois que l'édifice n'échappait pas aux déboires de son prédécesseur et exigeait des réparations constantes. Le Teatro Real resta néanmoins un des principaux pôles de la vie culturelle de la capitale jusque dans les années 1920. Endommagé par une explosion pendant la guerre civile *(p. 20),* il fut finalement fermé en 1988.

Costume d'*Anne Boleyn*

L'ambitieux projet de rénovation entrepris en 1991 connut, à son tour, des aléas. L'architecte succomba à une attaque cardiaque en inspectant les travaux, et c'est avec cinq ans de retard, et un gros dépassement de budget, que la grande salle ouvrit en octobre 1997, avec *Le Tricorne* de Manuel de Falla. En forme de fer à cheval, elle peut accueillir 1 630 spectateurs sur cinq niveaux et abrite une scène de 1 430 m². Un lustre pesant deux tonnes et demi éclaire son décor rouge et or.

Au deuxième étage du Teatro Real, quatre vastes foyers distribués autour du grand hall contiennent des tapisseries, des peintures, des miroirs et des antiquités. Les tapis étalés sur le sol ont été spécialement fabriqués pour le théâtre par

La salle de l'Opéra avec, au centre, la loge royale

l'atelier de Manuel Morón à Ciudad Real, au sud de Madrid.

Au même étage, le restaurant mérite également une visite. Il occupe l'ancienne salle de bal où Isabelle II organisa souvent d'élégantes réceptions. Des vitrines renferment des costumes d'*Aïda* composé par Giuseppe Verdi, et d'*Anne Boleyn* de Gaetano Donizetti. Le ciel étoilé du plafond a la même configuration que celui de Madrid la nuit de l'inauguration de l'Opéra. Le restaurant est ouvert du mardi au dimanche pour le thé (18 h 30) et le dîner (21 h), sauf les soirs de représentation où il faut assister au spectacle pour pouvoir y entrer.

Une agréable cafétéria offre du sixième étage une belle vue de la plaza de Oriente et du Palacio Real.

Iglesia de San Nicolás 23

Plaza de San Nicolás 1. **Plan** 3 C2.
Tél. *91 559 40 64. Ópera.*
8 h 30-13 h 30, 17 h 30-20 h 30 lun. ; 8 h-10 h, 18 h 30-20 h 30 mar.-sam. ; 10 h-14 h et 18 h 30-20 h 30 dim. sur rendez-vous.

La première mention de l'église San Nicolás de Bari apparaît dans un document de 1202. Sa tour en brique, le plus ancien édifice ecclésiastique de Madrid, qui était peut-être à l'origine le minaret d'une mosquée, incorpore des éléments gothiques et mudéjars tels que des arcs en fer à cheval.

Tour en brique mudéjare de l'Iglesia de San Nicolás

Nuestra Señora de la Almudena et le Palais royal

Catedral de la Almudena 24

Calle de Bailén 8 –10. **Plan** 3 C2.
Tél. *91 542 22 00. Ópera.*
9 h-20 h 30 t.l.j.

Dédiée à la sainte patronne de Madrid, dont une image peinte au XVIe siècle orne l'autel de la crypte, cette cathédrale ambitieuse, entreprise en 1879 sur des plans du marquis de Cubas, s'élève sur le site de la plus ancienne église de la ville. Elle ne fut inaugurée par le pape qu'en 1993. Sous la direction de plusieurs architectes, la construction du sanctuaire, de style néo-gothique derrière une façade néo-classique, a duré plus d'un siècle.

Plus loin dans la calle Mayor, des fouilles ont mis au jour des vestiges de murailles médiévales maures et chrétiennes.

Campo del Moro 25

Plan 3 A2. *Príncipe Pío.*
oct.-mars : 10 h-18 h lun.-sam., 9 h-18 h dim. et j. fériés ; avril-sept. : 10 h-20 h lun.-sam, 9 h-20 h dim. et j. fériés. 1er et 6 janv., 1er et 15 mai, 12 oct., 9 nov., 24, 25 et 31 déc.
www.patrimonionacional.es.

Le Champ du Maure est un parc agréable aménagé sur la rive orientale pentue du río Manzanares. Il offre de belles vues du Palacio Real *(p. 54-57)*.

Il doit son nom à l'armée conduite par Ali ben Yousouf qui bivouaqua en 1109 sur cet espace dégagé. Celui-ci servit ensuite aux chevaliers chrétiens pour leurs joutes, puis devint à la fin du XIXe siècle une luxueuse aire de jeu pour les enfants de la famille royale. Transformé en parc à l'anglaise, avec des sentiers sinueux, des pelouses, des bosquets, des fontaines et des statues, il rouvrit au public en 1931 sous la Deuxième République *(p. 20)*. Fermé pendant la dictature franquiste, il le resta jusqu'en 1983.

La Muralla Àrabe, vestige des remparts maures

Muralla Àrabe ㉖

Parque del Emir Mohamed I, Cuesta de la Vega. **Plan** 3 C3. *Opera.* *de l'aube au coucher du soleil.*

En dehors de son nom, issu de l'arabe *Mayrit,* Madrid n'a guère conservé de son héritage maure que le petit pan de rempart appelé la Muraille arabe qui se trouve au sud de la cathédrale Nuestra Señora de la Almudena, au bas de l'abrupte rue Cuesta de la Vega. Les historiens pensent qu'une des portes principales de la forteresse musulmane s'ouvrait non loin. Le mur, construit avec des blocs de silex de taille et de forme variées, s'élève à plus de 3 m de hauteur le long d'un côté du Parque del Emir Mohamed, nommé d'après le chef maure qui fonda la ville.

Les fouilles qui en 1953 mirent au jour ce vestige du IXe siècle dégagèrent aussi un pan de rempart chrétien du XIIe siècle. De l'autre côté du mur, on peut découvrir depuis la Cuesta de la Vega des arcs en brique en forme de fer à cheval, un élément architectural hérité des Wisigoths qui occupèrent la péninsule du Ve au VIIIe siècle.

De l'autre côté de la rue, une plaque et une image de la Vierge indiquent l'endroit où aurait été retrouvée en 1085 la statue de la Virgen de la Almudena devenue la patronne de Madrid. « *Almudena* » dérive du mot arabe désignant un rempart extérieur.

L'été, des concerts et des pièces de théâtre en plein air ont lieu dans le Parque del Emir Mohamed I.

San Francisco el Grande ㉗

Plaza de San Francisco. **Plan** 3 B4. ***Tél.*** *91 365 38 00. La Latina, Puerta de Toledo.* **Musée** *11 h-12 h 30, 16 h-18 h 30 mar.-ven., 11 h-11 h 30 sam. ; juil.-sept. 11 h-12 h 30, 17 h-19 h 30 mar.-dim.*
Capilla del Cristo de los Dolores *11 h-13 h sam.*

Ce majestueux sanctuaire néo-classique occupe l'emplacement d'un couvent franciscain qu'aurait fondé, selon la légende, saint François d'Assise en 1217. Le monastère prit de l'importance après que Philippe II eut fait de Madrid la capitale de l'Espagne en 1561, et il se vit confier la « garde » des lieux saints conquis par les croisés.

Philippe III commanda en 1760 la construction d'une église beaucoup plus ambitieuse, et l'architecte Francesco Cabezas combla ses désirs en dessinant un édifice coiffé d'un dôme de 33 m de diamètre. Les problèmes que posa sa construction entraînèrent l'arrêt des travaux en 1768, et c'est Francesco Sabatini qui acheva l'édifice en 1784.

Transformée en caserne par le ministère des Affaires étrangères en 1835, la basilique devint peu après le Panthéon national. Les franciscains ne purent y revenir qu'en 1926.

Les tours jumelles qui dominent la façade abritent dix-neuf cloches dont onze forment un carillon. Juan Guas sculpta sous la direction d'Antonio Varela les scènes bibliques qui ornent les sept vantaux principaux en noyer. Le relief central au-dessus des portes montre la Foi et l'Espoir se prosternant aux pieds du Christ en croix, qu'encadrent les deux larrons crucifiés en même temps que lui.

À l'entrée de la nef, des anges en bronze supportent des bénitiers en marbre en forme de coquille Saint-Jacques. Les difficultés rencontrées pour restaurer les fresques et le plafond expliquent la présence d'échafaudages depuis 1973. La chapelle principale abrite cinq grandes peintures par Manuel Domínguez et Alejandro Ferrant, illustrant des épisodes de la vie de saint François. Les quatre évangélistes en bois et en plâtre

Sous la coupole de San Francisco el Grande, église riche en œuvres d'art

imitant le bronze sont de Sanmartí et Molinelli. La plus intéressante des six chapelles latérales se trouve tout de suite à gauche de l'entrée. Elle renferme *Saint Bernardin de Sienne prêchant,* peinture où Goya s'est représenté (à droite), ainsi que des œuvres d'Andrés de la Calleja et d'Antonio González Velázquez. Sont également accessibles au public le cloître et la sacristie meublée de stalles plateresques du XVIe siècle provenant de la chartreuse d'El Paular.

Hermano Francisco Bautista dessina en 1562 la Capilla del Cristo de los Dolores nommée d'après une statue polychrome réputée pour ses miracles. Cette œuvre de Domingo de la Rioja se trouve aujourd'hui à Serradilla, après que Philippe V l'eut gardée quelque temps à l'alcazar, et la chapelle attenante à San Francisco del Grande en abrite une copie exécutée en 1643 par Diego Rodríguez.

Plaza de la Paja ㉘

Plan 4 D3. Ⓜ *La Latina.*

Ancien pôle du Madrid médiéval, les environs de la plaza de la Paja ont gardé un certain cachet. Plusieurs édifices intéressants bordent cependant la place.

En montant depuis la calle de Segovia, vous pourrez voir, sur la gauche, le long de la calle del Príncipe Anglona, la tour en brique de style mudéjar (XVe siècle) de l'**Iglesia de San Pedro.** Au-delà de la fontaine, les sobres murs en pierre de la **Capilla del Obispo** ferment la plaza de la Paja. Ce sanctuaire faisait jadis partie du Palacio Vargas voisin. Il abrite un superbe retable plateresque orné de sculptures de Francisco Giralte. Plus haut à gauche s'élève le dôme baroque de l'Iglesia de San Andrés.

Une succession de plusieurs places conduit à la plaza Puerta de Moros, dont le nom rappelle qu'une communauté maure habitait jadis ce quartier. De là, la carrera de San Francisco descend jusqu'à l'imposante église San Francisco el Grande.

La Latina ㉙

Plan 4 D4. Ⓜ *La Latina.*

Les quartiers contigus de la Latina et de Lavapiés sont considérés comme le cœur du Madrid *castizo (p. 103),* terme qui désigne la culture traditionnelle des classes populaires de la ville, et leur attrait émane plus de leur atmosphère que de la qualité de leur architecture.

Bordées de hautes maisons étroites renovées, le quartier a retrouvé une atmosphère agréable. Les rues pentues de la Latina courent à flanc de colline depuis la plaza Puerta de Moros jusqu'au marché aux puces d'El Rastro. À l'est, le quartier se mêle à celui de Lavapiés. De nombreux bars à l'ancienne subsistent aux alentours de la plaza de la Cebada, ajoutant au charme de ce quartier de Madrid.

La plaza de la Paja jadis au cœur du Madrid médiéval

En quête d'une bonne affaire au marché aux puces d'El Rastro

El Rastro ㉚

Calle de la Ribera de Curtidores.
Plan 4 E4. Ⓜ *La Latina, Embajadores.*
☐ *10 h-14 h dim. et j. fériés.*

Fondé au Moyen Âge, le célèbre marché aux puces de Madrid *(p. 173)* s'étend depuis la plaza de Cascorro en direction du río Manzanares. Il a pour axe principal la calle de la Ribera de Curtidores, l'ancienne « rive des Tanneurs ».

Si certains affirment que le Rastro a bien changé depuis son âge d'or au XIXe siècle, celui-ci attire cependant toujours autant de Madrilènes et de visiteurs le dimanche matin. Ils y viennent souvent pour le simple plaisir de la promenade, et la foule est si dense vers midi qu'il vaut mieux vous y rendre de bonne heure si vous voulez dénicher une bonne affaire sur les éventaires et dans les boutiques. Vous y trouverez des antiquités, des meubles neufs ou encore des objets artisanaux.

Dans l'autre grande rue du marché, la calle de Ambajadores, se dresse la belle mais poussiéreuse façade baroque de l'**Iglesia de San Cayetano** (1722) dessinée par José Churriguera et Pedro Ribera. Ravagé par un incendie pendant la guerre civile *(p. 20)*, l'intérieur a été restauré. Plus loin (au n° 53) se trouve l'ex-**Real Fábrica de Tabacos,** entreprise d'État créée en 1809. La combativité de ses employées était légendaire. L'édifice abrite aujourd'hui une galerie d'art.

LE MADRID DES BOURBONS

À l'est du vieux Madrid s'étendait jadis un espace de jardins connu sous le nom de Prado, la « Prairie ». Les Rois Catholiques *(p. 20)* y fondèrent au XVe siècle un monastère près duquel les Habsbourg édifièrent un palais dont ne subsistent que quelques bâtiments, mais dont les jardins sont devenus le superbe Parque del Retiro *(p. 77)*. Les Bourbons étendirent cette zone au XVIIIe siècle. Autour du paseo del Prado, ils construisirent des places majestueuses ornées de fontaines, un arc de triomphe, l'hôpital qui abrite les collections d'art moderne du Centro de Arte Reina Sofía, l'édifice qui allait devenir le Museo del Prado – l'un des plus grands et des plus riches musées d'art du monde – et le Museo Thyssen-Bornemisza.

LE QUARTIER D'UN COUP D'ŒIL

Bâtiments et monuments historiques

Ateneo de Madrid 17
Banco de España 5
Bolsa de Comercio 7
Casa de Lope de Vega 20
Círculo de Bellas Artes 13
Congreso de los Diputados 16
Edificio Metrópolis 15
Estación de Atocha 30
Hotel Palace 11
Hotel Ritz 9
Ministerio de Agricultura 27
Observatorio Astronómico 28
Palacio de Comunicaciones 3
Palacio de Fernán Núñez 31
Palacio de Linares 2
Puerta de Alcalá 1
Real Academia de la Historia 19
Real Academia Española 23
Teatro Español 18

Musées

Centro de Arte Reina Sofía p. 84-87 32
Salón de Reinos 24
Museo del Prado p. 78-81 21
Museo Nacional de Antropología 29
Museo Nacional de Artes Decorativas 8
Museo Naval 6
Museo Thyssen-Bornemisza p. 70-73 12

Églises

Iglesia de San Jerónimo el Real 22
Iglesia de San José 14

Places et parcs

Parque del Retiro 25
Plaza Cánovas del Castillo 10
Plaza de Cibeles 4
Real Jardín Botánico 26

COMMENT Y ALLER

Le métro offre le meilleur moyen de circuler dans le Madrid des Bourbons. Les lignes 1, 2 et 4 desservent les principaux sites. Les bus les plus utiles sont les 1, 2, 8, 14, 15, 27, 74 et 144 en direction de la Plaza de Cibeles.

LÉGENDE

- Plan du quartier pas à pas *p. 64-65*
- Station de métro
- Gare ferroviaire
- Arrêt de bus important
- Information touristique

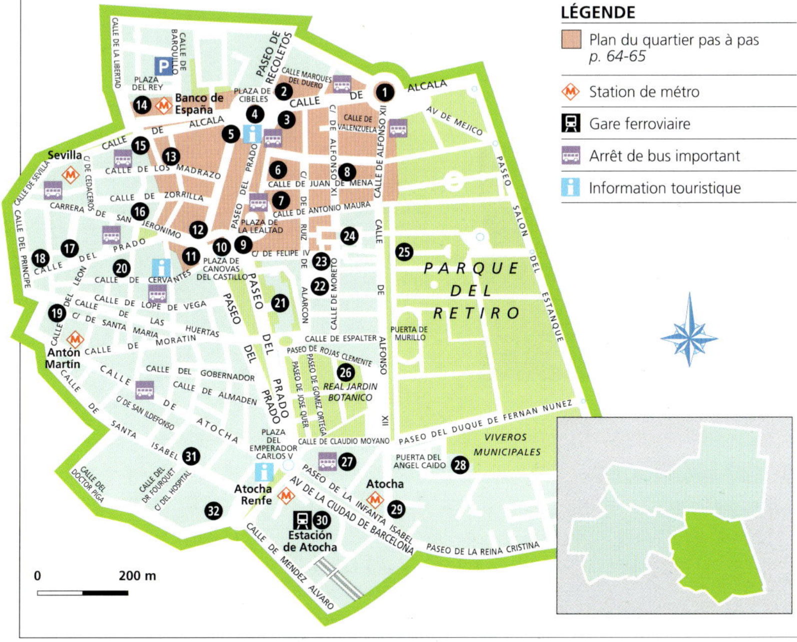

Le monument à Alphonse XII dans le parc du Retiro *(p. 77)*

Le paseo del Prado pas à pas

Aménagée comme élégant lieu de promenade à partir de la fin du XVIIIe siècle par Charles III, la large avenue plantée d'arbres du paseo del Prado attire aujourd'hui de nombreux visiteurs pour ses musées. Les amateurs d'art peuvent en effet admirer au Museo del Prado (juste au sud de la plaza Cánovas del Castillo) et au Museo Thyssen-Bornemisza deux des plus prestigieuses collections d'art du monde. Parmi les monuments grandioses construits sous Charles III figurent la Puerta de Alcalá, la Fuente de Neptuno et la Fuente de Cibeles qui se dressent au milieu de ronds-points où règne une intense circulation.

★ Plaza de Cibeles
Une statue de Cybèle, déesse de la Fertilité, domine sa fontaine 4

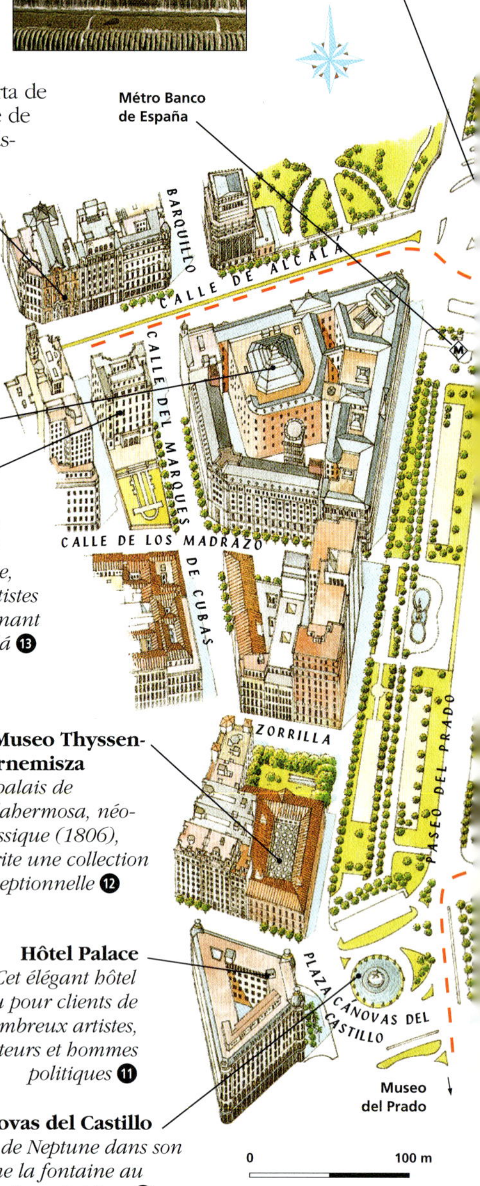

Iglesia de San José
Pedro Ribera dessina cette église baroque bâtie entre 1730 et 1742 14

Banco de España
La Banque d'Espagne occupe un édifice dont une des trois façades donne sur la plaza de Cibeles 5

Círculo de Bellas Artes
Cette institution fondée en 1880 abrite un théâtre, des ateliers d'artistes et un café dominant la calle de Alcalá 13

★ Museo Thyssen-Bornemisza
Le palais de Villahermosa, néo-classique (1806), abrite une collection exceptionnelle 12

Hôtel Palace
Cet élégant hôtel a eu pour clients de nombreux artistes, acteurs et hommes politiques 11

Plaza Cánovas del Castillo
Une statue de Neptune dans son chariot orne la fontaine au centre de cette vaste place 10

À NE PAS MANQUER

- ★ Museo Thyssen-Bornemisza
- ★ Puerta de Alcalá
- ★ Plaza de Cibeles

★ Puerta de Alcalá
Son éclairage rend particulièrement belle la nuit cette ancienne porte de la ville en granite ❶

CARTE DE SITUATION
Voir l'atlas des rues, plans 7 et 8.

Palacio de Comunicaciones
Ce bâtiment, siège des services postaux espagnols, est souvent comparé à une pièce montée ❸

Palacio de Linares
Ce palais de la fin du XIXᵉ siècle, somptueusement décoré, abrite désormais la Casa de América, maison de la culture latino-américaine ❷

Museo Nacional de Artes Decorativas
Ce musée fut fondé près du Retiro en 1912 pour servir de vitrine à la céramique et au mobilier d'Espagne ❽

Museo Naval
Intégré au ministère de la Défense, ce musée présente une riche collection de maquettes de bateaux, de cartes marines et de reconstructions de cabines ❻

Bolsa de Comercio
Dans l'élégant bâtiment néoclassique de la Bourse, les visiteurs peuvent assister aux échanges depuis une galerie ❼

Hôtel Ritz
Avec son intérieur Belle Époque, le Ritz est un des plus beaux palaces d'Espagne ❾

LÉGENDE

- - - - Itinéraire conseillé

Perspective offerte par l'arche centrale de la Puerta de Alcalá

Puerta de Alcalá ❶

Plan 8 D1. *Retiro.*

Le plus grandiose des monuments commandés par Charles III *(p. 23)* pour ennoblir l'est de Madrid se présente sous la forme d'un arc de triomphe néo-classique. Dessiné par Francesco Sabatini, il remplaça une porte baroque plus petite édifiée par Philippe III *(p. 22)* pour l'entrée dans la capitale de son épouse, Marguerite d'Autriche. Sa construction, en granite, commença en 1769 et dura neuf ans. La Puerta de Alcalá, ornée d'anges sculptés, comprend cinq arches.

Jusqu'à la seconde moitié du XIXe siècle, la porte marqua la limite orientale de la ville. Désormais, elle se dresse au centre de la plaza de la Independencia. Elle est particulièrement belle la nuit, lorsqu'elle est éclairée.

Palacio de Linares ❷

Paseo de Recoletos 2. **Plan** 8 D1. ***Tél.*** *91 595 48 00. Banco de España.* *au public.* **Salle d'exposition** *11 h-14 h, 17 h-20 h mar.-sam. ; 11 h-14 h dim. et jours fériés.* *août.* **www**.casamerica.es

En 1873, Amédée Ier de Savoie *(p. 23)* remercia le banquier madrilène José de Murga de son soutien financier en lui accordant le titre de marquis de Linares. Ce dernier s'empressa de célébrer son entrée dans la noblesse en faisant construire une demeure au luxe le plus extravagant jamais vu dans la capitale espagnole. Partout à l'intérieur, dorures, marqueteries, dallages de marbre, lustres étincelants, fresques allégoriques et nymphes dévêtues composent un exubérant décor rococo.

Les pièces les plus remarquables, la salle à manger de gala, la salle de bal, le Salón China et la chapelle de style byzantin, sont au premier étage. Le jardin renferme le Pabellón Romántico, un pavillon en bois digne d'un conte de fées, aussi appelé la Casa de Muñecas (« Maison de poupées »).

Boîte aux lettres du Palacio de Comunicaciones

La fortune de la famille déclina après la mort du marquis, et le palais était presque à l'abandon en 1977. Le gouvernement espagnol décida de le sauver quand Madrid remplit la fonction de capitale européenne de la culture en 1992. L'entrée principale borde la plaza de Cibeles mais ne sert qu'en de grandes occasions. L'accès du public se fait par l'entrée latérale du paseo de Recoletos. Le bâtiment abrite la **Casa de América,** une association culturelle qui s'efforce de promouvoir l'art, la littérature et le cinéma latino-américains.

Palacio de Comunicaciones ❸

Plaza de Cibeles. **Plan** 7 C2. *Banco de España.* **Poste *Tél.*** *90 219 71 97.* *8 h 30-21 h 30 lun.-ven. ; 8 h 30-14 h sam.* **Musée *Tél.*** *91 396 26 79.* *9 h-14 h, 17 h-19 h lun.-ven., 9 h-14 h sam.* **www**.correos.es

Le siège des services postaux espagnols occupe, à l'angle de la plaza de Cibeles et de la calle de Alcalá, un bel édifice conçu entre 1905 et 1917 par Antonio Palacios – souvent comparé à une pièce montée. Il abrite la poste centrale, qui conserve des pupitres en bois et en bronze sur lesquels on peut rédiger son courrier. L'entrée du **Museo Postal y Telegráfico** se trouve dans la calle de Montalbán. Ce musée peu connu présente une collection illustrant l'histoire de la poste avec, entre autres, des timbres, des uniformes de postier, des bicyclettes et des boîtes aux lettres. Cette collection comprend aussi des pièces plus curieuses, tels qu'un pigeon voyageur empaillé, une cage destinée à l'envoi d'abeilles ou encore une lettre écrite sur du pain par un soldat à court de papier. Vous verrez également des enveloppes à l'adresse codée qui ne pouvaient être distribuées qu'après décryptage, une pratique interdite dans les années 1970.

Salle de bal rococo du Palacio de Linares

Plaza de Cibeles ❹

Plan 7 C1. *Banco de España.*

Important carrefour de circulation, au croisement du paseo del Prado et de la calle de Alcalá, la plaza de Cibeles est non seulement une des places les plus célèbres de Madrid mais aussi une des plus belles.

Elle doit son nom à la fontaine de Cybèle, un symbole de la ville, qui se dresse en son centre. Dessinée à la fin du XVIIIe siècle par José Hermosilla et Ventura Rodríguez, elle est ornée d'une statue représentant la Grande Mère des dieux, dont le culte, originaire d'Asie Mineure, se répandit dans l'Empire romain.

Quatre édifices importants bordent la place. Le plus impressionnant, le **Palacio de Comunicaciones,** a reçu le surnom ironique de « Notre-Dame des Communications ». Sur le côté nord-est de la place se dresse la façade en pierre du **Palacio de Linares.** Dans l'angle nord-ouest, au sein d'agréables jardins, le **Cuartel General del Ejército de Tierra** (« Quartier général de l'armée de terre ») occupe les bâtiments de l'ancien Palacio de Buenavista commandé en 1777 par la duchesse d'Albe.

Dans l'angle opposé, la **Banco de España,** de style Renaissance, édifié entre 1884 et 1891, forme tout un pâté de maisons.

Banco de España ❺

Paseo del Prado 2. **Plan** 7 C2. ***Tél.*** *91 338 53 65.* *Banco de España.* *sur r.-v. seul. ; écrire au Servicio de Protocolo.* **www**.bde.es

La construction de l'immeuble de la Banque d'Espagne, institution fondée en 1856, se fit en trois étapes, de nouvelles ailes venant compléter la partie la plus ancienne bâtie entre 1882 et 1891 à l'angle de la plaza de Cibeles. L'entrée principale borde le paseo del Prado et ne sert que lors d'occasions solennelles.

Des scènes mythologiques et allégoriques en vitrail

La Fuente de Cibeles et le Palacio de Cinares à l'arrière-plan

éclairent le grand escalier en marbre de Carrare. Il conduit au Patio de Reloj, la vaste salle Art déco qui abrite les guichets sous une verrière. La bibliothèque, ouverte aux chercheurs, occupe une autre grande salle entièrement décorée de filigranes en fer forgé peintes en blanc cassé. Il existe une deuxième bibliothèque, plus petite et plus ancienne, meublée de rayonnages en acajou.

La banque possède une riche collection de tapisseries, de peintures et d'antiquités. Elles ornent les salles de réunion et les corridors. Les plus belles œuvres comprennent un premier tirage de la *Tauromaquia,* une série de gravures par Goya. Une pièce circulaire renferme également huit tableaux du maître dont des portraits de Charles IV et de divers gouverneurs de la banque d'Espagne. *Le Comte de Fiorabinda dans l'atelier de l'artiste* montre le peintre regardant son visiteur plutôt que le spectateur.

Sous le Patio del Reloj, une salle enterrée à 30 m de profondeur et inaccessible au public abrite la chambre forte contenant la réserve d'or. Une douve l'entoure. Avant l'installation d'équipement de sécurité sophistiqué, la conception de la salle prévoyait qu'on puisse l'inonder immédiatement à la moindre menace de vol.

Museo Naval ❻

Paseo del Prado 5. **Plan** 7 C2. ***Tél.*** *91 379 52 99.* *Banco de España.* *10 h 30-13 h 30 mar.-dim.* *août et certains jours fériés.* **www**.museonavalmadrid.com

Extension en verre teinté du ministère de la Défense bâtie en 1977, le Musée naval retrace, dans 18 salles d'exposition, la longue histoire maritime de l'Espagne au travers d'objets tels que figures de proue, amphores, globes terrestres, astrolabes, sextants et boussoles. Il possède une riche collection de maquettes souvent contemporaines des navires eux-mêmes. Parmi les cartes, ne manquez pas celle dressée en 1500 pour Isabelle et Ferdinand, les Rois Catholiques *(p. 22),* la première où figura l'Amérique.

Astrolabe du Museo Naval

Le musée abrite aussi des armes utilisées lors de la conquête du Nouveau Monde, ainsi qu'un morceau de tronc d'arbre sur lequel Hernán Cortés se serait reposé après *La Noche Triste,* la « nuit triste » de 1520 où il dut fuir avec ses hommes la capitale aztèque de Tenochtitlán.

La Bolsa de Comercio vue de la galerie

Bolsa de Comercio ❼

Plaza de la Lealtad 1. **Plan** 7 C2. ***Tél.*** *91 589 22 64. Banco de España.* *sur r.-v. (2 mois à l'avance).* *juil., sam., dim. et j. fériés.* *sur r.-v.* **www**.bolsamadrid.es

Fondée en 1831, la Bourse de commerce de Madrid déménagea onze fois, dans des locaux le plus souvent inadaptés (il y eut même un couvent), avant de s'installer en 1893 dans l'édifice actuel. Sa construction, sur des plans d'Enrique María Repullés y Vargas, prit plus de six ans et coûta environ trois millions de pesetas. La façade néo-classique et l'entrée principale décorée de six colonnes corinthiennes monumentales engloutirent à elles seules près d'un tiers de cette somme.

Les transactions ont lieu dans la **Sala de Contratación,** vaste espace voûté de près de 1 000 m² de superficie. Une horloge néo-baroque trône au centre sur un haut socle de marbre. Les visiteurs peuvent suivre les opérations depuis le **Salón de los Pasos Perdidos,** une galerie au premier étage utilisée aussi pour des expositions sur l'histoire de l'institution.

Museo Nacional de Artes Decorativas ❽

Calle de Montalbán 12. **Plan** 8 D2. ***Tél.*** *91 532 64 99. Retiro, Banco de España.* *9 h 30-15 h mar.-sam., 10 h-15 h dim. et j. fériés.* *(gratuit dim.)* *dim.* **www**.mnad.mcu.es

Installé dans un palais du XIXe siècle dominant le Parque del Retiro, le musée national des Arts décoratifs présente sur cinq niveaux une intéressante collection de meubles et d'objets d'art dont les plus anciens remontent à l'époque phénicienne.

Une cuisine valencienne du XVIIIe siècle ornée de 1 500 carreaux de Manises représentant une scène domestique constitue un des clous de la visite, mais l'exposition permet aussi de découvrir des céramiques de Talavera de la Reina ainsi que des bijoux et des ornements extrême-orientaux.

Hotel Ritz ❾

Plaza de la Lealtad 5. **Plan** 7 C3. ***Tél.*** *91 701 67 67. Banco de España.* **www**.ritz.es

Commandé en 1906 par Alphonse XIII, qui estimait manquer d'établissements de luxe où recevoir les invités à son mariage, l'hôtel Ritz a la réputation d'être le palace le plus somptueux d'Espagne.

Des tapis tissés à la main à la Real Fábrica de Tapices *(p. 110)* parent les chambres qui possèdent chacune une superbe décoration. Ce luxe a bien entendu une influence sur les tarifs pratiqués.

C'est au Ritz, transformé en hôpital au début de la guerre civile *(p. 20),* que le leader anarchiste Buenaventura Durruti mourut de ses blessures en 1936.

Plaza Cánovas del Castillo ❿

Plan 7 C3. *Banco de España.*

Ce rond-point où règne une intense circulation porte le nom du Premier ministre espagnol assassiné en 1897.

Une statue de Neptune debout dans un char tiré par deux chevaux domine la fontaine au centre de la place. Juan Pascual de Mena la sculpta en 1780 sur des dessins de Ventura Rodríguez dans le cadre du projet d'embellissement de la partie orientale de Madrid, décidé par Charles III *(p. 20).*

Fuente de Neptuno

Élégance raffinée dans la Rotonde de l'hôtel Palace

Hotel Palace ⓫

Plaza de las Cortes 7. **Plan** 7 B3. ***Tél.*** *91 360 80 00. Sevilla, Banco de España & Atocha.* **www**.palacemadrid.com

Alphonse XIII regrettait que sa capitale ne dispose pas d'hébergements aussi luxueux que les autres métropoles européennes, et il encouragea activement le projet de construction de cet hôtel, ouvert en 1912 sur le site de l'ancien palais du duc de Medinaceli. Il abrita pendant la guerre civile un hôpital et un refuge pour les sans-abri, ainsi que l'ambassade d'Union soviétique.

Pendant de nombreuses années, Madrid n'eut pas d'autres hôtels de standing que le Palace et le Ritz, inauguré deux années plus tard, mais alors que le Ritz était réservé à ses hôtes, qui n'auraient jamais osé se risquer hors de leur chambre sans une cravate, le Palace, plus décontracté, devint un lieu de rendez-vous apprécié des Madrilènes car il était ouvert à tous. Il fut ainsi le premier établissement où des dames prenaient le thé sans être accompagnées. Le **Palace Bar,** décoré de boiseries, et la **Rotonde,** éclairée par une immense verrière, restent très fréquentés.

Espions, hommes d'État et artistes se sont côtoyés et continuent de se croiser au Palace, et il eut entre autres pour clients Henry Kissinger, Mata Hari, Ernest Hemingway, Orson Welles, David Bowie, Richard Attenborough, Michael Jackson et Salvador Dalí. Ce dernier crayonna un soir des dessins lubriques sur les murs de sa chambre... La femme de chambre les effaça le lendemain.

En 1997, une importante rénovation a doté l'hôtel d'un solarium et d'un centre de remise en forme sur le toit.

Museo Thyssen-Bornemisza ⓬

Voir p. 70-73.

Café La Percera du Círculo de Bellas Artes

Círculo de Bellas Artes ⓭

Calle del Marqués de Casa Riera 2. **Plan** 7 B2. ***Tél.*** *91 360 54 00. Banco de España, Sevilla. 10 h-21 h (café jusqu'à 1 h). août. sur r.-v.* **Expositions *Tél.*** *90 242 24 42. 17 h-21 h. mar.-sam., 11 h-14 h sam. et dim.* **www**.circulobellasartes.com

Le cercle des Beaux-Arts, fondation culturelle créée en 1880, occupe depuis 1926 un immeuble de six étages dessiné par Antonio Palacios, l'architecte du Palacio de Comunicaciones voisin *(p. 66)*. L'édifice abrite un théâtre, une vaste salle de bal, des salles d'exposition et des ateliers mis à la disposition de peintres et de sculpteurs. L'institution propose un programme d'expositions, d'ateliers et de conférences, et elle accueille des manifestations, comme le bal masqué de carnaval (février).

Un droit d'entrée symbolique donne accès à certaines parties du bâtiment dont le café baptisé **La Pecera** (« l'aquarium ») à cause de sa grande vitre panoramique. Il y a aussi un cinéma qui possède une entrée séparée.

Iglesia de San José ⓮

Calle de Alcalá 43. **Plan** 7 B1. ***Tél.*** *91 522 67 84. Banco de España. 7 h-13 h 30, 18 h 30-20 h 30 t.l.j. (dim. à partir de 9 h).*

Cette église appartenait, à l'origine, à un couvent de carmélites fondé en 1605. Elle connut une première reconstruction sous Philippe V (1724-1746). Le monastère fut démoli en 1863 pour faire place à un théâtre. Le 10 mars 1908, Alphonse XIII frappa symboliquement le sanctuaire avec une pioche pour inaugurer les travaux de percement de la Gran Vía *(p. 48),* qui entraînèrent un nouveau remaniement de l'église. Une grande partie de ses trésors se trouve désormais au Prado *(p. 78-81),* mais une statue de la Virgen del Carmen orne sa façade. Le maître-autel néo-classique et les chapelles latérales baroques conservent des œuvres d'art intéressantes. Beaucoup sont du sculpteur Robert Michel, qui exécuta les lions de la fontaine de Cybèle *(p. 67).* La maison attenante (n° 41) porte toujours le nom de **Casa del Párroco** (« presbytère »).

Le Museo Thyssen-Bornemisza ⓬

À partir des années 1920, le baron Heinrich Thyssen-Bornemisza puis son fils, Hans Heinrich, ont constitué un ensemble de peintures, considéré par de nombreux spécialistes comme la collection d'œuvres d'art privée la plus importante du monde. Illustrant l'histoire de l'art occidental depuis les primitifs italiens et flamands jusqu'aux mouvements picturaux modernes, la collection se compose de quelque 800 tableaux et comprend des chefs-d'œuvre de Titien, Goya, Van Gogh et Picasso. Installée en 1992 dans le palais néoclassique de Villahermosa (XVIIIe-XIXe siècles), elle fut cédée à l'État l'année suivante. Une aile inaugurée en 2004 abrite plus de 250 tableaux, essentiellement impressionnistes, acquis par la baronne Thyssen-Bornemisza.

★ Vierge de l'arbre sec *(v. 1450)*
Sur ce petit panneau du maître de Bruges Petrus Christus, le « a » signifie « Ave Maria ».

★ Arlequin au miroir
Le personnage d'Arlequin revient souvent dans l'œuvre de Picasso. Selon certains avis, ce tableau de 1923, typique de sa période classique, serait un autoportrait.

SUIVEZ LE GUIDE !
Le musée occupe trois niveaux autour d'une cour intérieure couverte. L'exposition commence au deuxième étage où elle s'étend des primitifs italiens jusqu'à l'art du XVIIe siècle. Elle se poursuit, au premier étage, de la peinture hollandaise du XVIIe siècle à l'expressionnisme allemand. Le rez-de-chaussée est consacré au XXe siècle.

À NE PAS MANQUER

- ★ *Vierge de l'arbre sec* de Christus
- ★ *Arlequin au miroir* de Picasso
- ★ *Vénus et Cupidon* de Rubens

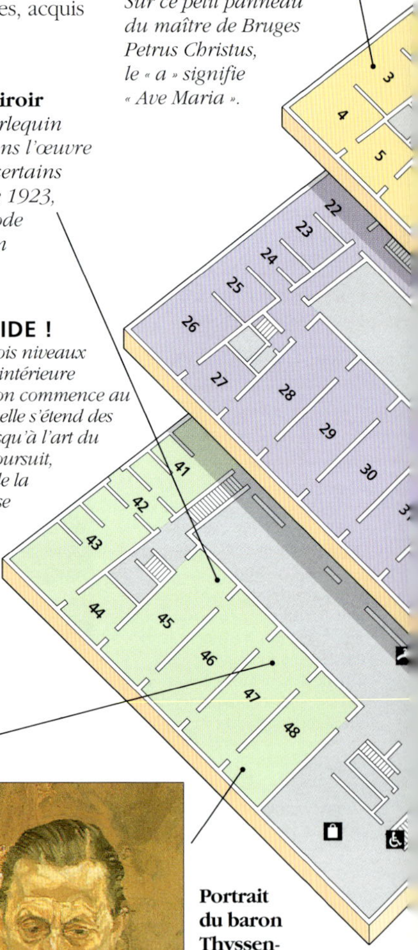

Chambre d'hôtel *(1931)*
Dans cette œuvre caractéristique de la démarche du réaliste américain Edward Hopper, la sobriété du décor renforce l'impression de solitude.

Portrait du baron Thyssen-Bornemisza
L'un des plus grands peintres actuels, Lucian Freud, a représenté entre 1981 et 1982 le baron Hans Heinrich devant un tableau de Watteau.

★ Vénus et Cupidon *Toute la sensualité du maître flamand Rubens s'exprime dans cette image de la beauté idéale peinte après 1629.*

MODE D'EMPLOI

Paseo del Prado 8. **Plan** 7 C2. ***Tél.*** *91 369 01 51. Ⓜ Banco de España, Sevilla. 🚌 1, 2, 5, 9, 14, 15, 20. ◯ 10 h-19 h mar.-dim., 7 h 30-23 h 30 juil. et août lors des expositions temporaires. ● 1er janv., 1er mai, 25 déc.* **www**.museothyssen.org

Sainte Casilde *(v. 1630) Surtout connu pour ses portraits de moines, Francisco de Zurbarán fait preuve ici de sa maîtrise du clair-obscur pour mettre en relief les couleurs de la robe de la sainte.*

Mata Mua *Peint par Gauguin en 1892 pendant son séjour aux îles Marquises, ce tableau coloré d'un paradis tahitien est l'un des plus emblématiques de sa période polynésienne.*

Paysage d'automne en Oldenburg *Karl Schmidt-Rottluff peignit ce paysage d'Allemagne du Nord deux ans après avoir fondé en 1905, le groupe expressionniste Die Brücke.*

LÉGENDE

- Rez-de-chaussée
- Premier étage
- Deuxième étage
- Expositions temporaires
- Circulations et services

À la découverte du Thyssen-Bornemisza

L'exposition du musée Thyssen-Bornemisza offre, avec 800 tableaux, un résumé de l'évolution de l'art occidental depuis le XIVe siècle. La plupart des grandes écoles de peinture y sont représentées, et la collection, où le portrait tient une grande place, complète celle du Prado dans des domaines tels que les primitifs italiens, la peinture américaine du XIXe siècle, l'impressionnisme et l'expressionnisme. La collection Carmen Thyssen comprend des paysages hollandais du XVIIe siècle et des époques impressionniste et expressionniste.

Christ et la Samaritaine **(1311) de Duccio**

LES PREMIERS PAS DE LA RENAISSANCE

La peinture des primitifs italiens de la salle 1 reste profondément marquée par le symbolisme religieux mais, en 1311, Duccio di Buoninsegna cherche déjà à donner réalisme et profondeur au *Christ et la Samaritaine.*

Les influences circulent dans l'Europe du Moyen Âge, et la salle 2 montre avec des œuvres telle l'*Assomption* (v. 1457) de Koerbecke comment l'école italienne marque alors l'art gothique. La salle 3 abrite deux joyaux hollandais de la collection : le *Diptyque de l'Annonciation* (v. 1435-1441) de Jan Van Eyck et la *Vierge de l'arbre sec* (v. 1450) de Petrus Christus.

La révolution esthétique de la Renaissance prend son essor en Italie au début du XVe siècle. Elle puise aux sources de la sculpture antique comme l'illustre bien en salle 4 le *Christ ressuscité* de Bramantino. Les mécènes commandent des portraits et la salle 5 en contient de magnifiques, dont celui d'Henri VIII d'Angleterre (v. 1534-1536) par Holbein.

DE LA RENAISSANCE AU BAROQUE

Alors que l'art du Moyen Âge avait une vocation presque exclusivement religieuse, la Renaissance met en avant l'homme, même si le décor reste très empreint de symbolisme, tel celui du *Jeune Chevalier dans un paysage* (1510) de Carpaccio. Il se trouve dans la salle 7, qui renferme aussi un *Portrait de jeune homme* (v. 1515) par Raphaël.

Les salles 8, 9 et 10 sont consacrées aux peintres allemands et hollandais du début du XVIe siècle. Dans la salle 11, le *Saint Jérôme au désert* (v. 1575) de Titien voisine avec des tableaux du Tintoret et du Greco.

La salle 12 illustre les débuts du baroque dont les représentants, tels le Caravage et le Bernin, donnent à leurs œuvres une dimension théâtrale. Ce style naît à Rome à l'époque de la Contre-Réforme, mais gagne bientôt une grande partie de l'Europe, comme le montre l'exposition des salles 13 à 15. Il profite en Espagne de l'effervescence créatrice du Siècle d'or. Murillo peint ainsi sa *Vierge à l'Enfant avec sainte Roseline de Palerme* vers 1670.

Les salles 16 à 18 consacrées à l'art italien du XVIIIe siècle abritent notamment des vues du Grand Canal de Venise par Canaletto et Francesco Guardi.

Jeune Chevalier dans un paysage **(1510) de Carpaccio**

PEINTURES HOLLANDAISES ET FLAMANDES

La collection de peintures flamandes et hollandaises du XVIIe siècle est très intéressante.

Ésaü vendant son droit d'aînesse **(v. 1627), de Hendrick ter Brugghen**

La salle 19 réunit des tableaux de maîtres flamands tels que Jan Bruegel et Van Dyck et compte parmi ses fleurons *Vénus et Cupidon* (v. 1629) de Rubens.

La différence grandissante entre l'école des Flandres et celle des Pays-Bas apparaît lorsqu'on compare ces œuvres avec les salles 20 et 21, qui ont pour thème l'influence italienne sur la peinture hollandaise. Elles renferment notamment *Ésaü vendant son droit d'aînesse* (v. 1627) de Brugghen. Au premier étage, les paysages, portraits et scènes de la vie quotidienne exposés dans les salles 22 à 26 comprennent la remarquable *Famille devant un paysage* (v. 1645-1648) de Frans Hals et *Le Tambour espiègle* (v. 1655) de Nicolas Maes, un élève de Rembrandt. La salle 27 abrite des natures mortes hollandaises du XVIIe siècle.

***Waverly Oaks* (1864) de Winslow Homer**

DU ROCOCO AU RÉALISME

Le style rococo conquiert l'Europe au début du XVIIIe siècle. Surtout connu pour son influence sur les Arts décoratifs, le rococo privilégie en peinture la grâce et les sujets légers. *La Toilette* (1751) de François Boucher, *Le Repos* (v. 1709) et *Pierrot content* (v. 1718) d'Antoine Watteau, accrochés en salle 28, en sont des exemples.

Les artistes américains du XIXe siècle présentés en salles 29 et 30 restent marqués par leurs origines européennes. Leurs toiles témoignent de la fascination qu'ils éprouvent pour les beautés naturelles du continent qu'ils conquièrent et dont ils cherchent, à l'instar de Thomas Cole, à rendre la majesté. Les premiers grands peintres américains ne s'imposent toutefois qu'après la guerre de Sécession. Winslow Homer utilise la couleur avec raffinement dans des scènes rurales telles que *Waverly Oaks* (1864). James Whistler et John Singer Sargent font carrière à Paris et à Londres.

L'Europe, pendant ce temps, entre en réaction contre la rigueur du néo-classicisme pour s'abandonner aux vertiges du romantisme. La salle 31 abrite aussi trois tableaux de Francisco de Goya et des œuvres qui montrent l'évolution vers le réalisme, en particulier *L'Écluse* (1824) de l'Anglais John Constable.

***Danseuse se baissant* (1877-1879), de Degas**

LES MAÎTRES MODERNES

L'année 1874 est une des grandes dates de l'histoire de l'art. Refusé par les Salons parisiens officiels, un groupe de jeunes peintres expose alors dans la galerie du photographe Nadar. Leurs tableaux font scandale et la réaction outragée d'un critique leur vaut le surnom d'impressionnistes. Ils viennent d'ouvrir à la création picturale un espace de liberté qu'elle n'avait jamais connu. Les plus grands artistes de cette époque sont représentés dans les salles 32 et 33 par des œuvres d'une qualité exceptionnelle. Vous y verrez des tableaux de Manet, Sisley, Renoir, Monet, Degas (*Danseuse se baissant* ; 1877-1879), Van Gogh (*Les Vessenots à Auvers* ; 1888), Toulouse-Lautrec (*Gaston Bonnefoy* ; 1891), Cézanne (*Portrait d'un paysan* ; v. 1900) ou encore Gauguin (*Mata Mua,* v. 1892 ; une pièce de la collection de Carmen Thyssen-Bornemisza).

La salle 34 offre un aperçu du fauvisme, école éphémère du début du XXe siècle que caractérisent de violents contrastes de couleurs.

Né en Allemagne autour du groupe Die Brücke (« le Pont ») fondé à Dresde en 1905, le mouvement expressionniste réunit des peintres qui cherchent, en puisant dans leurs propres émotions, à en susciter chez le spectateur. Avec plus de 50 tableaux (salles 35 à 40), la collection lui accorde une place particulièrement importante. On remarquera, entre autres, *Paysage d'automne en Oldenburg* (1907) de Karl Schmidt-Rottluff.

Consacrées à l'art moderne et contemporain, les 8 salles du rez-de-chaussée (41 à 48) développent trois thèmes : « avant-garde expérimentale », « la synthèse du moderne » et « surréalisme, tradition figurative et pop art ». C'est là qu'on peut admirer l'*Arlequin au miroir* (1923) de Picasso et *Chambre d'hôtel* (1931) d'Edward Hopper.

Coupole de style parisien de l'Edificio Metrópolis

Edificio Metrópolis ⓯

Calle de Alcalá 39. **Plan** 7 B1.
Sevilla. *au public.*

D'influence indiscutablement française, cet immeuble, qui ne déparerait pas un grand boulevard parisien, se dresse comme une proue de navire à la jonction de la calle Alcalá et de la Gran Vía *(p. 48)*. Jules et Raymond Février le construisirent en 1911 pour une compagnie d'assurances, l'Unión y el Fenix Español.

Les colonnes jumelées qui ornent ses étages supérieurs supportent des sculptures allégoriques du Commerce, de l'Agriculture, de l'Industrie et de l'Exploitation minière. Le sommet de la coupole d'ardoise noire parée de dorures, qui couronne la tour d'angle, est coiffé d'une victoire ailée. À l'origine, s'élevait une statue en bronze du phénix, l'oiseau mythologique, que chevauchait une figure humaine aux bras levés représentant Ganymède, l'échanson des dieux. C'était le symbole de l'Unión y el Fenix Español et la compagnie décida de le transporter jusqu'à son nouveau siège du paseo de La Castellana quand elle vendit le bâtiment au début des années 70 à son actuel propriétaire, l'assureur Metrópolis. La sculpture trône maintenant dans le jardin de l'immeuble moderne de l'Unión y el Fenix Español.

Devant la tour ronde de l'Edificio Metrópolis, « La Violetera », petite statue d'une jeune femme portant un panier de violettes, passe presque inaperçue. Elle évoque un personnage populaire : une vendeuse de violettes qui, à la sortie de l'hiver, proposait ses bouquets après la représentation au public fréquentant les théâtres de la Gran Vía. Elle a inspiré une *zarzuela* dont fut tiré un film qu'interprétait Sarita Montiel.

Le socle de la sculpture porte une inscription : « Como ave precursora de primavera, en Madrid aparece la violetera ». (« Comme un oiseau annonçant le printemps, apparaît à Madrid la vendeuse de violettes ».)

LA TERTULIA

Intérieur du Café Comercial

L'Ateneo de Madrid fut l'un des nombreux cadres où prospéra une institution spécifiquement madrilène, *la tertulia*, groupe de gens partageant des intérêts communs qui se réunissaient pour parler de sujets aussi divers que la politique, l'art ou la tauromachie. Sans atteindre le formalisme de véritables clubs, tout en dépassant le cadre de la simple discussion entre amis, les *tertulias* étaient au XIXe siècle une source importante de nouvelles, d'idées, de ragots... Et de complots ! Nombre des grands cafés où se retrouvaient leurs membres ont disparu, tels le Pombo, l'El Oriental ou la Paix. Parmi ceux à avoir survécu, le Café Comercial sur la glorieta de Bilbao et le Café Gijón *(p. 92)* de la calle Recoletos font partie des plus célèbres.

Congreso de los Diputados ⓰

Plaza de las Cortes. **Plan** 7 B2. ***Tél.*** *91 390 60 00.* *Sevilla.* *sur r.-v. (fax : 91 390 64 35) lun.-ven., 10 h 30-12 h 30 sam.* *août et j. fériés.*
www.congreso.es

Achevé en 1850 sur le site d'un ancien couvent, l'imposant édifice où siège le Parlement espagnol est également connu sous le nom de Palacio de las Cortes. En 1981, un colonel de la garde civile y prit en otage les députés dans l'espoir de déclencher un coup d'État militaire *(p. 21)*. L'intervention du roi Juan Carlos entraîna son échec et affirma le caractère irréversible de la démocratie en Espagne.

Lion gardant le Parlement

Ateneo de Madrid ⓱

Calle del Prado 21. **Plan** 7 B2. ***Tél.*** *91 429 17 50.* *Antón Martín, Sevilla.* *sur r.-v. (Secretario Primero C/del Prado 21, Madrid 28014).*
www.ateneodemadrid.es

Fondée officiellement en 1835, cette association littéraire, artistique et scientifique a toujours défendu des valeurs libérales qui l'obligèrent à fermer en période dictatoriale. À l'intérieur du bâtiment, le grand escalier, le hall orné de portraits d'anciens membres, les bibliothèque et salles de lecture donnent une atmosphère studieuse à un club où se retrouvent politiciens et intellectuels.

La zarzuela - l'opérette espagnole

Descendante directe de l'opéra, comique italien, la *zarzuela* était à l'origine un divertissement royal, puis le petit peuple se l'est appropriée pour en faire une forme d'art dramatique caractéristique de Madrid. Son nom dérive du Palacio de la Zarzuela, situé à l'extérieur de la ville, où réside actuellement Juan Carlos Ier. Les premières *zarzuelas* furent données pendant le règne de Philippe IV au XVIIe siècle, mais elles perdirent les faveurs de la cour à l'avènement des Bourbons *(p. 17)* qui préféraient le véritable opéra, et c'est dans les *corrales de comedias,* les théâtres populaires de la capitale espagnole, que le genre évolua pour devenir le spectacle léger que nous connaissons aujourd'hui. Bien qu'il n'y ait pas eu de créations depuis des décennies, les *zarzuelas* conservent à Madrid un public. Les plus réputées datent de la fin du siècle dernier. Elles comprennent *Agua, azucarillos y aguardiente* et *La Gran Vía* de Federico Chueca et, de Ruperto Chapí, *La Revoltosa* qui met en scène les relations entre les habitants d'un *corral de vecinos,* logements modestes entourant une cour centrale.

Statue de La Violetera

Calderón de la Barca, *le célèbre dramaturge du XVIIe siècle, fut un des premiers à écrire des livrets pour cette forme d'opéra-comique. Parmi ses successeurs les plus éminents figure Tomás Breton, né en 1850, auteur de près de 40 zarzuelas dont* La Verbena de la Paloma.

Le thème central *des* zarzuelas, *où alternent chants, dialogues parlés et danses telles que les* chotis, *est la vie dans le Madrid* castizo (p. 103) *peuplé de* majas *(femmes) à la langue bien pendue et de* chulos *(hommes) insolents.*

Le succès *de la* zarzuela *était tel au milieu du XIXe siècle qu'il suscita la construction d'un théâtre spécialisé. D'une capacité de 1 200 places, le Teatro de la Zarzuela* (p. 182) *continue à en programmer. La Corrala* (p. 111) *propose en été des opérettes en plein air.*

Représentation de la Compañia de Zarzuela J. Tamayo

Façade néoclassique du Teatro Español

Teatro Español ⓲

Calle del Príncipe 25. **Plan** 7 A3. ***Tél.*** *91 360 14 80.* Ⓜ *Sol, Antón Martín & Sevilla.* ◯ *pour les représentations à partir de 19 h, mar.-dim.* **www**.telentrada.com

Sur la plaza Santa Ana, l'un des plus anciens et des plus beaux théâtres de Madrid fait face à la statue du poète Calderón (1600-1681). Il occupe l'emplacement du Corral del Príncipe où furent créées à partir de 1583 certaines des meilleures pièces du répertoire espagnol, écrites par des auteurs tels que Lope de Rueda. Juan de Villanueva dessina l'édifice actuel, datant de 1802. Sa façade néo-classique porte les noms de grands dramaturges espagnols, comme Federico García Lorca *(p. 28)*.

Real Academia de la Historia ⓳

Calle del León 21. **Plan** 7 A3. ***Tél.*** *91 429 06 11.* Ⓜ *Antón Martín.* ◯ *16 h-19 h lun.-ven., 11 h-14 h sam.-dim. (expositions).* **www**.rah.insde.es

Installée dans un austère bâtiment de brique à parements de pierre, construit par Juan de Villanueva en 1788, l'Académie royale d'histoire n'est pas située dans le quartier surnommé le barrio de los Literatos tout à fait par hasard.

De 1898 à 1912, elle eut pour directeur le grand intellectuel Marcelino Menéndez Pelayo. Accessible sur autorisation, sa bibliothèque possède plus de 200 000 ouvrages et des manuscrits importants.

Casa de Lope de Vega ⓴

Calle de Cervantes 11. **Plan** 7 B3. ***Tél.*** *91 429 92 16.* Ⓜ *Antón Martín.* ◯ *9 h 30-14 h mar.-ven., 10 h-14 h sam.* ● *août, sem. de Noël.* *(gratuit sam.)* **www**.munimadrid.es

Félix Lope de Vega, auteur majeur du Siècle d'or espagnol *(p. 28)*, emménagea dans cette sombre maison en 1610. Il y écrivit plus des deux tiers d'une œuvre comptant 1 800 pièces profanes et 400 drames religieux, avant d'y mourir en 1635. La demeure ouvrit ses portes au public en 1935, après une méticuleuse restauration. Meublée, en partie, d'objets ayant appartenu à Lope de Vega, elle offre un aperçu de l'atmosphère castillane au début du XVIIe siècle. Une chapelle aveugle en occupait le centre, communiquant avec la chambre de l'écrivain. Dans le petit jardin ont été plantés les arbres fruitiers et les fleurs évoqués dans ses pièces de théâtre.

Félix Lope de Vega

Museo del Prado ㉑

Voir p. 78-81.

Iglesia de San Jerónimo el Real ㉒

Calle de Moreto 4. **Plan** 8 D3. ***Tél.*** *91 420 35 78.* Ⓜ *Banco de España, Atocha.* ◯ *oct.-juin : 10 h-13 h, 17 h-30-20 h 30 t.l.j. (18 h-20 h 30 juil.-sept.).* ● *sam. de Pâques.*

Construite au XVIe siècle pour Isabelle Ire *(p. 22)*, cette église, attachée à l'origine à un monastère hyéronimite dont il ne subsiste que des ruines, devint pratiquement partie intégrante du Palacio del Buen Retiro, édifié par Philippe IV au XVIIe siècle. Remaniée dans le style néo-gothique, elle est l'église royale de Madrid, celle où se marièrent Alphonse XIII et Victoria von Battenberg en 1906. En 1975, c'est là que fut célébrée la cérémonie religieuse du couronnement de Juan Carlos Ier. Les cloîtres et une partie de l'atrium constituent une annexe du Prado.

Real Academia Española ㉓

Calle de Ruiz de Alarcón 17. **Plan** 8 D3. ***Tél.*** *91 420 14 78.* Ⓜ *Banco de España, Retiro.* ● *au public.* **www**.rae.es

L'Académie royale d'Espagne a une devise, « Limpia, brilla y da esplendor » (« nettoie, polis et fais briller ! »), qui résume bien la fonction d'une institution créée en 1713 pour préserver la pureté de la langue espagnole. Elle occupe depuis 1891 un édifice néo-classique dont un fronton sculpté, supporté par des colonnes doriques, agrémente l'élégante façade. Les 46 membres de l'Académie comprennent des érudits, des écrivains et des journalistes. Ils sont nommés à vie et ne reçoivent aucun émolument. Ils se réunissent régulièrement pour décider des nouveaux mots ou tournures acceptés en espagnol.

Salón de Reinos ㉔

Calle de Méndez Núñez 1. **Plan** 8 D2. ***Tél.*** *91 522 89 77.* *Retiro, Banco de España.* *pour travaux jusqu'en 2015.* **www**.ejercito.mde.es/ihycm

Le Salón de Reinos (la salle des Royaumes) est presque tout ce qu'il reste de l'ancien Palacio del Buen Retiro, bâti en 1637 pour le roi Philippe IV sur un terrain jouxtant le monastère de San Jerónimo. Il doit son nom aux armoiries des 24 provinces de la monarchie espagnole, qui font partie du décor réalisé sous la direction de Velázquez *(p. 28)*. Sous le règne de Philippe IV, le Salón accueillait les réceptions diplomatiques et les cérémonies officielles. Ses somptueux décors sont en cours de restauration. À terme, le Salón de Reinos sera rattaché au Prado *(p. 78-81)*. Parmi les œuvres qui y seront exposées figureront cinq portraits équestres de Velázquez et la série de dix tableaux de Zurbarán, représentant des scènes de la vie d'Hercule, ainsi que des portraits de personnages royaux du XVIIe siècle.

Façade du Salón de Reinos (salle des Royaumes)

En dépit des travaux, qui ne seront achevés qu'en 2015, le Palacio del Buen Retiro mérite le détour, ne serait-ce que pour sa magnifique façade.

Parque del Retiro ㉕

Plan 8 E3. ***Tél.*** *91 409 23 36.* *Ibiza, Retiro, Atocha.* **Parc** *mai-sept. : 6 h-minuit ; oct. : 6 h-23 h ; nov.-avril : 6 h-22 h.* **Casa de Vacas** *t.l.j. 11 h-20 h. (21 h en juil. et août).*

Dans l'élégant quartier des Jerónimos, près de la Puerta de Alcalá *(p. 66)*, le parc du Retiro offre aux Madrilènes un espace de verdure de plus de 100 ha. Ancien jardin royal du Real Sitio del Buen Retiro de Philippe IV, dont ne subsistent que le Casón del Buen Retiro *(p. 81)* et le bâtiment abritant le Museo del Ejército, il était réservé à la famille royale au XVIIe siècle, et on y organisait des reconstitutions de batailles navales et des spectacles en plein air. Il ouvrit entièrement au public en 1869.

Depuis son entrée nord, quelques pas le long d'une allée bordée d'arbres conduisent à l'Estanque Grande, lac artificiel où les promeneurs peuvent louer des barques. D'un côté s'élève le monument à Alphonse XII *(p. 23)*, composé d'une colonnade en hémicycle et d'une statue équestre du souverain. De l'autre, portraitistes et diseuses de bonne aventure proposent leurs services.

Au sud du lac se dressent deux édifices de Ricardo Velázquez Bosco, l'architecte du Ministerio de Agricultura *(p. 82)*. Pavillon consacré aux industries de l'exploitation minière, de la métallurgie, de la céramique, de la verrerie et des eaux minérales lors de l'Exposition nationale de 1884, le Palacio de Velázquez accueille aujourd'hui des expositions temporaires.

Gracieuse structure d'acier et de verre inspirée du Crystal Palace dessiné par sir Joseph Paxton pour l'Exposition universelle de Londres en 1851, le Palacio de Cristal offre un espace lumineux à diverses manifestations culturelles.

Monument à Alphonse XII (1901) bordant le lac du Parque del Retiro

Le Museo del Prado ㉑

Installé dans un édifice néoclassique dessiné en 1785 par Juan de Villanueva, l'ancien musée royal de Peinture et de Sculpture, inauguré en 1819, possède la plus importante collection du monde de peintures espagnoles du XIIe au XIXe siècle. Celle-ci est particulièrement riche en tableaux de Velázquez et de Goya. Les écoles étrangères, notamment italienne et flamande, sont aussi très bien représentées. Une nouvelle annexe, conçue par Rafael Moneo, accueille les expositions temporaires. Certaines salles du musée peuvent être fermées pour cause de travaux.

★ La collection Velázquez
Le Triomphe de Bacchus *(1629) fut le premier tableau à thème mythologique de Velázquez. On y voit Bacchus au milieu d'ivrognes.*

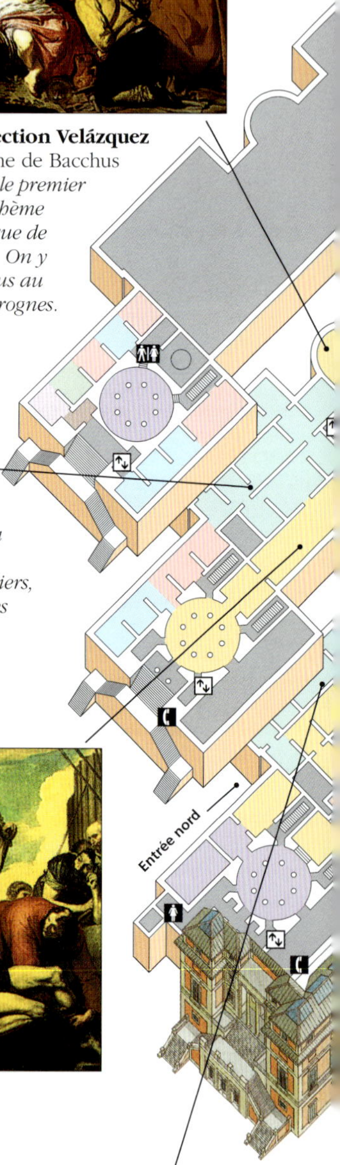

Les Trois Grâces
(v. 1635)
Le maître flamand Rubens conserva dans sa collection personnelle ce tableau, l'un de ses derniers, représentant les trois filles de Zeus déesses de l'art de plaire : Aglaé, Thalie et Euphrosyne.

Le Martyre de saint Philippe
(v. 1639) Né à Valence, José de Ribera séjourna longtemps à Naples où les violents contrastes entre ombre et lumière du Caravage influencèrent son travail.

À NE PAS MANQUER

★ Collection Velázquez

★ Collection Goya

Le Jardin des délices
(v. 1505)
Le Prado possède plusieurs œuvres de Jérôme Bosch, l'un des peintres favoris de Philippe II, notamment cette représentation du paradis et de l'enfer.

◁ **Le vaste parc du Retiro, ancien jardin du palais de Philippe IV**

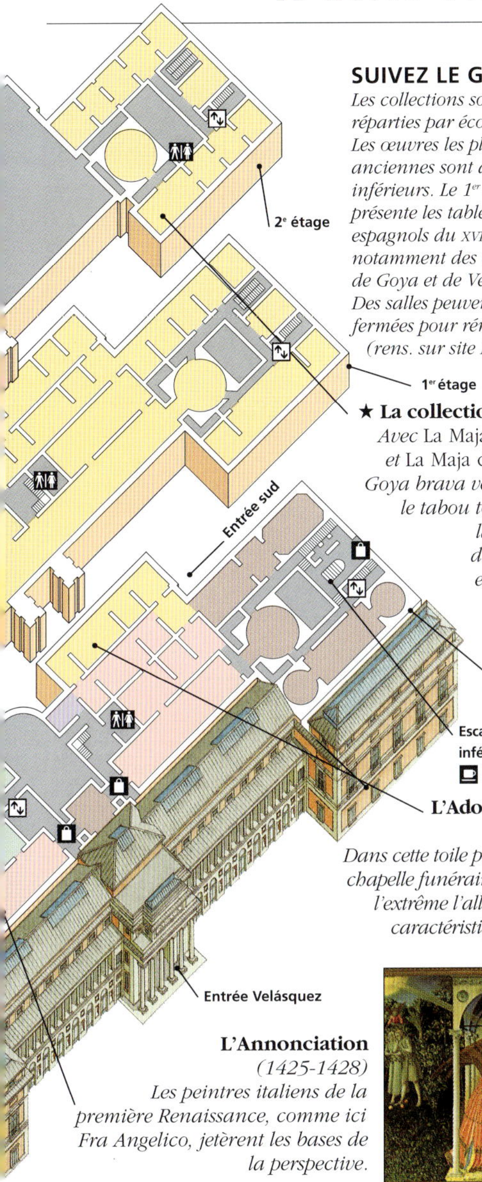

SUIVEZ LE GUIDE !

Les collections sont réparties par écoles. Les œuvres les plus anciennes sont aux étages inférieurs. Le 1er étage présente les tableaux espagnols du XVIIe siècle, notamment des œuvres de Goya et de Velázquez. Des salles peuvent être fermées pour rénovation (rens. sur site Internet).

MODE D'EMPLOI

Paseo del Prado. **Plan** 7 C2.
Tél. *91 330 28 00.*
Atocha, Banco de España.
6, 10, 14, 19, 27, 34, 37, 45.
9 h-20 h mar.-dim. et j. fériés.
1er janv., Ven. saint, 1er mai, 25 déc.
(gratuit dim.)
www.museoprado.mcu.es

★ La collection Goya

Avec La Maja vestida *et* La Maja desnuda, *Goya brava vers 1800 le tabou touchant la nudité dans l'art espagnol.*

L'Adoration des bergers

(1612-1614)

Dans cette toile peinte pour sa propre chapelle funéraire, le Gréco pousse à l'extrême l'allongement des corps, caractéristique du maniérisme.

L'Annonciation

(1425-1428)

Les peintres italiens de la première Renaissance, comme ici Fra Angelico, jetèrent les bases de la perspective.

LÉGENDE

- École espagnole
- Écoles flamande et hollandaise
- École italienne
- École française
- École allemande
- École anglaise
- Sculpture
- Expositions temporaires
- Circulations et services

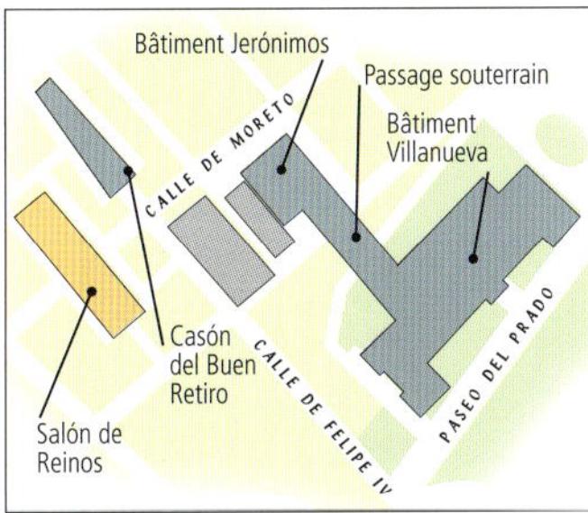

CHANGEMENTS AU PRADO

Un passage souterrain en verre et en acier devrait relier le bâtiment Jerónimos au bâtiment Villanueva, en proposant un café, un restaurant, un magasin, un auditorium et une consigne. Le Salón de Reinos devrait être, lui aussi, prochainement affecté au musée.

- Bâtiments du musée
- Ouverture prévue en 2015

A la découverte des collections du Prado

Les rois d'Espagne réunirent la collection de peintures du Prado, l'une des plus riches du monde, et les parts qu'y tiennent les écoles étrangères reflètent l'histoire de la couronne espagnole qui régna plusieurs siècles sur la Flandre et le sud de l'Italie. Après l'accession des Bourbons au trône, le XVIIIe siècle fut marqué par l'influence française. Le musée mérite plusieurs visites, mais si vous ne pouvez lui en consacrer qu'une, commencez par la peinture espagnole du XVIIe siècle.

L'Intronisation de saint Dominique de Silos **(1474-1477) de Bermejo**

ÉCOLE ESPAGNOLE

Jusqu'au XIXe siècle, où Goya (1746-1828) ouvrit la voie à l'art moderne en se lançant dans l'exploration des mystères de l'inconscient, la peinture espagnole s'attacha surtout aux thèmes religieux et à la représentation de la cour royale.

L'époque médiévale est comparativement peu représentée au Prado ; le musée possède néanmoins des pièces remarquables comme les peintures murales romanes de l'ermitage de Sainte-Croix de Maderuelo. Les œuvres gothiques d'artistes tels que Bartolomé Bermejo et Fernando Gallego témoignent de l'influence des maîtres flamands au XVe siècle.

Les premiers apports de la Renaissance apparaissent principalement dans les compositions de Pedro de Berruguete dont l'*Auto-de-fé* est à la fois inquiétant et plein de vie. *Sainte Catherine* par Fernando Yáñez de la Almedina, qui se forma en Italie, montre l'influence de Léonard de Vinci.

Ce qui est souvent considéré comme un style véritablement espagnol, mariant sens du tragique et représentation très travaillée des émotions, commença à émerger au XVIe siècle dans la peinture des maniéristes. L'âpre *Descente de Croix* de Pedro Machuca et les *Vierges* de Luis de Morales en offrent un bon exemple. Plus connu sous le nom du Greco *(p. 143),* Dhomínikos Theotokópoulos accentua encore dans ses œuvres l'allongement des silhouettes qui marque les personnages de Morales. Maints de ses chefs-d'œuvre sont restés à Tolède *(p. 136),* sa ville d'adoption, mais le Prado présente un bel ensemble de tableaux, dont *Le Chevalier à la main sur la poitrine.*

Nature morte **(v. 1658-1664), de Francisco de Zurbarán**

Saturne dévorant l'un de ses enfants **(1820-1823) de Goya**

L'art espagnol se montra particulièrement productif pendant le Siècle d'or *(p. 15).* José de Ribera, qui travailla à Naples, suivit l'exemple du Caravage dans l'utilisation de violents contrastes entre ombre et lumière. Francisco Ribalta, auteur du *Christ embrassant saint Bernard,* fut également un maître de cette école « ténébriste ». La collection comprend aussi plusieurs toiles de Zurbarán qui s'illustra dans la nature morte et les portraits de moines et de saints.

C'est toutefois Diego de Velázquez qui domine cette époque. Son génie s'exprime aussi bien dans les portraits que dans les scènes religieuses ou mythologiques. Le Prado possède un grand nombre de ses toiles, dont le chef-d'œuvre *Les Ménines (p. 29).*

À partir de la fin du XVIIIe siècle, Goya marque un tournant dans l'art espagnol. Peintre de cour, il devient aussi le chroniqueur des souffrances du peuple dans des tableaux comme *Le 3 Mai 1808 à Madrid (p. 14),* et celui des hantises de l'âme humaine dans les peintures noires, exécutées à la fin de sa vie.

ÉCOLES FLAMANDE ET HOLLANDAISE

Les rapports étroits qu'entretint l'Espagne des Habsbourg avec les Pays-Bas conduisirent naturellement à une profonde admiration pour les primitifs flamands, dont le Prado possède des peintures exceptionnelles. Robert Campin témoigne du souci du détail dans sa *Sainte Barbe*, et *La Déposition* de Rogier Van der Weyden est incontestablement un chef-d'œuvre. Philippe II collectionna les étranges compositions de Jérôme Bosch, et le musée présente plusieurs de ses créations majeures comme *La Tentation de saint Antoine* et *La Charrette de foin*. Parmi les tableaux du XVIe siècle figure le superbe *Triomphe de la Mort* de Bruegel l'Ancien. Près de 100 toiles de Rubens sont exposées, dont l'*Adoration des Mages*. Le plus célèbre tableau hollandais du musée est sans doute l'*Artémise* de Rembrandt, un portrait de l'épouse de l'artiste. D'autres artistes flamands et hollandais sont représentés, notamment Antonis Moor, Jacob Jordaens ou encore Anton Van Dyck.

ÉCOLE ITALIENNE

Le musée du Prado possède une magnifique collection de peintures italiennes. Vous pourrez découvrir, notamment, des œuvres de maîtres de la Renaissance, comme Raphaël, représenté entre autres par la *Sainte Famille à l'agneau*, et Botticelli. Ce dernier illustra, dans les trois panneaux de l'*Histoire de Nastagio degli Honesti*, un conte de Boccace dont le héros se voit condamné à pourchasser à jamais sa bien-aimée pour la tuer.

Les artistes vénitiens jouirent jadis d'une grande estime auprès des souverains espagnols, en particulier Titien, qui exécuta le portrait de l'*Empereur Charles Quint* à Mühlberg, le Tintoret, auteur du magnifique *Lavement des pieds*, Véronèse (*Moïse sauvé des eaux*) et Tiepolo, le maître du rococo italien – son œuvre l'*Immaculée Conception* fait partie d'une série de tableaux destinés à une église d'Aranjuez. Vous pourrez également voir des tableaux du Caravage ou encore de Luca Giordano.

***David vainqueur de Goliath* (v. 1600) du Caravage**

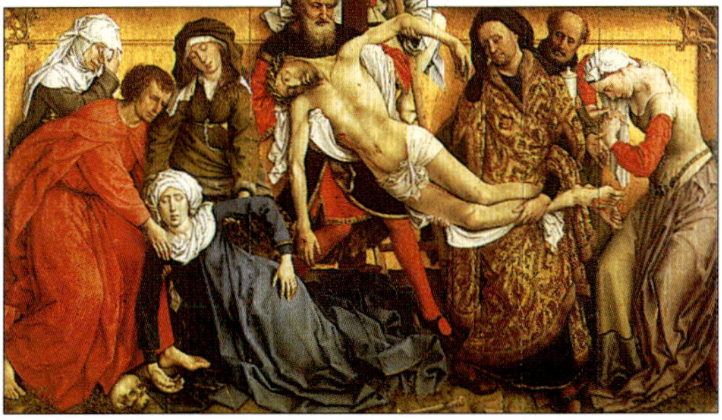

***Déposition* (v. 1430), de Rogier Van der Weyden**

ÉCOLE FRANÇAISE

Au XVIIe siècle, les unions entre les dynasties françaises et espagnoles, qui conduisirent à l'accession au trône d'un Bourbon en 1700, ouvrirent l'Espagne à l'art français. La collection du Prado possède ainsi huit œuvres attribuées à Poussin, parmi lesquelles le *Parnasse* et un *Paysage avec saint Jérôme*. *L'Embarquement de sainte Paule Romaine à Ostie* est le plus beau des tableaux de Claude Lorrain exposés.

Parmi les peintres du XVIIIe siècle représentés figurent Watteau ainsi que le portraitiste précieux Louis Michel Van Loo.

***Sainte Cécile* (1627-1628), de Nicolas Poussin**

ÉCOLE ALLEMANDE

La peinture allemande est peu représentée. Vous pourrez néanmoins admirer plusieurs tableaux de Dürer, notamment un remarquable *Autoportrait* que l'artiste a réalisé à l'âge de 26 ans, quelques œuvres de Cranach l'Ancien ainsi que des portraits, entre autres celui de Charles III, exécuté par l'artiste du XVIIIe siècle Anton Raffael Mengs.

Real Jardín Botánico 26

Plaza de Murillo 2. **Plan** 8 D4. ***Tél.*** *91 420 30 17.* *Atocha.* *de 10 h au crépuscule.* *1er janv., 25 déc.* **www**.rjb.csic.es

Au sud du Prado, le Jardin botanique royal commandé par Charles III *(p. 19)* et créé en 1781 par le botaniste Gómez Ortega et l'architecte Juan de Villanueva offre un lieu agréable où se reposer après une visite du musée. Des espèces végétales d'une grande variété voisinent dans ses parterres au tracé rigoureux. Elles témoignent de l'intérêt manifesté en Espagne à l'époque des Lumières pour les plantes originaires des colonies d'Amérique du Sud et des Philippines.

Statue du roi Bourbon Charles III, Real Jardín Botánico

Ministerio de Agricultura 27

Paseo de la Infanta Isabel 1. **Plan** 8 D5. ***Tél.*** *91 347 53 48.* *Atocha.* *sur r.-v.* **www**.mapya.es

Cet imposant édifice commandé pour abriter le siège du ministère du Développement, organisme créé pour apporter un soutien à la croissance économique, industrielle et scientifique de l'Espagne à la fin du XIXe siècle, est aujourd'hui occupé par le ministère de l'Agriculture, et sert souvent de cible aux paysans et aux producteurs d'huile d'olive.

Imposante façade du Ministerio de Agricultura

Construit entre 1884 et 1886 par Ricardo Vezlázquez Bosco, à qui l'on doit également le Palacio de Velázquez du Parque del Retiro *(p. 77)*, le bâtiment associe des éléments néo-classiques et romantiques. L'artiste Ignacio Zuloaga participa à sa décoration.

Des parements de brique et des carreaux vernissés animent les espaces entre les colonnes corinthiennes monumentales qui soutiennent un fronton sculpté aux armoiries de l'Espagne. Agustín Querol dessina les statues allégoriques qui dominent la façade. Les trois figures centrales représentent la Gloire accordant des lauriers à la Science et à l'Art. Deux effigies de Pégase, symbole de l'inspiration poétique, l'encadrent. Les sculptures étaient à l'origine en marbre mais la pierre se détériora et on dut les remplacer par des répliques en bronze.

Observatorio Astronómico 28

Calle de Alfonso XII 3. **Plan** 8 E5. ***Tél.*** *91 527 01 07.* *Atocha.* *pendant la rénovation, ven. sur r.-v.* *j. fériés ; certains espaces fermés pour rénovation jusqu'en 2007.* *sur r.-v. (fax 91 527 1935)* **www**.oan.es

Il n'existait en Europe que trois observatoires, à Londres, Paris et Berlin, lors de l'inauguration en 1790 de celui de Madrid. Dessiné par Juan de Villanueva dans le style néo-classique, il possède une coupole soutenue par une colonnade.

La salle ouverte au public abrite des instruments d'observation astronomique des XVIIIe et XIXe siècles, et un pendule de Foucault moderne. Une visite organisée une fois par mois, selon les conditions climatiques, permet en outre de découvrir les plus gros télescopes et une collection d'horloges anglaises, ainsi que de regarder à travers une lunette fabriquée en 1790 par sir Frederick William Herschel, le savant qui repéra la planète Uranus en 1780.

Colonade coiffée d'une coupole de l'Observatorio Astronómico

Museo Nacional de Antropología 29

Calle de Alfonso XII 68. **Plan** 8 D5. ***Tél.*** *91 539 59 95.* *Atocha.* *10 h-19 h 30 mar.-sam. ; 10 h-14 h dim.* *j. fériés.* *(gratuit sam. et dim.)* *réserver 15 jours à l'avance.* **www**.mnantropologia.mcu.es

L'ancien Museo Nacional de Etnología occupe un édifice dessiné par Francisco de Cubas, inauguré en 1875. Distribuées autour d'un grand hall central, ses collections anthropologiques réunissent des objets des cinq continents.

L'exposition du rez-de-chaussée accorde une large place aux Philippines et comprend une pirogue de 10 m de long, creusée dans un unique tronc. Elle se trouvait jadis au Palacio de Velázquez *(p. 77)*.

On peut aussi voir des crânes déformés du Pérou et des Philippines, une momie guanche de Tenerife et le squelette de Don Agustín Luengo y Capilla, géant de 2,35 m qui vécut en Estrémadure à la fin du XIXe siècle et mourut à 26 ans.

Le 1er étage, consacré à l'Afrique, renferme des vêtements, des armes, des bijoux, des outils, des céramiques et la reproduction d'une hutte rituelle bubi de Guinée-Équatoriale, qui servait aux réunions avec le *boeloelo* (guérisseur).

La section américaine du 2e étage illustre les modes de vie de tribus indiennes.

Estación de Atocha 30

Plaza del Emperador Carlos V. **Plan** 8 D5. ***Tél.*** *90 224 02 02.* *Atocha RENFE.* *t.l.j. 6 h-1 h*

La première ligne de chemin de fer d'Espagne, reliant Madrid à Aranjuez, fut inaugurée en 1846. Elle partait de la gare d'Atocha, qu'un nouvel édifice remplaça en 1891. La partie la plus ancienne de la gare, une grande structure d'acier et de verre, abrite une palmeraie. À côté se trouve le terminus des trains à grande vitesse (AVE) reliant la capitale à Tolède, Cordoue, Séville, Saragosse et Barcelone *(p. 204)*. À l'extérieur, dans le Parque del Retiro, un monument commémore les 192 victimes de l'attentat terroriste de mars 2004.

Entrée de la gare d'Atocha, construite en 1891

Palacio de Fernán Núñez 31

Calle de Santa Isabel 44. **Plan** 7 B4. ***Tél.*** *91 527 18 12.* *Atocha.* *au public.*

Également connu sous le nom de Palacio de Cervellón, ce bâtiment possède une façade qui ne révèle rien de la richesse de sa décoration intérieure. Construit en 1847 pour le duc et la duchesse de Fernán Núñez, il resta la résidence familiale jusqu'en 1936. Réquisitionné par la milice républicaine pendant la guerre civile *(p. 20)*, il servit d'abri. Une organisation de jeunesse socialiste occupait l'étage. Quand les Fernán Núñez le récupérèrent, ils découvrirent qu'aucun de ses trésors n'avait été pillé.

Le palais devint en 1941 la propriété de la Société des chemins de fer espagnols, dont la fondation profite de ce cadre somptueux pour organiser des expositions.

L'aménagement intérieur se fit en deux temps, et les vastes et sobres pièces de la partie la plus ancienne, meublée d'intéressants tapis de la Real Fábrica de Tapices *(p. 110)*, d'antiquités, de vieilles pendules et de copies de tableaux de Goya, offrent un contraste vif avec l'exubérante décoration rococo de la section la plus récente, souvent utilisée pour des réceptions officielles. La salle de bal est particulièrement spectaculaire avec ses dorures, son immense lustre, ses miroirs et ses chérubins se détachant en haut relief.

Près du palais, le Convento Santa Isabel, fondé en 1595 par Philippe II, possède une coupole octogonale.

L'opulente salle de bal rococo du Palacio de Fernán Núñez

Le Centro de Arte Reina Sofía ㉜

L'ancien hôpital général de Madrid, bâti au XVIIIe s., abrite ce musée d'art moderne inauguré en 1986. Les deux ascenseurs extérieurs en verre furent installés en 1990. Outre le *Guernica* de Picasso, la collection permanente comprend des œuvres marquantes d'artistes du XXe siècle, tels que Miró, Dalí ou Tàpies. Des aménagements, conçus par Jean Nouvel, ont été achevés en 2005. Les nouveaux bâtiments de verre accueillent des expositions temporaires, une bibliothèque, un café-restaurant et une boutique.

Portrait II *(1938)*
Joan Miró peignit cette grande toile plus de dix ans après la fin de sa période véritablement surréaliste.

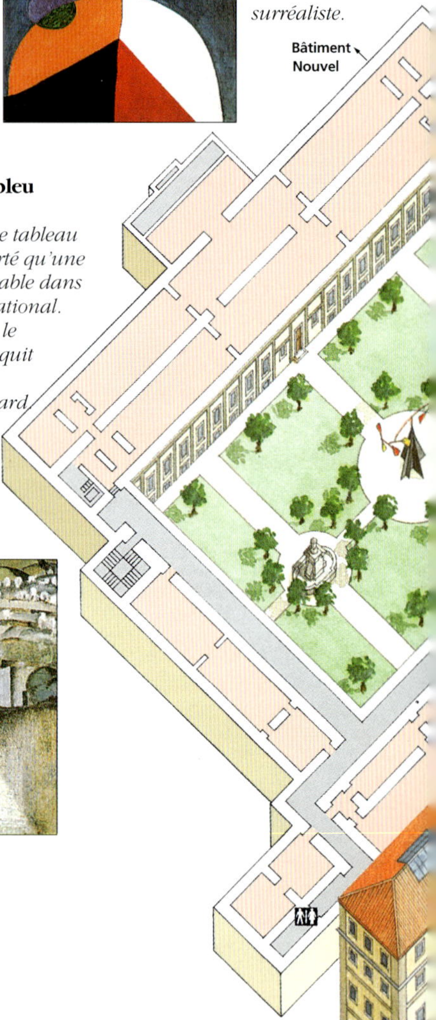

★ Femme en bleu *(1901)*
Picasso renia ce tableau n'ayant remporté qu'une mention honorable dans un concours national. L'État espagnol le retrouva et l'acquit des dizaines d'années plus tard.

Paysage à Cadaqués
Né à Figueras en Catalogne, Salvador Dalí séjourna fréquemment à Cadaqués, sur la Costa Brava. Il peignit ce paysage au cours de l'été 1923.

Accident
Ponce de León peignit ce tableau prémonitoire en 1936, année où il mourut dans un accident de voiture.

À NE PAS MANQUER

★ *Femme en bleu* de Picasso

★ *La Tertulia del Café de Pombo* de Solana

★ *Guernica* de Picasso

★ **La Tertulia del Café de Pombo** *(1920)*
José Gutiérrez Solana a représenté une réunion d'intellectuels (tertulia) *dans un célèbre café de Madrid qui n'existe plus.*

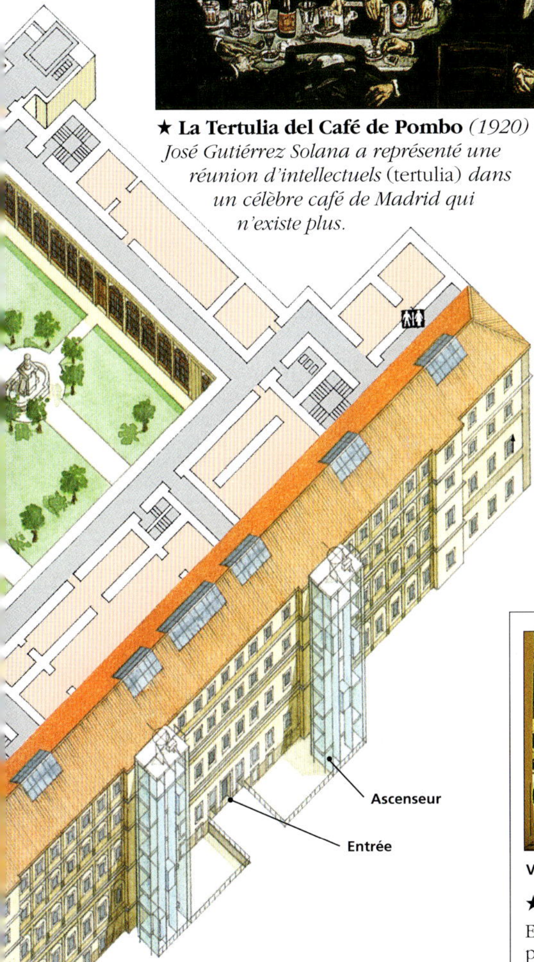

Toki-Egin
(Homenaje a San Juan de la Cruz)
Les œuvres abstraites du Basque Eduardo Chillida utilisent le bois, le fer et l'acier, symboles de force.

MODE D'EMPLOI

Calle Santa Isabel 52. **Plan** 7 C5.
Tél. *91 774 10 00. Atocha.*
6, 14, 18, 19, 27, 45, 55, 68.
10 h-21 h lun. et mer.-sam., 10 h-14 h 30 dim. 1er janv., 24, 25, 31 déc. et j. fériés. sauf sam. apr. midi et dim.
www.museoreinasofia.mcu.es

SUIVEZ LE GUIDE !

Organisé autour d'une cour intérieure, le musée présente sa collection permanente dans le bâtiment Sabatini. Vouée à l'art du XXe siècle, l'exposition chronologique commence au 2e étage. Le 3e étage présente des œuvres des années 1930 à 1960 et le 4e étage la période contemporaine. Des salles sont consacrées à des artistes marquants tels que Dalí, Miró et Picasso. Dans le nouveau bâtiment Nouvel, deux salles accueillent les expositions temporaires.

LÉGENDE DU PLAN

- Espace d'exposition
- Circulations et services

Visiteurs admirant *Guernica*

★ *GUERNICA* DE PICASSO

En peignant cet immense tableau pour le pavillon du gouvernement républicain espagnol de l'Exposition internationale de Paris de 1937, Picasso exprima toute sa révolte après le bombardement meurtrier, perpétré la même année sur la ville basque de Guernika-Lumo, par les pilotes allemands au service des nationalistes. Conformément aux vœux de l'artiste, qui refusait qu'elle fût rapatriée en Espagne avant le rétablissement de la démocratie, l'œuvre resta au musée d'Art moderne de New York jusqu'en 1981.

Découvrir le Centro de Arte Reina Sofía

Le XXe siècle fut sans conteste la période la plus brillante de l'histoire de l'art espagnol depuis le Siècle d'or, et le centre d'art Reine Sophie propose un fascinant aperçu des mouvements qui se développèrent alors, depuis le modernisme catalan du tournant du siècle jusqu'aux tendances les plus contemporaines. La localisation des œuvres décrites ci-dessous est toutefois susceptible d'avoir changée à la publication de ce guide en raison d'un réaménagement, qui a permis d'enrichir la collection permanente.

Guitarra ante el mar **de Juan Gris (1925)**

LES DÉBUTS DE L'ART MODERNE ESPAGNOL

Au début du XXe siècle, l'Espagne a deux principaux pôles culturels : la Catalogne et le Pays basque, où la bourgeoisie offre un débouché à des artistes tels qu'Ignacio Zuloaga, Hermenegildo Anglada-Camarasa et Isidro Nonell exposés à côté de María Blanchard, une amie intime du cubiste Juan Gris et l'une des rares femmes représentées dans la collection. À Madrid, un peintre sort du lot à cette époque : Gutiérrez Solana. Puisant aux racines de la tradition picturale espagnole jusqu'à Goya, il invente une forme très personnelle d'expressionnisme, prenant souvent pour sujet les fêtes et la vie quotidienne des habitants de la ville. La salle qui lui est consacrée abrite quelques œuvres majeures comme *La Tertulia del Café de Pombo* (1920) et *Procesión de la Muerte* (1930).

Grand Prophète **de Pablo Gargallo (1933)**

Les tableaux et les sculptures de María Blanchard, Sonia Delaunay et Jacques Lipchitz offrent une bonne introduction au travail de Juan Gris. Après avoir commencé sa carrière dans l'illustration graphique, il s'installe à Paris en 1906 où il développe sa propre déclinaison du cubisme sous l'influence de Picasso avec des tableaux tels que *Portrait de Josette* (1916) et *Guitarra ante el mar* (1925). Figure de premier plan de la sculpture espagnole d'avant-garde, Pablo Gargallo, travailla dans ses œuvres métalliques sur le jeu entre vides et surfaces courbes. Les pièces de la salle 6 datent de l'entre-deux-guerres et offrent une bonne illustration de sa démarche, notamment *Masque de Greta Garbo à la mèche* (1930) et *El Gran profeta* (1933).

PABLO PICASSO

L'exposition des œuvres survole cinquante ans de la vie de l'artiste probablement le plus important du XXe siècle. Né en 1881 à Málaga, Pablo Picasso passa ses années de formation à Barcelone où il subit l'influence du symbolisme, comme en témoigne *Femme en bleu* (1901), l'un des premiers tableaux de sa période dite bleue. L'œuvre la plus célèbre reste néanmoins *Guernica* (salle 6), peinte en 1937 pour le pavillon espagnol de l'Exposition internationale de Paris en réaction au bombardement, par une escadrille allemande alliée aux nationalistes, de la ville de Gernika-Lumo. Malgré son sujet, aucune arme ou avion n'apparaît ni sur la toile ni dans les esquisses préparatoires exposées à côté. Elle tire en fait toute sa force d'expression de motifs, tels que le cheval et le taureau, qui hantaient déjà l'imaginaire de Picasso dans des œuvres antérieures comme *Minotauramachie* (1935), gravure offrant un brutal éclairage de ses obsessions. Des sculptures telles que *La Femme au jardin* (1929-1930) et *L'Homme au mouton* (1943) permettent d'apprécier une autre facette de son immense talent.

JULIO GONZÁLEZ

Contemporain et ami de Pablo Gargallo et de Picasso, Julio González est considéré comme le père de la sculpture moderne espagnole.

Minotauromachie **de Pablo Picasso (1935)**

Né à Barcelone, il s'installe à Paris au début du siècle. Une période de doute l'éloigne de la création artistique, et c'est aux usines Renault qu'il apprend la soudure. Elle jouera un rôle essentiel dans son œuvre exécutée en majeure partie en fer. Il se sert de ce matériau jusqu'ici considéré comme hors du champ de l'art pour créer des formes où l'espace joue un rôle essentiel. Outre un autoportrait humoristique, *Tête dite « Lapin »*, la salle qui lui est consacrée abrite des sculptures de sa période la plus mûre.

***Muchacha en la ventana* de Salvador Dalí (1925)**

MIRÓ, DALÍ ET LES SURRÉALISTES

Né à Barcelone en 1893, Juan Miró fréquente le mouvement surréaliste après s'être établi à Paris en 1920, et il utilise notamment la technique de la peinture automatique. Les influences de cette période restent sensibles dans des toiles comme *Portrait II* (1939). Salvador Dalí fréquente également les surréalistes, en particulier Luis Buñuel à qui est consacrée une salle. Ils réalisent ensemble *Un chien andalou* en 1929, un film de 17 minutes qui fera sensation parmi les surréalistes. La palette de Dalí est d'une extrême variété et la salle 10 abrite aussi bien des toiles d'influence cubiste qu'un tableau réaliste comme *Muchacha en la ventana* (1925) ou *El Gran masturbator* (1929), exemple des recherches du peintre dans l'expression des ressorts de l'inconscient. Ces recherches le conduiront à développer une technique personnelle d'investigation de l'irrationnel, la « méthode paranoïaque-critique », pour accéder par le délire à ses désirs les plus refoulés.

L'exposition met de surcroît en parallèle les œuvres de surréalistes espagnols tels qu'Oscar Domínguez et Benjamín Palencia (*Toros,* 1933) avec celles d'importants représentants étrangers de ce mouvement tels que l'Allemand Max Ernst, le Belge René Magritte ou le Français Yves Tanguy.

***Toros* de Benjamín Palencia (1933)**

L'ÉCOLE DE PARIS

L'histoire mouvementée de l'Espagne au XXe siècle *(p. 19-21)* a provoqué l'émigration de beaucoup de ses plus grands créateurs, tels Picasso, Dalí, Juan Gris et Miró. Tous passèrent par Paris, la capitale occidentale de l'art au début du siècle, et certains y vécurent plusieurs années. La Ville Lumière attira aussi des artistes d'autres horizons, de l'Europe de l'Est à l'Amérique, comme l'Allemand Hans Hartung et le Russe Nicolas de Staël. Tous ces artistes firent partie de l'« école de Paris » et on constate les influences mutuelles à l'intérieur de ce groupe, en perpétuel renouvellement, d'artistes d'origines très variées. Elle permet aussi de découvrir le travail d'un large éventail de peintres peu connus tels que Daniel Vázquez Díaz et Francisco Bores.

L'APRÈS-GUERRE

Le musée abrite également la collection d'art contemporain, de la fin de la guerre civile (1936-1939) à aujourd'hui.

Le régime franquiste imposa une sévère censure et les créateurs espagnols, évoluant dans un environnement difficile, eurent tendance à se soutenir au sein de groupes tels que Dau al Set, proche du surréalisme, ou Pórtico, influencé par les abstraits de l'école de Paris. El Paso et Grupo 57 comptèrent parmi leurs membres des figures majeures tels qu'Antonio Saura, dont *Grito n° 7* (1959) offre un bon exemple de l'expression rageuse. Parmi les œuvres du Basque Eduardo Chillida, certaines sont en fer forgé.

Antoni Tàpies est sans doute le plus célèbre artiste espagnol vivant. Il est en particulier connu pour ses recherches sur la matière qui le rapprochent de l'Arte povera et lui permettent d'explorer la magie des objets quotidiens.

Les œuvres plus récentes de l'Equipo Crónica, de Luis Gordillo et d'Eduardo Arroyo, comme *Toute la ville en parle* (1982), illustrent la période de transition qui commença avant même le décès du dictateur en 1975.

***Toute la ville en parle* de Eduardo Arroyo (1982)**

SENECA

AUTOUR DE LA CASTELLANA

L'axe principal du Madrid moderne, le paseo de la Castellana, permet de découvrir la ville dans sa dimension de grande capitale commerciale et administrative européenne. Au XIXe siècle, l'aristocratie madrilène se fit édifier le long de l'artère, au nord de la plaza de Colón, d'élégants hôtels particuliers. On peut en apprécier le luxe dans l'un des plus beaux musées d'art de Madrid : le Museo Lázaro Galdiano, installé dans l'ancienne demeure du financier José Lázaro Galdiano. La Castellana longe à l'est le barrio de Salamanca, un quartier chic de boutiques et d'immeubles de standing qui porte le nom du marquis et homme d'affaires du XIXe siècle à l'origine de sa création. Au sud-ouest, Chueca et Malasaña possèdent une atmosphère plus populaire.

Détail de l'Iglesia de Santa Barbara

Dans la partie sud du boulevard, appelée paseo de Recoletos, se trouvent le Museo Arqueológico, fondé en 1867 par Isabelle II, et le Café Gijón, un rendez-vous d'intellectuels ouvert au début du XXe siècle.

LES SITES D'UN COUP D'ŒIL

Musées

Fundación Juan March 11
Museo Arqueológico Nacional p. 94-95 8
Museo de Cera 6
Museo de Escultura al Aire Libre 14
Museo Lázaro Galdiano p. 98-99 12
Museo Municipal 16
Museo Romántico 15
Museo Sorolla 13

Église

Iglesia de Santa Bárbara 4

Rues, places et quartiers

Calle de Serrano 9
Calle del Almirante 2
Malasaña 17
Plaza de Chueca 3
Plaza de Colón 7
Salamanca 10

Bâtiments historiques

Café Gijón 1
Cuartel del Conde Duque 18
Palacio de Liria 19
Tribunal Supremo 5

COMMENT Y ALLER

Les lignes 1, 4, 5, 6, 8, 9 et 10 du métro desservent le quartier et offrent le moyen le plus pratique d'y circuler. Les bus les plus utiles sont le 5, le 7, le 12, le 13, le 40, le 45 et le 150. Le 27 suit toute La Castellana. Le 21 traverse le quartier de Salamanca.

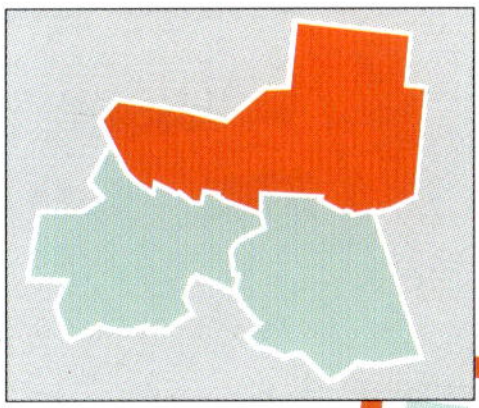

LÉGENDE

Plan pas à pas p. 90-91
Station de métro
Arrêt de bus important

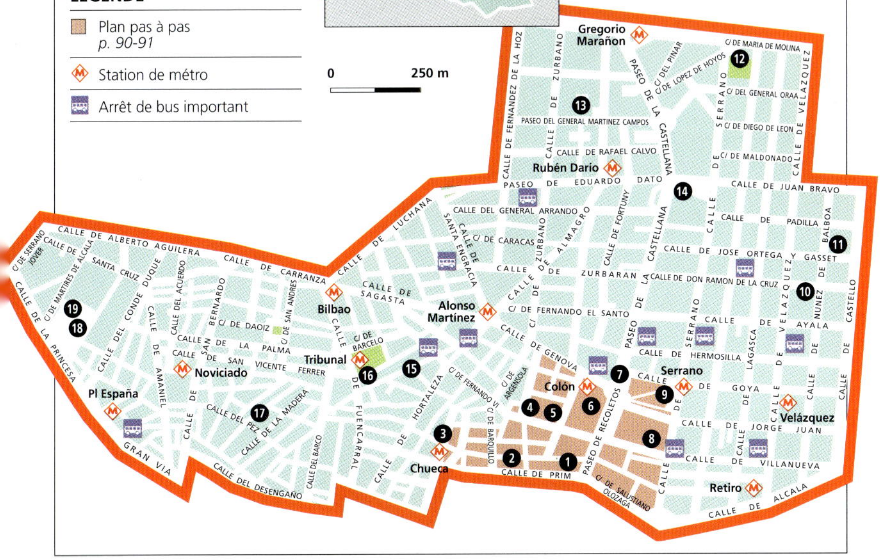

L'une des quatre grandes sculptures en béton de la plaza de Colón

Le paseo de Recoletos pas à pas

Deux rues où abondent des boutiques de mode, la calle de Goya et la calle de Serrano, bordent la plaza de Colón que dominent le Museo Arqueológico Nacional et la Biblioteca Nacional. Au sud de la place commence le paseo de Recoletos où se trouvent le Museo de Cera et le Café Gijón. Entre la calle del Almirante, et la calle de Génova, le Tribunal Supremo occupe un ancien couvent près de l'Iglesia de Santa Bárbara. Le dédale du quartier de Chueca abrite des bars pittoresques.

Iglesia de Santa Bárbara
Ce beau sanctuaire baroque renferme les tombeaux de Ferdinand VII (p. 19) *et de son épouse Bárbara de Braganza* ❹

Tribunal Supremo
L'ancien couvent et collège attenant à l'Iglesia de Santa Bárbara abrite la Cour suprême espagnole ❺

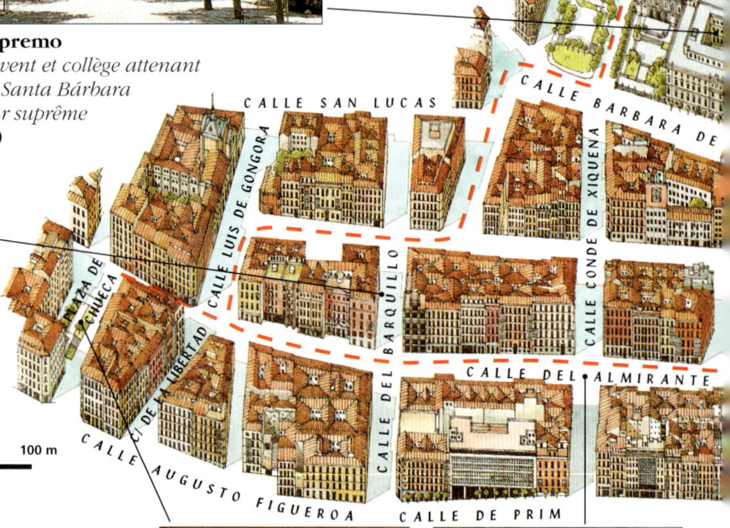

La calle de Barquillo renferme les meilleurs magasins de Madrid de matériel électronique et de hi-fi.

À NE PAS MANQUER

★ Museo Arqueológico Nacional

★ Plaza de Colón

Plaza de Chueca
Au cœur d'un quartier très vivant la nuit, la Bodega de Angel Sierra n'a quasiment pas changé depuis sa construction en 1897 ❸

Calle del Almirante
Jadis renommée pour ses vanneries, cette rue bourgeoise est devenue un des hauts lieux de la mode ❷

Museo de Cera
Le musée de Cire représente des personnages historiques ❻

CARTE DE SITUATION
Voir l'atlas des rues, plan 6.

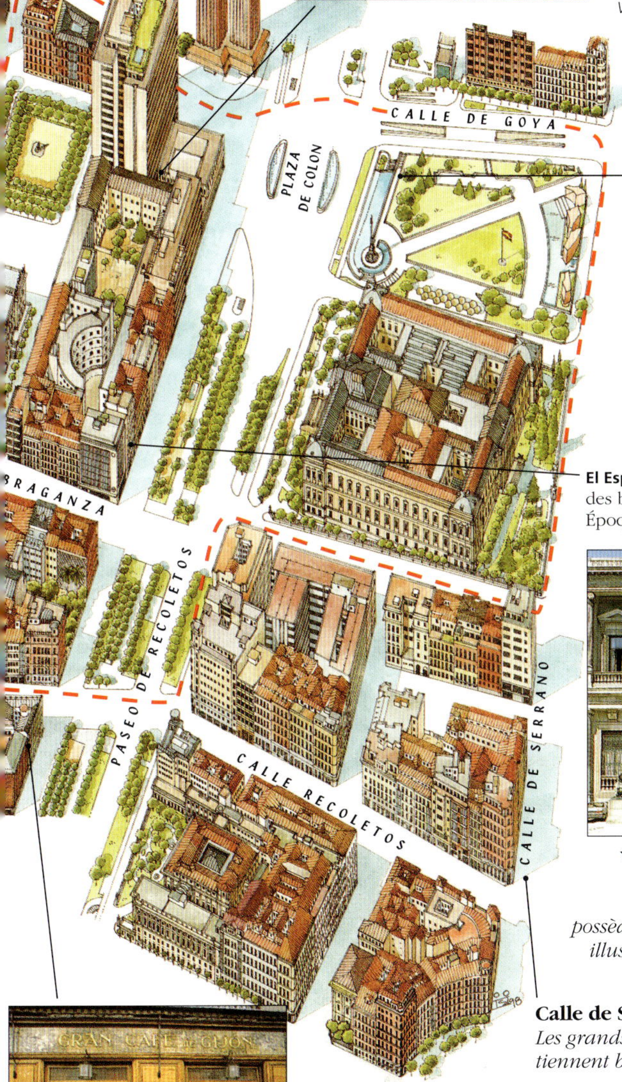

★ Plaza de Colón
Sur cette vaste place se dresse un monument à Christophe Colomb ❼

El Espejo a le plus beau décor des bars et restaurants Belle Époque de Madrid.

★ Museo Arqueológico Nacional
Le Musée archéologique possède près de 100 000 pièces illustrant la riche histoire de l'Espagne ❽

Calle de Serrano
Les grands noms de la mode tiennent boutique sur cette rue ❾

Café Gijón
Des intellectuels se retrouvent toujours pour discuter dans ce café du tournant du siècle ❶

LÉGENDE

– – – Itinéraire conseillé

Café Gijón ❶

Paseo de Recoletos 21. **Plan** 5 C5. ***Tél.*** *91 521 54 25.* *Banco de España.* *8 h-1 h 30 dim.-ven., 8 h-2 h sam. et j. fériés.*

Du début du XXe siècle jusqu'à la guerre civile, l'atmosphère des cafés fut un des grands attraits de Madrid. Des nombreux établissements où se retrouvaient les intellectuels *(p. 74)*, peu ont survécu en dehors du Café Gijón. Même si son décor est original, avec ses colonnes en fonte couleur crème et ses tables noires et blanches, il est surtout renommé pour son ambiance, et il continue d'attirer une clientèle animée de *literati*.

Le Café Gijón

Calle del Almirante ❷

Plan 5 C5. *Banco de España, Colón & Chueca.*

La rue de l'Amiral, qui court d'ouest en est entre la calle Barquillo et le paseo de Recoletos, fut appelée pendant une grande partie du XXe siècle calle de Cesterías (rue des Vanneries), et ses boutiques vendant paniers, fauteuils et autres objets en rotin avaient une telle renommée qu'elles reçurent la visite des épouses de Winston Churchill et du shah d'Iran. Une seule de ces enseignes a subsisté jusqu'à aujourd'hui, celle d'Antonio del Pozo fondée en 1891.

La rue abritait aussi plusieurs tavernes où se retrouvaient les habitants du quartier et, après la mort de Franco en 1975, elle acquit une certaine notoriété lorsque deux bars gays ouvrirent et que des prostitués se mirent à racoler ouvertement sur les trottoirs. Une situation qui fit scandale dans un quartier alors plutôt bourgeois. Elle n'empêcha toutefois pas Jesús del Pozo, styliste et frère d'Antonio, de créer à cette époque une boutique de haute couture à côté du magasin familial. L'effervescence culturelle de la *Movida* lança, dans les années 80, la mode de ce quartier, et d'autres magasins de prêt-à-porter et de décoration intérieure de luxe ouvrirent dans la calle del Almirante, qui a désormais pris le surnom de « calle de la Moda » (« rue de la Mode »). Elle attire une clientèle aisée, travaillant dans le quartier d'affaires voisin.

Jesús del Pozo est devenu célèbre et propose dans ses salons du premier étage, au n° 9, des tenues destinées aux mariages et aux grandes occasions.

Mais la calle del Almirante a aussi conservé quelques commerces traditionnels. La famille de Manolo Huerta tient ainsi la *panadería* (« boulangerie ») depuis 1910, et Juan Encinas permet depuis 1972 de se restaurer sur le pouce de *bocatas* (sandwichs) à la Cafetería Almirante.

Les amateurs d'antiquités et de curiosités anciennes ne doivent pas manquer Regalos Originales, installé au n° 23.

L'élégante calle del Almirante

Sur la plaza de Chueca

Plaza de Chueca ❸

Plan 5 B5. *Chueca.*

Cette place portait à l'origine le nom de plaza de San Gregorio, et une statue de saint Grégoire se dresse dans la calle San Gregorio, à l'entrée principale de l'hôtel particulier des marquis de Minaya. Elle fut rebaptisée en 1943, en hommage à Federico Chueca (1846-1908), pianiste et chef d'orchestre qui composa de nombreuses *zarzuelas (p. 131)*.

Boutiques et bars entourent la plaza de Chueca, dont la Bodega de Angel Sierra *(p. 90)*, une *taberna* qui existe depuis 1897. À l'extérieur, à l'angle de la calle San Gregorio et de la calle de Gravina, un décor en carrelage de style andalou fait la réclame d'apéritifs, de bières et de vins. L'intérieur a conservé son ancien long comptoir.

Le dédale des ruelles des alentours est un des hauts lieux de la vie nocturne madrilène, apprécié notamment par la communauté homosexuelle de la ville. Il renferme de nombreux bars branchés et des restaurants chic. Dans la calle Augusto Figueroa, vous trouverez de nombreuses boutiques de chaussures, très belles et bon marché.

Iglesia de Santa Bárbara ❹

Calle General Castaños 2. **Plan** 5 C5. ***Tél.*** *91 319 48 11.* Ⓜ *Alonso Martínez, Colón.* ◯ *9 h-13 h, 17 h-20 h 30 lun.-sam., 10 h-12 h 30, 18 h-20 h 30 dim. et j. fériés.*

C'est Bárbara de Braganza, l'épouse de Ferdinand VI, qui commanda la construction de cette belle église baroque, et elle ne recula devant aucune dépense. Elle confia le couvent attenant (aujourd'hui le Tribunal Supremo) et son école destinée aux filles de la noblesse à l'ordre des Visitandines, fondé en 1610 à Annecy par saint François de Sales et sainte Jeanne de Chantal, et le sanctuaire est parfois appelé l'Iglesia de las Salesas Reales.

François Carlier (1707-1760), dont le père participa à la création des jardins de La Granja de San Ildefonso *(p. 131),* en dessina les plans. Commencés en 1750, les travaux s'achevèrent en 1757 sous la direction du maître d'œuvre Francisco de Moradillo qui ajouta les tours du toit.

Il faut traverser un agréable jardin aménagé en 1930 pour atteindre l'entrée principale. En médaillon central sur la façade, Doménico Olivieri a représenté la *Visitation,* visite de la Vierge enceinte à sa cousine Élisabeth, la mère de saint Jean-Baptiste.

Doménico Olivieri se vit aussi confier l'exubérante décoration intérieure. À droite de l'entrée, une peinture de Corrado Giaquinto montre saint François de Sales et sainte Jeanne de Chantal. Une *Sainte Famille* par Francesco Cignaroni lui fait face.

À droite de la nef centrale se trouve le tombeau de Ferdinand VI, œuvre néo-classique de Francesco Sabatini, ornée de rangs d'anges exécutés par Francisco Gutiérrez. Un portrait de Francisco Javier et Santa Bárbara domine l'autel voisin. Il est dû à Francesca de Mora, à l'instar de la *Visitación* du maître-autel que décorent des sculptures de San Fernando et Santa Bárbara. Jerónimo Suñol

Intérieur baroque de l'Iglesia de Santa Bárbara

exécuta le tombeau du général O'Donnell, mort en 1867, qui se trouve à gauche à côté de la *Reddition de Séville,* une œuvre du Français Charles Joseph Flipart. Une chapelle à droite de l'autel abrite le tombeau de Bárbara de Braganza.

Tribunal Supremo ❺

Plaza de la Villa de Paris. **Plan** 5 C5. ***Tél.*** *91 397 12 00.* Ⓜ *Alonso Martínez, Colón.* ◯ *sur r.-v. en écrivant au Gabinete Técnico, Plaza de la Villa de Paris, Madrid 28071 ; fax 91 319 47 20).*

Construit au XVIIIe siècle par François Carlier pour abriter le couvent et l'école de l'Iglesia de Santa Bárbara voisine, ce majestueux édifice baroque resta occupé par des Visitandines jusqu'à son expropriation par le gouvernement en 1870. Il devint alors le Palais de justice, mais souffrit de manque d'entretien, décrépitude aggravée en 1907 et 1915 par des incendies qui ne touchèrent heureusement pas l'église attenante. Joaquin Rojí dirigea entre 1991 et 1995 la restauration qui permit au bâtiment d'accueillir la Cour suprême.

Devant le palais s'ouvre la vaste plaza de la Villa de Paris, agrémentée par un jardin et ornée en son centre de statues de Ferdinand VI et de son épouse Bárbara de Braganza. De l'autre côté se dresse l'immeuble moderne de l'Audiencía Nacional (cour d'État). Au n° 12 de la calle Marqués de Ensenada, un bâtiment du début du siècle abrite l'Institut français.

Statue de Bárbara de Braganza sur la plaza de la Villa de Paris

Le Museo Arqueológico Nacional ❽

Fondé en 1867 par Isabelle II et couvrant une période allant de la préhistoire au XIXe siècle, le Musée archéologique contient des objets mis au jour dans toute l'Espagne, ainsi que des antiquités égyptiennes, grecques et étrusques. Les collections comprennent des objets de la civilisation andalouse d'El Argar (1800-1100 av. J.-C.), des sculptures ibériques, des mosaïques romaines, etc. À l'extérieur du musée se trouve la reconstitution de la grotte d'Altamira (Cantabrie), avec, sur les murs, les reproductions des superbes peintures du Paléolithique supérieur. En raison d'un réaménagement, certaines galeries peuvent être fermées.

Copie d'une peinture rupestre dans la réplique de la grotte d'Altamira

★ Couronne wisigothique

Ce bijou du VIIe siècle en or, perles, saphirs et grenats fut découvert à Guarrazar dans la province de Tolède. L'inscription « RECCESVINTHVS REX OFFERET » révèle qu'il fut offert par le roi Recesvinto.

Arc maure

Cet arc en stuc du XIe siècle, ayant surtout une fonction décorative, ornait l'Aljafería, palais construit par les musulmans à Saragosse.

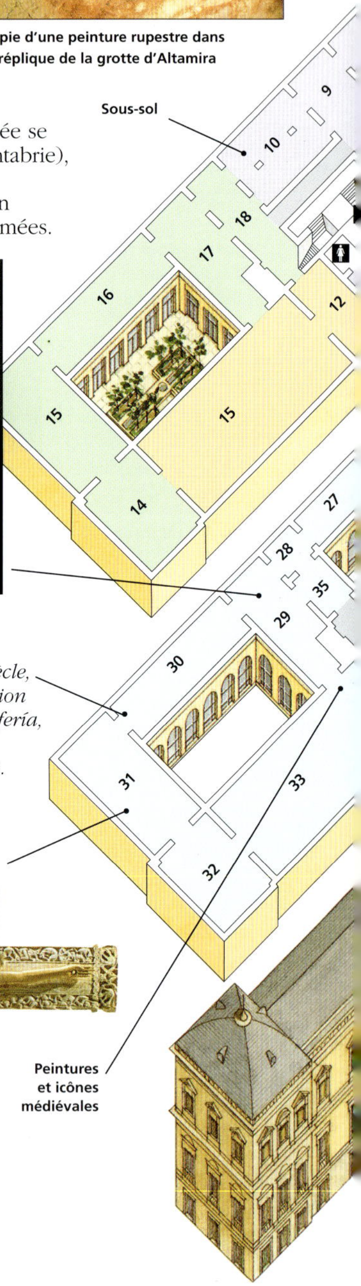

À NE PAS MANQUER

- ★ Dame de Baza
- ★ Mosaïque romaine
- ★ Couronne

Crucifix en ivoire

Ce petit crucifix sculpté en 1063 et offert à la Basilica de San Isidro de León à sa consécration devint la propriété de Ferdinand Ier. Un vide, à l'arrière, permettait d'y loger une relique de la Vraie Croix.

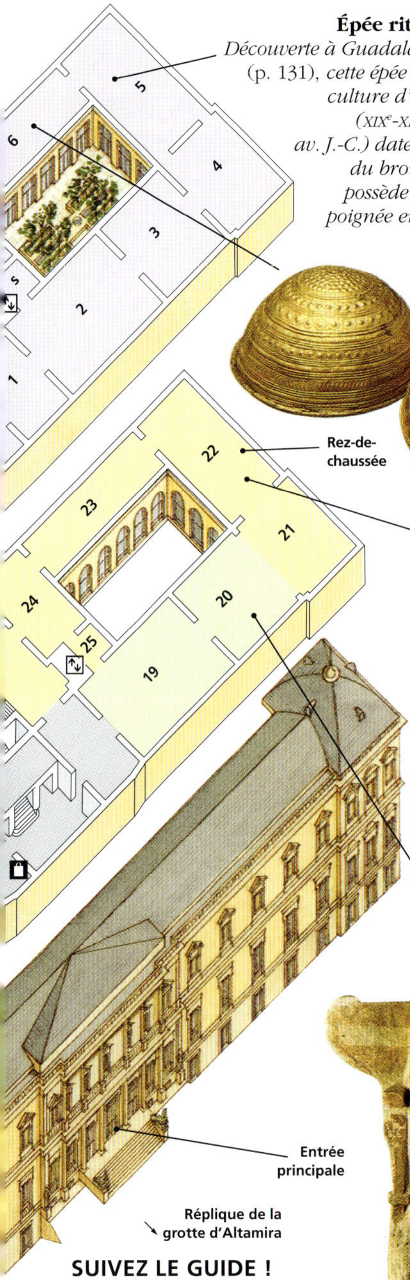

Épée rituelle
Découverte à Guadalajara (p. 131), cette épée de la culture d'El Argar (XIXe-XIVe siècles av. J.-C.) date de l'âge du bronze et possède une poignée en or.

MODE D'EMPLOI

Calle de Serrano 13.
Plan 6 D5. ***Tél.*** *91 577 79 12.*
Serrano, Retiro.
1, 9, 19, 51, 74.
9 h 30-20 h 30 mar.-sam., 9 h 30-14 h 30 dim.
certains j. fériés.
(gratuit sam. après-midi et dim.)
www.man.mcu.es

Bols en or
Ces bols à décor martelé de la fin de l'âge du bronze (XIIIe-XIIe siècles av. J.-C.) avaient été cachés à Axtroki au Pays basque, probablement par un culte solaire.

★ Mosaïque romaine
Sur cette mosaïque du IIIe siècle d'une villa romaine d'Albacete, des allégories des mois (ici avril) entourent le monogramme de la famille qui habitait la demeure.

★ Dame de Baza
Trouvée à Grenade, cette déesse en pierre du IVe siècle av. J.-C. comporte à gauche une niche destinée aux cendres mortuaires.

SUIVEZ LE GUIDE !

L'exposition suit l'ordre chronologique à partir du sous-sol, consacré à la préhistoire et aux premiers colonisateurs. Le rez-de-chaussée est dédié à la période allant de l'occupation romaine à l'Espagne mudéjare, mais abrite aussi des pièces phéniciennes, puniques et médiévales. Une nouvelle salle au 1er étage présente des objets royaux du XVIe au XIXe siècle et des expositions temporaires. La reconstitution de la grotte d'Altamira se trouve dans le jardin devant le musée.

LÉGENDE

- Du paléolithique à l'âge de fer
- Grèce antique et Étrurie
- Ancienne Égypte, Afrique et Orient
- Moyen Âge
- Rome antique
- Art wisigothique, roman et mudéjar
- Circulations et services

Museo de Cera 6

Paseo de Recoletos 41. **Plan** 6 D5.
Tél. *91 319 26 49.* *Colón.*
10 h-14 h 30, 16 h 30-20 h 30 lun.-ven., 10 h-20 h 30 sam.-dim. et j. fériés.
www.museoceramadrid.com

Le musée de Cire de Madrid abrite quelque 450 mannequins de célébrités espagnoles et étrangères pour la plupart mises en situation, tel Miguel de Cervantes, l'auteur de *Don Quichotte,* représenté assis à son bureau devant une peinture de moulins. Une autre scène reproduit la célèbre toile de Goya, *Le 3 Mai 1808,* dénonçant la répression exercée par les troupes napoléoniennes après une révolte anti-française à Madrid *(p. 18).* D'autres tableaux illustrent la Cène, le retour du Nouveau Monde de Christophe Colomb, l'histoire des colonies espagnoles ou le Far West américain.

L'époque contemporaine n'est pas oubliée avec les effigies de stars du rock, de vedettes de Hollywood, d'athlètes ou du pape. Dans une reconstitution de café, les visiteurs sont invités à reconnaître des intellectuels espagnols du passé et d'aujourd'hui. Certains tableaux risquent toutefois de choquer les enfants, tel cet accident de corrida où la corne du taureau crève l'œil du torero.

À l'étage, *Multivision* utilise simultanément 27 projecteurs pour résumer en une heure l'histoire de l'Espagne.

Mannequin en cire de Miguel de Cervantes au Museo de Cera

Monument moderne à Christophe Colomb, plaza de Colón

Plaza de Colón 7

Plan 6 D5. *Serrano, Colón.*

De hauts immeubles construits dans les années 70, à l'emplacement de demeures du XIXe siècle, dominent cette vaste place dédiée à Christophe Colomb, qui renferme les Jardines del Descubrimiento (« jardins de la Découverte »).

Au sud, un palais massif édifié en 1892 abrite la Bibliothèque nationale et le Musée archéologique. Au terme du paseo de la Castellana s'élève le gratte-ciel post-moderniste de la société Heron.

Deux monuments rendent hommage sur la place au découvreur du Nouveau Monde. Le plus esthétique, et le plus ancien, une flèche néo-gothique érigée en 1885, porte au sommet une statue de Christophe Colomb le doigt tendu vers l'ouest. Le second, moderne, se compose de quatre masses de béton gravées de silhouettes et de citations évoquant le voyage du célèbre explorateur.

Statue de Colomb, plaza de Colón

La circulation qui règne en permanence sur la plaza de Colón n'en fait apparemment pas un lieu adapté aux manifestations culturelles. Son sous-sol renferme cependant le Centro Cultural de la Villa de Madrid qui comprend le centre municipal d'art, un théâtre, un café et des salles d'exposition et de conférence.

Le terminus des bus pour l'aéroport *(p. 200)* est aussi situé au sous-sol.

Museo Arqueológico Nacional 8

Voir pages 94-95.

Calle de Serrano 9

Plan 8 D1. *Serrano.*

Portant le nom d'un politicien du XIXe siècle, la plus chic des rues commerçantes de Madrid relie la plaza del Independencia à la plaza del Ecuador et traverse le quartier cossu de Salamanca. Installés dans des immeubles datant souvent de la fin du XIXe siècle, de nombreux magasins de luxe la bordent.

Certains des stylistes les plus en vue du pays, tels Adolfo Domínguez et Roberto Verino, ont des boutiques dans sa partie nord, près du Museo Lázaro Galdiano *(p. 98-99),* tandis que les Italiens Versace, Gucci et Armani ont ouvert des succursales dans la calle de José Ortega y Gasset où on trouve également Chanel, Calvin Klein et Escada. Plus bas dans la calle de Serrano, sont installés deux succursales d'El Corte Inglés et du styliste et maroquinier Lœwe.

Sur une rue parallèle, la calle de Claudio Coello, plusieurs antiquaires proposent des meubles et des objets d'art, aux prix en rapport avec le standing du quartier.

Statue du marquis de Salamanca dans le quartier qu'il fonda

Salamanca ⑩

Plan 6 E3. Ⓜ *Velázquez, Serrano, Núñez de Balboa, Lista, Príncipe de Vergara, Goya, Diego de León.*

Le barrio de Salamanca porte le nom de l'homme d'affaires qui en dirigea l'aménagement en 1862. José « Pepito » Salamanca (1811-1883), marquis de Salamanca, siégea dès l'âge de 23 ans aux Cortes, le Parlement espagnol. Avocat de formation, il fit preuve d'un grand flair aussi bien en politique que dans le domaine financier, et amassa une grande fortune dans des activités aussi diverses que le commerce de sel, les chemins de fer ou la promotion immobilière. Il est aussi le fondateur de la banque de Isabel II, le précurseur de la banque de España *(p. 67)*.

Après l'achèvement en 1958 d'un superbe palais au n° 10 du paseo de Recoletos (aujourd'hui le Banco Hipotecario), le marquis commença à développer en 1862 le terrain qui s'étendait derrière. Le projet prévoyait un quadrillage de rues orientées nord-sud et est-ouest que borderaient immeubles d'appartements, églises, écoles, hôpitaux et théâtres. Salamanca ouvrit aussi les premières lignes de tramway de Madrid pour relier ce nouveau quartier au centre-ville. Une statue lui rend hommage au croisement d'Ortega y Gasset et de Príncipe de Vergara.

Le quartier, où dominent les immeubles d'appartements de six à huit étages, est aujourd'hui l'un des plus chic de la capitale. Il renferme certains des meilleurs magasins et marchés de Madrid, ainsi que de discrets restaurants gastronomiques. Les *pijos* (riches enfants gâtés) leur préfèrent souvent les *cervecerías* et les bars des alentours de la calle de Goya et de la calle de Alcalá.

Construite en 1884, la plus vieille église du quartier, San Andrés de los Flamencos (n° 99 calle de Claudio Coello), abrite désormais la Fundación Carlos de Amberes, un centre culturel qui a pour vocation d'entretenir les liens entre l'Espagne, les Pays-Bas et la Belgique. Derrière l'autel se trouve une peinture de saint André par Rubens. C'est l'Iglesia de la Concepción (n° 26 calle de Goya), que l'on repère à sa flèche en fer portant une statue de la Vierge, qui fait office d'église paroissiale. Au n° 25 de la calle de Hermosilla se dresse un charmant temple protestant dédié à saint Georges.

À l'angle de Velázquez et de Juan Bravo, le Palacio de Amboage néo-classique, bâti en 1918 par Joaquín Roji, est devenu l'ambassade italienne. Ne manquez pas non plus le restaurant Teatriz du n° 15 calle de Hermosilla dont le designer français Philippe Starck a dirigé la décoration intérieure. Les tables occupent la salle d'un ancien théâtre et cinéma. Sur la scène trône un comptoir de bar en onyx.

Fundación Juan March ⑪

Calle de Castelló 77. ***Tél.*** *91 435 42 40.* Ⓜ *Núñez de Balboa.* *11 h-20 h lun.-sam., 10 h-14 h dim. et j. fériés.* *mer. matin et ven. apr.-midi.* **www**.march.es

Fondée en 1955 grâce à une dotation du financier Juan March, cette institution culturelle et artistique est surtout connue pour ses expositions et ses concerts. Un immeuble en marbre et en verre du barrio de Salamanca abrite son siège depuis 1975. Elle possède aussi le Museo de Arte Abstracto de Cuenca et une galerie d'art moderne espagnol à Palma de Majorque.

Une boutique se trouve au rez-de-chaussée, occupé par le principal espace d'exposition. La collection permanente compte plus de 1 300 œuvres contemporaines espagnoles. Des concerts gratuits ont lieu dans l'auditorium de 400 places aménagé au sous-sol. On peut aussi écouter de la musique contemporaine aux pupitres installés dans la bibliothèque du 2e étage. Il existe également une bibliothèque consacrée au théâtre et aux arts vivants espagnols d'aujourd'hui.

Sculpture par Chillida, Fundación Juan March

Inaccessible au public, l'Institut Juan March d'étude et de recherches anime l'un des forums mondiaux du plus haut niveau dans le domaine de la biologie.

Sculpture par Barrocol, près de l'entrée de la Fundación Juan March

Le Museo Lázaro Galdiano ⓬

Pour son mariage, en 1903, avec l'héritière argentine Paula Florido, l'homme d'affaires et éditeur José Lázaro Galdiano (1862-1947) fit construire un somptueux hôtel particulier de style néo-Renaissance. Celui-ci abrite toujours environ 5 000 œuvres et objets d'art patiemment réunis par le collectionneur. La collection, léguée à l'État avec la demeure en 1948, couvre une période allant du VIe siècle av. J.-C. au XXe siècle, et comprend des pièces archéologiques, des objets religieux, des émaux limousins, des ivoires médiévaux, des armures, de l'argenterie, des bijoux et de nombreuses peintures de grands maîtres.

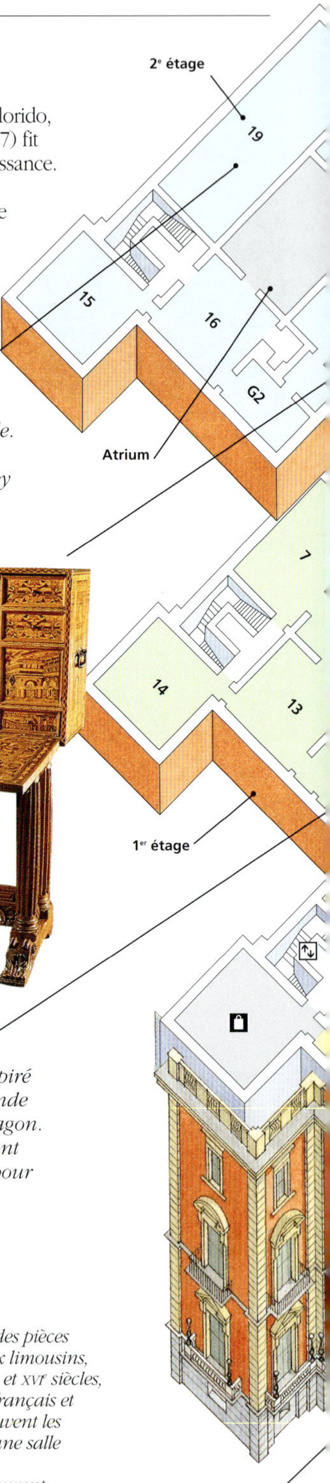

Portrait d'une dame
Joshua Reynolds peignit ce portrait à la fin du XVIIIe siècle. Le musée possède aussi des œuvres de Constable, Romney et Hopper.

Secrétaire en marqueterie
Les ébénistes d'Augsburg et de Nuremberg du XVIe siècle exportèrent en Espagne beaucoup de meubles très ouvragés comme celui-ci. On sait que Philippe II acheta des secrétaires similaires.

★ Le Sabbat (1798)
Francisco de Goya s'est inspiré pour ce tableau d'une légende de sa province natale, l'Aragon. Il montre deux sœurs qui ont empoisonné leurs enfants pour attirer le diable.

À NE PAS MANQUER

★ *Le Sabbat* de Goya

★ Aiguière

★ Tête de crosse

SUIVEZ LE GUIDE !

Le rez-de-chaussée abrite des pièces archéologiques, des émaux limousins, des objets religieux des XIIIe et XVIe siècles, des bijoux et des bronzes français et italiens. Au 1er étage se trouvent les tableaux espagnols, avec une salle consacrée à Goya . Parmi les peintures du 2e étage figurent des toiles de Jérôme Bosch.

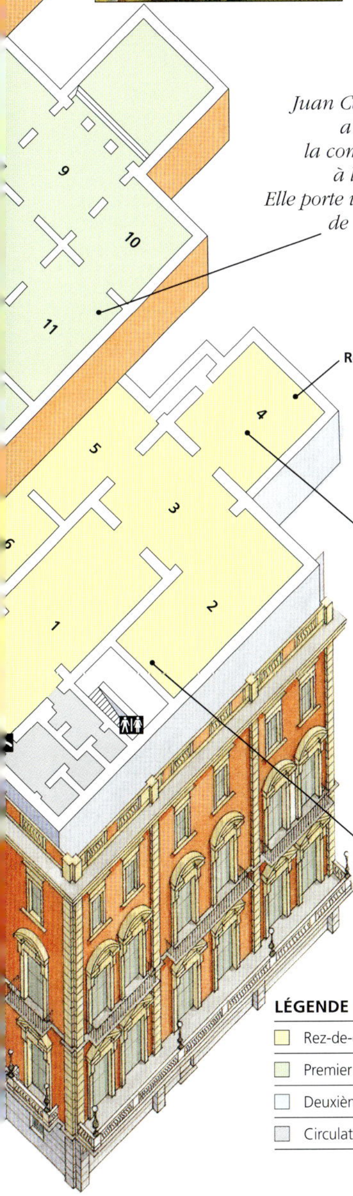

Saint Jean-Baptiste
Au tournant du XVIe siècle, Jérôme Bosch a représenté saint Jean-Baptiste plongé dans la contemplation au sein d'un paysage étrange et d'animaux allégoriques. L'agneau au premier plan symbolise ainsi la vie spirituelle.

MODE D'EMPLOI

Calle Serrano 122. **Plan** 6 E1. ***Tél.*** *91 561 60 84.* *Rubén Darío, Gregorio Marañón.* *9, 12, 16, 19, 51.* *10 h-16 h 30 mer.-lun. ; 3e étage : vis. 10 h-14 h sam. et dim.* *mar. et j.fériés.* *(gratuit mer.)* **www**.flg.es

Inés de Zúñiga
Juan Carreño de Miranda a peint ce portrait de la comtesse de Monterrey à la fin du XVIIe siècle. Elle porte une imposante robe de mariage espagnole.

★ Tête de crosse
Fabriqué à Limoges au XIIIe siècle pour orner une crosse d'évêque, ce splendide objet émaillé est décoré de plantes stylisées évoquant l'arbre de vie, et d'un personnage tenant un livre, sans doute saint Matthieu.

★ Aiguière
Ce vase en bronze, à tête de félin, est l'une des plus belles pièces archéologiques de la collection. C'est aussi l'une des plus anciennes : elle date du milieu du VIIe siècle av. J.-C.

LÉGENDE DU PLAN

- Rez-de-chaussée
- Premier étage
- Deuxième étage
- Circulations et services

Ancienne maison de Joaquín Sorolla devenue un musée

Museo Sorolla ⓭

Paseo del General Martínez Campos 37. **Plan** 5 C1. ***Tél.*** *91 310 15 84.* *Rubén Darío, Iglesia, Gregorio Marañón.* *9 h 30-15 h mar.-sam., 10 h-15 h dim.* *(gratuit dim.)* **www**.museosorolla.mcu.es

Transformée en musée, la maison où vécut et travailla l'artiste valencien Joaquín Sorolla, édifiée en 1910, est restée pratiquement telle qu'elle était à sa mort en 1923.

Si Sorolla est surtout connu pour son travail sur la lumière dans des scènes de bord de mer écrasées de soleil *(p. 83),* les tableaux exposés au musée permettent de découvrir également sa période réaliste et son talent de portraitiste. La demeure abrite en outre divers objets qu'il collectionna durant sa vie, entre autres des carreaux et des céramiques. Le peintre dessina lui-même le jardin de style andalou qui entoure la maison, agrémenté de fontaines et de sculptures.

Museo de Escultura al Aire Libre ⓮

Paseo de la Castellana. **Plan** 6 E2. *Rubén Darío.*

Au début des années 70, J. Antonio Fernández Ordóñez et Julio Martínez Calzón, architectes du pont de la calle Juan Bravo, meublèrent l'espace en dessous de sculptures abstraites d'artistes espagnols du XXe siècle. C'est une œuvre du Basque Eduardo Chillida, forme de béton suspendue à quatre barres d'acier, qui domine le côté situé à l'est du paseo de la Castellana. Elle s'intitule *Sirena Varada* (« Sirène échouée ») et date de 1972-1973. Aux *Toros Ibéricos* d'Alberto Sánchez répond un pingouin par Joan Miró. Les autres sculpteurs représentés ici comprennent Andrés Alfaro, Julio González, Rafael Leoz, Mariel Martí, José María Subirachs, Francisco Sobrino, Martín Chirino et Eusebio Sempere.

***Toros Ibéricos,* Alberto Sánchez**

Il faut affronter une circulation toujours intense pour aller admirer de l'autre côté du paseo de la Castellana deux bronzes de Pablo Serrano.

Museo Romántico ⓯

Calle de San Mateo 13. **Plan** 5 A4. ***Tél.*** *91 448 1045.* *Tribunal, Alonso Martínez.* *9 h-15 h mar.-sam. ; 10 h-14 h dim.* *août et j. fériés.* *(gratuit dim.)* **www**.museoromantico.mcu.es

Manuel Martín dessina en 1776 cette élégante demeure néo-classique pour le marquis de Matallana. Elle fut transformée en musée en 1924 par le fondateur des paradors *(p. 149),* le marquis de la Vega-Inclán.

Le marquis constitua le noyau de la collection en faisant don des peintures, livres et meubles du XIXe siècle qu'il avait réunis. Racheté par l'État en 1927, le musée fut réorganisé pour ressembler à la maison d'une riche famille de la période romantique (milieu du XIXe siècle).

L'exposition occupe 20 pièces du 1er étage. Outre de nombreux objets tels qu'instruments de musique, photographies, poupées et bibelots, elle compte plusieurs portraits exécutés par de grands noms de l'époque, dont celui du *Général Prim* par Esquivel et *Ferdinand VII* et *Marie-Christine* par Salvador Guttiérrez. Avec *La Satire d'un suicide romantique,* Leonardo Alenza porte un regard plus incisif sur cette période.

Décorée de tapis provenant de la Real Fábrica de Tapices *(p. 112),* la salle de bal abrite, sous un plafond peint par González, un piano Pleyel qui appartint à Isabelle II *(p. 23).*

Le musée possède aussi un bel ensemble de tableaux de *costumbristas* – peintres de la vie quotidienne en Andalousie et à Madrid. Les amateurs de peinture espagnole pourront aussi contempler des tableaux plus anciens, entre autres le *San Gregorio Magno* de Goya *(p. 28).*

La salle Mariano José de Larra est consacrée au grand écrivain et journaliste satirique du début du XIXe siècle. Parmi les souvenirs de ce personnage tourmenté figure le pistolet de duel avec lequel il se suicida par dépit amoureux à l'âge de vingt-huit ans.

***San Gregorio Magno* de Goya, chapelle du Museo Romántico**

Portail baroque du Museo Municipal par Pedro de Ribera

Museo Municipal ⓰

Calle de Fuencarral 78. **Plan** 5 A4. ***Tél.*** *91 701 18 63.* *Tribunal.* *9 h 30-20 h mar.-ven. (9 h 30-14 h 30 en août), 10 h-14 h sam.-dim.* *j. fériés., et certains espaces fermés pour rénovation jusqu'en 2008.* *sur demande.* **www**.munimadrid.es

Œuvre de Pedro de Ribera, le portail baroque de l'ancien hospice Saint-Ferdinand, sans doute le plus beau de Madrid, justifie à lui seul la visite de ce musée inauguré en 1929.

Le sous-sol abrite des collections archéologiques. À l'étage, de nombreux documents montrent les changements radicaux que connut Madrid au fil des siècles. Sont exposées, notamment, la plus ancienne carte connue de la ville, établie en 1656 par Pedro Texeiro, et une maquette achevée en 1830 par León Gil de Palacio.

On peut également voir une reconstitution du bureau de Ramón Gómez de la Serna, personnage clé des réunions littéraires du Café de Pombo *(p. 85)*. Dans le jardin, la fontaine de la Renommée, baroque, est aussi de Ribera.

Malasaña ⓱

Plan 2 E4. *Tribunal, Bilbao, San Bernardo.*

Officiellement appelé barrio de Maravillas (« quartier des Miracles ») d'après une église du XVIIe siècle qui s'y dressait jadis, le quartier de Malasaña a gardé beaucoup d'authenticité. Ses étroites rues pavées descendent depuis la calle de Carranza et la calle de Fuencarral jusqu'à la **plaza del Dos de Mayos.** La place occupe l'emplacement de la caserne de Monteléon que les Madrilènes défendirent âprement lors du soulèvement de 1808 *(p. 16)*. Il ne reste du bâtiment qu'un arc devant lequel un monument par Antonio Solá rend hommage aux officiers d'artillerie Daoiz et Velarde.

Le quartier tomba en décrépitude dans les années 40 et 50, mais ses habitants résistèrent farouchement à tous les projets de démolition, et il acquit son atmosphère bohème dans les années 60 quand la modicité des loyers y attira des hippies. Il devint ensuite, après la mort de Franco, le pôle nocturne du bouillonnement créatif appelé la *Movida* *(p. 102)*.

Des antiquaires et des jeunes cadres ont commencé à s'y installer, mais artistes et écrivains y vivent toujours.

La **plaza de San Ildefonso,** l'une des nombreuses places que fit remodeler Joseph Bonaparte *(p. 19)*, renferme une jolie fontaine ornée de serpents s'enroulant autour de conques. Près de l'**Iglesia de San Ildefonso,** construite en 1827 dans le style néo-classique, la crèmerie **Vaquería** a peu changé depuis son ouverture en 1911. Des vaches encadrent la porte à l'extérieur et des tableaux des saisons de style Art déco ornent l'intérieur.

Dans la calle de la Puebla, l'**Iglesia de San Antonio de los Alemanes** date du XVIIe siècle. Juan Carreño, Francisco de Ricci et Luca Giordano ont paré de fresques sa nef elliptique. Non loin, l'**Iglesia de San Plácido,** elle aussi du XVIIe siècle, possède une coupole peinte par Francisco Rizzi et des autels décorés par Claudio Coello.

Dans l'**Iglesia de San Martín,** édifiée dans la calle de San Roque en 1648, le retable du maître-autel représente saint Martin de Tours donnant la moitié de son manteau à un mendiant.

Maître-autel peint par Claudio Coello, Iglesia de San Plácido à Malasaña

MANUELA MALASAÑA

Fille de Juan Manuel Malasaña, un artisan qui s'illustra lors du soulèvement de 1808, Manuela Malasaña était une jeune couturière. Selon la légende, elle fut exécutée à l'âge de seize ans par les troupes d'occupation napoléoniennes qui l'avaient surprise avec une paire de ciseaux et accusée de posséder une arme interdite. Depuis 1961, une rue parallèle à la calle de Carranza, entre la calle de Fuencarral et la calle de San Bernardo, porte le nom de cette héroïne locale.

Portail du Cuartel del Conde Duque, dessiné par Ribera

Cuartel del Conde Duque ⓲

Calle del Conde Duque 9–11. **Plan** 2 D4. ***Tél.*** *91 588 58 34.* *Noviciado, San Bernardo.* *10 h-21 h mar.-sam., 11 h-14 h 30 dim. et j. fériés.* **www**.munimadrid.es

Ce vaste corps de bâtiments rectangulaire doit son nom à Gaspar de Guzmán (1587-1645), comte-duc d'Olivares, ministre et favori de Philippe IV pendant plus de vingt ans, qui se fit édifier sur le site un immense palais. Celui-ci tomba toutefois peu à peu en ruine après que la noblesse espagnole eut obtenu l'exil d'Olivares en 1643, et la parcelle de terrain finit par être divisée en deux. Sur une partie, Ventura Rodríguez bâtit le Palacio de Liria pour le duc d'Albe, sur l'autre, Pedro de Ribera éleva, entre 1717 et 1730, la caserne de Los Guardias de Corps qu'il dota d'une façade baroque.

La caserne resta en service pendant plus d'un siècle puis tomba à son tour en décrépitude après un incendie en 1869. Le conseil municipal de Madrid décida de restaurer l'édifice en 1969, et il abrite aujourd'hui un poste de police, une bibliothèque et des services municipaux, ainsi qu'un centre culturel comprenant cinq salles d'exposition ainsi que le **Muséo Municipal de Arte Contemporáneo.** Ce nouveau musée d'art moderne présente le travail de jeunes artistes espagnols connus ou à découvrir. Le centre organise aussi des festivals de jazz et de flamenco.

Palacio de Liria ⓳

Calle de la Princesa 20. **Plan** 1 C4. ***Tél.*** *91 547 53 02.* *Ventura Rodríguez.* *sur r.-v. un an avant (fax 91 541 03 77).*

Après avoir souffert des bombardements nationalistes pendant la guerre civile, l'ancienne résidence de la famille d'Albe, achevée en 1780 par Ventura Rodríguez, a été restaurée et appartient toujours à la duchesse. On ne peut la visiter que sur rendez-vous.

Les pièces ont retrouvé une élégante décoration qui met en valeur la riche collection d'œuvres d'art et de tapisseries flamandes, réunie par la famille au fil des siècles. Elle comprend en particulier des peintures du Greco *(p. 143)*, de Zurbarán et Velázquez *(p. 28)*, et le portrait de la duchesse d'Albe peint par Goya *(p. 27)* en 1795. Les tableaux accrochés aux murs, tendus de soieries, comportent aussi des œuvres de grands maîtres étrangers tels que Titien, Rubens et Rembrandt.

LA MOVIDA

Après la mort de Franco en 1975, l'Espagne, et tout particulièrement Madrid, connut avec la liberté retrouvée une période intensément créative. Dans les bars et cafés « branchés », artistes et intellectuels se retrouvaient pour échanger des idées et multiplier les expériences. Rendu célèbre par le succès du réalisateur Pedro Almodóvar, ce mouvement, la *Movida,* n'a plus la même vitalité, mais il a fortement marqué la société espagnole.

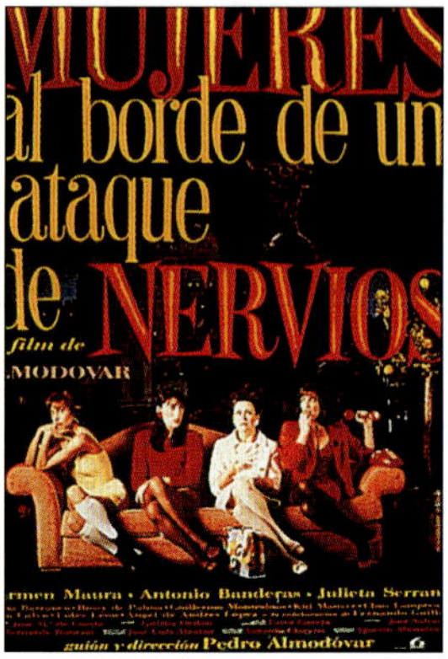

Affiche de *Femmes au bord de la crise de nerfs* d'Almodóvar

Élégant salon orné de peintures de Goya, Palacio de Liria

Les castizos de Madrid

Le terme *castizo* s'applique aux membres des classes populaires dont les familles habitent depuis des générations les quartiers du vieux Madrid, de Camberí et de Cuatro Caminos. Vers 1850, en pleine période romantique, alors que la bourgeoise était en train de s'approprier l'élan de fierté patriotique qu'avait déclenché la résistance à l'occupation des troupes napoléoniennes, les *castizos* décidèrent de revendiquer leur propre héritage.

Sur un char lors d'une célébration religieuse

Ils donnèrent une nouvelle vie aux fêtes de quartier, fondèrent de nombreuses associations toujours très actives aujourd'hui et, pour affirmer leur identité, réinventèrent des costumes traditionnels. C'est ainsi qu'à toutes les *fiestas* ou *romerías* (pèlerinages) de Madrid, les *manolas* (femmes) arborent fièrement œillets dans les cheveux et longues robes à volant à côté de leurs *chulos* (hommes), aussi appelés *majos* (coquets), portant chemise blanche, gilet et casquette.

Le costume typique de la manola *comporte un foulard arborant au moins un œillet sur le front, une* alfombra *(qui signifie littéralement « tapis »), ou* mantón de Manila, *passé sur les épaules, et une* falda vestida *(robe longue) à volants, couvrant parfois un jupon.*

Œillet dans le foulard

Alfombra aux longues franges

Robe longue *(falda vestida)*

Parpusa noire et blanche

Barbosa blanche

Alares noirs

La tenue masculine *se compose, en argot* castizo, *d'une* parpusa *(casquette), d'une* chupa *(veste) et d'*alares *(pantalons) noirs ou à carreaux noirs et blancs que complètent une* barbosa *(chemise) blanche, un* chupín *(gilet) noir, un* safo *(mouchoir blanc), un* peluco *(montre de gousset), un œillet rouge à la boutonnière, des* picantes *(chaussettes) et des* calcos *(chaussures).*

En mai, *les* castizos *sortent en force pour la fête du Dos de Mayo, puis le 15 pour la procession de la Romería de San Isidro qui part de la Puerta de Toledo pour rejoindre le río Manzanares. Les deux principales* fiestas *suivantes sont celles de San Antonio de la Florida le 13 juin et de la Virgen de Paloma le 15 août. Autres pèlerinages, la Romería de San Blas et la Romería de San Eugenio ont lieu respectivement le 3 février et le 14 novembre.*

EN DEHORS DU CENTRE

Situés à l'écart du centre, d'intéressants musées restent moins connus tels que le Museo de la Ciudad, qui offre un aperçu du développement de la ville illustré par des maquettes d'édifices et de quartiers. Consacré aux anciennes colonies espagnoles, le Museo de América possède de superbes objets d'art précolombien. D'autres bâtiments sont aussi à découvrir en périphérie, depuis le temple égyptien de Debod jusqu'aux gratte-ciel et immeubles de bureaux du quartier moderne d'Azca, en passant par la Puerta de Toledo, entreprise en 1813 sur ordre de Joseph Bonaparte, ou les arènes néo-mudéjares de la Plaza de Toros de Las Ventas. Si vous souhaitez échapper un moment à la pression urbaine, le vaste espace vert de la Casa de Campo propose à l'ouest du vieux Madrid l'ombre de ses pins, un lac où canoter, un parc d'attractions et un jardin zoologique.

Mosaïque de Miró au Palacio de Congresos y Exposiciones d'Azca

LES SITES D'UN COUP D'ŒIL

Bâtiments historiques
- Arco de la Victoria 2
- Estación de Príncipe Pío 17
- La Corrala 11
- Puente de Segovia et Río Manzanares 13
- Puerta de Toledo 12
- Real Fábrica de Tapices 9
- Sala del Canal de Isabel II 3
- Templo de Debod 16

Église
- Ermita de San Antonio de la Florida 15

Musées
- Museo Casa de la Moneda 8
- Museo de América 1
- Museo de Ciencias Naturales 5
- Museo de la Ciudad 6
- Museo Nacional Ferroviario 10

Quartier, arènes et parc
- Azca 4
- Casa de Campo 14
- Plaza de Toros de Las Ventas 7

0 1 km

LÉGENDE
- Principaux quartiers intéressants
- Parcs et espaces verts
- Gare ferroviaire
- Autoroute
- Route principale
- Route secondaire

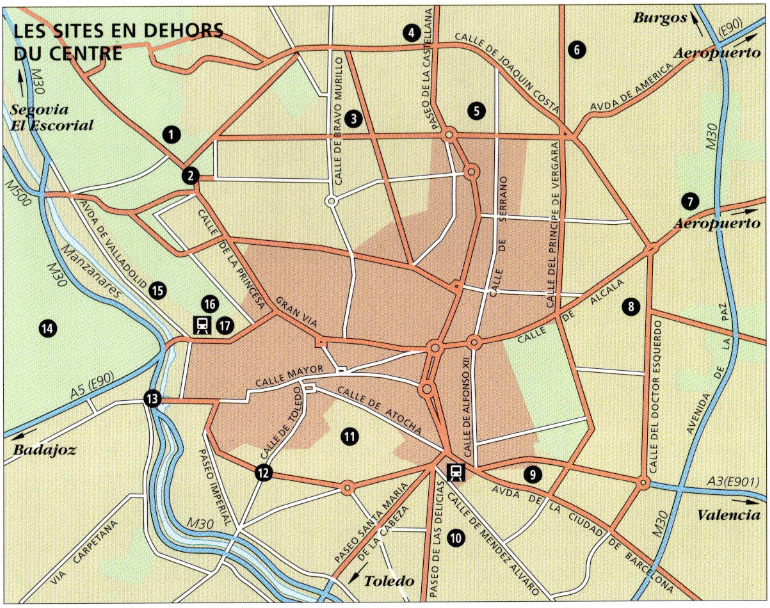

Arcs et parement de brique mudéjars de la Plaza de Toros de Las Ventas

Le Mirador del Faro, près de la tour du Museo de América

Museo de América ❶

Avenida de los Reyes Católicos 6. **Tél.** *91 549 26 41.* *Moncloa.* *10 h-15 h mar.-sam., 10 h-15 h dim. et j. fériés.* *certains j. fériés.* *sauf dim.* **www**.museodeamerica.mcu.es

Situé dans un élégant bâtiment, ce musée abrite une collection unique d'objets liés à la colonisation de l'Amérique centrale et d'une partie de l'Amérique du Sud. Les pièces présentées couvrent une période allant de la préhistoire à l'époque actuelle. Beaucoup arrivèrent en Europe dans les bagages des premiers explorateurs du Nouveau Monde *(p. 16)*, dont les voyages dans l'Atlantique sont illustrés par divers documents.

L'exposition comprend des salles entièrement consacrées à des thèmes particuliers tels qu'organisation sociale, communication et religion. Un manuscrit maya, illustré de scènes de la vie quotidienne en hiéroglyphes, le *Códice Trocortesiano* (1250-1500) provenant du Mexique, constitue sans doute le fleuron de la collection, mais celle-ci inclut également des ornements funéraires en or précolombiens, le trésor des Quimbayas (500-1000), et des exemples d'art populaire contemporain.

Arco de la Victoria ❷

Avenida de la Victoria. **Plan** 1 A1. *Moncloa.*

Cet arc de triomphe haut de 39 m, dominé par un groupe sculpté en bronze, fut érigé en 1956 pour célébrer la victoire des troupes nationalistes pendant la guerre civile *(p. 20)*, et le général Franco passait à proximité chaque fois qu'il se rendait à Madrid depuis son domicile du Palacio de El Pardo *(p. 138)*. Les architectes du monument, Pascual Bravo et Modesto López Otero, ont aménagé une salle dans sa partie supérieure. Elle est fermée au public mais renferme une maquette de 25 m² de l'université voisine et les plans de l'arc lui-même.

Non loin se dresse le **Faro de Moncloa,** une tour d'observation aux lignes ultramodernes, inaugurée en 1992. Elle mesure 92 m de hauteur et offre un panorama exceptionnel de Madrid et de la sierra de Guadarrama.

Arco de la Victoria

Sala del Canal de Isabel II ❸

Calle de Santa Engracia 125. **Tél.** *91 545 10 00.* *Rios Rosas.* *11 h-14 h, 17 h-20 h 30 mar.-sam., 10 h-14 h dim. et j. fériés.* *1er janv. et 25 déc.* **www**.cyii.es

Ce château d'eau restauré accueille des expositions temporaires de photographie, mais c'est pour découvrir le bâtiment que beaucoup de visiteurs se déplacent.

Sala del Canal de Isabel II, aujourd'hui lieu d'exposition

À la fin du XIXe siècle, l'alimentation en eau de Madrid s'effectuait, en majeure partie, selon un schéma d'approvisionnement appelé le Canal de Isabel II *(p. 23)* – nom que porte aujourd'hui la compagnie des eaux madrilène –, entrepris en 1851.

Le premier barrage fut construit dans la vallée du Lozoya, à environ 80 km au nord de la capitale, dans la sierra de Guadarrama, mais il ne suffit bientôt plus, et il fallut créer de nouveaux lacs artificiels pour remplir les besoins toujours grandissants de la cité. En 1903, avec le développement des faubourgs de Chamberí et Cuatro Caminos, situés sur des hauteurs, ces réservoirs se révélèrent toutefois eux aussi inadaptés, et l'ingénieur Martín y Montalvo fut chargé de construire un château d'eau.

Il dessina une tour d'acier et de brique obéissant à un plan au sol hexagonal. Haute de 36 m, elle soutenait un réservoir de 1 500 m². Sa construction dura de 1908 à 1911 et coûta près de 350 000 pesetas. Le château d'eau resta en service jusqu'en 1952.

En 1985, le gouvernement régional de Madrid décida de restaurer l'édifice en conservant la citerne. Dans la tour, des ascenseurs hydrauliques et des escaliers permettent d'atteindre les niveaux d'exposition. L'un des principaux réservoirs modernes du Canal de Isabel II est enterré à proximité.

Azca ❹

Ⓜ *Nuevos Ministerios, Santiago Bernabeú.*

Entrepris en 1969, à l'ouest du paseo de la Castellana, pour doter Madrid d'un centre d'affaires situé hors du centre-ville, ce petit Manhattan part du complexe des **Nuevos Ministerios,** au sud, et s'étend jusqu'au **Palacios de Congresos y Exposiciones.** Quelque 30 000 personnes y travaillent aujourd'hui.

Les Madrilènes apprécient aussi ce quartier pour le shopping. El Corte Inglés *(p. 172),* un grand magasin, domine la gare et station de métro Nuevos Ministerios, tandis que le métro Santiago Bernabeú dessert la galerie marchande Moda.

De l'autre côté de la plaza de Lima, l'**Estadio Santiago Bernabéu,** siège du club de football du Real Madrid, date de 1950 mais a connu plusieurs ravalements, en particulier pour la Coupe du monde de 1982.

Azca renferme aussi des hôtels, des cinémas, des restaurants, des bars et des boîtes de nuit. Au centre du quartier, la **plaza Pablo Ruíz Picasso,** piétonne, est aménagée sur plusieurs niveaux agrémentés d'arbres, de bancs et de fontaines. Les voies routières qui courent sous la surface forment un dédale où vous risquez de vous perdre si vous ne savez pas exactement comment atteindre l'endroit où vous comptez vous garer ou ressortir.

Avec ses 46 étages, la **Torre Picasso,** achevée en 1989, est le plus haut immeuble de bureaux de Madrid. Son architecte, Minoru Yamasaki, dessina aussi les tours jumelles du World Trade Center de New York détruites par le terrible attentat du 11 septembre 2001.

Autre édifice marquant, la **Torre Europa,** terminée en 1982 sur des plans de Miguel Oriol e Ybarra, domine la plaza de Lima. Outre 28 étages de bureaux, elle comprend trois niveaux souterrains réservés aux boutiques.

À l'angle sud d'Azca, la **Banque Bilbao Vizcaya,** construite en 1980 par Francisco Javier Sáenz de Oiza, dresse sa façade couleur rouille.

Section consacrée aux origines de la vie du Museo de Ciencas Naturales

Museo de Ciencias Naturales ❺

Paseo de la Castellana 80. ***Tél.*** *91 411 13 28.* Ⓜ *Gregorio Marañón.*
10 h-18 h mar.-ven., 10 h-20 h sam. (juil. et août 10 h-15 h sam.), 10 h-14 h 30 dim. et j. fériés.
1er janv., 1er mai, 25 déc.
sur demande. **www**.mncn.csic.es

Bâti en 1897, le musée des Sciences naturelles de Madrid renferme, entre autres, 16 400 minéraux, 220 météorites et 30 000 oiseaux et mammifères. L'entrée de gauche mène à la section intitulée « Rythme de la nature ». Elle offre une riche introduction à la zoologie avec des exemples d'animaux rares et exotiques, y compris des oiseaux, des insectes et des papillons. Lions, tigres et cerfs fixent les visiteurs depuis les murs, et lézards, poissons et serpents en bocaux emplissent des rayonnages. Dans une salle, des ordinateurs permettent de découvrir de manière interactive les habitats et les cris de diverses espèces.

Cette partie du musée abrite également une vue en coupe du site archéologique d'Atapuerca, près de Burgos au nord de Madrid, où furent découverts en 1997 les plus anciens fossiles humains d'Europe, vieux de quelque 780 000 ans. Il y a aussi un énorme éléphant africain abattu au Soudan en 1916 par le duc d'Albe, qui expédia la peau en Espagne pour faire naturaliser l'animal.

La section moderne propose des expositions consacrées aux origines de la Terre et de la vie. Elles ont pour fleuron le squelette vieux de 1,8 million d'années d'un *Megatherium americanum,* créature de la fin du cénozoïque évoquant un ours, découvert en Argentine en 1788. Il se trouve à côté d'un glyptodon (tatou géant) provenant lui aussi d'Argentine et d'une reproduction grandeur nature d'un squelette de diplodocus retrouvé au États-Unis.

Le bâtiment renferme également l'École d'ingénieurs industriels. Derrière s'élève le siège du CSIC, un institut scientifique d'État. Devant les entrées du musée, une agréable terrasse de café domine un petit parc.

La Torre Europa, gratte-ciel du quartier d'Azca

Atrium central éclairant les salles du Museo de la Ciudad

Museo de la Ciudad ❻

Calle del Príncipe de Vergara 140. **Tél.** *91 588 65 99.* *Cruz del Rayo.* *10 h-14 h, 16 h-19 h mar.-ven., 10 h-14 h sam. et dim.* *j. fériés.*
www.munimadrid.es

Situé au nord-est de Madrid, le musée de la Ville possède cinq niveaux modernes, autour d'un atrium polygonal que décore une réplique de la *Mariblanca*, la statue de Vénus de la Puerta del Sol *(p. 44)*. Le rez-de-chaussée et le premier étage accueillent des expositions temporaires.

Le deuxième étage décrit les services publics de la capitale. Un sujet intéresse les nombreux écoliers qui visitent le musée : l'alimentation en eau de leur cité depuis les montagnes. Ce niveau renferme également une immense maquette de l'agglomération depuis l'aéroport Barajas jusqu'au terrain d'aviation de Cuatro Ventas.

Au troisième étage, des documents tels que livres et plans, et des maquettes de quartiers anciens, de certains monuments et du Palacio Real *(p. 54-57)* retracent l'histoire de Madrid de la préhistoire aux Bourbons.

Consacré au XIXe et au XXe siècle, le quatrième étage abrite une magnifique maquette de la partie de la ville s'étendant de la plaza de Colón *(p. 96)* à la Torre Europa *(p. 107)*.

Plaza de Toros de Las Ventas ❼

Calle de Alcalá 237. **Tél.** *91 356 22 00.* *Ventas.* *pour les corridas et les concerts.* **Museo Taurino Tél.** *91 725 18 57.* *de mars à oct. : 9 h 30-14 h 30 mar.-ven. et dim. ; nov.-fév. : 9 h 30-14 h 30 lun.-ven.*
www.lasventas.com

Quelle que soit votre opinion sur les courses de taureaux, les arènes de Las Ventas font indiscutablement partie des plus belles d'Espagne. Construites en 1929 dans le style néo-mudéjar, elles remplacèrent celles de la Puerta de Alcalá. Elles offrent, avec leurs arcs en fer à cheval et leur parement de brique et d'*azulejos*, un cadre superbe pour assister, entre mai et octobre, à une corrida. Les statues qui ornent l'extérieur commémorent deux matadors renommés : Antonio Bienvenida et José Cubero.

Dans une aile des arènes, le **Museo Taurino** présente une collection de souvenirs, comprenant les portraits et sculptures de célèbres toreros ainsi que les têtes de plusieurs taureaux ayant combattu à Las Ventas. Sa visite permet de voir de près banderilles et épées.

Parmi les *traje de luces* (« habits de lumière ») exposés figure celui, taché de sang, que portait le légendaire Manolete lors de la corrida qui lui coûta la vie, en 1947.

À voir aussi, un costume ayant appartenu à Juanita Cruz, femme matador des années 1930, contrainte à l'exil par les préjugés des Espagnols.

En septembre et octobre, les arènes accueillent des concerts de rock.

Museo Casa de la Moneda ❽

Calle del Doctor Esquerdo 36. **Tél.** *91 566 65 44.* *O'Donell.* *10 h-17 h 30 mar.-ven., 10 h-14 h sam. et dim.* *j. fériés.*
www.fnmt.es/museo

Il faut franchir un détecteur de métaux pour entrer et sortir de la Monnaie espagnole, vaste immeuble de granite où sont également imprimés les timbres-poste. Le musée, situé au nord du bâtiment, retrace l'histoire des supports qu'utilisèrent les hommes pour leurs échanges depuis le sel, les coquillages et les bracelets jusqu'à l'euro.

L'exposition comprend des matrices de billets de banque, des timbres, des médailles et divers documents, mais elle offre surtout de l'intérêt pour les pièces. Des photographies et des cartes complètent les présentoirs de monnaies grecques et romaines. Sur une pièce datant de 78 av. J.-C., l'image de la déesse Cybèle ressemble à la sculpture de la plaza de Cibeles *(p. 67)*. Des pièces frappées par les Wisigoths et les Maures rappellent que ces deux cultures dominèrent chacune un temps la péninsule.

La Plaza de Toros de Las Ventas, splendides arènes de Madrid

La tauromachie

Affiche de corrida

Issue des sacrifices rituels de taureaux pratiqués à l'époque païenne autour de la Méditerranée, et des jeux qui les accompagnaient, la corrida reste, malgré les protestations des défenseurs des animaux, l'un des spectacles préférés des Espagnols, et un élément de leur culture qu'ils considèrent comme fondamental. Elle obéit à des règles fixées au XVIIIe siècle et se déroule en trois phases appelées *tercios*. Pendant la première, le *tercio de varas*, le torero, les *picadores* (lanciers à cheval) et les *peones* (assistants) fatiguent le taureau avant que les *banderilleros* ne lui plantent trois paires de banderilles pendant le *tercio de banderillas*. L'*estocada*, mise à mort de l'animal, conclut le *tercio de muleta* où le matador effectue des passes avec sa cape tenue par la *muleta*.

Le *toro bravo* *(taureau de combat), sélectionné pour son courage et son agressivité, vit en semi-liberté au moins jusqu'à l'âge de quatre ans.*

Manolete, *considéré comme l'un des plus grands matadors de tous les temps, succomba en 1947 à Linares à un coup de corne du taureau Islero.*

Le matador porte un *traje de luces* orné de paillettes dorées.

Les banderilles servent à affaiblir le taureau.

Le grand matador Joselito, *aujourd'hui officiellement retraité, s'est distingué tout au long de sa carrière dans l'arène par la pureté de son style et par son adresse avec la* capa *et la* muleta.

L'ARÈNE

Le public de la corrida prend place sur les *tendidos* (gradins) ou aux *palcos* (balcons) qui renferment la *presidencia* (loge du président). En face s'ouvrent l'*arrastre de toros* (sortie des taureaux) et la *puerta de cuadrillas* que franchissent le *matador* et ses aides pour entrer. Ils peuvent se réfugier dans le corridor appelé *callejón* ou derrière les *barreras* ou les *burladeros* (barrières). Les taureaux attendent dans les *corrales*.

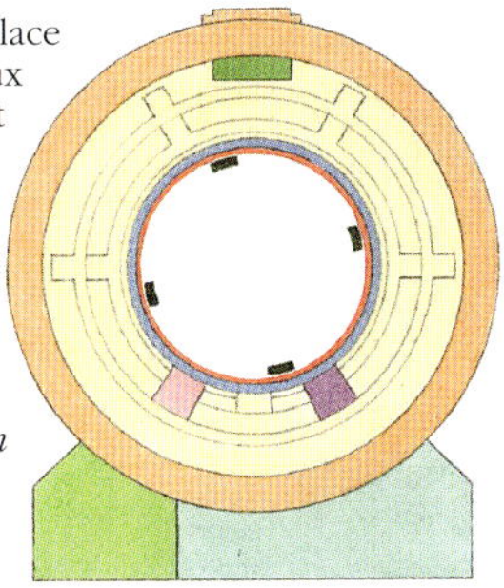

Plan d'une arène

LÉGENDE

- Tendidos
- Palcos
- Presidencia
- Puerta de cuadrillas
- Arrastre de toros
- Callejón
- Barreras
- Burladeros
- Patio de caballos
- Corrales

Real Fábrica de Tapices ❾

Calle de Fuenterrabía 2. **Plan** 8 F5. ***Tél.*** *91 434 05 51.* Ⓜ *Menéndez Pelayo.* *10 h-14 h lun.-ven.* *août et j. fériés.*
www.realfabricadetapices.com

De toutes les manufactures royales créées par les Bourbons au XVIIIe siècle, seule a survécu celle des tapisseries fondée en 1721 par Philippe V. Elle occupe depuis 1889 le même édifice, au sud du Parque del Retiro *(p. 28)*.

On peut y assister à la fabrication de tapis et de tapisseries selon des procédés qui ont peu changé depuis l'époque où Goya et son beau-frère Francisco Bayeu réalisaient des cartons pour la manufacture. Celle-ci en a conservé plusieurs. D'autres se trouvent au Prado *(p. 78-81)*. Le Palacio de El Pardo *(p. 138)* et le monastère de El Escorial *(p. 126-129)* abritent des œuvres tissées à partir de ces modèles. Aujourd'hui, la création et la restauration des tapis de l'hôtel Ritz *(p. 68)* constituent l'une des principales activités de la fabrique.

Café du Museo Nacional del Ferrocarril, dans un wagon des années 1930

Museo del Ferrocarril ❿

Paseo de las Delicias 61. ***Tél.*** *90 222 88 22.* Ⓜ *Delicias.* *10 h-15 h mar.-dim.* *août et certains j. fériés.* *(gratuit sam.)*
www.museodelferrocarril.org

Bien que les premières liaisons en chemin de fer à l'intérieur de l'Espagne datent de 1848, Madrid n'eut de véritable gare qu'en 1880 avec la construction de celle de Delicias. Principal terminus des trains en provenance du Portugal, elle resta en fonction jusqu'en 1971.

Elle offre depuis 1984 un cadre idéal au Musée national ferroviaire, qui présente une collection de trains. Le matériel roulant exposé sur les rails bordant les quais comprend plus de 30 locomotives à vapeur, diesel et électriques. Des notices explicatives les décrivent et précisent les itinéraires qu'elles desservaient.

Locomotive TALGO (1950), Musée ferroviaire

Parmi les plus intéressantes figure « La Pucheta », locomotive à vapeur fabriquée en Angleterre par Sharp Stewart en 1884. Installée au-dessus de la chaudière, sa réserve d'eau a la forme d'un chapeau melon. La plus lourde des motrices qu'utilisèrent les Chemins de fer espagnols (RENFE) était aussi la plus longue (environ 25 m). Fabriquée en Espagne en 1931, elle fonctionnait à l'électricité, pesait 150 t et portait le surnom de la « Lionne ». Les trains express TALGO, mis au point dans les années 1950, se révélèrent plus performants. Allégés et dotés de centres de gravité plus bas et de systèmes articulés, garantissant un contact plus sûr des roues avec le rail, ils permirent des déplacements beaucoup plus rapides qu'auparavant. Le modèle présenté circula jusqu'en 1971. La Mikado, fabriquée en 1960 et entièrement démontée pour révéler aux visiteurs les mystères de son mode de propulsion, ne prit sa retraite que quatre ans plus tard, en 1975.

Il faut scruter à travers les fenêtres du Coche Salon ZZ-307 de 1928, la voiture plaquée de bois la plus luxueuse de la Compagnie des chemins de fer de l'Ouest, pour en découvrir l'intérieur : une salle à manger à la table dressée avec élégance, des compartiments et un office minuscule. Un wagon-restaurant ayant conservé son décor des années 1930 est accessible, puisqu'il sert de café au musée.

Quatre grandes salles

complètent l'exposition. Elles renferment des trains miniatures, des maquettes à l'échelle de gares, des photographies et des souvenirs tels que drapeaux et signaux lumineux.

La Corrala ⓫

Calle de Mesón de Paredes, entre Calle Tribulete et Calle del Sombrerete. **Plan** 4 F5. Ⓜ *Lavapiés.* *au public.*

Zarzuela **utilisant La Corrala comme décor**

Les *corralas* sont des immeubles d'appartements à ossature en bois entourant une cour intérieure, dominée par des balcons desservant à chaque étage les logements. Ils furent surtout construits au XIXe siècle dans les quartiers de la ville les plus modestes, en particulier celui de Lavapiés.

La Corrala offre un bon exemple de ce type d'habitation. Sa construction commença en 1871 avant l'obtention de toutes les autorisations nécessaires, ce qui explique sans doute pourquoi la moitié du corps de bâtiments semble manquer. Au lieu d'être entièrement fermée, la cour s'ouvre ainsi sur une place, ce qui donne du recul pour regarder l'édifice.

Déclaré monument historique en 1977, l'ensemble connut une entière restauration deux années plus tard et sert désormais de décor, certains soirs d'été, aux représentations en plein air de *zarzuela,* l'opérette madrilène *(p. 75),* organisées sur la place.

Il existe plusieurs autres *corallas* aux environs immédiats, notamment à l'angle de la calle de Miguel Servet et de la calle del Espino, au n° 12 de la calle de Provisiones et au n° 11 de la calle de la Esperanza.

Puerta de Toledo ⓬

Glorieta de Puerta de Toledo. **Plan** 4 D5. Ⓜ *Puerta de Toledo.*

Commandé en 1813, l'arc de triomphe de la porte de Tolède devait commémorer l'installation sur le trône d'Espagne de Joseph Bonaparte mais celui-ci, bien qu'ayant pris le nom de José Ier, ne put jamais faire oublier la sanglante répression exercée contre le peuple madrilène le 3 mai 1808, et il dut prendre la fuite dès 1814. Ferdinand VII *(p. 19)* retrouva alors sa couronne et c'est à lui que fut dédié le monument à son achèvement, en 1827, par l'architecte Antonio López Aguado.

La Puerta de Toledo est une des deux seules portes symboliques que conserve Madrid. Le groupe sculpté qui domine sa partie centrale représente une personnification de l'Espagne. De part et d'autre l'encadrent des allégories du Génie et des Arts. Ramón Barba et Valeriano Salvatierra exécutèrent ces œuvres en pierre de Colmenar.

Arc de triomphe de la Puerta de Toledo, l'une des deux portes symboliques de Madrid

Puente de Segovia and Río Manzanares ⓭

Calle de Segovia. Ⓜ *Puerta del Angel.*

Peu après avoir décidé d'établir sa cour à Madrid, Philippe II *(p. 22)* commanda la construction du pont de Ségovie, majestueux ouvrage d'art en granit franchissant le río Manzanares au pied du Palacio Real *(p. 54-57)*. Le pont devait servir de principal point d'entrée dans la capitale et le souverain en confia la conception à son architecte favori, Juan de Herrera. Les travaux commencèrent en 1582, mais le pont connut une reconstruction en 1682. Entre 1718 et 1732, Pedro de Ribera édifia pour Philippe V le superbe **Puente de Toledo** piéton situé en aval.

Le maigre cours du Manzanares n'a jamais justifié de telles constructions, et la rivière à suscité bien des railleries. Un ambassadeur allemand du nom de Rhebiner affirma même qu'aucune en Europe ne l'égalait, car elle offrait l'avantage d'être « navigable à cheval et en attelage ». Plusieurs barrages ont donné depuis un air plus présentable au cours d'eau, et les poissons et canards qu'on y a introduits ont survécu, ce qui prouve qu'il est relativement propre. Il prend sa source dans les montagnes de la sierra de Guadarrama et se jette au sud de Madrid dans le Tage, créant ainsi un lien entre la capitale de l'Espagne et celle du Portugal, Lisbonne.

Le Puente de Segovia franchissant le río Manzanares

Casa de Campo ⓮

Avenida de Portugal. ***Tél.*** *91 463 63 34.* Ⓜ *Batán, Casa de Campo, Lago, Príncipe Pío.*

Boisée, l'ancienne chasse royale de la Casa de Campo offre, à l'ouest de la ville, un espace naturel de 1 740 ha très apprécié des Madrilènes. Ces derniers viennent se promener dans les pinèdes, courir ou profiter d'équipements tels que courts de tennis et piscine. La Casa de Campo renferme aussi un lac où canoter, le **Parque de Attracciones,** qui propose plus de 50 attractions, et le **Zoo-Aquarium.** En été, le parc accueille des concerts de rock.

Prendre le **Teleférico** qui relie le Parque del Oeste à la Casa de Campo permet d'avoir une vue panoramique de Madrid.

Tigre du zoo de la Casa de Campo

Zoo-Aquarium
Tél. *91 512 37 70.* Ⓜ Batán.
11 h au crépuscule t.l.j.
www.zoomadrid.com

Parque de Atracciones
Tél. *90 234 50 01.* Ⓜ *Batán.* *sept.-Pâques : à partir de midi sam. et dim. ; Pâques-sept. : à partir de midi t.l.j. Tél. pour heures de ferm.*
www.parquedeatracciones.es

Teleférico
Paseo del Pintor Rosales. ***Tél.*** *91 541 74 50.* Ⓜ *Argüelles.* *oct.-mars : midi au crépuscule sam., dim. et j. fériés ; avr.-sept. : midi au crépuscule lun.-ven.*

Ermita de San Antonio de la Florida ⓯

Glorieta San Antonio de la Florida 5. ***Tél.*** *91 542 07 22.* Ⓜ *Príncipe Pío.* *9 h 30-18 h mar.-ven., 10 h-14 h sam. et dim.* *j. fériés.*
www.munimadrid.es/ermita

Cette chapelle, construite pendant le règne de Charles IV *(p. 23)*, a conservé le nom d'un pré, la Florida, où furent édifiées les deux premières églises auxquelles elle a succédé. En 1798, Francisco Goya *(p. 28)* passa quatre mois à décorer sa coupole d'une immense fresque. Elle représente saint Antoine de Padoue ressuscitant la victime d'un assassinat pour prouver l'innocence du père du saint, faussement accusé du meurtre. Considérée par de nombreux critiques comme l'une des plus grandes réussites de l'artiste,

Temple égyptien de Debod avec ses deux portails

l'œuvre frappe par son réalisme. Ses personnages, gens du peuple, grands bourgeois, élégantes aristocrates ou demi-mondaines dressent un portrait saisissant de la vie quotidienne à Madrid à la fin du XVIIIe siècle.

Goya mourut en exil à Bordeaux en 1828, mais il repose désormais dans la chapelle.

Templo de Debod ⓰

Paseo del Pintor Rosales. **Plan** 1 B5. ***Tél.*** *91 366 74 15. Plaza de España, Ventura Rodríguez. 10 h-14 h sam. et dim. ; avr.-sept. : 10 h-14 h et 18 h-20 h mar.-ven. ; oct.-mars : 9 h 45-13 h 45, 16 h 15-18 h 15 mar.-ven. j. fériés. sam. sur r.-v.* **www**.munimadrid.es/templodebod

Édifié au IIe siècle av. J.-C., le temple égyptien de Debod fit partie des monuments sauvés de l'immersion lors de la construction du barrage d'Assouan, sur le Nil. L'Égypte en fit don en 1970 à l'Espagne, en remerciement de sa participation au sauvetage. Précédé de deux de ses trois portails d'origine, il se dresse désormais sur une hauteur dominant le río Manzanares dans les jardins du **Parque del Oeste.** Les reliefs sculptés sur ses flancs évoquent Amen, le dieu thébain à tête de bouc, symbole de la vie et de la fertilité, à qui le sanctuaire était dédié. La colline offre une vue panoramique de la Casa de Campo, portant jusqu'aux sommets de la sierra de Guadarrama.

Le Parque del Oeste s'étend à l'emplacement de la caserne Montaña que les Madrilènes prirent d'assaut en 1936 pour se procurer des armes. Cette détermination populaire permit à la ville de résister jusqu'en 1939 aux troupes nationalistes du général Franco qui l'assiégeaient.

D'agréables terrasses de café jalonnent le **paseo del Pintor Rosales** qui longe le parc.

Estación de Príncipe Pío ⓱

Paseo de la Florida 2. **Plan** 3 A1. ***Tél.*** *90 224 02 02. Príncipe Pío.*

Également connue sous le nom d'Estación del Norte, cette gare fut inaugurée en 1880 pour servir de terminus aux trains reliant Madrid et l'Espagne du Nord. Les ingénieurs français Biarez, Grasset et Mercier qui la conçurent lui donnèrent une structure principalement métallique.

Des pavillons néo-mudéjars, dessinés par Demetrio Ribes, améliorèrent son apparence en 1915. L'architecte Luis Martínez Ribes ajouta en 1926 la façade d'entrée. Dans le bâtiment principal de l'ancienne gare sont prévus, pour 2007, la plus grande salle de concerts de la ville, des cinémas et un centre commercial.

Remaniée, la majeure partie de la gare est devenue une importante correspondance entre trains, métro et bus. Un splendide dais en treillis surplombe les quais.

L'élégante entrée principale de l'Estación de Príncipe Pío

TROIS PROMENADES À PIED

Avec ses boulevards majestueux, ses grandes places, ses ruelles étroites et sombres, Madrid est un véritable paradis pour les flâneurs. La plupart des principales attractions touristiques de la ville sont assez proches les unes des autres.

Danseuse de flamenco, Corral de la Morería

À chacun des trois quartiers du centre-ville décrits dans le chapitre *Madrid quartier par quartier* correspond un petit itinéraire balisé sur un plan « pas à pas », qui vous permet d'en visiter les principaux sites. En plus de ces itinéraires, nous vous proposons, dans les pages suivantes, trois promenades à pied qui vous feront découvrir d'autres endroits : le quartier de Bailén *(p. 115)*, avec ses vestiges maures et ceux de la ville royale, le quartier gay de Chueca *(p. 116-117)*, à visiter, de préférence, en début de soirée pour profiter pleinement de son ambiance, Lavapiés, cosmopolite et populaire, ou encore Letras *(p. 118-119)*, qui conserve l'empreinte du Siècle d'or espagnol.

Afin de rendre vos promenades plus agréables, chaque itinéraire comporte des recommandations de lieux où boire un verre ou déguster quelques *tapas*.

Société générale des auteurs, à Chueca *(p. 116)*

CHOISIR UNE PROMENADE

Les trois promenades

Ce plan situe les trois itinéraires par rapport aux principaux quartiers touristiques de Madrid.

LÉGENDE

••• Itinéraire

0 — 1 km

Centro de Arte Reina Sofía, à Lavapiés *(p. 118)*

Une heure et demie à Bailén

Bâtie sur une crête, la forteresse de l'Alcázar permit longtemps aux Maures de dominer la ville et la région environnante. Le site est aujourd'hui occupé par le Palacio Real. En longeant la crête et la calle de Bailén, l'itinéraire passe près des murailles de la cité des Maures, de deux cathédrales, du palais royal, d'un couvent de l'époque des Habsbourgs et d'un temple égyptien.

Café de Oriente, sur la plaza de Oriente ⑦

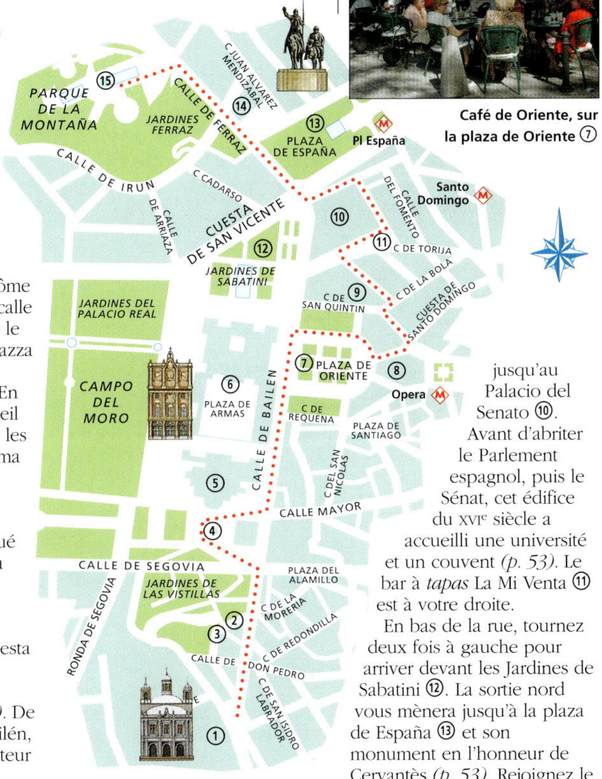

De la Basilica de San Francisco el Grande à la plaza de Oriente

Partez de la plaza San Francisco, au pied de la Basilica de San Francisco el Grande ① *(p. 60-61)*. Saint François d'Assise visita Madrid en 1217, mais c'est au XVIIIe siècle que les Franciscains firent ériger la basilique. Elle possède le plus grand dôme de la ville. Remontez la calle de Bailén pour rejoindre le Café Ventorillo et la Terrazza de las Vistillas ②, juste avant le pont, au n° 14. En été, on peut y voir le soleil se coucher sur la rivière, les montagnes de Guadarrama et la Casa de Campo *(p. 112)*. Le Corral de la Morería ③, un bar à flamenco célèbre, est situé au n° 17 de la calle de la Morería.

Traversez la calle de Segovia et tournez à gauche, aux feux. La Cuesta de la Vega vous mènera jusqu'aux vestiges de la Muralla Árabe ④ *(p. 60)*. De retour sur la calle de Bailén, tournez à gauche, à hauteur de la cathédrale de la Almudena ⑤, bâtie entre 1883 et 1993 *(p. 59)*. À côté se trouve l'entrée du Palacio Real ⑥, érigé en 1764 sur les ruines de l'Alcázar *(p. 56)*. Traversez Bailén jusqu'à la plaza de Oriente *(p. 58)*, où vous pourrez vous reposer au Café de Oriente ⑦ *(p. 165)*.

De la plaza de Oriente jusqu'à la plaza de España

Le Teatro Real ⑧, qui abrite l'Opéra de la ville *(p. 58)*, se trouve en haut de la place. Prenez la calle de Felipe V sur la gauche, puis la calle de Arrieta jusqu'au Monasterío de la Encarnación ⑨, dont la façade austère contraste avec les somptueux intérieurs *(p. 53)*. Ensuite, descendez la calle de la Encarnación jusqu'au Palacio del Senato ⑩. Avant d'abriter le Parlement espagnol, puis le Sénat, cet édifice du XVIe siècle a accueilli une université et un couvent *(p. 53)*. Le bar à *tapas* La Mi Venta ⑪ est à votre droite.

En bas de la rue, tournez deux fois à gauche pour arriver devant les Jardines de Sabatini ⑫. La sortie nord vous mènera jusqu'à la plaza de España ⑬ et son monument en l'honneur de Cervantès *(p. 53)*. Rejoignez le museo de Cerrablo ⑭ par la calle de Ferraz pour voir sa collection de peintures, de meubles et de porcelaines *(p. 52)*. Continuez sur la Ferraz jusqu'au temple de Debod ⑮, un temple égyptien du IIe siècle avant J.-C., qui fut offert à l'Espagne en 1968. Regagnez ensuite la plaza de España pour prendre le métro.

CARNET DE ROUTE

Point de départ : *Basilica de San Francisco el Grande, sur la plaza de San Francisco.*
Distance : *2 km.*
Comment y aller : *lignes de bus 148 et 60 ou station de métro La Latina.*
Faire une pause : *la terrasse du Café de Oriente est très agréable en été, ainsi que la taverne La Mi Venta, située à côté du Sénat.*

LÉGENDE

••• Itinéraire

Ⓜ Station de métro

0 400 m

Une heure et demie à Chueca

Après la mort de Franco en 1975 *(p. 20)*, l'Espagne connaît une véritable révolution des mœurs, qui s'exprime notamment dans les années 1980 à travers un nouveau mouvement culturel et artistique, la *Movida (p. 102)*. Devenu en peu de temps le quartier gay de la capitale, Chueca joue un rôle important dans l'évolution des mentalités. Son labyrinthe de ruelles abrite boutiques branchées, restaurants, discothèques et bars à *tapas*. Pour profiter pleinement de son ambiance, visitez ce quartier plutôt en début de soirée.

Iglesia de Santa Bárbara ②

De la plaza de Santa Bárbara à la plaza de Chueca

Partez de la Sociedad General de Autores de Espanã, sur la calle Fernando VI ①, à côté de la plaza de Santa Bárbara. C'est l'un des plus beaux immeubles modernistes de Madrid *(p. 32)*. La SGAE est l'organisme chargé de collecter les droits d'auteur. L'un de ses bénéficiaires fut Frederico Chueca (1846-1908), créateur d'opérettes et de *zarzuelas*, qui a donné son nom à ce quartier de Madrid.

Descendez la calle Fernando VI jusqu'à l'Iglesia de Santa Bárbara ②, à côté de la plaza de Las Salesas *(p. 93)*. Cette église baroque fut bâtie au XVIIIe siècle pour Bárbara de Braganza, qui y est enterrée avec son époux, Fernando VI. Rejoignez ensuite la plaza Villa de Paris ③. Le Tribunal Supremo ④ occupe, depuis 1870, un édifice construit entre 1750 et 1758 à la demande de Bárbara de Braganza pour accueillir une école et un monastère *(p. 93)*.

Empruntez la calle de García Gutiérrez, en face du tribunal. Sur votre droite se dresse l'Audiencia Nacional ⑤. Dans cet immeuble moderne se sont déroulés les procès de nombreuses affaires terroristes et criminelles. Tournez à droite dans la calle de Génova et descendez jusqu'à la plaza de Colón ⑥, où se dresse la colonne de Christophe Colomb *(p. 96)*. Les Jardines de Descubrimiento commémorent la découverte de l'Amérique. Sur la droite se trouve la Bibliothèque nationale, du XIXe siècle. Le Museo Arqueológico Nacional *(p. 94-95)* est juste derrière.

Tournez à droite dans le Paseo de Recoletos pour rejoindre le bar-restaurant Belle Époque El Espejo ⑦ (sur la droite). Son pavillon et sa terrasse d'été *(p. 167)* sont de l'autre

CARNET DE ROUTE

Point de départ : *Sociedad General de Autores, au n° 6 de la Calle Fernando VI.*
Itinéraire : *2 km.*
Comment y aller : *lignes de bus 60 et 148 ou station de métro La Latina (à 500 m).*
Faire une pause : *la partie piétonnière du Paseo de Recoletos est bordée de restaurants et de cafés, parmi lesquels se trouve le célèbre Café Gijon. La plaza de la Chueca est l'endroit idéal pour boire un verre, particulièrement en début de soirée. La calle de la Liberdad et la Gran Via offrent également de nombreuses possibilités.*

Pavillon du restaurant El Espejo ⑦

Casa de Ángel Sierra, sur la plaza de Chueca ⑫

LÉGENDE

Itinéraire

Station de métro

0 200 m

côté de la rue. Le Café Gijón ⑧, où se retrouvaient autrefois les intellectuels de la ville, attire aujourd'hui les hommes d'affaires et les touristes *(p. 92)*. Tout près, la calle del Almirante ⑨ abrite des boutiques de mode *(p. 96)*.

Dans la calle de Barquillo, vous trouverez des magasins de HiFi ⑩. Vous arriverez bientôt sur la plaza de Chueca ⑪, le centre névralgique du quartier gay, qui, l'été, ressemble à une immense terrasse de café *(p. 92)*.

De la plaza de Chueca à la Gran Vía

La Casa de Ángel Sierra ⑫, une vieille *bodega,* se trouve sur la place. Dirigez-vous vers la calle de Augusto Figueroa, puis tournez à gauche dans la calle de San Bartolomé. Cette rue abrite le restaurant El Armario ⑬, qui jouit d'une excellente réputation, tout comme la discothèque du Why Not ⑭, au n° 6. La plaza de Vásquez de Mella ⑮ est au bout de la rue. L'entrée du parking souterrain est signalée par un immense ruban rouge en acier, symbole de la lutte contre le Sida. Traversez la place et tournez à gauche dans la calle de las Infantas. Rejoignez ensuite la calle de la Libertad ; elle commémore les nonnes qui, au XIe siècle, se consacrèrent à faire libérer les Chrétiens tombés aux mains des Maures. Aux n°4-6 de la calle de la Libertad se trouve le Bocaíto ⑯, un bar à *tapas* réputé. Plus loin, sur la droite, vous verrez le Café Libertad ⑰, qui a du succès auprès des gays et qui accueille parfois des musiciens.

Tournez à droite dans la calle de San Marcos, puis de nouveau à droite dans la calle de Barquillo pour atteindre la plaza del Rey. La Casa de las Siete Chimeneas ⑱, bâtie au XVIe siècle, est reconnaissable à ses sept cheminées. Selon la légende, elle fut habitée par une protégée du roi. Pour son mariage, le roi lui fit cadeau de sept pièces d'or, censées symboliser les sept péchés capitaux. Elle mourut mystérieusement, et l'on prétend que son fantôme peut être aperçu se promenant entre les cheminées. L'immeuble abrite désormais le ministère de la Culture. De l'autre côté de la place, au n° 8 du Barquillo, se trouve le Liquid ⑲, un bar techno. Descendez le Barquillo jusqu'à la calle de Alcalá, tournez à droite et continuez jusqu'au Museo Chicote ⑳, au n° 12 de la Gran Vía, un bar Art Déco où vous pourrez boire un cocktail.

Portail d'entrée de la Casa de las Siete Chimeneas ⑱

Deux heures à Lavapiés et Letras

Les *barrios* (quartiers) du centre de Madrid ont chacun leur cachet. Lavapiés est le vieux quartier juif de la capitale. Ses rues pavées remontent en pente vers le centre-ville. Elles sont bordées de *corralas,* immeubles d'habitation populaire du XIXe siècle, où vivent aujourd'hui des immigrants d'origines très diverses. À chaque coin de rue, on trouve un salon de thé nord-africain, un restaurant indien ou encore un bric-à-brac chinois. Letras est situé près des principaux théâtres de la ville. Il porte ce nom en l'honneur des grandes figures de la littérature espagnole qui y ont vécu.

Taverne Antonio Sánchez ⑩

Nouvelle aile du Centro de Arte Reina Sofía ①

Lavapiés

Commencez votre balade au Centro de Arte Reina Sofía ①, près de la station de métro Atocha. Inauguré en 1992, ce musée installé dans un ancien hôpital du XVIIIe siècle, contient des œuvres d'artistes espagnols du XXe siècle *(p. 84-87).* Ouverte en 2005, l'aile conçue par Jean Nouvel se trouve en bas de la calle de Santa Isabel. Sur la droite, la calle de Doctor Mata abrite le Real Conservatorio Superior de Música ②.

Prenez la calle del Hospital, puis, à droite, la calle de Argumosa et dirigez-vous vers la plaza de Lavapiés, au cœur du vieux quartier juif. Le Teatro Olimpia ③ est à gauche. Traversez ensuite la place et remontez la calle de Ave María jusqu'au café Barbieri ④, fréquenté par des artistes et écrivains, puis revenez sur la place et empruntez la calle de Tribulete ⑤, connue pour ses salons de thé nord-africains, ses boutiques indiennes et sa librairie spécialisée dans la B.D., El Coleccionista ⑥.

Au coin de la calle del Mesón de Paredes, La Corrala ⑦ est un bel exemple d'immeuble d'habitation du XIXe siècle *(p. 111).* Certains soirs, en été, des *zarzuelas* sont proposées au pied de l'immeuble. On peut voir une autre *corrala* au n° 25 de la calle de Tribulete ⑧. Revenez sur vos pas en passant près des magasins de vêtements chinois et de la Biblioteca Esculea Pías ⑨ puis prenez

CARNET DE ROUTE

Point de départ : *Centro de Arte de Reina Sofía.*
Distance : *3 km.*
Comment y aller : *la station de métro Atocha et les lignes de bus 6, 10, 14, 19, 27, 34, 37 et 45.*
Avertissement : *le quartier de Lavapiés est assez mal famé, et il est plus prudent de faire cette promenade pendant la journée.*
Faire une pause : *la calle de Tribulete est l'endroit idéal où prendre un thé à la menthe. Pour une collation, allez plutôt à la Taberna Antonio Sanchéz ou à la Mesón de Paredes.*

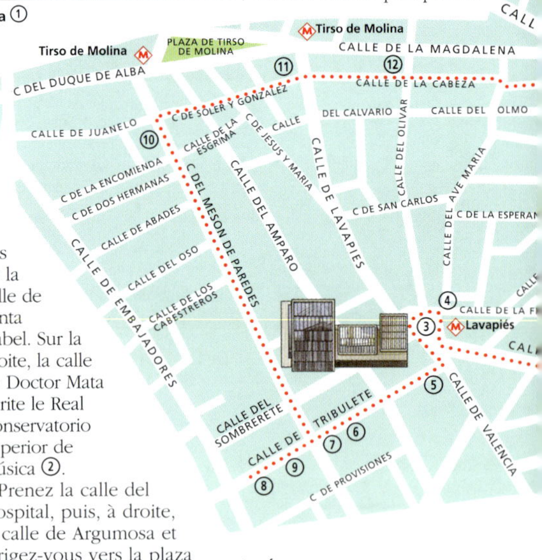

LÉGENDE

Itinéraire

Station de métro

0 250 m

la Mesón de Paredes. La Taberna Antonio Sánchez ⑩, fondée en 1870 par le matador du même nom, est située au n° 13. Son fils abandonna le métier de matador pour s'occuper du bar (les murs rendent hommage à ses exploits). Continuez sur la Mesón de Paredes et prenez, à droite, la calle de Soler y González, qui devient ensuite la calle de la Cabeza. Le Bar Avapiés ⑪, dans une ancienne prison médiévale, se trouve au coin de la calle de Lavapiés. Plus haut, au coin de la calle del Olivar, le restaurant la Casa Lastra ⑫ sert des spécialités des Asturies. Suivez la Cabeza jusqu'à la calle de Rosa et le Ciné Doré ⑬, au n° 3 de la calle de Santa Isabel, qui ouvrit en 1923.

Façade du Cine Doré ⑬

Letras

Une fois sur la Plaza de Antón Martín, traversez la calle Atocha et entrez dans Letras par la calle del León. C'est le quartier où vécurent les auteurs illustres du Siècle d'or espagnol. Au coin de León et de la calle de Cervantes, une plaque signale la maison dans laquelle vécut l'écrivain *(p. 28)*. Descendez la calle de Cervantes jusqu'à la Casa de Lope de Vega ⑭, que le dramaturge habita de 1610 à 1635 *(p. 76)*. Prenez ensuite la calle de San Augustín, sur votre droite, jusqu'au Convento de las Trinitarias. Cervantès y serait enterré ⑮. Tournez à gauche dans la plaza de Jésus. Le bar à *tapas* Las Gatas ⑯ se trouve au n° 2, à côté de la Basílica Jesús de Medinaceli ⑰. Celle-ci abrite un Christ du XVIIe siècle, qu'il suffirait d'embrasser, selon la tradition, pour être lavé de ses péchés. Remontez le Duque de Medinaceli, passez l'Hotel Palace ⑱ *(p. 69)* et remontez jusqu'à la plaza de las Cortes ⑲. Le Congreso de los Diputados ⑳ est flanqué de lions en bronze *(p. 74)*.

Suivez ensuite la calle Fernanflor jusqu'à la calle de los Jovellanos pour voir le Teatro de la Zarzuela ㉑, haut lieu de l'opérette madrilène *(p. 182)*. Prenez la calle de los Madrazo, puis la calle de Marqués de Casa Riera pour finir votre promenade au Círculo de Bellas Artes ㉒ *(p. 69)*, près de la station de métro Banco de España.

Le décor éclectique du bar à *tapas* Las Gatos ⑯

L'élégant dôme en verre du célèbre Hotel Palace ⑱

LES ENVIRONS DE MADRID

LES ENVIRONS DE MADRID

Il émane une austère beauté du vaste plateau central de la péninsule Ibérique, où champs de blé et terres ocre s'étendent à perte de vue. Une faune variée peuple ses reliefs, ses forêts et ses lacs, et l'histoire a façonné des villes encore riches de splendides monuments tels que la cathédrale gothique de Tolède, l'aqueduc romain de Ségovie et le château du XVe siècle de Manzanares el Real.

Il est surprenant de voir à quel point on échappe rapidement aux banlieues résidentielles et industrielles de Madrid pour se retrouver en pleine campagne. Des sentiers de randonnée sillonnent les montagnes au nord de la ville où les citadins viennent pratiquer le ski en hiver et les sports nautiques en été. Dans la sierra Norte, les environs de Buitrago del Lozoya, village ceint de remparts maures, sont un paradis pour observer les oiseaux.

Philippe II fit construire sur les contreforts occidentaux de la sierra de Guadarrama le monastère d'El Escorial d'où il dirigea son empire. Non loin se dresse l'immense croix érigée par Franco dans la Valle de los Caídos. Deux palais méritent une visite, celui d'El Pardo, dans la périphérie de la capitale, et celui d'Aranjuez au sud.

L'histoire reste vivace dans des villes et villages tels qu'Alcalá de Henares, lieu de naissance de Cervantes, Sigüenza, qui conserve une cathédrale romane, et Chinchón où les Madrilènes viennent acheter le vin et l'*anís* locaux sous les galeries en bois d'une grand-place médiévale. Ségovie s'emplit les week-ends de visiteurs venus savourer agneau et cochon de lait rôtis, et admirer le plus important vestige romain d'Espagne.

Tolède est une véritable ville-musée. Elle doit son riche héritage architectural et artistique aux nombreux échanges entre les cultures musulmane, chrétienne et juive, au Moyen Âge et à la Renaissance.

Pittoresque monasterio de El Parral à Ségovie

◁ **Célébration de la messe dans l'église du Monasterio de Santa María de El Paular**

À la découverte des environs de Madrid

La chaîne montagneuse de la sierra de Guadarrama domine au nord la province de Madrid. Elle culmine à 2 430 m d'altitude, et de petites stations permettent d'y skier. Elle offre surtout un vaste territoire à découvrir en randonnée. Les amateurs d'architecture apprécieront sur ses contreforts la ville historique de Ségovie et le palais à la française de La Granja de San Ildefonso, ainsi que le monastère d'El Escorial. Au sud s'étend la *meseta*, l'immense plateau central ibérique. Les rivières descendant des reliefs y creusent des vallées fertiles où pousse l'olivier. Au confluent du Jarama et du Tage, ce sont de splendides jardins qui entourent le palais d'été d'Aranjuez. Le Tage arrose ensuite Tolède, qui se niche dans un de ses méandres.

Casa de los Picos *(p. 132)*, du XVe siècle, à Ségovie

Paysage typique de la fertile *meseta*

LA RÉGION D'UN COUP D'ŒIL

Alcalá de Henares 12
Buitrago del Lozoya 8
Chinchón 15
El Escorial p. 126-129 1
Guadalajara 11
Illescas 17
La Granja de San Ildefonso 6
Manzanares el Real 3
Monasterio de Santa María de El Paular 5
Museo del Aire 14
Palacio de El Pardo 13
Palacio Real de Aranjuez 16
Santa Cruz del Valle de los Caídos 2
Ségovie p. 132-133 7
Sierra Centro de Guadarrama 4
Sierra Norte 9
Sigüenza 10
Tolède p. 140-145 18

Casa-Museo de El Greco *(p. 143)*, Tolède

Légende des autres symboles *sur le rabat de couverture*

CIRCULER

La voiture offre le meilleur moyen d'explorer les environs de Madrid, à condition d'avoir une carte à jour car la numérotation des routes est en train de changer. Six routes à double voie gratuites (A1 à A6), quatre autoroutes payantes (R2, R3, R4 et R5) ainsi que l'autoroute gratuite de Tolède (A42) permettent d'accéder à Madrid. Elles sont reliées les unes aux autres par deux périphériques (M30 et M40). Les autocars sont réputés pour leur lenteur. Les chemins de fer desservent les sites historiques.

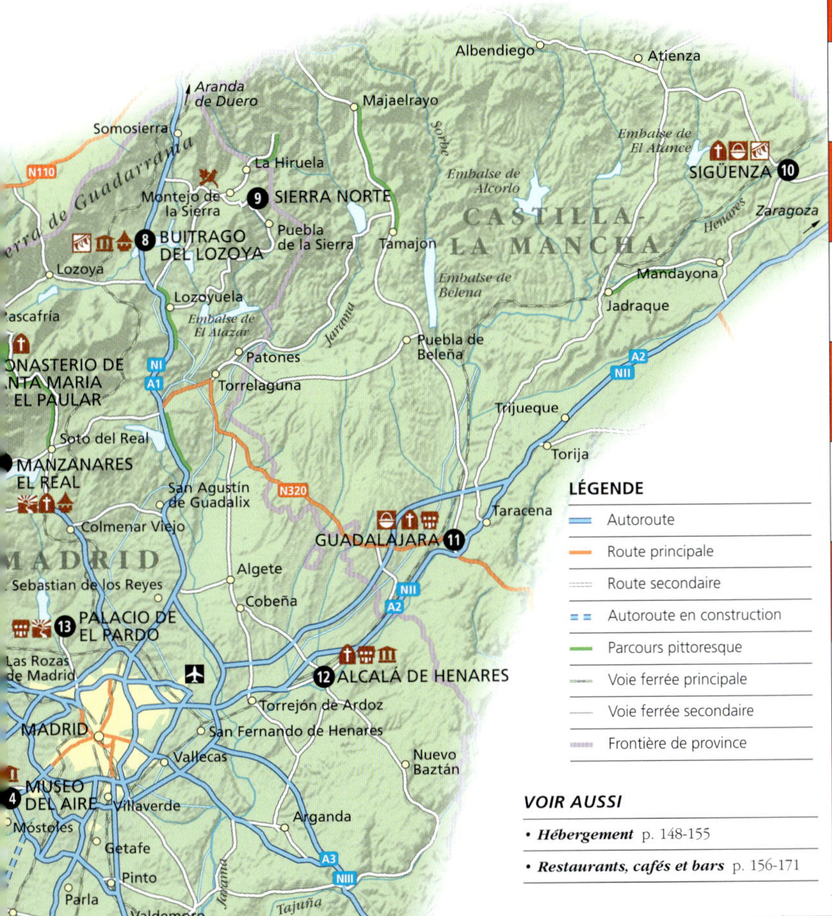

VOIR AUSSI

- ***Hébergement*** p. 148-155
- ***Restaurants, cafés et bars*** p. 156-171

Les paisibles Montes de Toledo

El Escorial ❶

Fresque par Luca Giordano

Sur les contreforts de la sierra de Guadarrama, l'imposant monastère gris de San Lorenzo de El Escorial a la forme d'un gril, instrument du martyre de saint Laurent à qui il est dédié. Construit de 1563 à 1584, il possède un style austère qui prit le nom de herrerien, ou *desornamentado*, et eut une grande influence sur l'architecture espagnole. Voulue par Philippe II, qui y installa son palais, cette rigueur marque aussi les appartements royaux, dont la simplicité contraste avec la richesse des collections d'art exposées dans les pièces décorées par les Bourbons et dans les musées, les salles capitulaires, l'église, le panthéon royal et la bibliothèque.

★ Panthéon des rois
Il abrite les sépultures de nombreux rois d'Espagne.

Basilique
Dans cette immense église, un somptueux retable par Herrera domine le chœur. Les oratoires abritent des statues en bronze doré de Charles Quint et de Philippe II en prière.

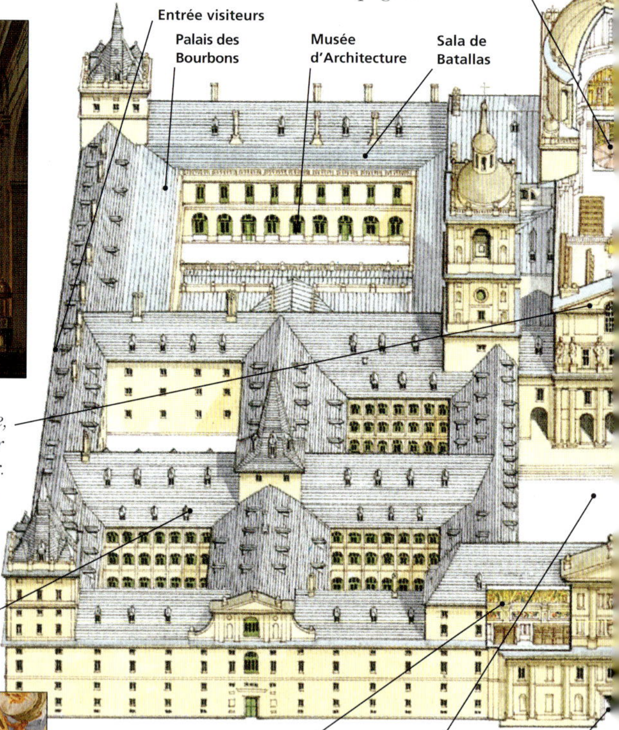

Collège Alfonso XII, internat fondé par les moines en 1875.

★ Bibliothèque
Constituée à partir de la collection personnelle de Philippe II, la bibliothèque compta jusqu'à 40 000 volumes et de très nombreux manuscrits. Tibaldi décora de portraits allégoriques le plafond de sa longue salle.

À NE PAS MANQUER

- ★ Panthéon des rois
- ★ Bibliothèque
- ★ Musée d'Art

Les appartements de Philippe II, au 2e étage, témoignent de son goût pour le dépouillement. Sa chambre donnait directement sur le maître-autel de la basilique.

★ Musée d'Art
Le Calvaire, œuvre du XVe siècle par Rogier Van der Weyden, est un des fleurons de ce musée qui présente des tableaux italiens, flamands et espagnols.

MODE D'EMPLOI

Paseo de Juan de Borbón y Batemberg. ***Tél.*** *91 890 59 04.*
depuis Atocha ou Chamartín.
661, 664 depuis Moncloa.
10 h-18 h mar.-dim. (17 h oct.-mars). *j. fériés.*
(gratuit mer. pour les membres de l'UE)
9 h 30 t.l.j. ; 19 h, 20 h sam. et dim.
www.patrimonionacional.es

Salles capitulaires
Elles abritent l'autel portable de Charles Quint et des fresques de style grotesque.

Le Patio de los Evangelistas est un temple par Herrera.

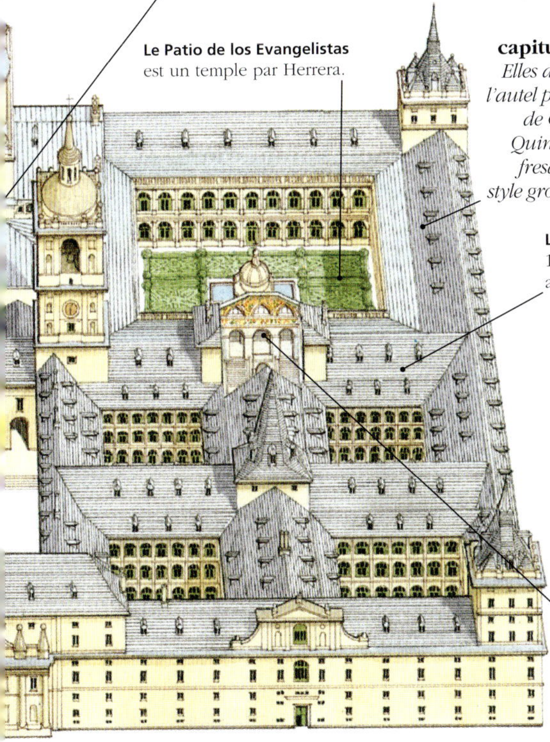

Le monastère, fondé en 1558, est dirigé par des augustins depuis 1885.

***Saint Laurent montant au ciel* de Luca Giordano**
Cette fresque au-dessus de l'escalier principal dépeint Charles Quint, Philippe II et la construction du monastère.

Construction de l'Escorial
Quand le premier architecte du monastère, Juan Bautista de Toledo, mourut en 1567, son élève, Juan de Herrera, poursuivit les travaux. Le style dépouillé qu'il donna au bâtiment prit le nom de desornamentado.

À la découverte d'El Escorial

Roi de Naples, de Sicile, de Milan, des Pays-Bas, d'Espagne et du Nouveau Monde, Philippe II décida de dédier le lieu où allait reposer son père, l'empereur Charles Quint mort en 1556, au saint dont la fête est célébrée le 10 août, date à laquelle il vainquit les Français à Saint-Quentin en 1557. L'architecte Juan de Toledo et son successeur Juan de Herrera édifièrent sur un site, à 1 065 m d'altitude, un immense édifice en granite planifié autour d'une basilique. La visite officielle passe par les Appartements royaux et le panthéon des rois, laissant libre d'explorer le reste à sa guise.

Infanta Isabel Clara **de Bartolomé González, Appartements royaux**

APPARTEMENTS ROYAUX

Jouxtant la basilique, le Palacio de los Austrias, où résidaient les Habsbourg, permettait à l'infante Isabelle, fille de Philippe II, de voir depuis son lit le maître-autel et le prêtre célébrant la messe. Sur le mur de droite, son portrait et celui de sa sœur Catherine, œuvres de Bartolomé González (1564-1627), encadrent celui de leur père peint par Sánchez Coello (1531-1588).

La **Sala de Retratos** abrite d'autres portraits. À partir de celui de Charles Quint accroché au-dessus de la cheminée, copie par Juan Pantoja de la Cruz (1553-1608) d'une peinture de Titien détruite par un incendie en 1604, l'ordre chronologique suit le sens inverse des aiguilles d'une montre avec un *Felipe II* par Antonio Moro (1519-1576), *Felipe III* par Pantoja de la Cruz, *Felipe IV* jeune par Bartolomé González et *Carlos II* jeune par Juan Carreño de Miranda (1614-1685). Dans un angle, une vitrine protège la chaise à porteurs que la goutte imposait à Philippe II à la fin de sa vie.

De superbes portes allemandes en marqueterie ferment à ses deux extrémités la **Sala de los Paseos.** Des carreaux bleus de Talavera couvrent les murs ornés de fresques représentant de grandes victoires espagnoles, dont la bataille de Saint-Quentin. Des motifs incrustés en 1755 dans le dallage et dans celui de la salle à manger voisine servaient à régler les pendules d'après le soleil.

PANTHÉONS

Le **panthéon des rois,** achevé en 1654, renferme les tombeaux de presque tous les souverains espagnols depuis Charles Ier. C'est une chambre octogonale, revêtue de jaspe, de marbre et de bronze doré. 23 des 26 sarcophages sont occupés par les rois à gauche de l'autel, et à droite par les reines, la dernière est la mère de Juan Carlos Ier.

Il existe 8 autres panthéons, dont celui de **Juan de Austria,** demi-frère de Philippe II qui devint un héros en battant la flotte turque à la bataille de Lépante. Surnommé **La Tarta,** le panthéon des infants abrite aussi les sépultures des reines sans succession.

Autel du panthéon où reposent presque tous les rois espagnols

SALLES CAPITULAIRES

Les quatre Salas Capitulares abritent, sous des plafonds décorés de grotesques aux motifs allégoriques, une riche collection de tableaux d'artistes espagnols et italiens tels que le Greco, Ribera, le Tintoret et Véronèse. Elle compte parmi ses fleurons des œuvres de Titien (1490-1576), dont un *Saint Jérôme en prière* et une *Cène* malheureusement retaillée pour un cadre trop exigu. Diego de Velázquez (1599-1660) est représenté par *La Tunique de Joseph,* peinte en 1630 pendant un séjour à Rome.

Retable de Charles Quint, salles capitulaires

Philippe II appréciait beaucoup le Brabançon Jérôme Bosch (1450-1516), surnommé « El Bosco » en Espagne, et il gardait dans sa chambre *Le Jardin des délices,* exposé aujourd'hui au Prado *(p. 78),* avec *La Charrette de foin,* tableau qu'aurait inspiré un proverbe flamand : « Le monde est comme une charrette de foin et chacun prend ce qu'il peut. » Les salles capitulaires contiennent une copie d'un panneau du *Jardin des délices* et une version de *La Charrette de foin* exécutée par l'atelier de Bosch.

Ne pas manquer non plus le superbe retable en bois doré et émaillé que l'empereur Charles Quint emportait dans ses campagnes militaires.

Le Martyre de saint Maurice et de la légion thébaine par le Greco

MUSÉES

L'entrée conduit à la salle Saint-Maurice qui abrite *Le Martyre de saint Maurice et de la légion thébaine* par le Greco (1541-1614). Un escalier descend à côté au **musée de l'Architecture** qui présente des plans, des maquettes et des gravures du palais. À l'étage, le **musée d'Art** propose principalement des peintures des XVIe et XVIIe siècles.
Après une première salle consacrée aux maîtres italiens, les deux suivantes contiennent des tableaux flamands, notamment par Michel Coxcie (1499-1592), le « Raphaël flamand ». Ne pas manquer le triptyque du *Martyre de saint Philippe*.

Un *Calvaire* de Rogier van der Weyden (v. 1400-1464) domine la quatrième salle entre une *Vierge* et un *Saint Jean*, reproduits par Juan Fernández Navaratte (v. 1538-1579). La cinquième salle renferme *Saint Jérôme en pénitence* de José de Ribera (1591-1652) et la *Présentation de la Vierge* de Francisco de Zurbarán (1598-1664).

BIBLIOTHÈQUE

En 1613, Philippe II ordonna par décret qu'une copie de tout ouvrage publié dans son immense empire fût envoyée à la bibliothèque de l'Escorial, et celle-ci abrita jusqu'à 40 000 volumes datant pour la plupart des XVe et XVIe siècles, ainsi que des manuscrits écrits pour les plus anciens au Ve siècle.

La **salle d'imprimerie** possède un sol dallé en marbre, et un plafond voûté que Pellegrino Tibaldi (1527-1596) orna de fresques allégoriques représentant la Philosophie, la Grammaire, la Rhétorique, la Dialectique, la Musique, la Géométrie, l'Astrologie et la Théologie. Juan de Herrera (1530-1597) dessina les rayonnages en bois.

Des portraits de Charles Quint, Philippe II, Philippe III et Charles II sont accrochés sur les principaux piliers. Une sphère ptolémaïque de 1582 place la Terre au centre de l'univers.

BASILIQUE

L'église d'El Escorial était à l'origine réservée à l'aristocratie, et les fidèles du bourg devaient se cantonner au vestibule. Le chœur des Moines, au-dessus, reste fermé au public.

La basilique renferme 44 autels latéraux richement décorés d'œuvres d'art, dont un magnifique *Christ en croix*, sculpté en 1562 dans du marbre de Carrare par Benvenuto Cellini. Il se trouve dans la deuxième chapelle à gauche de l'entrée.

Les cénotaphes de Charles Quint et Philippe II encadrent le maître-autel, au-dessus des portes menant aux chambres royales du Palacio de los Austrias. Œuvres de Pompeo Leoni, les groupes sculptés en bronze doré représentent les souverains et leurs familles.

Juan de Herrera dessina le retable en marbre, jaspe et onyx haut de 30 m. L'exécution du tabernacle central, qu'une fenêtre éclaire par l'arrière, demanda sept ans de travail à l'orfèvre italien Jacoppo da Trezzo (1515-1589). Les peintures sont de Federico Zuccaro (1542-1609) et Pellegrino Tibaldi.

PALAIS DES BOURBONS

Très différentes des austères appartements du Palacio de los Austrias, les pièces où résidèrent les Bourbons, aménagées par Charles IV qui régna de 1788 à 1808, abritent un mobilier somptueux et de très nombreuses tapisseries, certaines exécutées à la Real Fábrica de Tapices *(p. 110)* sur des cartons de Goya.

La vaisselle exposée comprend le service qui faisait partie du trousseau de Victoria Eugenia (petite-fille de la reine Victoria) qu'Alphonse XIII épousa en 1906.

Salle à manger du Palacio de los Borbones, décoré de précieuses tapisseries

L'immense croix érigée par Franco dans la Valle de los Caídos

Santa Cruz del Valle de los Caídos ❷

Madrid. Nord d'El Escorial sur M600. ***Tél.*** *91 890 56 11.* *depuis El Escorial.* *oct.-mars : 10 h-17 h mar.-dim. (18 h avr.-sept.).* *certains j. fériés.* **www**.patrimonionacional.es

C'est à la mémoire des victimes de la guerre civile *(p. 20)* que le général Franco fit ériger, à 13 km au nord du monastère d'El Escorial *(p. 126-129),* la Sainte Croix de la vallée des Morts. Toutefois, pour de nombreux Espagnols, cette immense croix rappelle surtout la dictature.

Haut de 150 m, le monument s'élève au-dessus d'une basilique creusée dans le rocher par des prisonniers de guerre républicains. Personne ne sait combien moururent pendant les vingt ans que demanda la construction de ce sanctuaire qui s'enfonce de 250 m dans la montagne.

Près de l'autel se trouvent les tombeaux de Franco et de José Antonio Primo de Rivera, le fondateur de la Falange Española. 40 000 autres victimes du conflit, des membres des deux camps opposés dans la guerre civile, reposent dans des ossuaires.

Manzanares el Real ❸

Madrid. 6 140. *Plaza del Pueblo 1 (91 853 00 09 / 63 917 96 02).* *mar. et ven.* *Fiesta de Verano (début août), Cristo de la Nave (14 sept.).*

La masse puissante de son château du XVe siècle domine le bourg de Manzanares el Real. Bien que l'édifice présente un aspect de forteresse avec ses remparts crénelés et ses tours à parements gothico-mudéjars, il servit principalement de palais résidentiel aux ducs d'Infantado. En contrebas du château se dressent une église du XVIe siècle et un portique Renaissance.

Derrière la ville, le chaos de blocs de granit de la **Pedriza,** apprécié des grimpeurs, fait partie d'une réserve naturelle.

Aux environs

À 12 km au sud-ouest, **Colmenar Viejo** possède une superbe église gothico-mudéjare.

Sierra Centro de Guadarrama ❹

Madrid. *Puerto de Navacerrada, Cercedilla.* *Navacerrada, Cercedilla.* *Navacerrada (91 856 03 08).*

Depuis les années 20, le train relie Madrid à la partie centrale de la sierra de Guadarrama, et des résidences de villégiature s'accrochent entre les pins à ses pentes granitiques. Anciens villages, les stations de **Navacerrada** et de **Cercedilla** attirent skieurs, grimpeurs et adeptes du VTT et de l'équitation. Cercedilla offre

Col de Navacerrada dans la sierra de Guadarrama

notamment accès à la **Valle de Fuenfría** où des itinéraires de randonnée permettent de découvrir les forêts d'une réserve naturelle et une ancienne voie romaine.

Détail du retable du Monasterio de Santa María de El Paular

Monasterio de Santa María de El Paular ❺

S.-O. de Rascafría sur la M604. ***Tél.*** *91 869 14 25.* *Rascafría.* *midi-17 h lun.-sam. (jusqu'à 13 h jeu.), 13 h-18 h dim.*

Jean Ier fonda en 1390 la première chartreuse de Castille sur le site d'un pavillon de chasse royal. Bâti dans le style gothique, le monastère reçut plus tard des ajouts plateresques et Renaissance.

Abandonné en 1836 quand le ministre Mendizábal ordonna la vente des biens monastiques, Santa María de El Paular tomba en décrépitude jusqu'à sa restauration par l'État dans les années 50. Les bâtiments abritent aujourd'hui, dans un cadre aussi beau que paisible, une communauté bénédictine et un hôtel privé *(p. 155)*.

Dans l'église, un délicat retable en albâtre de style gothique fleuri (XVe siècle, attribué à des artisans flamands, illustre des épisodes de la vie de Jésus. Francisco de Hurtado dessina en 1718 le somptueux *camarín* (petite chapelle) baroque situé derrière l'autel.

Tous les dimanches, les moines interprètent des chants grégoriens. S'ils sont disponibles, ils vous montreront avec plaisir le cloître aux voûtes en brique mudéjares et son double cadran solaire.

Le monastère offre un bon point de départ pour partir à la découverte des villages de **Rascafría** et **Lozoya** dans la vallée du Lozoya. Au sud-ouest s'étend la réserve naturelle des **Lagunas de Peñalara.**

La Granja de San Ildefonso ❻

Segovia. ***Tél.*** *921 47 00 19.* *depuis Madrid ou Segovia.* *oct.-mars : 10 h-13 h 30, 15 h-17 h mar.-sam., 10 h-14 h dim. et j. fériés ; avr.-oct. : 10 h-18 h mar.-dim.* **Jardins** *oct.-mars : 10 h-18 h ; avr.-oct. : 10 h-21 h.* *1er, 6 et 23 janv., 1er mai, 25 août, 24, 25 et 31 déc.* *(gratuit mer. pour les membres de l'UE)*
www.patrimonionacional.es

Avec la sierra de Guadarrama en décor de fond, ce somptueux palais occupe l'emplacement d'un pavillon de chasse édifié par Henri IV au XVe siècle. Philippe V entreprit sa construction en 1720, en voulant recréer le palais de Versailles de son grand-père Louis XIV. Un incendie ravagea toutefois une grande partie de l'édifice en 1918. On dépensa 8 millions d'euros pour qu'il retrouve sa splendeur d'origine.

Les appartements privés renferment des tapisseries flamandes et des pièces exécutées d'après des cartons de Goya. Dans la chapelle, la Sala del Panteón renferme le tombeau de Philippe V et de son épouse.

Le splendide jardin abrite des fontaines représentent le roi et la reine en Apollon et Diane. Elles fonctionnent les samedis et dimanches à 17 h 30.

Palais et jardins de La Granja de San Ildefonso, inspirés de Versailles

Ségovie 7

Tour de San Esteban

Le quartier médiéval de cette petite capitale provinciale occupe un site spectaculaire sur un promontoire qu'entourent le río Eresma et le río Clamores. Sa forme évoque un bateau dont l'Alcázar, perché sur un rocher, formerait la proue, l'aqueduc romain le gouvernail et dont les pinacles et la tour de la cathédrale dessineraient les mâts. Vu de la vallée, il offre au coucher du soleil un spectacle magique.

Aisément accessible depuis Madrid en voiture, en bus ou en train, Ségovie se prête bien, avec son dédale de rues pittoresques, à une visite d'un ou deux jours, ce qui en fait une destination très fréquentée par les visiteurs le week-end, en particulier l'été.

L'imposante cathédrale gothique de Ségovie

À la découverte de Ségovie

Ségovie est réputée pour ses églises romanes, dont **San Juan de los Caballeros** (XIe siècle) au splendide portique sculpté, **San Esteban** (XIIIe siècle) au gracieux clocher à cinq étages, et **San Martín** (XIe siècle), remarquable pour ses magnifiques arcades et chapiteaux et son autel doré. Hors les murs, l'**Iglesia de San Millán** (XIIe siècle) possède une tour mozarabe et un crucifix gothique du XIVe siècle. L'**Iglesia de la Vera Cruz** polygonale date de 1208 et appartient à l'ordre de Malte.

Cathédrale

Plaza Mayor. ***Tél.*** *921 46 22 05.*
9 h 30-17 h 30 lun.-sam. (18 h 30 avr.-oct.) ; 13 h 30-17 h 30 dim. (18 h 30 avr.-oct.).

Entreprise en 1522 et consacrée en 1678, la cathédrale de Ségovie fut le dernier grand sanctuaire gothique bâti en Espagne. Elle remplaçait une cathédrale détruite en 1511 lors de la révolte des villes castillanes et dont elle a conservé le cloître, déplacé de son site initial près de l'Alcázar. De vastes nefs aux voûtes à nervures donnent au sanctuaire un intérieur harmonieux. Sabatini dessina en 1768 le maître-autel. De belles grilles en fer forgé ferment les chapelles. La plus intéressante, la chapelle de la Pietà, doit son nom à une superbe mise au tombeau de Juan de Juni. Un magnifique portail gothique par Juan Guas donne accès au cloître. Exécutées d'après des cartons de Rubens, les tapisseries flamandes du XVIIe siècle présentées dans la salle capitulaire illustrent l'histoire de la reine Zénobie. Le musée diocésain présente des peintures, des sculptures, de l'argenterie, du mobilier, des livres et des pièces de monnaie.

Museo de Segovia

Casa del Sol, Calle Socorro 11.
Tél. *921 46 06 13. mar.-dim.*

Ce musée archéologique conserve des objets d'époques et de cultures variées, entre autres des gravures néolithiques vieilles de 15 000 ans, des pièces de monnaie romaines, des fragments de murs de maisons arabes, des armes, des outils, des poteries et, au centre, une intéressante collection de boucles de ceinture.

On pense que les deux énormes taureaux celtes, mis au jour dans la calle Mayor, avaient une fonction protectrice. Dans la province voisine d'Avila, ces objets sont liés aux funérailles.

Casa de los Picos

Derrière une façade du XVe siècle, ornée de reliefs en pointe de diamant, cette maison abrite une galerie et une école d'art.

Aqueduc

Construit à la fin du Ier siècle par les Romains qui transformèrent la colonie de Segovia en une importante base militaire, ce splendide ouvrage d'art en pierre sèche atteint 28 m. Il alimentait la ville avec l'eau du río Frío, filtrée en chemin par plusieurs réservoirs, et resta en service jusqu'à la fin du XIXe siècle.

L'élégant aqueduc romain enjambant la vieille ville

L'Alcázar de Ségovie domine la ville depuis un promontoire

Alcázar

Plaza de la Reina Victoria Eugenia. **Tél.** *921 46 07 59.* *oct.-mars : 10 h-18 h (19 h avr.-sept.).* *j. fériés.* *(gratuit 3e mar. du mois)* **www**.alcazardesegovia.com

Au sommet d'un promontoire qu'avaient déjà fortifié les Maures, ce château, édifié par Henri II de Castille entre 1352 et 1358, possède un donjon achevé au XVe siècle pendant le règne d'Henri IV. Un panorama exceptionnel de Ségovie et de la sierra de Guadarrama récompense les visiteurs qui gravissent l'escalier étroit menant à son sommet. Un incendie en 1862 imposa une importante reconstruction, à laquelle l'Alcázar doit une grande partie de son aspect actuel.
De beaux plafonds à caissons ornent plusieurs des salles où meubles anciens, tapisseries, peintures, céramiques de Talavera et armures recréent une atmosphère médiévale.
Le chemin de ronde mène à un petit musée consacré aux armes.

Palacio Episcopal

Plaza De San Esteban. **Tél.** *921 46 09 63.* *fermé au public.*

Les armoiries de l'évêque Murillo, qui en devint propriétaire, dominent la porte de ce palais bâti pour la famille Salcedos au XVIe siècle. Le musée est fermé pour une durée indéterminée.

Monasterio de El Parral

Subida Al Parral 2. **Tél.** *921 43 12 98.* *10 h-12 h 30, 16 h 30-18 h 30 lun.-sam. ; 10 h-11 h 30, 16 h 30-18 h 30 dim.*

Au nord des murs de la cité, le plus vaste monastère de Ségovie fut fondé en 1447. De style isabélin, l'église renferme les tombeaux plateresques du marquis de Villena, et de son épouse María.

MODE D'EMPLOI

Segovia. *56 000.* *Plaza Mayor 10 (921 46 03 34).* *mar., jeu., sam.* *San Juan (24 juin), San Pedro (29 juin), San Frutos (25 oct.).* **www**.infosegovia.com

Iglesia de los Carmelitas

Alameda de la Fuencisla. **Tél.** *921 43 13 49.* *10 h-13 h 30, 16 h-19 h (20 h juin-sept) mar.-dim.*

Appelé également Convento de San Juan de la Cruz, ce monastère, fondé par saint Jean de la Croix qui en fut prieur de 1588 à 1591, renferme sa sépulture.

La Plaza Mayor

SÉGOVIE : LE CENTRE-VILLE

Alcázar ⑨
Aqueduc ②
Casa de los Picos ③
Cathédrale ⑦
Iglesia de San Esteban ⑥
Iglesia de San Juan de los Caballeros ①
Iglesia de San Martín ④
Museo de Segovia ⑧
Palacio Episcopal ⑤

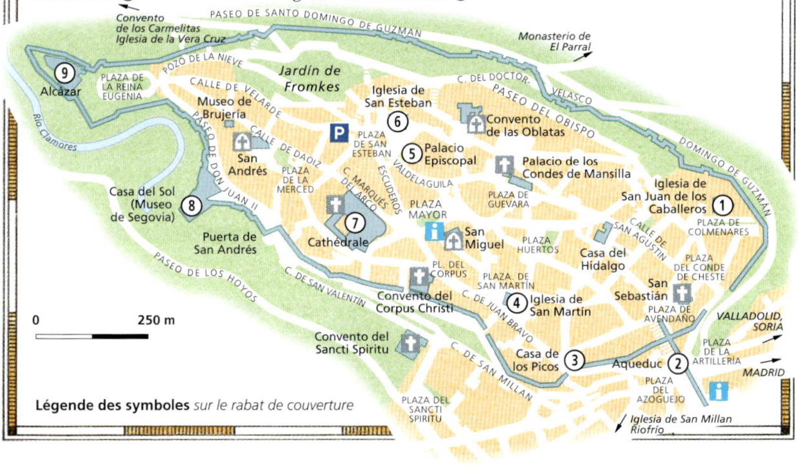

Légende des symboles *sur le rabat de couverture*

Remparts de Buitrago del Lozoya

Buitrago del Lozoya 8

Madrid. 1 800. *Calle Tahona 11 (91 868 16 15).* *sam.* *La Asunción y San Roque (15 août), Cristo de los Esclavos (15 sept.).*

Fondé par les Romains, ce village a conservé au bord d'un méandre du río Lozoya des fortifications arabes bâties au XIe siècle. Il devint au Moyen Âge un marché important. Son château gothico-mudéjar du XIVe siècle est en ruine et sert aujourd'hui aux courses de taureaux et à un festival de musique ancienne en été, mais les portes, des arcs et des pans de ses remparts originels, élevés également par les Arabes, subsistent.

À l'intérieur de l'enceinte fortifiée, le quartier ancien a gardé beaucoup de charme. L'église **Santa María del Castillo,** du XVe siècle, possède une belle tour mudéjare et, dans la sacristie, un plafond provenant de l'ancien hôpital.

Dans la partie plus récente de Buitrago, l'**hôtel de ville** *(ayuntamiento)* abrite une croix de procession du XVIe siècle. Au sous-sol, le petit **Museo Picasso** présente les œuvres collectionnées par Eugenio Arias, ami et coiffeur de l'artiste.

Museo Picasso
Plaza de Picasso 1. ***Tél.*** *91 868 16 15.* *lun., mer. et dim. apr.-midi.*

Sierra Norte 9

Madrid. *Montejo.* *Calle Real 64, Montejo (91 869 70 58).*
www.sierranorte.com

Jadis appelée la sierra Pobre (« Montagne pauvre »), cette partie la plus sauvage de la province de Madrid recèle des hameaux d'ardoise noire au sein de superbes paysages.

Dans le plus gros village, **Montejo de la Sierra,** un centre d'information propose des promenades à cheval, des locations dans des maisons traditionnelles et des visites de la réserve naturelle voisine : le **Hayedo de Montejo de la Sierra.** Elle protège l'une des forêts de hêtres les plus méridionales d'Europe, vestige d'une époque où les conditions climatiques étaient plus propices aux feuillus. Depuis Montejo, on atteint les hameaux pittoresques de **La Hiruela** et de **Puebla de la Sierra** dont les environs permettent de belles randonnées.

Les collines plus arides du sud s'étagent jusqu'à l'**embalse de Puentes Viejas,** lac aux plages artificielles bordées de résidences d'été.

À l'est de la sierra Norte, le village de **Patones** dut à son isolement d'échapper aux troupes napoléoniennes.

Sigüenza 10

Guadalajara. 4 800. *Ermita del Humilladero (949 34 70 07).* *sam.* *San Juan (24 juin), San Roque (15 août).* **www**.siguenza.com

Un parador *(p. 155)* occupe désormais l'imposant château qui domine cette petite ville étagée à flanc de colline. Sa **cathédrale** romane entreprise

Tombeau d'El Doncel, le page d'Isabelle de Castille, dans la cathédrale de Sigüenza

au XIIe siècle reçut, entre autres ajouts, un cloître gothico-plateresque. Une chapelle du transept abrite le tombeau de Martín Vázquez de Arce, dit El Doncel (« le damoiseau »), page d'Isabelle la Catholique *(p. 22)* qui périt en 1486 dans une bataille contre les Maures à Grenade. La sacristie possède un plafond sculpté de rosaces et d'angelots par Covarrubias.

Façade plateresque du Colegio de San Ildefonso, Alcalá de Henares

Guadalajara ⓫

Guadalajara. *73 700.* *Plaza de los Caidos 6 (949 21 16 26).* *mar., sam.* *Virgen de la Antigua (sept.).* **www**.jccm.es/turismo

La riche histoire de Guadalajara marque peu la ville moderne au caractère nettement industriel. Créée par les Romains, la colonie d'Arriaca reçut le nom de Wad-al-Hajarah à l'époque de la domination maure. Conquise par Alphonse VI en 1085, elle prit son essor au XIVe siècle, grâce à la puissante dynastie des Mendoza, ducs de l'Infantado.

Leur château, le **Palacio de los Duques del Infantado** construit entre le XVe et le XVIIe siècle, offre un magnifique exemple d'architecture gothico-mudéjare. De délicates sculptures ornent sa façade à pointes de diamant, dessinée par l'architecte d'origine bretonne Juan Guas, ainsi que son patio à deux étages de galeries. Endommagé pendant la guerre civile, le palais, restauré, abrite aujourd'hui le Museo Provincial.

Guadalajara conserve aussi quelques églises intéressantes. L'**Iglesia de Santiago** renferme une chapelle gothico-plateresque par Alonso de Covarrubias, et l'**Iglesia de San Francisco** (XVe siècle), le mausolée de la famille Mendoza. L'**Iglesia de Santa María** (XIIIe siècle) possède un clocher mudéjar.

À 11 km à l'est, à **Lupiana,** le Monasterio de San Bartolomé remonte au XIVe siècle.

Palacio de los Duques del Infantado
Avenida del Infantado del Ejército. ***Tél.*** *949 21 33 01.* **Musée** *mar.-dim.* **Palais** *t.l.j.* *(musée gratuit sam. et dim., palais gratuit t.l.j.)*

MIGUEL DE CERVANTES

Miguel de Cervantes y Saavedra, figure majeure de la littérature espagnole *(p. 26)*, naquit à Alcalá de Henares en 1547. Blessé à la bataille de Lépante en 1571, il est capturé par les Turcs en 1575 et reste détenu plus de cinq ans. Il ne connaît le succès qu'à près de 60 ans, après la publication en 1605 de la première partie de *Don Quichotte*. Il peut alors se consacrer à l'écriture jusqu'à sa mort à Madrid le 23 avril 1616, le jour où s'éteignit également Shakespeare.

Détail de la façade du Palacio de los Duques del Infantando

Alcalá de Henares ⓬

Madrid. *197 800.* *Callejón Santa María (91 889 26 94).* *lun. et mer.* *Feria de Alcalá (fin août).* **www**.alcaladehenares-turismo.com

Désormais entourée d'une ville industrielle, l'**université** d'Alcalá fut l'une des plus renommées d'Espagne au XVIe siècle. Créée en 1499 par le cardinal de Cisneros, elle fonda sa réputation sur l'enseignement des langues et publia en 1517 la première Bible polyglotte d'Europe. Elle eut parmi ses élèves les plus prestigieux le dramaturge Lope de Vega *(p. 28)*.

Transférée en 1836 à Madrid, elle a surtout conservé de ses bâtiments d'origine le **Colegio de San Ildefonso,** doté en 1543 par Rodrigo Gil de Hontañón d'une élégante façade plateresque.

La cité mérite également une visite pour sa cathédrale, la **Casa-Museo de Cervantes,** musée installé dans la maison natale de l'auteur, ainsi que pour le **Palacio de Laredo** édifice néo-mauresque récemment restauré.

Casa-Museo de Cervantes
Calle Mayor. ***Tél.*** *918 89 96 54.* *mar.-dim.* *j. fériés.* **www**.mcu.es/museos

Palacio de Laredo
Paseo de la Estación 18. ***Tél.*** *91 880 28 83.* *mar.-dim.*

Fine tapisserie du XVIIIe siècle ornant le Palacio de El Pardo

Palacio de El Pardo ⓭

El Pardo, N.-O. de Madrid sur la N605.
Tél. *91 376 15 00.* *depuis Moncloa.* *10 h 30-18 h lun.-sam. (17 h oct.-avr.), 9 h 30-13 h 30 dim. et j. fériés.* *visites royales et j. fériés.* *(gratuit mer. pour membres de l'UE)*
www.patrimonionacional.es

Au cœur d'un parc boisé, le général Franco habita pendant 35 ans dans ce palais où les rois venaient chasser. Il sert aujourd'hui à l'accueil des chefs d'État étrangers. Une visite guidée parcourt l'aile originale, édifiée sous les Habsbourg, et l'agrandissement réalisé au XVIIIe siècle par Francesco Sabatini. Des fresques, des moulures dorées et plus de 200 tapisseries, dessinées pour certaines par Goya, composent une riche décoration intérieure.

Autour du palais s'étend une immense forêt de chênes verts. On y trouve un restaurant mais on peut aussi y pique-niquer.

Museo del Aire ⓮

Carretera de Extremadura, km 10,5.
Tél. *91 509 16 90.* *depuis Estación del Príncipe Pío (Norte) tous les bus vers Alcorcón ou Móstoles.* *10 h-14 h mar.-dim.* *1er janv., jeu. de Pâques et ven. saint, 10 et 25 déc.* *(sauf mer.)*
www.aire.org

Ce musée de l'Aviation compte parmi ses plus belles machines volantes un Vilanova-Acedo de 1911, l'un des plus anciens aéroplanes fabriqués en Espagne, le Breguet XIX *Jesús del Gran Poder*, le premier avion sur lequel un pilote espagnol traversa l'Atlantique en 1929, et l'unique Henkel 111, un appareil de guerre allemand, jamais sorti d'usine. À mi-chemin de l'avion et de l'hélicoptère, *La Cierva* ne manque pas non plus d'intérêt.

Certains aéronefs sont liés à un personnage historique. Ainsi du De Havilland *Dragon Rapide* qu'emprunta en 1936 le général Franco pour venir des Canaries à Tetuán donner le départ de la guerre civile, d'un Bell 47G que le roi Juan Carlos pilota seul et du T-Mentor sur lequel le prince Felipe fit son premier vol sans moniteur. Il y a aussi le Trener Master qui permit à Tomás Castaños de remporter le Championnat du monde d'acrobatie aérienne en 1964, et un F-104 Starfighter sur lequel des pilotes espagnols volèrent 10 000 heures sans accident, un record.

Sur la piste, vous verrez peut-être *Guppy*, le Boeing boursouflé qui sert au transport jusqu'à l'usine de montage en France d'éléments d'Airbus, fabriqués aux environs.

L'exposition comprend aussi des maquettes et des documents tels que photographies, films et vidéos.

Vieil appareil allemand au Museo del Aire

◁ Pâturage dans les plaines isolées de la Mancha

Chinchón 15

Madrid. *4 800.* *Plaza Mayor 3 (91 894 00 84).* *sam.* *Semana Santa (sem. de Pâques), San Roque (12-18 août).*
www.ciudadchinchon.com

Voici sans doute la ville la plus pittoresque de la province de Madrid. Entourée de maisons à plusieurs étages de galeries, sa Plaza Mayor typiquement castillane reste le lieu où se déroulent en août les courses de taureaux. À Pâques, les habitants de Chinchón y interprètent la Passion *(p. 34)*. L'église du XVIe siècle qui domine la place eut comme prêtre un frère de Goya et l'artiste peignit l'*Assomption de la Vierge* ornant l'autel. Près de la **Plaza Mayor,** un monastère augustinien du XVIIIe siècle abrite un parador. Le château du XVe siècle en ruine situé à l'ouest est fermé au public, mais la colline qu'il couronne offre une belle vue de la ville et de ses alentours.

Le week-end, Chinchón s'emplit de Madrilènes qui viennent déguster dans ses tavernes les spécialités réputées de la région comme l'*anís* *(p. 163)* et l'excellent chorizo.

Palacio Real de Aranjuez 16

Plaza de Parejas, Aranjuez. ***Tél.*** *91 891 13 44.* *avr.-sept. : 10 h-18 h 15 mar.-dim. ; oct.-mars : 10 h-17 h 15 ; jardins t.l.j. jusqu'à 20 h 30 (18 h 30 oct.-mars), sur r.-v. pour Casa de Labrador.* *certains j. fériés.* *(gratuit mer. pour les membres de l'UE)*
www.patrimonionacional.es

Construit au confluent du Tage et de la rivière Jarama, sur le site d'un pavillon de chasse médiéval, ce palais d'été apprécié des Habsbourg subit plusieurs incendies. L'édifice actuel, en pierre et en brique, date du XVIIIe siècle.

Une visite guidée traverse des pièces de style baroque ou rococo. Parmi les plus remarquables figurent la salle du Trône, le salon de Porcelaine et le fumoir aménagé à l'imitation d'une salle de l'Alhambra (Grenade).

La Plaza Mayor de Chinchón entourée de maisons castillanes à galeries

Les magnifiques jardins ($3\ km^2$) inspirèrent à Joaquín Rodrigo le célèbre *Concierto de Aranjuez*. Le petit jardin du Parterre à la française et le Jardín de la Isla, aménagé sur une île entre deux bras du Tage, existaient déjà au XVIe siècle.

Le long du fleuve s'étend le jardin du Prince, dessiné au XVIIIe siècle, planté de hauts arbres des Amériques. La Casa de Marinos y abrite une collection de barques utilisées par la famille royale. Au fond du parc, la Casa del Labrador, bâtie à la demande de Charles IV *(p. 18)*, possède une décoration encore plus riche que celle du palais.

La qualité des produits des maraîchers de la région a fondé la renommée des restaurants de la ville. En été, un train à vapeur, mis en service au XIXe siècle pour acheminer les fraises vers les marchés de la capitale, relie Aranjuez à Madrid *(p. 196)*.

Le palais royal d'Aranjuez, au bord du Tage

Illescas 17

Toledo. *14 800.* *Plaza Mayor 1 (925 51 10 51).* *jeu.* *Fiesta de Milagro (11 mars), Fiesta Patronal (31 août).*

Proche de la voie rapide Madrid-Tolède, Illescas servit de résidence d'été de la cour de Philippe II *(p. 17)*. La vieille ville a perdu de sa splendeur mais conserve deux églises intéressantes : la **Parroquial de la Asunción** élevée entre le XIIIe et le XVIe siècle, qui possède une tour mudéjare caractéristique, et l'église de l'**Hospital de Nuestra Señora de la Caridad** qui abrite une importante collection d'art. Elle comprend cinq tableaux majeurs du Greco *(p. 143)*, notamment *Saint Ildefonse écrivant sous la dictée de la Vierge*, *L'Annonciation* et *Le Couronnement de la Vierge*. Dans la chapelle des Reliques se trouve un portrait de Francisco Pacheco de Toledo par Pantoja de la Cruz. Un *Ecce Homo* par Luis de Morales orne la sacristie.

Hospital de Nuestra Señora de la Caridad
Calle Cardenal Cisneros 2. ***Tél.*** 925 54 00 35.
t.l.j.

Tolède pas à pas ⓲

Coffret de Tolède damasquiné

Occupant un site magnifique dans un méandre du Tage, Tolède recèle dans le lacis de ruelles encloses dans son enceinte fortifiée maints témoignages de sa riche histoire. Ancienne colonie romaine dont la forteresse occupait l'emplacement de l'actuel Alcázar, elle devint au VIe siècle la capitale des Wisigoths qui ont laissé plusieurs églises. Creuset où se métissèrent au Moyen Âge les cultures chrétienne, juive et musulmane, la cité se para au XIIIe siècle de son plus prestigieux monument : la cathédrale. La ville conserve aussi de nombreuses œuvres du Greco.

Dans l'Iglesia de San Román d'origine wisigothique, un musée évoque la Tolède des Wisigoths.

0 100 m

★ Iglesia de Santo Tomé
Cette église à la belle tour mudéjare abrite L'Enterrement du comte d'Orgaz *par le Greco.*

Puerta de Valmardón

Vers escalier

Sinagoga de Santa María la Blanca et Monasterio de San Juan de los Reyes

Sinagoga del Tránsito et Casa-Museo de El Greco

Plaza del Ayuntamiento

Palais de l'archevêque

Taller del Moro
Un musée de céramique mudéjare occupe ce palais également mudéjar qui servit d'atelier aux maçons de la cathédrale.

À NE PAS MANQUER

- ★ Iglesia de Santo Tomé
- ★ Museo de Santa Cruz
- ★ Cathédrale

La Puerta del Sol
a un double arc mudéjar et deux tours.

Ermita del Cristo de la Luz

Cette petite mosquée bâtie en 980 est le seul édifice musulman à avoir subsisté.

Office de tourisme, Estación de Autobuses et RENFE

MODE D'EMPLOI

Toledo. *75 500.* *Paseo de la Rosa, 902 24 02 02.* *Avenida de Castilla-La Mancha 3, 925 21 58 50.* *Puerta de Bisagra, 925 22 08 43.* *mar.* *Fête-Dieu (mai/juin), Virgen del Sagrario, (15 août).* **Iglesia de San Román** *mar.-dim.* **Taller del Moro** *mar.-dim.* **www**.jccm.es/turismo

La plaza de Zodocover,
grand-place de la ville bordée de boutiques et de cafés, doit son nom au marché arabe dont elle occupe le site.

★ Museo de Santa Cruz

Sa riche collection d'art comprend 18 toiles du Greco et plusieurs tapisseries flamandes, dont cette représentation des signes du zodiaque, du XVe siècle.

Alcázar

Dans la forteresse, une statue représente Carlos V dominant un Maure. L'Alcázar abrite un musée de l'Armée (réouverture prévue en 2007-2008).

LÉGENDE

– – – Itinéraire conseillé

★ Cathédrale

Bâtie sur le site d'une cathédrale wisigothique transformée en mosquée, c'est l'un des plus grands sanctuaires chrétiens (p. 144-145). *Un retable de style gothique flamboyant (1504) orne le maître-autel.*

Le quartier médiéval de Tolède dominé par la cathédrale

À la découverte de Tolède

Il est préférable de visiter Tolède à pied, et plutôt en semaine que le week-end, pour éviter la foule. Il vous faudra au moins deux jours pour une visite complète, mais il est possible d'explorer les vieux quartiers en une matinée prolongée. C'est à la tombée de la nuit, surtout en été, que la ville déploie toute sa magie.

Alcázar

Cuesta de Carlos V. ***Tél.*** *925 22 16 73.* *jusqu'à fin 2007-2008.* *(free Wed).* **Bibliothèque** ***Tél.*** *925 25 66 80.* *9 h-21 h lun.-ven., 9 h-14 h sam.*

Sur un site où Romains, Wisigoths et Arabes élevèrent successivement une forteresse, cet imposant château aux lignes sévères a retrouvé l'aspect que lui donnèrent Charles Quint et Philippe II. Il n'en restait pourtant pratiquement que des ruines en 1936, après que les cadets de l'Académie d'infanterie y eurent résisté pendant 70 jours aux républicains qui tenaient la ville. Le bâtiment fut restauré selon les plans d'origine, et on y ouvrit un musée de l'Armée (fermé en attendant le transfert du Museo del Ejército de Madrid sur le site de l'Alcázar). La **bibliothèque** abrite la collection Borbón-Lorenzana : 100 000 volumes des XVIe et XIXe siècles.

Museo de Santa Cruz

Calle Cervantes 3. ***Tél.*** *925 22 10 36.* *t.l.j.* *sam. apr.-midi.* *(gratuit sam. apr.-midi et dim. apr.-midi pour les membres de l'UE)*

Fondé au XVIe siècle par le cardinal Mendoza, représenté au-dessus de l'entrée agenouillé devant la croix, l'ancien hôpital qu'occupe ce musée conserve de superbes éléments plateresques, notamment le portail, le patio et l'escalier. Disposées en croix grecque, les quatre ailes principales abritent une collection particulièrement riche en tapisseries, peintures et sculptures du Moyen Âge et de la Renaissance. Elle comprend également près de 20 œuvres du Greco dont le magnifique retable de *L'Assomption* (1613). Des armes et des armures damasquinées (incrustées de fils d'or) sont exposées.

Une partie du musée est en travaux. Ouverture des salles rénovées prévue pour 2007.

L'Assomption **(1613) du Greco, au Museo de Santa Cruz**

Iglesia de Santo Tomé

Plaza del Conde 4. ***Tél.*** *925 25 60 98.* *t.l.j.* *(sauf mer. membres de l'U.E.)*

Les origines de cette église remonteraient au XIIe siècle, et sa tour offre un des meilleurs exemples d'architecture mudéjare de la ville. Elle abrite le chef-d'œuvre du Greco : *L'Enterrement du comte d'Orgaz*. Ce noble finança au XIVe siècle une grande partie de la construction du sanctuaire actuel, et le tableau, commandé par un prêtre en son hommage, n'a jamais quitté son emplacement.

Il dépeint l'apparition miraculeuse de saint Augustin et de saint Étienne aux funérailles du comte, un ange emportant l'âme du défunt vers l'assemblée céleste réunie autour du Christ. L'artiste s'est représenté au premier plan. Le page dont le mouchoir porte la signature de l'œuvre pourrait être le fils du peintre, Jorge Manuel.

Non loin se trouve la **Pastelería Santo Tomé,** réputée pour ses pâtes d'amande fabriquées à Tolède.

Sinagoga de Santa María la Blanca

Calle de los Reyes Católicos 4. ***Tél.*** *925 22 72 57. t.l.j. (gratuit mer. apr. midi pour les Espagnols)*

Fondée au XIIe siècle, la plus ancienne et la plus vaste des huit synagogues que compta la ville devint en 1405 une église de l'ordre militaire de Calatrava. Une restauration lui a rendu, autant que possible, son aspect initial : la blancheur des arcs en fer à cheval met en valeur la finesse des sculptures des chapiteaux et des ornements muraux. Un retable plateresque (XVIe siècle) décore la chapelle principale. En 1391, un massacre de juifs dans la synagogue marqua la fin de la tolérance religieuse à Tolède.

Arcs mudéjars dans la Sinagoga de Santa María la Blanca

Museo Sefardí

Sinagoga del Tránsito. ***Tél.*** *925 22 36 65. mar.-dim. matin. (gratuit sam. apr.-midi et dim. matin) 1er janv., 1er mai, 10 juin, 24, 25 et 31 déc.* **www**.museosefardi.net

Derrière une façade sans attrait particulier, cette ancienne synagogue, construite au XIVe siècle par Samuel Ha-Leví, le trésorier de Pierre le Cruel, cache le plus riche intérieur mudéjar de la ville. Dans la salle de prière au plafond à caissons incrusté d'ivoire, une frise associe motifs gothiques, arabes et hébraïques.
Un musée attenant propose une intéressante exposition consacrée à la culture séfarade. Certains des manuscrits et objets rituels présentés sont postérieurs à l'expulsion des juifs d'Espagne à la fin du XVe siècle.

Plafond à caissons au Monasterio de San Juan de los Reyes

Monasterio de San Juan de los Reyes

Calle de los Reyes Católicos 17. ***Tél.*** *925 22 38 02. t.l.j. 1er janv., 25 déc.*

Merveilleux exemple d'art isabélin où se marient style gothique et influences mudéjares, ce monastère commandé par les Rois Catholiques après leur victoire en 1476 sur les Portugais à Toro, près de Salamanque, devait, à l'origine, recevoir leurs sépultures. Ils reposent en fait dans la Capilla Real de Grenade. Achevée en 1492, l'église à nef unique présente un décor intérieur d'une étonnante richesse, sculpté principalement par Juan Guas. Dans le superbe cloître, de style gothique flamboyant (1510), un plafond polychrome mudéjar orne la galerie supérieure. Près de l'église subsiste une portion du mur d'enceinte du quartier juif.

Casa-Museo de El Greco

Calle Samuel Leví. ***Tel*** *925 22 40 46. mar.-dim. matin. (gratuit sam. apr.-midi et dim. mat.).*

Il n'est pas sûr que Le Greco ait vécu dans cette maison, au cœur du quartier juif. Transformée en musée, cette demeure abrite une importante collection de ses œuvres, dont une *Vue de Tolède,* qui offre un tableau détaillé de la ville au Siècle d'or, et la magnifique série du *Christ et des douze apôtres.*

Au rez-de-chaussée, sous le musée, une ancienne chapelle privée renferme des peintures de membres de l'école de Tolède tels que Luis Tristán.

Iglesia de Santiago del Arrabal

Calle Arrabal.

Voici l'un des plus beaux monuments mudéjars de Tolède. La tour, Calle Arrabal, daterait d'avant la reconquête de la ville en 1085. Édifiée peu après, l'église possède un magnifique plafond en bois. La sobriété du décor intérieur met en valeur un retable plateresque et une chaire gothico-mudéjare (XIVe siècle).

Puerta Antigua de Bisagra

Le Cid Campeador accompagnait Alphonse VI lorsqu'il entra par cette porte dans Tolède après sa reconquête en 1085. Flanquée de tours massives coiffées d'un corps-de-garde, elle est la seule porte qui subsiste de l'enceinte érigée par les Maures au IXe siècle.

EL GRECO

Né en Crète en 1541, Dhomínikos Theotokópoulos, dit « le Grec », achève sa formation en Italie, notamment auprès de Titien. Il vient à Tolède en 1577 pour peindre le retable du couvent Santo Domingo el Antiguo. Séduit par la ville, où il se marie et peint pour d'autres églises, il y travaillera jusqu'à sa mort en 1614, créant une œuvre profondément originale, marquée par la ferveur religieuse.

Dhomínikos Theotokópoulos, dit El Greco

La cathédrale de Tolède

L'imposante cathédrale de Tolède s'élève sur le site d'une église fondée au VIIe siècle par le roi wisigoth Reccared Ier et par saint Eugène, le premier évêque de la ville, puis transformée par les Maures en mosquée. Sa construction commença en 1226 en pur gothique français, mais ne s'acheva qu'en 1493, le style évoluant au fil des siècles pour prendre un caractère plus spécifiquement espagnol. Les œuvres qu'elle abrite en font un véritable musée d'art sacré. On continue d'y célébrer la messe selon le rite mozarabe, liturgie d'origine wisigothique que préservèrent pendant l'occupation arabe les chrétiens de Tolède.

Sacristie
Outre Le Christ dépouillé de ses vêtements *par le Greco, au-dessus du maître-autel, elle abrite aussi des œuvres de Titien, Van Dyck et Goya.*

Vue de la cathédrale de Tolède
C'est le parador (p. 155) *qui offre la meilleure vue de la ville et de sa cathédrale dont la tour domine l'extrémité ouest de la nef.*

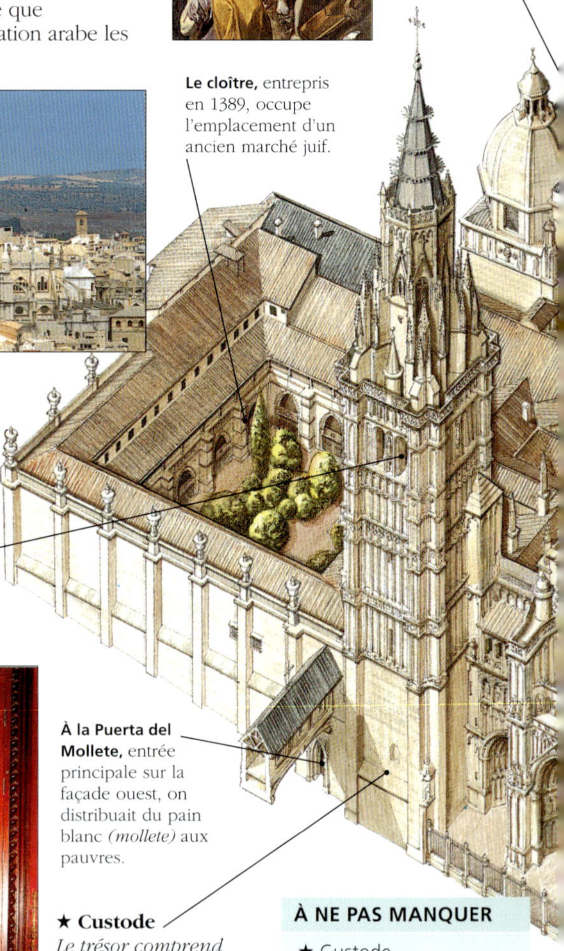

Le cloître, entrepris en 1389, occupe l'emplacement d'un ancien marché juif.

La tour renferme la Gorda (« la Grosse »), cloche de 17 t.

À la Puerta del Mollete, entrée principale sur la façade ouest, on distribuait du pain blanc *(mollete)* aux pauvres.

★ Custode
Le trésor comprend une custode gothique en argent doré (XVIe siècle) de plus de 3 m de haut. Elle est portée en procession dans les rues pour la Fête-Dieu (p. 34).

À NE PAS MANQUER

- ★ Custode
- ★ Transparente
- ★ Retable
- ★ Chœur

★ Transparente
Mise en valeur par son éclairage naturel, cette composition baroque de Narciso Tomé tranche sur son environnement gothique.

MODE D'EMPLOI

Calle Arco Palacio 2. ***Tél.*** *925 22 22 41.* *8 h-18 h 30 t.l.j.* *8 h, 9 h, 9 h 45 (messes mozarabes), 10 h , 17 h 30, 18 h 30 t.l.j. (et 11 h, midi et 13 h dim.).*
Chœur, trésor, sacristie et salle capitulaire *10 h 30-18 h 30 lun.-sam., 14 h-18 h 30 dim. (billets vendus jusqu'à 18 h).*

Capilla de Santiago

La Capilla de San Ildefonso renferme le superbe tombeau plateresque du cardinal Alonso Carrillo de Albornoz.

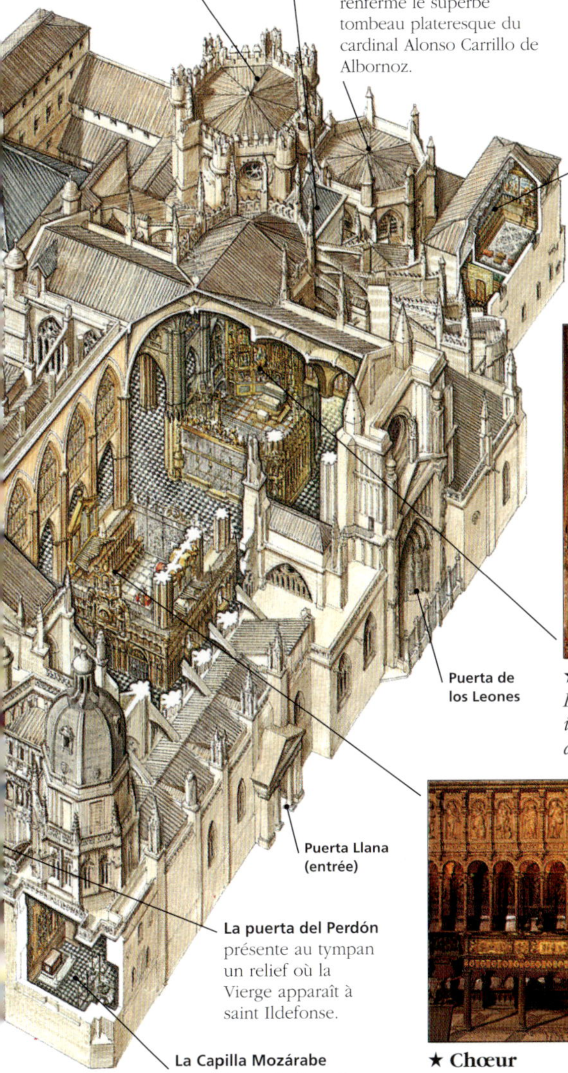

Salle capitulaire
Sous un plafond à caissons mudéjar, elle abrite des fresques du XVIe siècle par Jean de Bourgogne.

★ Retable du maître-autel
De style gothique flamboyant, il illustre des épisodes de la vie du Christ.

Puerta de los Leones

Puerta Llana (entrée)

La puerta del Perdón présente au tympan un relief où la Vierge apparaît à saint Ildefonse.

La Capilla Mozárabe possède une belle grille Renaissance (1524) par Juan Francés.

★ Chœur
Surmontée de personnages bibliques sculptés dans l'albâtre, la partie inférieure des stalles, en bois, décrit la chute de Grenade.

RESTAURANTE
RESTAURANTE
Hegar
RESTAURANTE
Hegar

LES BONNES ADRESSES

HÉBERGEMENT

Modeste bourg rural avant que Philippe II y établisse sa cour en 1561, Madrid dut rapidement se doter d'auberges et d'hôtelleries pour accueillir les visiteurs venant des provinces et de l'étranger. Elle prit pourtant du retard sur les autres capitales européennes au cours du XIXe siècle et Alphonse XIII, embarrassé que les invités à son mariage en 1906 n'aient pu loger dans des hôtels aussi chic que ceux des autres capitales européennes, décida de créer le Ritz et le Palace, deux établissements qui n'ont aujourd'hui rien perdu de leur luxe. Toutefois, on trouve aussi des hôtels plus modestes, quelquefois aménagés dans d'anciennes demeures et, pour les petits budgets, de très nombreuses *pensiones* offrant un hébergement bon marché.

Portier d'hôtel

L'imposante façade du Hard Rock Hotel *(p. 151)*

OÙ CHERCHER ?

Le centre de Madrid offre, près des principaux sites touristiques, un très large choix dans toutes les catégories de prix, mais certains quartiers tels que la Gran Vía et les environs de la Puerta del Sol sont bruyants de jour comme de nuit. Mieux vaut les éviter, à moins de prendre une chambre insonorisée. Il est difficile de se garer dans le centre, et si vous venez en voiture prévoyez un établissement disposant de places de stationnement.

Si vous aspirez à la tranquillité et ne craignez pas d'avoir à prendre un taxi ou le métro pour vos visites, vous apprécierez les quartiers résidentiels de Salamanca (à l'est) et de Chamberí (au nord). Les luxueux hôtels modernes bordant le paseo de la Castellana et la partie est du boulevard périphérique (M 30), vers l'aéroport, s'adressent surtout à des voyageurs d'affaires.

CLASSEMENT DES HÔTELS ET SERVICE

Les hôtels espagnols (signalés par un H sur une plaque bleue) sont classés de une à cinq étoiles. Madrid renferme treize établissements de cette dernière catégorie, aussi appelée Gran Lujo (GL) : parmi lesquels le Ritz, le Palace *(p. 148)* et le Villamagna *(p. 149)*.

Cette classification dépend toutefois de critères techniques tenant compte des prestations et des installations disponibles, et les trois étoiles incluent aussi bien des établissements sans âme ni charme que des établissements exceptionnels au personnel chaleureux et au décor recherché. Les quatre et cinq étoiles offriront tous un haut niveau de standing et un large éventail de commodités, mais sans atteindre le confort de leurs équivalents, à prix égal, installés en zones rurales. Peu possèdent un jardin ou une piscine.

Bien que très simples, les hôtels de une et deux étoiles louent de plus en plus des chambres équipées de la télévision, du téléphone, d'une salle de bains individuelle et, dans les meilleurs, de la climatisation, un avantage important en été.

Dans les *hostal-residencias* (HR) seul le petit déjeuner est servi. Appelées *hostales* (Hs) ou *pensiones* (P), sans qu'il y ait de grande différence entre les deux, les pensions proposent un hébergement simple et économique.

Si vous voyagez seul, une *habitación doble uso individual*, chambre double utilisée par une seule personne, vous permettra de disposer de plus d'espace pour un prix légèrement supérieur à une chambre simple. Les places de stationnement donnent lieu à un supplément, parfois très élevé.

Salon d'une suite du Ritz, l'un des plus luxueux palaces de Madrid *(p. 152)*

Les pensions proposent un hébergement simple et bon marché

PARADORS

Hôtels de trois à cinq étoiles gérés par le gouvernement, les paradors ont une réputation méritée. Les plus agréables occupent des édifices historiques qui justifient une visite. S'il n'en existe pas à Madrid, plusieurs se trouvent à distance raisonnable de la capitale, dont l'un dans un palais du XVIIe siècle à Chinchón *(p. 171)* et un autre dans un château maure à Sigüenza. Celui de Ségovie *(p. 155)* offre calme, piscine et grand luxe.

Chambre typique dans un bon hôtel madrilène

RÉSERVER UNE CHAMBRE

Même dans une ville aussi bien dotée en possibilités d'hébergement que Madrid, réserver, directement par fax, par téléphone, par mail ou en passant par une agence de voyages, permet d'avoir le choix et d'éviter les périodes d'affluence. Il peut être ainsi difficile de trouver une chambre lors des grandes foires commerciales. Pensez à préciser tout de suite vos préférences, chambre avec des lits jumeaux ou un grand lit, par exemple, ou donnant sur la rue ou l'arrière. Peu d'établissements exigent des arrhes ou un numéro de carte bancaire, mais votre réservation ne restera valable que jusqu'à une certaine heure précisée par le réceptionniste. À votre arrivée, il vous faudra présenter une pièce d'identité.

Les chambres doivent en général être libérées avant midi, mais l'hôtel peut garder vos bagages si vous prévoyez un départ plus tardif.

PAIEMENT ET RÉDUCTIONS

Pratiquement tous les hôtels acceptent les cartes de crédit. Sauf exception, les prix affichés n'incluent pas la taxe à la valeur ajoutée (IVA), d'un montant de 7 %. Beaucoup d'établissements, en particulier ceux visant une clientèle d'affaires, proposent des réductions en été et le week-end. Les sociétés peuvent bénéficier d'un tarif spécial *(precio de empresa)* allant jusqu'à 30 % de réduction.

VOYAGEURS HANDICAPÉS

Certains des hôtels les plus récents disposent de rampes d'accès, d'ascenseurs et d'aménagements adaptés aux personnes en fauteuil roulant, mais il vaut toujours mieux se renseigner avant de réserver.

NON-FUMEURS

Seuls quelques établissements de Madrid, tous des quatre ou cinq étoiles, proposent des chambres non-fumeurs.

APPARTEMENTS

Les hôtels louant des appartements sont appelés *hotel apartamentos* ou *apart-hotels*. Les établissements qui ne proposent que cette forme d'hébergement portent le nom d'*apartamentos turísticos* et sont en général réservés aux séjours d'au moins une semaine.

AVEC DES ENFANTS

La majorité des hôtels de Madrid, dans toutes les catégories de prix, installeront pour un jeune enfant un berceau ou un lit de plus dans la chambre des parents, souvent sans supplément. Seuls certains des plus chers proposent un service de baby-sitting, les Espagnols ayant tendance à emmener partout leurs enfants.

AUBERGES DE JEUNESSE

Il existe deux auberges de jeunesse *(albergues juveniles)*. Une est située sur Calle de Santa Cruz de Marcenado dans le centre, l'autre dans la Casa de Campo *(p. 112)*. La capacité d'hébergement est limitée. Pour être sûr d'avoir une place, réservez à l'avance sur www.madrid.org/inforjoven ou auprès de l'Instituto de Albergues Juveniles au n°10 Gran Via, 3e étage . Tél. 91 720 11 65.

Le Ritz *(p. 152)*, donnant sur la plaza Canovas del Castillo

Choisir un hôtel

Ces hôtels ont été sélectionnés pour leur emplacement et la qualité de leurs prestations. Beaucoup possèdent un bon restaurant, un joli jardin ou des chambres avec balcon. Les établissements sont présentés par quartier, puis par catégorie de prix. Pour plus de détails sur les restaurants, voir pages 156-171.

CATÉGORIES DE PRIX
Prix par nuit pour une chambre double, petit déjeuner, taxes et service compris.

€ moins de 80 euros
€€ entre 80 et 130 euros
€€€ entre 130 et 170 euros
€€€€ entre 170 et 230 euros
€€€€€ plus de 230 euros

LE VIEUX MADRID

Hostal Hispano Argentino — €

Gran Vía 15, 28013. ***Tél.*** *91 532 2448.* ***Fax*** *91 429 6935.* ***Chambres*** *14.* **Plan** 2 D5

L'Hostal Hispano Argentino occupe le 6e étage d'un immeuble Art déco de la Gran Vía, la rue des théâtres et des cinémas de la capitale. Les chambres sont spacieuses et lumineuses. Le petit déjeuner est servi dans un solarium. Connexion Internet. **www.hispanoargentino.net**

7 Colors — €€

Calle Huertas 14, 28012. ***Tél.*** *91 429 6935.* ***Fax*** *91 429 6935.* ***Chambres*** *10.* **Plan** 7 A3

Cet hôtel multicolore de la chaîne Chic & Basic donne sur la calle Huertas, très animée, et la plaza Santa Ana. C'est un point de chute idéal pour partir à la découverte de la ville.
www.7colorsrooms.com

Hotel Casón del Tormes — €€

Calle Rio 7, 28013. ***Tél.*** *91 541 9746.* ***Fax*** *91 541 1852.* ***Chambres*** *63.* **Plan** 2D5

Voici un hôtel fonctionnel et confortable, entre la plaza de España, le Palais royal et les jardins Sabatini. Les chambres sont insonorisées et disposent de l'air conditionné. À défaut de restaurant, l'hôtel possède un bar, et le petit déjeuner est servi dans une agréable salle à manger. Accès Internet dans les chambres. **www.hotelcasondeltormes.com**

Hotel Miau — €€

Calle Principe 26, 28014. ***Tél.*** *91 369 7120.* ***Fax*** *91 429 3068.* ***Chambres*** *20.* **Plan** 7 A3

L'Hotel Miau est situé au coin de la plaza Santa Ana, près de quelques-uns des meilleurs cafés et bars à *tapas* de la ville. Sa façade néoclassique du XVIIIe siècle contraste avec son intérieur moderne. Toutes les chambres sont insonorisées. Certaines ont vue sur la place. **www.hotelmiau.com**

Hotel Moderno — €€

Arenal 2, 28013. ***Tél.*** *91 531 0900.* ***Fax*** *91 531 3550.* ***Chambres*** *97.* **Plan** 7 C2

Cet hôtel moderne et lumineux ne pourrait pas être mieux situé : au coin de la Puerta del Sol, dans une rue animée qui mène à l'Opéra et au Palais royal. Les chambres sont dotées de salles de bains en marbre avec baignoire hydromassante et possèdent un petit solarium privé en terrasse. **www.hotel-moderno.com**

Hotel Opera — €€

Calle Cuesta de Santo Doming 2, 28013. ***Tél.*** *91 541 2800.* ***Fax*** *91 541 6923.* ***Chambres*** *79.* **Plan** 4 D1

Situé à quelques pas de l'Opéra, cet hôtel récemment rénové est l'un des meilleurs établissements de milieu de gamme de la ville. Le personnel est composé de chanteurs, dont les performances lyriques agrémenteront votre dîner. **www.hotelopera.com**

Hotel Santo Domingo — €€

Plaza de Santo Domingo 13, 28013. ***Tél.*** *91 547 9800.* ***Fax*** *91 547 5995.* ***Chambres*** *120.* **Plan** 4 D1

Cet hôtel Best Western se trouve sur une petite place dans le centre de Madrid, près de la Puerta del Sol. Les chambres, au décor baroque, sont dotées de meubles anciens. L'hôtel abrite un petit musée, où l'on peut voir des œuvres de Ravestein, de Eduardo Balaca et de Vincente Palmaroli. **www.hotelsantodomingo.com**

Room Mate Alicia — €€

Calle Prado 2, 28014. ***Tél.*** *91 389 6095.* ***Fax*** *91 369 4795.* ***Chambres*** *34.* **Plan** 7 A3

Cet hôtel ultramoderne, très bien situé, est à la fois luxueux et accessible. Les chambres possèdent une petite terrasse. Deux des chambres duplex disposent d'une petite piscine et d'une grande terrasse.
www.room-matehoteles.com

Room Mate Mario — €€

Calle Campomane 4, 28013. ***Tél.*** *91 548 8548.* ***Fax*** *91 559 1288.* ***Chambres*** *28.* **Plan** 4 D2

Le décor contemporain de cet établissement séduira ceux qui recherchent l'originalité à un prix raisonnable. Il a été conçu par Angel Verdú, un designer espagnol à la mode. Le résultat est impressionnant.
www.room-matehoteles.com

Légende des symboles *sur le rabat de couverture*

Hotel Arosa €€€
Calle de la Salud 21, 28013. ***Tél.*** *91 532 1600.* ***Fax*** *91 531 3127.* ***Chambres*** *134.* ***Plan*** *4 F2*

En plein centre-ville, cet hôtel propose de grandes chambres décorées avec goût, à des prix très raisonnables. Le service est impeccable. Le site Internet propose parfois des promotions. Idéal pour les séjours en famille. **www.bestwestern.es**

Hotel Meninas €€€
Campomanes 7, 28013. ***Tél.*** *91 541 2805.* ***Fax*** *91 541 2806.* ***Chambres*** *37.* ***Plan*** *4 D2*

Cet établissement, qui tire son nom du célèbre tableau de Velázquez, occupe un hôtel particulier du XIVe siècle situé dans une petite rue à deux pas de la plaza de Opera. Le petit déjeuner est servi dans une belle salle à manger voûtée. **www.hotelmeninas.com**

Maria Elena Palace €€€
Calle Aduana 19, 28013. ***Tél.*** *91 360 4930.* ***Fax*** *91 360 4789.* ***Chambres*** *64.* ***Plan*** *4 F2*

Cet hôtel, situé au cœur de l'animation madrilène, à côté de la Puerta del Sol, associe éléments classiques et modernes dans une atmosphère décontractée. Entièrement rénové en 2002, il possède plusieurs patios que surplombent de remarquables structures en verre et en marbre. **www.chh.es**

Palacio San Martín €€€
Plaza de San Martín 5, 28013. ***Tél.*** *91 701 5000.* ***Fax*** *9191 701 5010.* ***Chambres*** *94.* ***Plan*** *4 E2*

Deux maisons aristocratiques du XVe siècle ont été réunies et entièrement restaurées pour donner naissance à cet hôtel. La façade d'origine en pierre sculptée, les plafonds en stuc, les lambris et la cour centrale ont été préservés. La terrasse, sur le toit, offre une vue sur le quartier des Asturies. **www.intur.com**

Petit Palace Arenal €€€
Calle Arenal 4, 28013. ***Tél.*** *91 521 0542.* ***Fax*** *91 521 0561.* ***Chambres*** *64.* ***Plan*** *4 E3*

Le Petit Palace Arenal est situé dans un quartier animé, à égale distance de l'Opéra royal et de la Puerta del Sol. Appartenant à une chaîne d'hôtels grand public, il est très bon marché. Un décor monochrome et moderne y fait bon ménage avec des œuvres d'art colorées. **www.hthoteles.com**

Petit Palace Posada del Peine €€€
Calle Postas 17, 28012. ***Tél.*** *91 523 8151.* ***Fax*** *91 523 2993.* ***Chambres*** *71.* ***Plan*** *4 E3*

Bien que faisant partie de la chaîne Petit Palace, cet établissement a tout d'un hôtel de charme. Il est idéalement situé, en face de la Plaza Mayor. Les chambres sont élégantes et confortables, et le service est impeccable. **www.hthoteles.com**

Suite Prado €€€
Calle Manuel Fernandez y Gonzalez 10, 28014. ***Tél.*** *91 420 2318.* ***Fax*** *91 420 0559.* ***Chambres*** *18.* ***Plan*** *7 A3*

Cet établissement conviendra à ceux qui recherchent un petit appartement à louer à un prix raisonnable. Ses grandes suites, lumineuses et modernes, sont dotées d'une salle de bains en marbre, d'un salon, d'une salle à manger et d'une petite cuisine. Idéal pour les vacances en famille. **www.suiteprado.com**

Hard Rock Hotel Madrid €€€€
Plaza de Santa Ana 14, 28012. ***Tél.*** *91 5314500.* ***Fax*** *91 454 4929.* ***Chambres*** *215.* ***Plan*** *7 A3*

Cet hôtel, qui donne sur la plaza Santa Ana, est réputé pour son style rock'n roll décadent. Les chambres sont dotées de dessus-de-lit capitonnés, d'une console i-Pod et d'un bar. Certains studios disposent même d'une terrasse privée et d'un jacuzzi. **www.hardrockhotelmadrid.com**

Hotel Emperador €€€€
Gran Vía 53, 28013. ***Tél.*** *91 547 28 00.* ***Fax*** *91 547 2817.* ***Chambres*** *241.* ***Plan*** *2 D5*

L'Emperador est célèbre pour sa piscine extérieure, installée sur le toit. Ouverte tout l'été, elle offre des vues spectaculaires sur le Palais royal, la cathédrale Almudena et le parque del Retiro. Cet hôtel quatre étoiles propose une panoplie de services exceptionnelle : sauna, gym, centre de conférence. **www.emperadorhotel.com**

Hotel de las Letras €€€€€
Gran Vía 11, 28013. ***Tél.*** *91 523 7980.* ***Fax*** *91 523 7981.* ***Chambres*** *103.* ***Plan*** *3 E1*

Ce magnifique hôtel est installé dans un palais du XVIIIe siècle, sur la principale artère commerçante de Madrid. Ses chambres sont spacieuses et luxueusement décorées. Certaines sont dotées d'un jacuzzi et d'une terrasse privée. L'hôtel possède également une bibliothèque et un bon restaurant. **www.hoteldelasletras.com**

LE MADRID DES BOURBONS

Cat's Hostel €
Cañizares 6, 28012. ***Tél.*** *91 429 9479.* ***Fax*** *91 369 2807.* ***Chambres*** *12.* ***Plan*** *7 A3*

Ce grand bâtiment abrite une auberge de jeunesse fonctionnelle et confortable, dans une rue parallèle à la calle Atocha, à quelques pas du centre-ville, du métro, des stations de bus et de la gare principale de Madrid. Vous aurez le choix entre des chambres doubles et des dortoirs de 12 lits. **www.catshostel.com**

Hostal Astoria
€

Carrera de San Jerónimo 30–32, 5°, 28014. **Tél.** *91 429 11 88.* **Fax** *91 429 2023.* **Chambres** *26.* **Plan** *7 A3*

Installé au 5e étage d'un bâtiment du XIXe siècle, récemment restauré, cet hôtel se trouve à quelques pas du quartier des galeries d'art. Les chambres, décorées simplement, sont spacieuses et impeccables. Elles disposent de salles de bains privées. Accès Internet gratuit. **www.hostal-astoria.com**

Gran Hotel Canarias
€€€

Plaza Cánovas del Castillo 4, 28014. **Tél.** *91 330 2401.* **Fax** *91 360 0798.* **Chambres** *116.* **Plan** *7 C3*

Cet hôtel de 7 étages offre une superbe vue sur le Prado et les grands espaces verts du parque del Retiro. Dans les chambres, la décoration associe le classique et le moderne : lits à baldaquin et meubles de style Louis XVI. Dans les salles de bains, en marbre, les murs sont ornés de tapisseries. **www.granhotelcanarias.com**

Hotel Quo Puerta del Sol
€€€

Calle Sevilla 4, 28014. **Tél.** *91 532 9049.* **Fax** *91 531 2834.* **Chambres** *62.* **Plan** *7 A3*

Le Quo n'est pas seulement bon marché et très bien situé. Il possède, en outre, un style inoubliable : des coussins rouges et blancs contrastent avec un décor noir et blanc minimaliste ; des touches d'aluminium donnent aux chambres un aspect moderne et élégant. La majorité d'entre elles disposent d'un petit patio privé. **www.quopuertadelsolhotel.com**

Hotel Vincci Centrum
€€€

Calle Cedaceros 4, 28014. **Tél.** *91 360 4720.* **Fax** *91 522 4515.* **Chambres** *69.* **Plan** *7 B2*

Comme son nom l'indique, cet hôtel est situé en plein centre de Madrid. Les chambres donnent sur une petite rue assez calme. Certaines disposent d'une grande terrasse. Le décor est contemporain : moquettes et couvertures grises et marron foncé, murs orange et lavabos en inox. **www.vinccihoteles.com**

Hotel Vincci Soho
€€€

Calle del Prado 18, 28014. **Tél.** *91 141 4100.* **Fax** *91 141 4101.* **Chambres** *177.* **Plan** *7 A3*

Cet hôtel est né du regroupement de cinq anciennes demeures classées, situées en bas du paseo del Prado, dans le quartier de Letras. Il possède un restaurant, un bar-cafétéria à la mode et une terrasse extérieure avec jardin. **www.vinccihoteles.com**

Hotel Urban
€€€€€

Carrera de San Jerónimo 34, 28014. **Tél.** *91 787 7770.* **Fax** *91 787 7799.* **Chambres** *96.* **Plan** *7 B2*

Cet hôtel cinq étoiles se distingue par sa conception ingénieuse et son service irréprochable. Il renferme une étonnante collection d'œuvres d'art africaines, égyptiennes et orientales. Situés sur les toits, la piscine, le solarium et le bar offrent une vue panoramique sur la ville. **www.derbyhotels.com**

Hotel Villa Real
€€€€€

Plaza de las Cortes 10, 28014. **Tél.** *91 420 3767.* **Fax** *91 420 2547.* **Chambres** *115.* **Plan** *7 B2*

Plus traditionnel que son voisin l'Urban, il est cependant tout aussi luxueux, avec ses mosaïques romaines, ses sculptures et ses peintures modernes. Les chambres, au décor classique, donnent sur le Parlement et le petit jardin situé en bas du paseo del Prado. **www.derbyhotels.com**

Ritz Madrid
€€€€€

Plaza de la Lealtad 5, 28014. **Tél.** *91 701 67 67.* **Fax** *91 701 6776.* **Chambres** *167* **Plan** *7 C2*

Le Ritz est sans doute l'hôtel le plus élégant de la ville. La qualité de son restaurant lui vaut aujourd'hui une réputation internationale. Les chambres combinent confort moderne et raffinement de la Belle Époque. Elles offrent une belle vue sur le musée du Prado. **www.ritz.es**

Westin Palace
€€€€€

Plaza de las Cortes 7, 28014. **Tél.** *91 360 8000.* **Fax** *91 360 8100.* **Chambres** *466.* **Plan** *7 C1*

Situé en face de la fontaine de Neptune, cet établissement associe une certaine opulence classique à tous les avantages du confort moderne. Il possède un spa, une salle de remise en forme et un restaurant, l'Asia Gallery *(p. 167)*. L'atrium abrite un bar Art nouveau, sous un dôme de verre. **www.palacemadrid.com**

AUTOUR DE LA CASTELLANA

Hostal Macarena
€

Cava de San Miguel 8, 28005. **Tél.** *91 365 92 21.* **Fax** *91 366 6111.* **Chambres** *22.* **Plan** *5 A5*

Cet hôtel, installé dans un grand immeuble jaune, à côté de la Plaza Mayor, est un peu plus confortable que le Sil Serranos, qui appartient au même propriétaire. Ses chambres spacieuses comportent des meubles traditionnels espagnols en bois foncé et sont dotées de salles de bains, d'une propreté impeccable. **www.silserranos.com**

Hotel Mora
€

Paseo del Prado 32, 28014. **Tél.** *91 420 1569.* **Fax** *91 420 0564.* **Chambres** *62.* **Plan** *7 C2*

Situé entre le Prado et Recoletos, cet hôtel se trouve juste en face de la station de train Atocha. Les chambres sont fonctionnelles, et le décor sans prétention. L'hôtel dispose d'un petit restaurant et d'un bar. Un personnel particulièrement attentionné vous aidera à organiser vos déplacements. **www.hotelmora.com**

Espahotel Amador de los Rios €€

Calle Amador de los Rios 3, 28046. **Tél.** *91 310 7500.* **Fax** *91308 0089.* **Chambres** *59.* **Plan** *6 D1*

L'aparthotel le plus chic de Madrid est un chef-d'œuvre de design. Les chambres ne sont pas très grandes, mais une utilisation intelligente de l'espace a permis d'en tirer le meilleur profit. La terrasse est dotée d'une grande piscine. **www.espahotel.es**

Galiano €€

Calle Alcalá Galiano 6, 28010. **Tél.** *91 319 20 00.* **Fax** *91 319 99 14.* **Chambres** *29.* **Plan** *6 D1*

Ayant abrité un couvent puis une demeure aristocratique, le Galiano a conservé de nombreux meubles anciens, vestiges de son passé prestigieux. L'hôtel possède un grand jardin intérieur et des halls spacieux. Il se trouve à quelques pas de El Corte Inglés et du quartier des boutiques. **www.hotelgaliano.com**

Hesperia Hermosilla €€€

Hermosilla 23, 28006. **Tél.** *91 246 88 00.* **Fax** *91 246 8801.* **Chambres** *67.* **Plan** *6 D4*

Cet hôtel, à l'angle des rues Lagasca et Hermosilla, est idéalement situé pour quiconque souhaite faire du shopping à Madrid. Les chambres sont décorées avec goût, et les salles de bains sont grandes. **www.hesperia-hermosilla.com**

NH Alcalá €€€

Alcalá 66, 28009. **Tél.** *91 435 1060.* **Fax** *91 435 1105.* **Chambres** *146.* **Plan** *4 F2*

Ce grand hôtel installé à côté des jardins du Retiro, à quelques pas du Prado et du quartier des boutiques chic de Salamanca, propose des chambres spacieuses à des prix raisonnables. Il dispose d'un café, d'un bar et d'un parking privé. Les chambres sont équipées de connexions à Internet sans fil (Wifi). **www.nh-hotels.com**

NH Zurbano €€€

Zurbano 79-81, 28003. **Tél.** *91 441 4500.* **Fax** *91 441 3224.* **Chambres** *266.* **Plan** *5 C2*

L'hôtel est réparti sur deux immeubles. Les chambres sont fonctionnelles et très calmes. De l'hôtel, vous rejoindrez facilement l'aéroport et le quartier des affaires. Le site Internet propose régulièrement des promotions pour les week-ends. **www.hotelnhzurbano.com**

Gran Melia Fenix €€€€

Hermosill 2, 28001. **Tél.** *91 431 6700.* **Fax** *91 576 06 61.* **Chambres** *215.* **Plan** *6 D4*

Situé en face des fontaines de la plaza de Colón, le Gran Melia Fenix est un hôtel emblématique de Madrid. Les chambres luxueuses du dernier étage sont dotées de grandes terrasses privées et de vastes baignoires (pour 4 pers.). Une sélection de *tapas* est proposée toute la journée, sans supplément. **www.granmeliafenix.solmelia.com**

Hotel Bauzá €€€€

Goya 79, 28001. **Tél.** *91 435 7545.* **Fax** *91 431 0943.* **Chambres** *167.* **Plan** *6 D4*

Ce « temple du design » possède un excellent restaurant et donne sur la calle Goya, connue pour ses boutiques chic. La bibliothèque de l'hôtel est un lieu idéal où se détendre et boire un verre après une longue journée en ville. **www.hotelbauza.com**

Hotel Orfila €€€€€

Calle Orfila 6, 28010. **Tél.** *91 702 7770.* **Fax** *91 702 7772.* **Chambres** *32.* **Plan** *5 C4*

Cet hôtel se trouve dans un quartier résidentiel paisible, à côté de l'ambassade de Grande-Bretagne et de la Castellana. Il a conservé son élégante façade du XIXe siècle, son entrée pavée et son escalier en pierre taillée. Service cinq étoiles, sans toute l'agitation d'un grand hôtel. **www.hotelorfila.com**

Husa Serrano Royal €€€€

Marqués de Villamejor 8, 28006. **Tél.** *91 576 1156.* **Fax** *91 575 3307.* **Chambres** *34.* **Plan** *6 E3*

Le Husa a rénové toutes ses chambres en 2006, en privilégiant le confort. L'intérieur high-tech est cependant sans prétention. Le personnel est sympathique et efficace. Chaque matin, un magnifique buffet tient lieu de petit déjeuner. **www.hotelserranoroyal.com**

Hotel Villa Magna €€€€€

Paseo de la Castellana 22, 28046. **Tél.** *91 576 7500.* **Fax** *91 575 3158.* **Chambres** *182.* **Plan** *6 D1*

C'est l'un des hôtels les plus luxueux de la capitale. Spacieux, sophistiqué, avec des chambres insonorisées et des lits extrêmement confortables, il attire une clientèle composée d'hommes d'affaires et de passionnés du shopping. L'hôtel est à deux pas des meilleures boutiques de Madrid. **www.villamagna.park.hyatt.com**

Hotel Wellington €€€€€

Velázquez 8, 28001. **Tél.** *91 575 4400.* **Fax** *91 576 4164.* **Chambres** *272.* **Plan** *6 F3*

Situé à 5 min à pied des boutiques de luxe de la calle Goya, le Wellington est l'un des meilleurs hôtels de la ville. Il dispose d'une grande piscine extérieure, d'un jardin, d'un patio et d'un spa. Son restaurant sert une excellente cuisine traditionnelle, espagnole et française. **www.hotel-wellington.com**

Intercontinental Castellana €€€€€

Paseo de la Castellana 49, 28046. **Tél.** *91 700 7300.* **Fax** *91 319 5853.* **Chambres** *307.* **Plan** *6 D1*

Cet établissement, au cœur du centre-ville et du quartier d'affaires, propose des chambres et des suites spacieuses, confortables et modernes. Il possède un spa et un centre de remise en forme. Le restaurant est réputé pour sa paella. **www.intercontinental.com**

Occidental Miguel Angel — €€€€€

Miguel Ángel 29–31, 28046. ***Tél.*** *91 442 0022.* ***Fax*** *91 442 53 20.* ***Chambres*** *263.* ***Plan*** *6 D2*

Cet hôtel abrite l'un des meilleurs restaurants de la ville, La Broche *(p. 169)*, et possède depuis 2006 l'un des meilleurs spas de Madrid. Le café et le restaurant de l'hôtel donnent sur un joli jardin intérieur. **www.occidental-hoteles.com**

Palacio del Retiro — €€€€€

Alfonso XII 14, 28014. ***Tél.*** *91 319 6900.* ***Chambres*** *51.* ***Plan*** *7 D2*

Ce palais du XIXe siècle transformé en hôtel de luxe associe décoration classique et design moderne. Les suites donnent sur le parque del Retiro. Les chambres sont ornées de cheminées en marbre, et les salles de bains sont équipées de jacuzzi. L'hôtel possède un bar, un restaurant et un spa. **www.ac-hotels.com**

Santo Mauro — €€€€€

Calle Zurbano 36, 28010. ***Tél.*** *91 319 6900.* ***Chambres*** *51.* ***Plan*** *5 C2*

Installé dans un bâtiment qui abrita autrefois les ambassades canadienne et philippine, l'hôtel donne sur une rue tranquille bordée d'arbres, près de Chamberí. Le bar et le restaurant ont conservé leur aspect d'origine. Les chambres sont décorées avec goût, dans des tonalités sombres. **www.ac-hotels.com**

EN DEHORS DU CENTRE

Gran Hotel Velázquez — €€

Velazquez 62. ***Tél.*** *91 575 28 00.* ***Chambres*** *144.* ***Plan*** *6 F3*

Cet hôtel très agréable est situé au cœur du quartier de Salamanca, à côté de boutiques chic. Beaucoup de chambres peuvent être considérées comme des suites car elles disposent d'un petit salon, à côté de la chambre à coucher. C'est l'endroit idéal où se reposer après une longue journée en ville. **www.hotelvelazquez.com**

Aristos — €€€

Avenida de Pío XII 34, 28016. ***Tél.*** *91 345 04 50.* ***Fax*** *91 345 10 23.* ***Chambres*** *23.*

L'atout majeur de cet hôtel apprécié des hommes d'affaires, c'est El Chaflán *(p. 171)*, un restaurant étoilé par le guide Michelin. Mais l'Aristos a d'autres qualités : c'est un havre de quiétude et de verdure, non loin du centre-ville, qui pratique des prix raisonnables et dont le personnel est très sympathique. **www.hotelaristos.com**

Hotel Conde Duque — €€€

Plaza Conde del Valle Suchil 5, 28015. ***Tél.*** *91 447 7000.* ***Chambres*** *143.*

Cet établissement, qui appartient à une famille basque depuis plus de 40 ans, est situé dans une rue paisible et verdoyante des environs de Chamberí. Ses chambres spacieuses, lumineuses et parfaitement insonorisées ont été récemment rénovées avec beaucoup de goût. **www.hotelcondeduque.es**

Hotel Don Pío — €€€

Calle Pío XII 2. ***Tél.*** *91 353 0780.* ***Chambres*** *41.*

Avec ses tapisseries suspendues aux murs, ses lambris en chêne et sa cour intérieure à arcades, cet hôtel classique ressemble à une grande maison privée. Il est possible de louer des chambres communicantes pour les enfants. **www.hoteldonpio.com**

NH Abascal — €€€

Calle José Abascal 47. ***Tél.*** *91 441 0015.* ***Chambres*** *169.*

Derrière une façade Belle Époque se cache un hôtel très moderne de 7 étages. Situé entre Azca et Nuevos Ministerios, l'établissement, qui a abrité plusieurs ambassades, est très apprécié des hommes d'affaires. **www.hotelnhabascal.com**

NH Sanvy — €€€

Goya 3, 28001. ***Tél.*** *91 576 0800.* ***Chambres*** *149.*

Le NH Sanvy, sur la plaza de Colón, attire les hommes d'affaires espagnols et les touristes étrangers. L'intérieur est moderne et fonctionnel. L'établissement dispose d'un bar, d'un restaurant, de salles de réception, d'un café en terrasse et d'une piscine extérieure. Espace de jeux pour les enfants, service de « nounous » et chambres non-fumeurs. **www.nh-hotels.com**

Quinta de los Cedros — €€€

Calle Allende Salazar 4. ***Tél.*** *91 515 2200.* ***Chambres*** *22.*

Cet hôtel, aux airs de villa toscane, ne se trouve qu'à quelques kilomètres de l'aéroport. L'atmosphère y est très détendue, la décoration classique. Les chambres, spacieuses, offrent de belles vues sur les jardins. Accès Internet gratuit. **www.quintadeloscedros.com**

Hosteria de Alcalá de Henares — €€€€

Colegios 3. ***Tél.*** *918 88 03 30.* ***Chambres*** *26.*

Il occupe une demeure qui abritait autrefois un séminaire célèbre. Les chambres ont conservé leur décor traditionnel, leurs poutres apparentes et leurs meubles anciens. Les balcons donnent sur une cour envahie de lierre. Le restaurant, orné d'un magnifique lustre, propose les grands classiques de la cuisine espagnole. **www.parador.es**

Catégories de prix *p150* **Légende des symboles** *sur le rabat de couverture*

Hotel Adler €€€€

Calle Velázquez 33, 28001. ***Tél.*** *91 426 32 20.* ***Chambres*** *45.* ***Plan*** *6 F3*

Ce luxueux hôtel de charme installé dans un petit palais du XVIIe siècle du quartier chic de Salamanca se trouve à l'intersection des rues Velázquez et Goya. À l'intérieur, des meubles classiques côtoient une décoration moderne. Le personnel est sympathique, l'ambiance chaleureuse. **www.lesein.es/adler/**

Hesperia Madrid €€€€€

Plaza de la Castellana 57, 28046. ***Tél.*** *91 210 8800.* ***Chambres*** *170.* ***Plan*** *6 D1*

Bien que situé sur la bruyante avenue Castellana, l'Hesperia est un havre de quiétude. Sa décoration associe minimalisme japonais et style italien. Le restaurant de l'hôtel, le Santceloni *(p. 171)*, mérite bien son étoile au guide Michelin. Accès Internet sans fil (Wifi) gratuit. **www.hesperia-madrid.com**

Puerta America €€€€€

Avenida de América 41, 28002. ***Tél.*** *91 744 5400.* ***Chambres*** *342.*

Les 12 étages de cet hôtel ont été conçus par quelques-uns des meilleurs architectes du monde. La piscine et le spa, sur le toit, offrent une vue magnifique sur la ville. La carte du restaurant principal est très riche. L'aéroport de Bajaras et le centre-ville se trouvent à seulement 15 min en voiture. **www.hotelpuertamerica.com**

LES ENVIRONS DE MADRID

ARANJUEZ NH Príncipe de la Paz €€€

San Antonio 22, 28300 (Aranjuez). ***Tél.*** *91 809 9222.* ***Fax*** *91 892 5999.* ***Chambres*** *86.*

Situé dans le centre historique d'Aranjuez, en face du magnifique Palacio Real, cet hôtel de luxe occupe un édifice du XVIIe siècle. L'ancienne façade et les hauts plafonds ont été préservés. L'intérieur est doté de tout le confort moderne. **www.nh-hotels.com**

MIRAFLORES DE LA SIERRA Palacio Miraflores €€€€

Fuente del Pino 6, 28792 (Miraflores de la Sierra). ***Tél.*** *91 844 9050.* ***Fax*** *91 844 9051.* ***Chambres*** *15.*

Cet hôtel, à seulement 40 min de route de Madrid, est installé dans le parc naturel de Miraflores de la Sierra, dans un ancien palais restauré. Les chambres renferment des meubles anciens et offrent de belles vues sur les jardins. L'hôtel possède un restaurant, un spa et une piscine. **www.palaciomiraflores.com**

PEDRAZA El Hotel de la Villa €€

Calle Calzada 5. ***Tél.*** *92 150 86 51.* ***Fax*** *92 150 86 53.* ***Chambres*** *38.*

Cette demeure médiévale, avec ses portes anciennes, ses poutres apparentes et ses salles voûtées, fut transformée en hôtel en 1950. Les intérieurs sont somptueusement décorés, et la salle à manger est dotée d'une grande cheminée en granite qui fonctionne tout l'hiver. Le restaurant a une excellente réputation. **www.elhoteldelavilla.com**

SAN LORENZO DE EL ESCORIAL Hotel Botánico €€

Timoteo Padrós 16. ***Tél.*** *91 890 78 79.* ***Chambres*** *20.*

L'hôtel ressemble à une grande villa bavaroise. Il est entouré de jardins et de champs d'orangers. C'est un endroit idéal pour oublier l'agitation de la ville et profiter des environs de San Lorenzo, de l'Escorial et du parcours de golf qui se trouve non loin de là. Les suites, décorées dans le style castillan, sont luxueuses. **www.valdesimonte.com**

SAN LORENZO DE EL ESCORIAL Hotel Victoria Palace €€€

Calle Juan de Toledo 4. ***Tél.*** *91 896 9890.* ***Chambres*** *87.*

Cet hôtel occupe un ancien palais. Les poutres apparentes en chêne et les lustres lui donnent un air de demeure patricienne. Son restaurant jouit d'une excellente réputation. La piscine extérieure et le solarium offrent de belles vues sur la ville et le parcours de golf de La Herreria. **www.hotelvictoriapalace.com**

SEGOVIA Parador de Segovia €€€

Carretera de Valladolid, 40003 (Segovia). ***Tél.*** *92 144 3737.* ***Fax*** *92 143 7362.* ***Chambres*** *64.*

Cet établissement est réputé pour ses vues magnifiques sur Segovia. La décoration des chambres, aux couleurs vives, associe tradition espagnole et influence arabe. L'hôtel dispose d'une piscine aux dimensions olympiques, dans le jardin, et d'un excellent restaurant. **www.parador.es**

TOLEDO Hostal del Cardenal €€

Paseo de Recaredo 24. ***Tél.*** *925 22 49 00.* ***Chambres*** *27.*

Cette demeure fut autrefois la maison de campagne des cardinaux de Madrid, qui la firent restaurer au XVIIIe siècle. Plus récemment, la famille Botín l'a transformée en maison tolédane classique, avec des carreaux de faïence de style mudéjar, des panneaux de bois sculptés et des plafonds anciens à caissons. **www.hostaldelcardenal.com**

TOLEDO Parador de Toledo €€€

Cerro del Emperador, 45002 (Toledo). ***Tél.*** *925 22 1850.* ***Fax*** *925 22 5166.* ***Chambres*** *70.*

Situé sur le Cerro del Emperador, sur les rives du Tage, cet hôtel offre des vues magnifiques. Il possède un restaurant, une piscine et un jardin. Les chambres sont dotées de hauts plafonds, de poutres apparentes, de tapisseries et de carreaux de faïence de style mudéjar. Le restaurant propose des spécialités castillanes. **www.parador.es**

RESTAURANTS, CAFÉS ET BARS

Même si Madrid ne possédait pas de tels musées, palais et monuments, ses restaurants et ses cafés à l'atmosphère incomparable justifieraient à eux seuls une visite. Les Madrilènes y passent d'ailleurs beaucoup de temps avec des amis ou des collègues, que ce soit pour y prendre un petit déjeuner, un apéritif accompagné de *tapas (p. 158-159)* ou le repas de midi tardif. Les visiteurs mettent d'ailleurs parfois du temps à s'habituer aux horaires espagnols. La gamme d'établissements servant des spécialités régionales va des modestes *casas de comidas* à de grandes tables gastronomiques en passant par de pittoresques *tabernas (p. 30-31)*. Toutes, quelle que soit leur catégorie de prix, offrent un minimum de qualité. Dans une capitale où les nouvelles circulent vite, un restaurant trop médiocre a peu de chance de rester ouvert longtemps.

Décor de La Chata, un bar de la calle de la Cava Baja

Comptoir poli du bar El Espejo *(p. 167)*, paseo de Recoletos

RESTAURANTS ET BARS

Les employés de bureau qui travaillent et vivent dans la capitale espagnole constituent la clientèle principale des restaurants. Ils veulent une cuisine de qualité et un service rapide et aiment prolonger les repas. En effet, le déjeuner et la *sobremesa*, la conversation détendue qui le conclut, sont sacrés à Madrid.

Les plus chic des tables gastronomiques proposent souvent de la cuisine basque, la plus réputée du pays, mais vous pourrez aussi déguster des spécialités de toutes les autres régions de la péninsule. Madrid compte également des restaurants étrangers, des japonais aux russes, mais ils restent plus rares que dans les autres grandes capitales d'Europe occidentale.

La majorité des établissements se plient à l'agenda professionnel de leur clientèle et ferment le dimanche, parfois aussi le samedi midi, et souvent tout le mois d'août.

FAST-FOODS

Malgré la tradition des bars à *tapas*, la majorité des grandes multinationales spécialisées dans les hamburgers ont ouvert des succursales à Madrid. Il existe aussi des chaînes spécifiquement espagnoles, telles que Pans & Co (sandwichs) et Telepizza (pizzas, sandwichs et salades). Avec son fast-food de qualité, la chaîne Iboo offre une alternative intéressante *(p. 167)*.

LES HEURES DE REPAS

La plupart des visiteurs ont un peu de mal à s'adapter aux horaires de repas tardifs des Madrilènes : vers 14 h-15 h pour le déjeuner et 22 h-23 h pour le dîner.

Les Espagnols prennent deux petits déjeuners *(desayunos)*. Le premier, à la maison, peut se limiter à un simple café. Le deuxième, vers 10 h ou 11 h, souvent au bar, comprendra classiquement des *churros* (beignets) à tremper dans un café et une part d'omelette aux pommes de terre *(tortilla)* ou un sandwich *(bocadillo)*.

La pause déjeuner commence traditionnellement dans un bar pour une *tapa* accompagnant une bière ou un *vino* (verre de vin), avant de rejoindre un restaurant pour le repas appelé *comida* ou *almuerzo*.

En fin d'après-midi, salons de thé et pâtisseries se remplissent pour la *merienda*, collation de sandwichs, de viennoiseries ou de gâteaux servis avec du thé, du café ou du jus de fruit. Elle permettra de tenir jusqu'aux *tapas* du soir. Pris plutôt en famille, le dîner *(cena)* commence tard, en particulier l'été.

L'élégante Hostería Pintor Zuloaga à Pedraza de la Sierra *(p. 171)*

Moment de repos à la terrasse d'un café du paseo de Recoletos

LIRE LA CARTE

Pour commencer le repas, la *carta* (menu) offre le choix entre des *sopas* (soupes), des *entremeses* (hors-d'œuvre), des *ensaladas* (salades), des *huevos y tortillas* (œufs et omelettes) et des *verduras y legumbres* (légumes). Le plat principal *(plato principal)* sera sélectionné parmi une liste de *pescados y mariscos* (poissons et coquillages) ou de *carnes y aves* (viandes et volailles). L'éventail de *postres* (desserts) reste généralement réduit.

Outre l'intéressant menu de trois plats à prix fixe, quelques restaurants gastronomiques proposent un *menú de degustación* permettant de goûter à plusieurs de leurs spécialités. Une fois par semaine, certains établissements servent aussi un plat traditionnel tel que le *cocido madrileño (p. 159).*

LES PRIX ET LE POURBOIRE

La loi impose à tous les restaurants espagnols de proposer un *menú del día* à prix fixe composé d'une entrée, d'un plat et d'un dessert, mais certains ne le présentent que sur demande.

Le coût précis de certains mets, poissons et fruits de mer en particulier, n'apparaît pas toujours sur la carte. Il peut en effet être fixé *según peso* (en fonction du poids) ou *según mercado* (selon le marché), et demander une estimation évitera les mauvaises surprises. La TVA de 7 % et le service augmentera la *cuenta* (note). Les Espagnols laissent aussi un pourboire d'environ 5 % du coût du repas. Beaucoup de restaurants acceptent les cartes Mastercard et Visa.

L'historique Bodega de Angel Sierra, plaza de Chueca *(p. 92)*

RÉSERVER

Arriver tôt ne garantit pas de trouver une table dans un restaurant madrilène, surtout pour le déjeuner. Toutefois, il suffit généralement de téléphoner quelques heures à l'avance pour réserver, sauf dans les établissements les plus en vogue, où mieux vaut appeler au moins la veille.

ÉTIQUETTE ET CIGARETTE

Les Espagnols aiment s'habiller pour sortir, surtout le soir, et les tables les plus chic imposent le port de la tenue de ville. Très peu d'établissements ont des tables pour non-fumeurs.

AVEC DES ENFANTS

Si les menus spéciaux et les chaises hautes restent rares, les enfants sont bien accueillis dans tous les restaurants de Madrid, même les plus huppés.

VOYAGEURS HANDICAPÉS

Les équipements pour handicapés restent rares dans les restaurants espagnols, et, avant de vous déplacer, mieux vaut téléphoner pour savoir si l'établissement choisi est adapté à vos besoins.

LES VINS

Excellent en apéritif *(aperitivo),* le xérès peut être *fino,* c'est-à-dire sec et léger, à boire avec quelques olives ou *tapas,* ou bien *oloroso.* Il a alors plus de corps et accompagne bien le *jamón serrano.* L'Espagne produit aussi une vaste gamme de vins de table *(p. 162-163).* Bien que les restaurants appliquent une importante majoration, ils restent d'un prix raisonnable, notamment le *vino de la casa* (vin de la maison).

VÉGÉTARIENS

L'Espagne compte peu de restaurants végétariens, et même les salades ou les plats de légumes ou d'œufs peuvent contenir des morceaux de charcuterie ou de poisson.

Le Combarro, un restaurant galicien *(p. 171)*

Saveurs madrilènes

Madrid offre un choix immense de restaurants, de cafés, de bars et de tavernes à l'ancienne. Depuis toujours la métropole attire des personnes des quatre coins du pays, et la cuisine madrilène est un mélange de tous les styles régionaux. On peut goûter, à Madrid, à des plats de riz méditerranéens, à des *tapas* andalouses ou à des spécialités de poisson galiciennes. Étonnamment, pour une cité qui se trouve si loin des côtes, Madrid est réputée pour ses fruits de mer, acheminés tous les jours jusqu'à la capitale. Les crevettes et le poulpe sont les grands favoris des Madrilènes.

Chorizo

Jambons en devanture d'un restaurant de la Plaza Mayor

SOUPES ET RAGOÛTS

Les soupes et les ragoûts tiennent une place importante dans les menus madrilènes. Ce sont d'excellents antidotes aux hivers longs et froids. Certaines soupes et certains ragoûts sont consommés presque toute l'année, comme les *cazuelitas* et la soupe à l'ail. Le *cocido* est un classique : un pot-au-feu à base de porc, de poulet, de saucisse piquante, de boudin, de légumes et de pois chiches. Il est généralement consommé en plusieurs étapes : on commence par le bouillon, puis on sert les légumes et la viande. À Pâques, la coutume veut que l'on consomme de la *sopa de garbanzos y espinacas* (une soupe de pois chiches et d'épinards), accompagnée d'un morceau de chorizo ou de jambon.

RÔTIS

Le centre de l'Espagne est célèbre pour ses rôtisseries *(asadores)*, ou l'on voit de belles pièces de viande griller sur des feux de charbon de bois (a la parrilla) ou cuire dans des fours en brique *(al horno de leña)*. Le porc *(cerdo)* et l'agneau *(cordero)* sont les viandes les plus courantes, mais on trouve aussi du chevreau *(cabrito)*, du lapin

Légumes secs utilisés dans la cuisine madrilène

CUISINE LOCALE ET SPÉCIALITÉS

Les soupes et les ragoûts de Madrid, souvent enrichis de lentilles et de pois chiches, ont beaucoup de succès en hiver. À la fin du printemps et en été, quand il fait chaud, on mange des fraises et du melon. Les nombreuses rôtisseries *(asadores)* et tavernes *(mesones)* de la ville servent de l'agneau rôti, du porc, du chevreau et du gibier, en saison. Les Madrilènes sont friands d'abats ; on trouve facilement des tripes, des cervelles, des rognons et des pieds de porc. Les *callos à la Madrileña* (tripe et saucisse piquante au paprika) sont un grand classique. Tenez compte des horaires espagnols : à moins d'aimer les restaurants déserts, n'allez pas déjeuner avant 14 h ni dîner avant 21 h 30.

Ail

Sopa de Ajo. *Cette soupe à l'ail est épaissie avec de la mie de pain. On y ajoute souvent un œuf et du paprika.*

Terrasse du restaurant El Madroño, sur la plaza de la Puerta Cerrada

(conejo) et du poulet *(gallina* ou *pollo)*. En saison, on peut trouver du gibier : perdrix *(perdriz)*, pigeon *(pichón)* et même sanglier *(jabalí)*.

TAPAS

Le *tapeo*, qui consiste à aller de bar en bar pour déguster des *tapas*, est une grande tradition madrilène. La ville abrite des centaines de bars à *tapas*, de la taverne ancienne au bar à la mode. Les grands classiques sont les *croquetas* (croquettes de pommes de terre au jambon ou à la morue), les *tortillas de patatas* (omelettes de pommes de terre), les *patatas bravas* (des pommes de terre sautées avec une sauce piquante), les *boquerones* (des anchois frais marinés) et les assiettes d'*embutidos* (charcuteries) ou de *quesos* (fromages). Les Madrilènes adorent les coquillages, comme les *mejillones* (moules) et les *berberechos* (coques), qu'ils accompagnent d'un verre de vermouth ou de xérès glacé.

Petit déjeuner madrilène traditionnel : *churros* (beignets) et chocolat chaud

DESSERTS ET PÂTISSERIES

Les Madrilènes aiment commencer la journée avec des *churros* (beignets sucrés) ou une *ensaïmada* (brioche originaire de Majorque), avec une tasse de chocolat chaud. Chaque festival a sa sucrerie traditionnelle. À Pâques, on consomme des *torrijos* (pâtisseries aux œufs, au citron et à la cannelle). Lors de la Fiesta de San Isidro, en été, on mange des *churros* au chocolat. Pendant la fête de Halloween, on peut goûter aux *buñuelos* (choux fourrés à la crème pâtissière et au chocolat).

LES BOISSONS

Vin *(vino)*. Les rouges locaux, souvent robustes, sont parfaits pour accompagner les ragoûts et les viandes rôties.

***Cava*.** L'équivalent espagnol du champagne est la boisson de toutes les fêtes.

Bière *(cerveza)*. La Mahou, une bière blonde, est très rafraîchissante en été.

Anís de Chinchón. Ce pastis existe en deux versions, doux *(dulce)* et sec *(seco)*.

Vermouth *(vermut)*. L'apéritif pour accompagner les *tapas*.

Boissons non alcoolisées. Outre le Coco Cola et la limonade 7Up, le Bitter Kas, une boisson rouge similaire au Campari, a beaucoup de succès.

Tortilla de patatas. *Cette omelette de pommes de terre est servie en* tapas *et peut être mangée froide.*

Cocido Madrileño. *Un pot-au-feu, composé, entre autres, de viandes, de légumes et de pois chiches.*

Buñuelos de Viento. *Des choux fourrés à la crème pâtissière ou au chocolat.*

Choisir les *tapas*

Les *tapas,* parfois appelées *pinchos,* sont des petites bouchées originaires d'Andalousie, dont l'invention remonte au XIXe siècle. À l'époque, elles sont consommées avec un verre de xérès, que l'on protège des mouches avec une soucoupe qui fait office de bouchon *(tapa)*. Plus tard, on ajoute un morceau de fromage ou de pain et quelques olives. Aujourd'hui, les *tapas* constituent une collation idéale : des morceaux de charcuterie aux petits plats cuisinés à base de viande, de fruits de mer ou de légumes, le choix est extrêmement varié.

Assortiment d'olives vertes

***Les* patatas bravas** *sont des pommes de terre sautées avec des piments et du paprika.*

***Les* albondigas** *sont des boulettes de viande, souvent nappées d'une sauce à la tomate épicée.*

***Les* almendras fritas** *sont des amandes grillées et salées.*

***Les* banderillas,** *sont des canapés, servis avec des cure-dents, qui doivent être mangés en une seule bouchée.*

***Les* calamares fritos** *sont des calamars panés et frits, généralement servis avec une tranche de citron.*

***Le* jamón serrano** *est un jambon de montagne.*

SUR LE BAR À TAPAS

- **Alitas de pollo** Ailes de poulet
- **Almejas** Palourdes
- **Berenjenas horneadas** Aubergines frites
- **Boquerones** Anchois
- **Boquerones al natural** Anchois frais à l'ail et à l'huile d'olive
- **Bunyols de bacalao** Morue frite
- **Butifarra** Saucisse catalane
- **Calamares a la romana** Calamars frits
- **Callos** Tripes
- **Carbassó arrebossat** Beignets de courgettes
- **Chistorra** Saucisse piquante
- **Chopitos** Friture de seiche
- **Chorizo al vino** Chorizo cuit dans du vin rouge
- **Chorizo diablo** Chorizo flambé au cognac
- **Cogoles fritos** Laitue sautée à l'ail
- **Costillas** Côtes de porc
- **Criandillas** Testicules de taureaux
- **Croquetas** Croquettes
- **Diablitos picantes** Petits hamburgers épicés
- **Escopinyes** Coques
- **Figatell** Boulettes de porc et de foie à la mode de Valence
- **Gambas pil pil** Crevettes géantes à l'ail et au piment
- **Garotes** Oursins généralement accompagnés de pain, d'ail et d'oignon
- **Huevas de codorniz** Œufs de caille
- **Judias blancas** Haricots blancs et gousses d'ail au vinaigre de vin blanc

BARS À TAPAS

Même le plus petit village d'Espagne possède au moins un bar où les habitants se rencontrent régulièrement pour discuter autour d'un verre et de quelques *tapas*. Les dimanches et jours fériés, on y va en famille. À Madrid, entre autres, on se déplace de bar en bar pour goûter à toutes les spécialités. Une *tapa* désigne une bouchée, tandis qu'un *ración* comporte deux ou trois pièces. On consomme généralement les *tapas* au bar, debout ou assis sur un tabouret. Il faut souvent payer un supplément pour s'installer à une table.

Comptoir encombré d'un bar à *tapas*

***Le* chorizo** *est une saucisse à l'ail et au paprika qui peut être mangée froide ou chaude.*

***Le* salpicón de mariscos** *est une salade de fruits de mer assaisonnée d'une savoureuse vinaigrette.*

***Les* gambas a la plancha** *constituent un plat simple mais savoureux, composé de grosses crevettes grillées.*

***La* tortilla española** *est une omelette espagnole classique aux oignons et aux pommes de terre.*

***Le* queso manchego** *est un fromage de brebis de la Mancha.*

***Le* pollo al ajillo** *est composé de morceaux de poulet (souvent, des ailes) sautés et accompagnés d'une sauce à l'ail.*

Longaniza roja Saucisse de porc piquante de l'Aragon (la *blanca* est moins pimentée)

Magro Porc au paprika et à la sauce tomate

Manitas de cerdo Pieds de porc

Mejillones Moules

Merluza a la romana Colin pané et frit

Morcilla Boudin noir

Muslitos del mar Croquettes de crabe, servies avec la pince

Orejas de cerdo Oreilles de porc

Pa de fetge Pâté de foie

Paella Plat à base de riz, de viande, de poisson et de légumes

Pan de ajo Pain à l'ail

Panadons d'espinacs Petits fours aux épinards

Patatas a lo pobre Pommes de terre sautées aux oignons et aux poivrons rouges et verts

Patatas alioli Pommes de terre à l'aïoli

Pernil Jambon

Pescaditos Friture de petits poissons

Pimientos rellenos Poivrons farcis

Pinchito Kebab en broche

Popets Petits calamars

Rabo de toro Queue de bœuf

Sepia Seiche

Sesas Cervelle d'agneau ou de veau

Tortilla riojana Omelette au jambon, à la saucisse et au poivron rouge

Truita de patates Omelette

Xató Salade à la morue et au thon avec une sauce romesco

Que boire à Madrid ?

Surtout connue pour le xérès d'Andalousie et le *cava,* un mousseux de Catalogne, l'Espagne, un des plus grands pays viticoles du monde, produit aussi d'autres très bons crus. On y fabrique de la bière et Madrid compte de nombreuses *cervecerías*. Certaines servent du cidre *(sidra),* une spécialité du nord de la péninsule. Bars et cafés proposent un large éventail de boissons non alcoolisées, dont la *horchata* typique de Valence. Les spiritueux tels que le *coñac* et l'*anís* peuvent aussi bien être bus en apéritif qu'après le café à la fin du repas.

Apéritif en terrasse avant le déjeuner

Chocolat chaud

***Churros* (beignets)**

Café con leche

Camomille

Tilleul

BOISSONS CHAUDES

Les bars servent généralement des cafés noirs *(café sólo)* à l'italienne, mais les Espagnols apprécient aussi le *café americano* plus doux et, au petit déjeuner, le *café con leche* (au lait) ou *cortado* (noir avec une pointe de lait). Des *churros* (beignets) accompagnent à merveille un chocolat chaud. Outre le thé, les infusions les plus répandues comprennent la camomille *(manzanilla)* et le tilleul *(tila)*.

BOISSONS FRAÎCHES

L'eau du robinet est potable à Madrid, mais ses habitants lui préfèrent l'eau minérale *(agua mineral)* plate *(sin gas)* ou gazeuse *(con gas)*. Spécialité de la province de Valence, la *horchata* est un lait d'amandes de terre *(chufas)*. La *granizado de limón* est à base de citron et de glace pillée. Les Espagnols étanchent également leur soif avec des boissons comme le *zumo de naranja* (jus d'orange) et la limonade *(gaseosa)*. Ils mélangent parfois celle-ci avec du vin rouge pour obtenir du *tinto de verano*.

Eaux minérales gazeuses et plates

Horchata*, lait de *chufas

VINS ESPAGNOLS

L'Espagne produisait déjà du vin avant l'arrivée des Romains, et certains crus, tels ceux de la Rioja, sont très renommés. Équivalent de l'appellation d'origine contrôlée française, la *Denominación de Origen (DO)* garantit qu'un vin est entièrement issu d'un même terroir. Le *Vino de la Tierra* est un vin fabriqué avec du raisin provenant au moins à 60 % d'une région spécifique. Le *Vino de Mesa* est un simple vin de table. *Brut* ou *semi-seco* (légèrement sucré), les mousseux les plus vendus *(cavas)* sont le Freixenet et le Codorniú. Les restaurants proposent le vin au verre, en bouteille, en demi-bouteille et parfois en carafe quand il s'agit de celui de la maison.

Vin blanc de Penedès

Vin rouge (Rioja)

Mousseux *(cava)*

SPIRITUEUX ET LIQUEURS

Les vignes espagnoles ne servent pas uniquement à la fabrication de vin. Une grande partie de leur production part en distillerie pour fournir l'alcool qui est à la base de nombreux spiritueux tels que l'*anís* au goût tantôt sucré *(anís dulce),* tantôt très sec (*seco* ou *orujo*). Les Espagnols le boivent aussi en digestif, à l'instar du cognac *(coñac)* de Jeréz, obtenu à partir de vin et vieilli en fût. Son prix varie selon sa qualité. Il existe également des liqueurs de fruit, dont le populaire *pacharán* navarrais à base de prunes. L'Espagne, principalement les îles Canaries, distille son propre rhum *(ron)* à partir de la canne à sucre cultivée dans le Sud. Minorque, que les Anglais occupèrent au XVIIIe siècle, possède sa variante, très parfumée, du gin. Il ne faut pas la confondre avec la *ginebra* (genièvre). Le whisky compte aussi beaucoup d'adeptes, à l'instar du *cuba libre,* mélange de cola et de rhum, apprécié par les jeunes.

Anís

Pacharán

BIÈRE

Bière en bouteille

Les bières Mahou sont surtout blondes. Les bars servent la *cerveza del barril* (bière à la pression) dans une *caña* (petit verre) ou une *jarra* plus importante, ou encore en bouteille d'un litre *(litronas).* La plupart prososent aussi des bouteilles de bière sans alcool *(sin alcohol).*

Deux xérès *fino*

XÉRÈS

Le vin viné (additionné d'alcool) appelé xérès provient uniquement des *bodegas* de Jérez de la Frontera, Sanlúcar de Barrameda et El Puerto de Santa María en Andalousie. Montilla, près de Cordoue, produit des crus similaires mais qui n'ont pas l'appellation. Sec et léger, le *fino* fait un excellent apéritif. L'*amontillado* et l'*oroso,* vieillis plus longtemps, ont plus de corps.

Sangría

COCKTAILS

Dans la composition de la sangria entrent non seulement du vin, des fruits et du sucre, mais aussi de la *gaseosa* (limonade) et de la liqueur. Autre boisson typique, l'*Agua de Valencia* associe mousseux et jus d'orange. Parmi les nombreux cocktails disponibles dans les bars, deux des plus populaires restent le rouge limé *(tinto de verano)* et le rhum-cola.

Cuba-libre *Tinto de verano*

LIRE L'ÉTIQUETTE

S'il s'agit d'une *Denominación de Origen,* en plus du nom du cru et de son producteur l'étiquette doit préciser la région de production et le millésime, ou année de la récolte *(cosecha).* Les termes *crianza* ou *reserva* s'appliquent à des vins ayant vieilli au minimum trois ans, dont une partie en fût de chêne. L'étiquette indique aussi la contenance, la teneur en alcool et, parfois, le cépage. Les vignes espagnoles fournissent une large gamme de rouges *(tintos),* de rosés *(rosados)* et de blancs *(blancos).* Selon sa douceur, un blanc sera *seco, semi-seco* ou *dulce.*

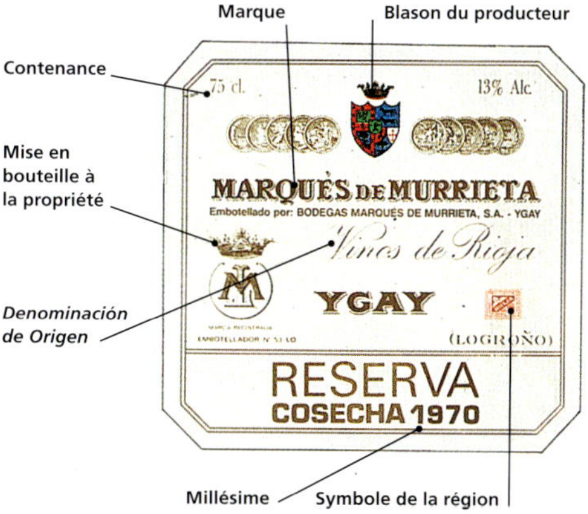

Choisir un restaurant

Ces restaurants ont été sélectionnés pour leur bon rapport qualité-prix, la qualité de leur cuisine et leur emplacement. Certains possèdent une terrasse et proposent des menus. Les établissements sont classés par quartier et par catégorie de prix.

CATÉGORIES DE PRIX
Prix moyen par personne pour une entrée, un plat, un dessert et une demi-bouteille de vin de la maison, taxes et service compris.

€ moins de 20 euros
€€ entre 20 et 30 euros
€€€ entre 30 et 40 euros
€€€€ plus de 40 euros

LE VIEUX MADRID

Con 2 Fogones — €€

Calle San Bernardino 9, 28015. ***Tél.*** *91 559 6326.* ***Plan*** *2 D3*

Ce restaurant élégant est principalement fréquenté par des Madrilènes. L'ambiance est détendue, et les recettes sont celles de la mère du propriétaire. Les plats ont souvent une présentation originale, comme le merlu frit au miel sauvage, servi entre deux tranches de pain bio. **www.condosfogones.com**

El Estragón — €€

Plaza de la Paj 10, 28005. ***Tél.*** *91 365 8982.* ***Plan*** *7 A3*

Bienvenido Alarcón est le chef de El Estragón Vegetariano (L'Estragon Végétarien). La paella sans poisson ni viande, préparée avec du couscous, du riz basmati ou du riz complet, est une merveille. Toute l'originalité réside dans l'utilisation d'ingrédients inédits.

El Jardin Secreto — €€

Calle Conde Duque 2, 28015. ***Tél.*** *91 541 8023.* ***Plan*** *2 D4*

« Le Jardin Secret » est très bien situé, dans une paisible ruelle. Il dispose d'une terrasse, bondée en été. Au menu, soupe parfumée aux roses et salade de pâtes au fromage de chèvre. Au dessert, vous aurez le choix entre plusieurs bonnes pâtisseries maison.

Naïa — €€

Plaza de la Paja 3, 28005. ***Tél.*** *91 366 2783.* ***Plan*** *4 D3*

Cette cantine new-yorkaise, très bien située, a été conçue par Jorge Valera dans un style zen. On y sert des œufs bio enveloppés d'une pâte feuilletée, un tartare de thon rouge, une salade de poisson aux avocats et d'autres plats aussi délicieux que diététiques. Fermé le dimanche soir et le lundi.

Toma — €€

Calle Conde Duque 14, 28015. ***Tél.*** *91 547 4996.* ***Plan*** *2 D4*

Ce restaurant, dont le chef est américain, propose un choix intéressant de plats japonais et méditerranéens. Il a du succès aussi bien auprès des Madrilènes que des gourmets de passage. Ouvert en semaine pour le dîner et le dimanche pour le déjeuner.

La Vaca Argentina — €€

Calle Caños del Peral 2, 28013. ***Tél.*** *91 541 3318.* ***Plan*** *4 D2*

Cette chaîne possède de nombreux restaurants dans toute la ville, spécialisés dans les *assados* de bœuf de la Pampa argentine. Chacun a son propre cachet, mais tous servent de succulents *lomitos* (steaks) et des sandwichs au filet de porc *(solomillo)*, assaisonnés de sauces maison.

La Viuda Blanca — €€

Calle Campomanes 6, 28013. ***Tél.*** *91 548 7529.* ***Plan*** *4 D1*

La pyramide de verre qui sert de toit à ce restaurant crée une atmosphère lumineuse et détendue. L'ambiance est cosmopolite, et le service rapide. À l'heure du déjeuner, la Viuda Blanca propose un menu à un prix intéressant. Fermé le dimanche. **www.laviudablanca.com**

AlNorte — €€€

San Nicolás 8. ***Tél.*** *91 547 2222.* ***Plan*** *3 C2*

AlNorte propose les grands classiques de la cuisine espagnole, à des prix raisonnables. Ses plats de poisson et de viande, ses desserts, ainsi que son atmosphère très agréable attirent le public de l'Opéra voisin après le spectacle. En semaine, menu bon marché à l'heure du déjeuner. Fermé le dimanche soir.

Botín — €€€

Calle Cuchilleros 17, 28011. ***Tél.*** *91 366 4217.* ***Plan*** *4 E3*

Désigné comme étant le plus ancien restaurant du monde par le *Guinness des Records,* cet établissement fondé en 1725 s'étend aujourd'hui sur 4 étages. Parmi les spécialités castillanes, on trouve un excellent *gazpacho,* du cochon de lait et une délicieuse tarte à la crème meringuée. **www.restaurantebotin.com**

Légende des symboles *sur le rabat de couverture*

Casa Piluca €€€

Plaza Gabriel Miró 7, 28005. ***Tél.*** *91 365 1269.* **Plan** 3 B3

Ce restaurant, qui donne sur la plaza de las Vistillas, propose des cuisines locale et septentrionale. Son *cocido madrileño* (un ragoût de viandes aux haricots) est fameux. Les grillades de poissons et de viandes, accompagnées d'une sauce à l'ail, sont exceptionnelles. Service voiturier. Fermé le dimanche et le lundi à l'heure du déjeuner.

Corgui €€€

Calle Rollo 8, 28005. ***Tél.*** *91 547 1005.* **Plan** 4 D3

Ce bar-restaurant, tenu par un Mexicain, est situé au cœur du quartier des Asturies. Au menu, des plats méditerranéens mais aussi des classiques de la cuisine japonaise. On y sert des carpaccios *teriyaki,* des *tempura,* des *sashimis* et une morue au tofu et au miel d'oranger. Assez calme à l'heure du déjeuner, l'endroit devient très animé le soir, à l'heure des cocktails.

Cornucopia €€€

Calle Navas de Tolosa 9, 28013. ***Tél.*** *91 521 3896.* **Plan** 4 E1

Ses trois grandes salles à manger, décorées avec goût, semblent avoir été spécialement conçues pour accueillir des groupes. Au menu, des filets de thon marinés dans une sauce soja et servis avec une sauce à l'orange ou des crevettes sautées accompagnées d'une sauce au beurre de cacahouète.

El Schotis €€€

Calle Cava Baja 11, 28005. ***Tél.*** *91 365 3230.* **Plan** 4 D4

Situé sur la légendaire Cava Baja, à quelques pas de la Plaza Mayor, ce restaurant défend sa réputation depuis 40 ans grâce à son interprétation des grands classiques de la cuisine espagnole. Les viandes grillées sont sa spécialité. Fermé le dimanche soir.

La Mordida €€€

Calle Las Fuentes 3, 28005. ***Tél.*** *91 559 1136.* **Plan** 4 D2

Les *tacos* et les *enchiladas* sont les spécialités de ce restaurant, qui appartient à une légende du rock espagnol, Joaquin Sabina. Les murs multicolores sont couverts de posters des œuvres de Diego Rivera et de Frida Kahlo. Tout, ici, évoque l'exotisme d'un lointain *pueblo* mexicain. Les portions sont généreuses et les prix raisonnables.

La Parrala €€€

Calle Humilladero 5, 28005. ***Tél.*** *91 366 90 56.* **Plan** 4 D4

Moitié bar à *tapas,* moitié restaurant, cet établissement possède une carte des vins variée. Au menu, des plats espagnols typiques, comme la citrouille farcie au boudin noir *(morcilla)* accompagnée d'une sauce au poivre et au *salmojero.* Fermé le dimanche soir, le lundi et le mardi à l'heure du déjeuner.

Madrid1 Catedral €€€

Carrera San Jerónimo 16. ***Tél.*** *91 523 3556.* **Plan** 4 F2

La décoration colorée du Madrid1 Catedral, installé à quelques pas du musée de la Reine Sofia et du Prado, est typiquement espagnole. Le lieu est généralement bondé de touristes, venus goûter aux délicieux *tapas* et profiter du menu bon marché. Vous aurez le choix entre paellas, lapin à l'ail et aux lentilles ou encore poissons et viandes grillés.

Malandrin €€€

Calle Almendro 9. ***Tél.*** *91 354 0082.* **Plan** 4 D3

Situé en plein cœur du vieux quartier de La Latina, le Malandrin opère avec succès la fusion des cuisines espagnole et indienne. On y sert du poulet *tandoori,* des *samosas* ou encore de succulentes côtelettes de porc aux pommes de terre. Du mardi au vendredi, menu à 10 euros. Fermé le dimanche soir et le lundi.

Café De Oriente €€€€

Plaza de Oriente 2, 28013. ***Tél.*** *91 541 3974.* **Plan** 3 C2

Peu de restaurants peuvent se prévaloir d'un voisinage aussi prestigieux : le Café de Oriente est installé juste en face du Palais royal, à côté de l'Opéra. Il occupe les anciennes caves à vin du couvent de San Gil. Essayez les pâtes sautées ou le superbe mérou cuit au four.

Caripen €€€€

Plaza de la Marina Española 4, 28071. ***Tél.*** *91 541 1177.* **Plan** 4 D1

Situé en face du Sénat espagnol, le Caripen était autrefois un célèbre bar flamenco. Aujourd'hui, ce bistro parisien est réputé pour son magret de canard et l'*ensalada de berros* (une salade de gésiers et de foie de volaille, avec du fromage râpé, du cresson, de la roquette, des fruits secs et du fromage de chèvre). Fermé à l'heure du déjeuner et le dimanche.

Casa Lucío €€€€

Calle Cava Baja 35, 28005. ***Tél.*** *91 365 3252.* **Plan** 4 D4

La Casa Lucío a peu de rivaux dans le domaine de la cuisine espagnole. Parmi ses spécialités, les *callos* (tripes) et le gâteau de riz. Il a autant de succès auprès des Madrilènes que des touristes, et on y croise des artistes, des acteurs ou des hommes politiques. Même le roi d'Espagne l'honore parfois de sa présence. Fermé le samedi midi et en août. **www.casalucio.es**

El Corral de la Morería €€€€

Calle Morería 17, 28005. ***Tél.*** *91 365 8446.* **Plan** 3 C3

C'est l'un des plus anciens cafés-théâtres de Madrid. Aujourd'hui, El Corral de la Morería propose surtout des spectacles de flamenco. La paella est excellente, tout comme la soupe à la lotte de mer, le merlu basque et les perdrix à la Tolédanne. Service voiturier. **www.corraldelamoreria.com**

La Capilla de la Bolsa — €€€€

Calle Bolsa, 12, 28005 **Tél.** *91 521 86 23.* **Plan** *4 F3*

Ce restaurant est installé dans les murs de l'ancien ermitage Santa Cruz des chevaliers du Temple. On y sert des spécialités espagnoles et méditerranéennes dans un cadre Art déco. Lasagnes, gigot d'agneau farci, oursins et croquettes de crevettes font partie des spécialités. Il est préférable de réserver.

Teatro Real — €€€€

Plaza Oriente, 28013. **Tél.** *91 516 0670.* **Plan** *3 C2*

Le Teatro Real est situé à côté de l'Opéra, et l'on y a parfois l'impression d'entendre l'orchestre gronder à travers les murs. Essayez le cochon de lait rôti avec une crème au caramel ou la salade à la moutarde rouge. Au dessert, commandez le *french toast* agrémenté d'ananas et de crème chantilly ou la glace maison au fruit de la passion. Fermé en août.

LE MADRID DES BOURBONS

Wok Café — €€

Calle Infantas 44, 28004. **Tél.** *91 522 9069.* **Plan** *7 A1*

Le Wok café propose des spécialités asiatiques et s'inspire de la nouvelle cuisine espagnole pour la préparation et la présentation. Les *sashimis* de thon sont servis avec des *tempura* de crevettes et des pilons de poulet grillés. Les nouilles *udon* sont agrémentées de porc, de crevettes et de viande de veau. Décor funky. Fermé le dimanche.

Carmencita — €€€

Calle Libertad 16, 28004. **Tél.** *91 531 6612.* **Plan** *7 B1*

Cette taverne traditionnelle espagnole a ouvert ses portes en 1850. Elle a été rénovée dans les années 1990, mais de nombreux éléments de l'ancien décor ont été conservés. Au menu, des spécialités basques et des grands classiques, comme le *rabo de toro* (queue de bœuf). Fermé le samedi midi et le dimanche.

Dalli's — €€€

Calle Marqués de Valdeiglesias 3, 28004. **Tél.** *91 521 2172.* **Plan** *7 B1*

Ce bar à la mode sert des plats italiens et des pâtes maison. On peut y déguster des *mihojas* froides ainsi qu'une grande variété de raviolis. Musique de fond et ambiance détendue.
Fermé le dimanche.

Dosa Grill Café — €€€

Calle Libertad 17, 28004. **Tél.** *91 360 4750.* **Plan** *7 B1*

Cette crêperie branchée marie les cuisines mexicaine et indienne. Le propriétaire, Dharma Villareal, est originaire de Los Angeles. Les prix sont raisonnables. Dosa est l'un des rares restaurants non-fumeurs de Madrid. Fermé le mardi et le mercredi soirs ainsi que le samedi.

La Finca de Susana — €€€

Calle Arlabán 4, 28004. **Tél.** *91 369 3557.* **Plan** *7 A2*

La Finca propose une excellente cuisine à des prix imbattables. À l'heure du déjeuner, les Madrilènes font la queue pour y entrer. Menus à 10 euros ; plus cher à la carte. Essayez la *tempura* de légumes, la morue (*bacalao)* au four avec des épinards ou le canard épicé au caramel. Il est recommandé d'arriver avant 13 h.

Indochina — €€€

Calle Barquillo 10, 28004. **Tél.** *91 524 0318.* **Plan** *5 B5*

Au menu, des plats vietnamiens, thaïlandais et malais (avec un choix de cinq entrées et de cinq plats principaux). Le restaurant, qui propose des plats végétariens, plaira aux amateurs de cuisine épicée. Parmi les spécialités : queue de bœuf en bouillon, nouilles aux amandes et aux crevettes, salade de papaye avec une sauce aux noix de cajou.

Mumbai Massala — €€€

Paseo Recoletos 14, 28001. **Tél.** *91 435 7194.* **Plan** *7 C1*

Ce restaurant indien est spécialisé dans la cuisine *Dum Pukt* : les plats mijotent longuement afin de préserver leurs arômes. Le *rogan* josh (agneau accompagné de tomates, d'oignons et d'épices) est réputé pour être le meilleur d'Espagne. Le décor exotique et l'éclairage aux bougies se prêtent bien à un tête-à-tête romantique.

Olsen — €€€

Calle del Prado 15, 28014. **Tél.** *91 429 3659.* **Plan** *7 C2*

Ce restaurant a ouvert ses portes en février 2005. Son buffet de spécialités scandinaves remporte un franc succès. Les propriétaires, argentins et suédois, proposent des *sushis* nordiques, du *gravlax* (saumon cru mariné), des crevettes, du cabillaud et des harengs servis sur un canapé de patate douce. Fermé le lundi.

La Paella de la Reina — €€€

Avenida Reina 39. **Tél.** *91 531 1885.* **Plan** *7 A1*

Ce restaurant, qui donne sur l'une des avenues les plus animées de Madrid, sert une grande variété de paellas : de la paella classique aux fruits de mer (moules, crevettes, palourdes et calamars) à la très originale paella de Valence, qui contient du lapin, du poulet, des légumes, du porc et des saucisses. **www.lapaelladelareina.com**

Catégories de prix *p.164* **Légende des symboles** *sur le rabat de couverture*

Tocororo

€€€

Calle del Prado 3, 28014. ***Tél.*** *91 369 4000.* ***Plan*** *7 C2*

On y sert des plats cubains, arrosés d'excellents cocktails. Les spécialités du chef sont les *enchiladas* de crevettes, la *ropa vieja* (à base de bœuf haché) et le *moros y cristianos* (riz et haricots noirs). Le week-end, leçons de danse sur de la musique créole. Fermé le lundi, 2 semaines en février et 2 semaines en septembre.

Asia Gallery

€€€€

Plaza Las Cortes 7, 28014. ***Tél.*** *91 360 0049.* ***Plan*** *7 C1*

L'Asia Gallery est installé dans l'élégant Westin Palace Hotel. Son décor colonial des années 1920 et sa cuisine cantonaise attirent de nombreuses célébrités locales et internationales. Quelques recommandations : le canard laqué, le *mushi* de crevettes, le homard au gingembre, le crabe frais.

Teatriz

€€€€

Calle Hermosilla 15, 28001. ***Tél.*** *91 577 5379.* ***Plan*** *6 D4*

Cet ancien théâtre a été entièrement restauré par Philippe Starck en 1989. Il abrite aujourd'hui un restaurant chic ainsi qu'un bar à *tapas* à la mode et accueille encore régulièrement des musiciens de jazz. La salade au homard et au thon est recommandée pour ses portions généreuses. Fermé en août.

AUTOUR DE LA CASTELLANA

Bazaar

€€

Calle Libertad 21, 28004. ***Tél.*** *91 523 3905.* ***Plan*** *7 B1*

Voici un temple de la cuisine contemporaine, au cœur du quartier animé de La Chueca. Le décor rappelle un loft new-yorkais, et la clientèle semble sortir tout droit de Greenwich village. On y mange des *tapas* mexicaines, des kebabs de poulet épicés et une soupe de tomates bio.

El Espejo

€€

Paseo de Recoletos 31. ***Tél.*** *91 308 2347.* ***Plan*** *6 D5*

Le décor d'El Espejo est composé de miroirs, d'objets Art déco et de reproductions d'œuvres de Toulouse Lautrec. L'arrière-salle abrite un restaurant, qui propose un menu fixe à un prix raisonnable. Dans une autre salle, sous une large verrière, on sert des *tapas,* du café et des snacks toute la journée. Réserver à l'avance.

ıboo

€€

Calle Alcalá 55, 28010. ***Tél.*** *91 781 1555.* ***Plan*** *7 D1*

Ici, le *fast food* rencontre le *health food.* Le service est le plus rapide de Madrid. Les portions sont petites mais les plats sont délicieux. Le saumon *capriccio* à l'huile d'olive et aux herbes est recommandé, ainsi que le steak de thon accompagné d'une soupe de tomates. Le menu varie tous les jours. Arrivez tôt ou soyez prêt à faire la queue.

Lateral

€€

Calle Velázquez 57, 28046. ***Tél.*** *91 435 0604.* ***Plan*** *6 F3*

À deux pas du quartier des boutiques chic de Salamanca, Lateral est l'endroit idéal où se donner rendez-vous en début de soirée. Le menu propose une sélection de *tapas* et de brochettes délicieuses. Le *sollomillo* (faux-filet) aux oignons caramélisés est une spécialité. Au bar, bonne sélection de vins servis au verre.

Living in London T Room

€€

Calle de Santa Engracia 4, 28010. ***Tél.*** *91 319 7958.* ***Plan*** *5 A1*

Voici un salon de thé anglais typique, qui sert des *crumpets* (petite crêpe beurrée), des *scones* (pains au lait) à la crème, des confitures maison et du thé à la bergamote. Le menu du brunch comprend un *capuccino* aux champignons, des tranches de pizza, des sandwichs chauds et froids et des pâtisseries. Fermé le dimanche matin et à l'heure du déjeuner.

Ojala

€€

Calle San Andrés 1, 28912. ***Tél.*** *91 523 2747.* ***Plan*** *2 F4*

Derrière un style plutôt *grunge* se cache un bon restaurant, qui ravira les gourmets. Ojala propose une cuisine internationale raffinée et de superbes cocktails. Vous aurez le choix entre *tapas* belges, *sushis,* plats orientaux et cuisine américaine moderne. Le service est aussi chaleureux que professionnel.

Omertá

€€

Calle Gravina 17, 28004. ***Tél.*** *91 701 0242.* ***Plan*** *5 B5*

Ce restaurant italo-argentin, au cœur du quartier de Chueca, propose des *assados* (viande grillée), des pizzas cuites au charbon de bois, au goût inimitable, une grande variété de plats de pâtes et un *tiramisù.* Sélection de vins argentins et italiens.

Al-mounia

€€€

Calle Recoletos 5. ***Tél.*** *91 435 0828.* ***Plan*** *8 D1*

Ce restaurant nord-africain, qui fête ses 30 ans, est réputé pour la qualité de sa cuisine et de son service. Couscous et tajine relevé au safran et au gingembre sont servis dans un décor marocain. Service voiturier. Fermé le dimanche, le lundi et en août.

Boggo €€€
Calle Velázquez 102, 28046. ***Tél.*** *91 781 1038.* ***Plan*** *6 F3*

Ce restaurant romantique, où des musiciens de jazz se produisent régulièrement, est l'endroit idéal pour faire bonne impression sans se ruiner. Il sert une cuisine internationale. Parmi les plats proposés : une salade au fromage de chèvre, des médaillons de lotte ou encore un délicieux steak tartare. Ouvert uniquement le soir.

Cafe Bisu €€€
Calle José Abascal 8, 28003. ***Tél.*** *91 447 5208.* ***Plan*** *6 D1*

Cuisine méditerranéenne, *tapas, pinchos* et *sushis* sont présentés avec un souci de perfection tout oriental. Le chef recommande, notamment, ses rouleaux de printemps miniatures, ses champignons farcis *(champinones rellenos),* ses cuisses de poulet au miel *(muslos de pollo a la miel)* et ses *empanadas* (bouchées à la viande et au fromage).

Cafe Oliver €€€
Calle Almirante 12, 28004. ***Tél.*** *91 521 73 79.* ***Plan*** *5 C5*

On y sert des plats italiens, français, espagnols et marocains, sans pour autant tout mélanger. Les entrecôtes sont juteuses, et la sauce Saint-Marcelin délicieuse. Les salades sont consistantes. Fermé le dimanche et le lundi soirs. Service voiturier. **www.cafeoliver.com**

Café Saigon €€€
Calle María de Molina 4, 28006. ***Tél.*** *91 563 1566.* ***Plan*** *6 F1*

C'est le meilleur restaurant asiatique de Madrid. Le chef, Miguel Ángel García, adulé par la critique, a développé un style de cuisine vietnamienne original. Il propose, entre autres, des raviolis vietnamiens et un curry de canard aux aubergines. Il sert également des plats thaïlandais et chinois plus traditionnels.

Colette Cafe €€€
Calle de Serrano 45, 28006. ***Tél.*** *91 578 0683.* ***Plan*** *6 E5*

Ce restaurant est aussi un bar à cocktails. Les prix sont très raisonnables pour un lieu à la mode. Essayez les *colettinas* (des mini-tortillas servies dans des petits poêlons) ou le hamburger à la tomate et au fromage. Connexion Internet sans fil (Wifi) gratuite. Établissement non-fumeur. Fermé le samedi midi et le dimanche. **www.colettecafe.com**

De Pura Cepa €€€
Calle Fuente del Berro 31, 28009. ***Tél.*** *91 309 2879.* ***Plan*** *6 F5*

Cet établissement propose des plats traditionnels, avec une touche d'originalité, et sert d'excellentes *tapas* au bar toute la journée. Le calamar aux oignons croustillants et le millefeuille aux légumes, fromage de chèvre et jambon sont particulièrement recommandés.

Divina La Cocina €€€
Calle Colmenares 13, 28004. ***Tél.*** *91 531 3765.* ***Plan*** *7 B1*

Un décor baroque et une atmosphère vaguement décadente contribuent au charme de ce spacieux restaurant. Parmi les plats proposés : un excellent contre-filet, du porc rôti aux poivrons, tomates et amandes, ou encore des roulés de sole frits avec crème au citron. Réserver à l'avance. **www.divinalacocina.com**

El Buey €€€
Calle General Pardiñas 10, 28071. ***Tél.*** *91 431 4492.* ***Plan*** *4 F2*

La spécialité du Buey (Le Bœuf) est la viande grillée au charbon de bois. Les crevettes géantes au cava et au riz, agrémentées de raisins secs et de pignons de pin, valent le détour. La clientèle de ce restaurant populaire du quartier de Salamanca est composée de touristes et d'habitués. Fermé le dimanche soir.

Entretapas y Vinos €€€
Calle Castelló 24, 28001. ***Tél.*** *91 435 6333.* ***Plan*** *6 F5*

Cette chaîne de bars à vin possède des établissements dans toute la ville. On y sert des *tapas,* des sandwichs toastés et des plats de viande ou de poisson. Le service est irréprochable, et le rapport qualité-prix excellent. **www.entretapasyvinos.com**

Hard Rock Cafe €€€
Paseo la Castellana 2, 28010. ***Tél.*** *91 436 4340.* ***Plan*** *5 D4*

Vous pourriez légitimement vous demander ce que ce piège à touristes fait sur cette liste… Le Hard Rock Café est devenu un lieu emblématique de Madrid, et il a autant de succès auprès des Madrilènes que des étrangers. L'atmosphère qui règne à l'intérieur est électrique, et la cuisine est excellente : *nachos,* hamburgers et *cheese cake* new-yorkais.

Le Dragon €€€
Calle Gil de Santibáñez, 6 ***Tél.*** *91 435 6669* ***Plan*** *6 D5*

Ce restaurant propose des classiques de la cuisine chinoise. Vous aurez le choix, notamment, entre le canard *ying-yang,* les rouleaux de printemps au poulet avec sauce à la menthe, les *dim sum* de crabe ou le poulet émincé aux cinq parfums. Service voiturier.

Madrilia €€€
Calle Clavel 6, 28004. ***Tél.*** *91 523 9275.* ***Plan*** *7 A1*

Dirigé par la même équipe que le Cafe Oliver, le Madrilia sert une cuisine italienne authentique dans un décor new-yorkais, au cœur du quartier de Chueca. Au menu : pâtes à la *carbonara* ou à la *bolognese, tagliatelle* au magret de canard, petites pizzas (appelées *pizzette*) et *gnocchi.*

Catégories de prix *p.164* **Légende des symboles** *sur le rabat de couverture*

Minabo €€€
Calle Caracas 8, 28010. ***Tél.*** *91 308 2277.* **Plan** 5 B3

Ce restaurant spécialisé dans la cuisine japonaise propose également des plats andins et chinois. Le résultat de la fusion de ces influences est parfois surprenant. Vous pourrez, par exemple, y manger une tour de saumon dans une sauce aux agrumes et à la mangue. Fermé le dimanche.

Moma €€€
Calle José Abascal 56, 28003. ***Tél.*** *91 399 4830.* **Plan** 6 D1

La nuit, le Moma devient un des lieux les plus branchés de Madrid. La journée, le restaurant propose un choix de 40 plats. Le brunch a beaucoup de succès, avec ses œufs brouillés au jambon et au cheddar ou encore ses boulettes de viande et croquettes assorties. Service voiturier. Fermé le dimanche.

Sugar €€€
Calle Diego de León 11, 28006. ***Tél.*** *91 515 9604.* **Plan** 6 E1

Le menu du chef Mario Moñivas embrasse la cuisine des cinq continents. Le restaurant est divisé en plusieurs sections par des tissus orientaux, et des paysages aquatiques défilent sur des écrans plasma, sortes d'aquariums virtuels. Les stars du menu sont les hamburgers d'entrecôte grillée et les risottos. Fermé le lundi soir.

Thai Gardens €€€
Calle Jorge Juan 5, 28001. ***Tél.*** *91 577 8884.* **Plan** 6 D5

C'est l'un des restaurants les plus fréquentés de la ville. La décoration de style colonial (meubles en bambou et en teck, jardin privé, bougies) crée un cadre romantique. Les 70 plats figurant au menu lui ont permis de remporter plusieurs prix. Les ingrédients les plus exotiques sont expédiés par avion de Bangkok toutes les semaines. Service voiturier.

El Bodegón €€€€
Calle Pinar 15, 28037. ***Tél.*** *91 562 8844.* **Plan** 6 D1

En plus des classiques de la cuisine locale, El Bodegón propose des spécialités basques à base de poisson frais. Les perdrix, les haricots frais et les fruits de mer sont particulièrement délicieux. Il faut réserver longtemps à l'avance. Tenue correcte exigée (veste pour les messieurs). Fermé le samedi midi, le dimanche et en août. Service voiturier.

La Broche €€€€
Calle Miguel Ángel 29, 28010. ***Tél.*** *91 399 3437.* **Plan** 6 D2

En bon disciple de Ferrán Adriá, Sergi Arola a composé un menu créatif. Essayez les sardines marinées farcies aux œufs de hareng ou le foie de canard, accompagnés de légumes cuits, puis le fruit de la passion caramélisé. Réservation obligatoire. Fermé le samedi, le dimanche, à Pâques et en août.

Dassa Bassa €€€€
Calle Villalar 7, 28001. ***Tél.*** *91 576 7397.* **Plan** 7 B1

La jeune star de la cuisine madrilène Dario Barrio Dominguez a fait de ce restaurant un des lieux en vue de Madrid. La cuisine est originale : *ceviche* d'avocat ou choucroute infusée au bacon, entre autres. Service voiturier. Fermé le dimanche, le lundi et trois semaines en août.

Jockey €€€€
Calle Amador de los Ríos 6, 28010. ***Tél.*** *91 319 2435.* **Plan** 6 D4

C'est au Jockey que la princesse des Asturies s'est adressée pour l'organisation de son repas de noces. On trouve ici tous les classiques de la cuisine espagnole, préparés à la perfection. Les plats de poisson frais, le canard au four et le soufflé de pommes de terre sont recommandés. Veste obligatoire pour les messieurs. Service voiturier. Fermé le dimanche et en août.

Mosaiq €€€€
Calle Caracas 21, 28010. ***Tél.*** *91 308 4446.* **Plan** 5 B3

On dîne, ici, dans une atmosphère orientale, avec mosaïques et danseuses du ventre. Le menu à la carte de ce restaurant n'est pas trop coûteux. Un menu de dégustation propose chiche-kebab, tajine de poulet, *pitta* et pâtisseries arabes. Service voiturier.

Nicolás €€€€
Calle Villalar 4, 28001. ***Tél.*** *91 431 7737.* **Plan** 8 D1

Parmi les spécialités de poisson de ce restaurant Art déco : un flétan servi avec une vinaigrette aux herbes, des moules panées aux poivrons verts et au *lansium* (un fruit tropical) ou encore le *potaje de garbanzos con chipirones* (un potage de haricots et de petits calamars). Le restaurant sert aussi des *tapas*. Fermé le dimanche, le lundi et en août.

Santo Mauro €€€€
Calle Zurbano 36, 28010. ***Tél.*** *91 319 6900.* **Plan** 5 C2

Ce restaurant, situé derrière l'hôtel du même nom, a reçu plusieurs prix. Le chef basque, Pedro Olmedo, propose des entrecôtes aux champignons sauvages à la crème et un *gazpacho* de fraises et de homard. Il n'y a que huit tables ; il est donc prudent de réserver bien à l'avance. Service voiturier.

Tai Pan €€€€
Calle Jorge Juan 33, 28071. ***Tél.*** *91 435 7667.* **Plan** 6 D5

Ce restaurant asiatique a beaucoup de succès auprès de la jet-set de Madrid. Il sert des plats thaïlandais, vietnamiens et chinois, présentés avec originalité. Goûtez le canard pékinois roulé dans des crêpes, agrémenté d'oignons et de poivrons. Service voiturier.

Zalacaín €€€€

Calle Álvarez de Baena 4, 28006. ***Tél.*** *91 561 4840.* ***Plan*** *6 D1*

C'est sans doute le meilleur restaurant de Madrid (trois étoiles au guide Michelin). Au menu : entrecôte bio, steak tartare, *solomillo* (filet mignon) et un grand choix de poissons et de fruits de mer. Veste et cravate obligatoires pour les messieurs. Service voiturier. Réservation nécessaire. Fermé le samedi midi, le dimanche, à Pâques et en août.

EN DEHORS DU CENTRE

Metbar €€

Calle Serrano 221, 28016. ***Tél.*** *91 344 1321.*

On y sert une cuisine espagnole et méditerranéenne avec une touche exotique, par exemple un *foie milhojas* avec une croustade de pommes aspergée de Pedro Ximenez. Les portions sont généreuses, et le service rapide. Décor minimaliste, blanc avec des notes de fuchsia et d'orange. **www.metbar.net**

Summa €€

Avenida Profesor Waksman 5, 28036. ***Tél.*** *91 457 3227.*

Le Summa propose une cuisine japonaise « nouvelle vague », avec une légère influence méditerranéenne. Le bar à *sushis* permet de choisir entre des plats de 8 ou 16 portions, des salades et des *tapas* originales. Dans la salle à manger, on sert des *tempura,* des rouleaux de *sushis* et des steaks de thon. Fermé le dimanche.

Alduccio €€€

Calle Concha Espina 8. ***Tél.*** *91 564 6897.*

Ce restaurant italien sert des pâtes maison. Les *fetuccini,* le *carpaccio* et la *foccacia* sont les spécialités de la maison, mais vous pourrez aussi déguster des pizzas, des *calzoni* et des raviolis. La grande terrasse extérieure est très agréable en été. Fermé le dimanche et en août.

Casa Mia €€€

Calle Josefa Valcárcel, 28027. ***Tél.*** *91 320 2202.*

Cette *trattoria* propose des plats rustiques inspirés de la cuisine des campagnes italiennes. L'établissement est célèbre pour l'originalité et la qualité de ses plats, mais également pour les spectacles de magiciens qu'il organise le week-end. La pizza au potiron est particulièrement délicieuse.

Citra €€€

Calle de Castelló 18, 28001. ***Tél.*** *91 575 2866.*

La décoration de Citra est l'œuvre de l'architecte Ignacio García de Vinuesa. On lui doit l'éclairage sophistiqué du bar à *tapas* et de la salle à manger. Entre autres spécialités, on recommandera la soupe de cœurs d'artichauts, le saumon vanillé, le pigeon des bois grillé au fromage de brebis et les *gnocchi* dans une sauce aux radis. Fermé le dimanche.

Dorsia €€€

Avenida de Europa 13–15, 28010. ***Tél.*** *91 490 3025.*

Situé dans le quartier de La Moraleja, c'est l'un des restaurants les plus fréquentés de Madrid. Spacieux, conçu dans un style new-yorkais, il propose des spécialités méditerranéennes. Essayez le canard salé avec crème au melon et poivre cristallisé ou la salade d'épinards avec miettes de jambon et vinaigrette à la mangue. Fermé le dimanche et lun.-mer. soirs.

Kudéta €€€

Carretera de La Coruña km 8, 28023. ***Tél.*** *91 357 2907.*

Lumières tamisées, bouddhas en pierre, sièges de velours rouge : le cadre de cet établissement est romantique à souhait. Bien que relativement éloigné du centre de Madrid, le Kudéta vaut le déplacement. On y sert des plats thaïlandais, japonais, chinois et andins. Le Kudéta fait partie du club Buddha del Mar. Fermé le dimanche.

Mini Lounge €€€

Paseo de la Castellana 123, 28046. ***Tél.*** *91 556 4033.*

À la fois bar, boîte de nuit et restaurant. Entre 20 h et 4 h, le Mini Lounge propose des entrées légères, des salades, des crevettes sautées, des plats de pâtes, de viande et de poisson. Le motif en damier de la décoration est censé évoquer la carrosserie de la Mini Cooper classique. Service voiturier. Fermé le dimanche.

Nodo €€€

Calle Velázquez 150, 28046. ***Tél.*** *91 564 4044.*

Ce restaurant au décor ultramoderne propose une fusion des cuisines japonaise et méditerranéenne. Vous pourrez notamment y manger des *tatakis* de thon à l'ail, des crevettes rouges au thé noir et au gingembre ou un steak grillé aux champignons chinois. **www.restaurantenodo.es**

Novillo De Plata €€€

Calle Téllez 20, 28007 ***Tél.*** *91 501 22 81.*

Barbecue illimité dans ce restaurant brésilien. Préparez-vous à ingérer des portions gigantesques de bœuf, de porc, de filet mignon, de poulet, de canard, de jambon, de saucisses et de poisson. Goûtez la crème de papaye arrosée de *Cachaça* ou le *quindim* (gâteau brésilien à base d'œufs et de noix de coco). Service voiturier. Fermé le dimanche soir.

Catégories de prix *p.164* **Légende des symboles** *sur le rabat de couverture*

Sushi Olé €€€

Calle Francisco Silvela 71, 28028. ***Tél.*** *902 022 592.*

Ici, on pratique une fusion des cuisines japonaise, vénézuélienne et espagnole – qui a inspiré des chefs dans le monde entier. La décoration est minimaliste, le service rapide et efficace. Au menu : *makis, sushis* et *sashimis* inédits. **www.sushiole.com**

El Chaflán €€€€

Avenida Pío XII 34, 28016. ***Tél.*** *91 350 6193.*

Ce restaurant est très cher, mais il en vaut la peine. Le chef, Juan Pablo Felipe, a remporté des prix pour la qualité de sa cuisine. Ses bâtonnets d'aubergines et ses raviolis de bacon et de patate douce sont délicieux. Service voiturier. Fermé le samedi midi, le dimanche et les deux dernières semaines d'août.

Combarro €€€€

Calle de la Reina Mercedes 12. ***Tél.*** *91 554 77 84.*

C'est l'un des meilleurs restaurants de fruits de mer de Madrid. Dans un cadre détendu et élégant, vous découvrirez les recettes des monastères et des vieilles fermes de Galicie, ainsi que les dernières inventions du chef, comme les perdrix en croûte ou la lamproie aux pommes de terre. Fermé le dimanche soir et en août. **www.combarro.com**

El Olivo €€€€

Calle General Gallegos, 28036. ***Tél.*** *91 359 1535.*

Le merlu y est délicieux. La glace à l'huile d'olive et au miel, servie avec une tarte aux pommes, est très bonne aussi. Le menu dégustation propose, notamment, une sélection de fruits de mer, des crevettes tigrées, une salade de homard et des langoustines. Service voiturier. Fermé le dimanche, le lundi et les deux dernières semaines d'août.

El Pescador €€€€

Calle José Ortega y Gasset 75, 28010. ***Tél.*** *91 402 1290.*

Ce restaurant de fruits de mer emblématique figure, depuis sa création, en 1975, sur la liste des meilleurs établissements de la ville. Parmi les spécialités du chef : salade de crabe, soupe de poisson, turbot au four et merlu grillé à l'huile et au persil. Service voiturier. Fermé le dimanche et en août.

Kabuki €€€€

Calle Presidente Carmona 2, 28020. ***Tél.*** *91 417 6415.*

Dorade fumée, foie de lotte de mer macéré, foie de thon : voilà quelques-unes des spécialités qui font tout l'intérêt de cet établissement. C'est le meilleur restaurant de *sushis* de poisson exotique de Madrid. Jolie terrasse. Service voiturier. Fermé le samedi midi, le dimanche, à Pâques et en août.

Mesón Txistú €€€€

Plaza Ángel Carbajo 6, 28020. ***Tél.*** *91 570 9651.*

Cela fait plus de 30 ans que Leoncio et sa famille s'occupent de ce restaurant basque. Les murs sont recouverts de photos d'hommes politiques, d'acteurs, de stars du football et d'autres clients célèbres. Les œufs Aguinaga servis ici sont entrés dans la légende. Assez cher, le menu propose plusieurs plats de viande et de poisson. Service voiturier.

Santceloni €€€€

Paseo de la Castellana 57, 28046. ***Tél.*** *91 210 8840.*

Installé dans l'hôtel cinq étoiles Hesperia, le Santceloni a obtenu trois étoiles au guide Michelin. Commandez un merlu à l'oignon, une *escalivada* (poivrons grillés et aubergines) ou un flétan mariné accompagné d'une compote de pommes. Fermé le samedi midi, le dimanche et en août. **www.restaurantesantceloni.com**

LES ENVIRONS DE MADRID

ARANJUEZ Casa José €€€

Calle Abastos 32 (Aranjuez). ***Tél.*** *91 891 1488.*

Les amateurs de bonne cuisine sont prêts à faire des kilomètres pour dîner ici. Les mets, hautement créatifs, sont préparés à partir d'ingrédients locaux. Les chefs n'ont pas peur d'innover : vous pourrez goûter une soupe de tomates chaude accompagnée d'une boule de glace au fromage et de croûtons. Fermé le dimanche soir, le lundi et en août.

CHINCHON Parador de Chinchon €€€

Calle de los Huertos 1 (Chinchón). ***Tél.*** *91 894 08 36.*

Ce restaurant, installé dans un ancien monastère augustinien, propose des spécialités castillanes, comme la soupe à l'ail, le cochon de lait, l'agneau rôti et le *cocido madriléño* (ragoût composé de poulet, de bœuf, de porc et de légumes).

SEGOVIA Hostería Pintor Zuloaga €€€

Calle Matadero 1 (Pedraza de la Sierra, Segovia). ***Tél.*** *921 50 98 35.*

Situé dans les anciens bureaux de l'Inquisition d'un village castillan typique, cette *hostería* sert des plats régionaux, tels que le cochon et l'agneau rôtis. Son magnifique jardin offre des vues inoubliables sur la vallée San Miguel. Fermé le mardi.

FAIRE DES ACHATS À MADRID

Du xérès aux sucreries appelées *turróns,* les spécialités culinaires vendues dans les magasins d'alimentation et sur les nombreux marchés de la ville seront de bons souvenirs de votre séjour. Vous trouverez les meilleures caves et épiceries fines dans le vieux Madrid. Éventails et châles traditionnels restent appréciés de beaucoup de visiteurs, mais la capitale espagnole renferme aussi de superbes boutiques de mode. L'élégant quartier de Salamanca *(p. 97)* regroupe la plupart des magasins de luxe. Celui de Chueca *(p. 92)* offre le dernier cri en matière de prêt-à-porter espagnol pour les jeunes. Les boutiques du centre proposent des vêtements plus classiques. En matière d'artisanat, ce sont la maroquinerie et la céramique qui présentent le plus d'intérêt. Enfin, ne manquez pas de chiner au célèbre marché aux puces d'El Rastro *(p. 61).*

Sigle du grand magasin le plus connu

HEURES D'OUVERTURE

La plupart des boutiques ouvrent de 10 h à 14 h et de 17 h à 20 h. Les grands magasins ne ferment pas à l'heure du déjeuner. Les petits commerces sont souvent fermés le samedi après-midi. Le dimanche, les heures d'ouverture sont variables. La plupart des magasins sont ouverts le premier dimanche de chaque mois, tous les dimanches de décembre et tous les dimanches pendant les soldes.

MODES DE PAIEMENT

Contrairement aux chèques, rarement acceptés, les principales cartes bancaires permettent de régler ses achats dans la plupart des commerces. Il faut parfois présenter une pièce d'identité. Quelques magasins continuent cependant de les refuser et ne prennent que le liquide. Certaines boutiques touristiques acceptent les devises étrangères telles que le dollar américain.

TVA

Le taux le plus répandu de taxe à la valeur ajoutée (IVA) est de 16 %, et est appliqué entre autres sur des biens comme les vêtements. Les produits alimentaires sont taxés à 7 %, sauf les aliments de base, comme le fromage et les fruits, qui bénéficient d'un taux réduit de 4 %, à l'instar des livres, des journaux et des équipements pour handicapés. Certains magasins permettent aux visiteurs résidant hors de l'Union européenne de récupérer l'IVA sur les achats importants *(p. 184).*

Entrée du Museo del Jamón *(p. 178)*

SOLDES

Ily a deux périodes de soldes en Espagne. La première commence le 6 janvier pour l'Épiphanie et dure jusqu'en février. Les soldes d'été débutent en juillet, et on peut y acheter des vêtements à bon prix, d'autant plus qu'il fait chaud jusqu'en septembre. Surveillez aussi attentivement sur les vitrines les panneaux annonçant *Rebajas, Ofertas* ou *Liquidaciòn.*

Shopping sur la calle de Serrano, la rue des boutiques de luxe

CENTRES COMMERCIAUX

Les *centros comerciales* se sont rapidement développés ces dernières années à Madrid. Tous deux situés à Salamanca, le **Jardín de Serrano** et **ABC Serrano** font partie des plus réputés pour le prêt-à-porter de luxe. Dans le même quartier, on trouve boutiques de luxe et également celles des plus grands stylistes internationaux surtout Calle de Serrano et aux alentours. Immense, **La Vaguada,** dans les quartiers nord, réunit toutes sortes de commerces.

Institution nationale, la chaîne de grands magasins **El Corte Inglés** possède des succursales dans toute la ville où on trouve à peu près tout. On peut même y faire développer des photos et réparer des chaussures.

Madrid renferme également quelques hypermarchés, pour la plupart en bordure du boulevard périphérique M30.

Éventaire de céramique artisanale à Tolède

MARCHÉS

Le célèbre marché aux puces **El Rastro** se tient le dimanche et les jours fériés. Il s'étend entre la plaza de Cascorro et les rues partant de la calle de la Ribera de Curtidores. N'espérez pas tomber sur un tableau de Velázquez, mais vous y jouirez d'un immense choix, depuis des antiquités de valeur jusqu'à de la fripe, des bijoux, des disques, des objets de collection, du matériel d'escalade et des nains de jardin. C'est le seul marché de Madrid où il est possible de faire baisser de deux tiers le premier prix annoncé. Beaucoup de boutiques et d'étals ouvrent également en semaine.

Organisé lui aussi le dimanche, le **Mercadillo de Sellos y Monedas,** un petit marché aux monnaies, aux timbres et aux cartes postales, s'installe sous les arcades de la Plaza Mayor. Les amateurs de vieux livres apprécieront le **Mercado del Libro** dans la partie sud du Real Jardín Botánico *(p. 82)*. La plupart des éventaires ouvrent en semaine en plus du dimanche et vendent également des ouvrages neufs.

FOIRES ANNUELLES

Plusieurs grandes foires commerciales, souvent en plein air, rythment le calendrier madrilène.

Grand marché de l'art contemporain, l'**ARCO** se déroule en février. Même sans intention d'acheter, cette manifestation permet de rester informé des dernières tendances. Pendant la semaine précédant le 15 mai et le début des Fiestas de San Isidro *(p. 34)*, le quartier animé de Malasaña *(p. 101)* accueille la **Feria de Ceramica,** l'occasion d'acheter ustensiles de cuisine et carafes en poterie. Peu après, à la fin du mois, la **Feria del Libro** annonce l'arrivée de l'été : éditeurs et libraires dressent pour deux semaines des centaines d'étals le long des allées ombragées du Parque del Retiro *(p. 77)*.

La **Feria de Artesanos** du paseo de Recoletos se tient en décembre. On y trouve des objets artisanaux, des bijoux aux soieries en passant par la verrerie, la céramique et les articles de cuir, qui font d'excellents cadeaux de Noël. Pendant tout le mois, la Plaza Mayor accueille le **Mercado de Artículos Navideños.** Outre des sapins, on peut y acquérir tout le nécessaire à la confection d'une crèche, y compris le *caganer* catalan, santon représentant un berger pantalon baissé. Il se place derrière la mangeoire.

Un dimanche matin au marché aux puces d'El Rastro

ADRESSES

CENTRES COMMERCIAUX

ABC Serrano
Calle de Serrano 61.
Plan 6 E3.
Tél. *91 577 50 31.*
www.abcserrano.com

El Corte Inglés
Calle de Preciados 1-3.
Plan 4 F2.
Tél. *91 379 80 00.*
Nombreuses succursales
www.elcorteingles.es

Jardín de Serrano
Calle de Goya 6-8.
Plan 6 E4.
Tél. *91 577 00 12.*
www.jardindeserrano.es

La Vaguada
Avenida Monforte de Lemos 36.
Tél. *91 730 10 00.*
www.enlavaguada.com

MARCHÉS

El Rastro
Calle de la Ribera de Curtidores.
Plan 4 E4.

Mercadillo de Sellos y Monedas
Plaza Mayor. **Plan** 4 E3.

Mercado del Libro
Calle de Claudio Moyano.
Plan 8 D4.

FOIRES ANNUELLES

Informations municipales (pour les foires en plein air) :
Tél. *010.*

ARCO
Parque Ferial Juan Carlos I.
Tél. *90 222 15 15.*
www.ifema.es

Feria de Artesanos
Paseo de Recoletos.
Plan 6 D5.

Feria de Cerámica
Plaza de las Comendadoras.
Plan 2 D4.

Feria del Libro
Paseo de Coches del Retiro, Parque del Retiro. **Plan** 8 F1.

Mercado de Artículos Navideños
Plaza Mayor.
Plan 4 E3.

Qu'acheter à Madrid ?

Éventail traditionnel

Si vous n'appréciez pas les fanfreluches pseudo-andalouses ou les taureaux miniatures, vous trouverez, notamment parmi les spécialités alimentaires, safran, huile d'olive ou bons crus, qui feront des cadeaux appréciés. Les articles en cuir sont d'un excellent rapport qualité-prix, notamment les chaussures. Les sacs Loewe sont réputés dans le monde entier. S'il devient difficile de dénicher certains articles d'artisanat traditionnels comme la vannerie, on peut trouver partout d'intéressantes céramiques à des prix raisonnables. La mode espagnole ne manque pas non plus d'intérêt.

Poupées Chulapo
Ces poupées à la moue caractéristique portent la tenue traditionnelle des castizos *madrilènes* (p. 103).

Sweat-shirt espagnol
Ses motifs originaux ont assuré la popularité de la marque de prêt-à-porter Custo Barcelona (p. 177).

Maroquinerie
Les sacs à main de qualité, comme ceux que propose Piamonte (p. 176), *proviennent de Majorque dans les Baléares.*

Mantón de Manila
Très répandus, ces châles brodés existent dans un vaste choix de couleurs.

Queso Manchego
Le manchego, *fabriqué avec du lait de brebis, est considéré comme le meilleur fromage d'Espagne. En fin de repas, il est servi avec de la gelée de coing* (membrillo).

Turrón
Casa Mira (p. 178) *propose ces sucreries qui ressemblent au nougat dans d'élégantes boîtes en bois.*

Safran *(azafrán)*
Introduite par les Maures, l'épice la plus chère du monde, issue du crocus, exige un délicat ramassage à la main.

Barquillera
Vendues entre autres par El Corte Inglés et Mallorca *(p. 178)**, ces boîtes de biscuits sont souvent très gaies, telle cette* barquillera *portant sur son couvercle une roulette d'enfant.*

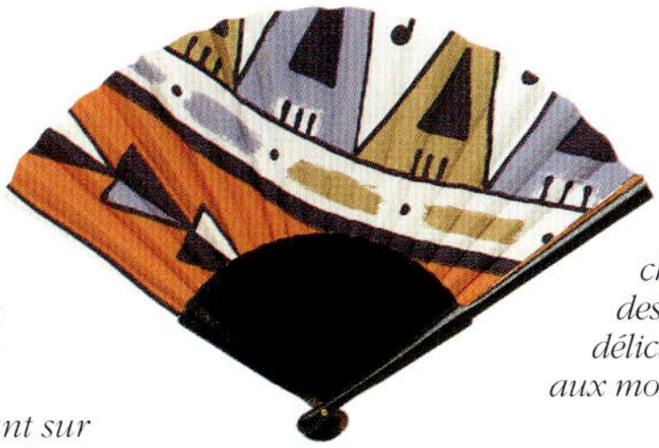

Éventail moderne

Éventail
Les boutiques de Madrid proposent un large choix d'éventails, des plus classiques, délicatement brodés, aux modèles modernes.

Céramique traditionnelle
Les artisans espagnols continuent de produire aussi bien des carreaux émaillés à la main que de la vaisselle reprenant des motifs anciens.

Panneau de céramique

Vaisselle décorative

Bougeoirs modernes peints

Céramique moderne
À côté des formes traditionnelles, les boutiques de céramique madrilènes proposent aussi une vaste gamme de souvenirs d'une facture plus actuelle.

SAUCISSES ET JAMBONS

La charcuterie tient un rôle de premier plan dans l'alimentation espagnole et la *matanza,* la mise à mort du cochon, restait encore il y a peu une date importante du calendrier et l'occasion de se réunir en famille. La production est néanmoins devenue principalement industrielle. Le *jamón serrano,* le jambon cru de montagne, coupé en dés, entre dans de nombreuses recettes et constitue, servi en tranches fines, une *tapa* très répandue. Les porcs ibériques à sabots noirs, élevés en plein air, donnent le meilleur et le plus cher, appelé *ibérico.* Il existe de nombreuses sortes de saucisses sèches comme le *salchichón,* le *chorizo* parfumé au paprika, la *longaniza* longue et fine et les petites *chistorras* basques souvent flambées. Le boudin, ou *morcilla,* incorpore du riz, des oignons ou des pommes de terre. La longe de porc s'appelle *caña de lomo.*

Jamón serrano

Morcilla

Caña de lomo

Salchichón

Chorizo

Vêtements et accessoires

Les Espagnols accordent une grande importance à l'élégance, et jamais une Madrilène ne sortira en tenue négligée même pour aller simplement au marché. L'exubérance de la *Movida* a peu touché la mode, en dehors de quelques créateurs excentriques, et les coupes les plus appréciées restent fondamentalement classiques, des accessoires raffinés rehaussant les tenues, discrètes, qui respectent la silhouette. Les boutiques de prêt-à-porter proposent aussi, bien entendu, toutes les grandes marques internationales.

CHAUSSURES

Les meilleures chaussures espagnoles sont fabriquées à Majorque, et une marque comme Yanko allie qualité et classicisme tout en offrant un tel confort que l'on croit porter des pantoufles. Elle est notamment distribuée dans les boutiques **Bravo** avec, entre autres, Lotusse et Barratts.

Autre fabricant de Majorque, **Camper,** qui fabrique des chaussures également très confortables, s'adresse à une clientèle plus jeune et possède des points de vente partout dans la capitale. En plus de sa propre gamme, la chaîne **Geltra** commercialise également cette marque.

Farrutx propose des modèles sophistiqués à des prix élevés. Pour des créations plus audacieuses, essayez **Excrupulus Net,** une enseigne catalane.

Si vous avez oublié vos tennis, ou cherchez simplement à vous chausser bon marché, vous trouverez sans doute votre bonheur dans la calle de Fuencarral ou à **Los Guerrilleros** au cœur du « kilomètre 0 », le quartier autour de la Puerta del Sol. On trouve partout des espadrilles, mais **Casa Hernanz,** près de la Plaza Mayor, a gardé une atmosphère d'une autre époque.

MAROQUINERIE

Fondée il y a plus d'un siècle par un tanneur d'origine allemande, la plus prestigieuse des marques espagnoles d'articles de cuir, **Loewe,** diffuse aujourd'hui ses sacs à main dans le monde entier. Sa boutique de la calle de Serrano permet de les admirer à défaut de pouvoir s'en offrir un. À l'angle de la rue, **Lotusse** vend aussi bien portefeuilles et vestes que chaussures. À quelques pas, une autre enseigne de Majorque, **Boxcalf,** propose également un séduisant assortiment de vêtements et d'accessoires de qualité.

Réputé pour ses sacs à prix abordables, **Piamonte,** dans le quartier de Chueca, propose aussi des ceintures et des bijoux. Pour une pointe d'élégance andalouse, passez à **El Caballo.**

Manuel Herrero ressemble à un bazar bondé de clients et de vendeurs persuasifs mais offre un bon rapport qualité-prix. Comme son nom l'indique, **Guante Varadé** a pour spécialité les gants et stocke un large choix malgré sa petite taille.

BIJOUX

Pour beaucoup d'Espagnoles, un bijou doit être en or et le plus lourd possible, et la Gran Vía abonde en petites boutiques dont les vitrines étincellent de boucles d'oreilles, de bracelets et de chaînes. Les grands joailliers préfèrent quant à eux le quartier de la calle de Serrano. Les perles sont aussi très prisées, naturelles, cultivées, ou fabriquées (appelées alors *majorica*). **Las Perlas,** sur la Gran Vía, en propose de toutes sortes, à tous les prix.

Visiter **Del Pino,** dans la calle de Serrano, se révèle amusant pour sa large gamme de bijoux fantaisie. Ne manquez pas non plus le catalan **Tous.**

Les créations de **Joaquín Berao** lui ont valu une reconnaissance internationale, et son magasin ressemble à une galerie d'art miniature dédiée au goût et à la discrétion. Dans sa boutique, **Chus Burés** expose ses propres œuvres et celles d'autres joailliers qu'il a découverts. **Helena Rohner** commence aussi à être connue. **Piamonte** *(voir Maroquinerie)* diffuse ses bijoux en bronze, en argent et en émail. On peut visiter son atelier, mais mieux vaut téléphoner avant.

MODE FÉMININE

Les boutiques de mode les plus chic de Madrid se trouvent dans le quartier de la calle Jose Ortega y Gasset et de la calle de Serrano, où **Roberto Verino** et **Adolfo Domínguez,** le doyen de la ligne minimaliste madrilène, offrent un bon rapport qualité-prix. C'est à Chueca, dans la calle del Almirante et aux alentours, que vous pourrez découvrir les créations de jeunes stylistes, dans des magasins comme **Ararat.** Pour les dernières tendances de la rue, essayez **Glam,** sur la calle de Fuencarral, bordée par de nombreuses enseignes visant une clientèle jeune.

Les amateurs de tenues excentriques ne manqueront pas, dans la calle de Serrano, la boutique d'**Agatha Ruíz de la Prada.** Cette dernière travaille aussi pour les enfants. Pour les vêtements de jeunes stylistes, allez chez **Mezcla,** et pour du cuir et des vêtements griffés rendez-vous chez **Loewe,** mais vous paierez un prix élevé.

La cape **Seseña,** création exclusive de l'enseigne madrilène du même nom, est devenue un classique, mais la marque en décline des versions plus modernes. Le succès de la chaîne **Zara,** qui propose à bon prix des vêtements faciles à porter pour les hommes, les femmes et les enfants, tient du phénomène national.

Une *corsetería* (lingerie fine) madrilène comme

¡Oh que luna! mérite une visite pour ses pyjamas et ses chemises de nuit.

MODE MASCULINE

Les hommes s'habillent à Madrid dans les mêmes quartiers que les femmes et souvent dans les mêmes magasins. Pour les allécher, beaucoup d'enseignes portent des noms à consonance anglaise ou italienne, alors qu'elles ne vendent en fait que des vêtements fabriqués dans le pays.

Très haut de gamme, **Loewe** décline sa propre vision des grandes tendances du moment. **Roberto Verino, Adolfo Domínguez** et **Zara** *(voir Mode féminine)* restent très chic, mais à des tarifs plus accessibles.

Dans la calle del Almirante, **Pedro Morago** propose une ligne à la fois élégante et confortable, et a su conserver des tarifs abordables malgré son succès auprès des jeunes stars du cinéma et du sport espagnols. Antonio Míro a fondé sa réputation sur ses chemises. Elles sont en vente à **Gallery,** à côté de vêtements de grandes marques internationales.

Plus décontracté, **Custo Barcelona,** qui commercialise aussi du prêt-à-porter féminin, a acquis une grande popularité par les motifs originaux et la riche palette de coloris de ses cotonnades. Il possède des points de vente dans toute la ville. Un autre spécialiste du coton, portugais malgré le nom de **Throttleman,** a ouvert une succursale à Madrid. Il y vend notamment des caleçons fantaisie.

Pour le grand air, de la simple promenade dans un jardin public au safari, **Coronel Tapioca** offre à la fois le choix, le confort et des prix raisonnables.

ADRESSES

CHAUSSURES

Bravo
Calle de Serrano 42.
Plan 6 E4.
Tél. *91 435 27 29.*

Camper
Gran Vía 54. **Plan** 4 E1.
Tél. *91 547 52 23.*
www.camper.es

Casa Hernanz
Calle de Toledo 18.
Plan 4 E3.
Tél. *91 366 54 50.*

Excrupulus Net
Calle del Almirante 7.
Plan 5 C5.
Tél. *91 521 72 44.*

Farrutx
Calle de Serrano 7.
Plan 8 D1.
Tél. *91 576 94 93.*

Geltra
Gran Vía 33. **Plan** 4 F1.
Tél. *91 531 13 53.*

Los Guerrilleros
Puerta del Sol 5.
Plan 4 F2.
Tél. *91 521 27 08*

MAROQUINERIE

Boxcalf
Calle de Jorge Juan 14.
Plan 6 E5.
Tél. *91 435 34 29.*

El Caballo
Calle de Lagasca 55.
Plan 6 E5.
Tél. *91 576 40 37.*

Guante Varadé
Calle de Serrano 54.
Plan 6 E3.
Tél. *91 575 67 41.*

Loewe
Calle de Serrano 26.
Plan 6 E4.
Tél. *91 577 60 56.*
www.loewe.es

Lotusse
El Jardin de Serrano,
Calle de Goya 6-8.
Plan 6 E4.
Tél. *91 577 20 14.*

Manuel Herrero
Calle de Preciados 7 & 16.
Plan 4 F2.
Tél. *91 521 29 90.*

Piamonte
Calle del Marqués de Monasterio 5. **Plan** 5 C5.
Tél. *91 308 48 62.*

BIJOUX

Del Pino
Calle Ayala 46. **Plan** 6 E3.
Tél. *91 435 26 70.*

Helena Rohner
Calle del Almendro 4.
Plan 4 D3.
Tél. *91 365 79 06*

Joaquín Berao
Calle del Conde de Xiquena 13.
Plan 5 C5.
Tél. *91 310 16 20.*

Chus Burés
Calle Claudio Coello 88.
Plan 6 E3.
Tél. *91 576 39 01.*

Las Perlas
Gran Vía 33. **Plan** 4 E1.
Tél. *91 521 18 44.*

Tous
Calle de Ayala 26. **Plan** 6 E4. ***Tél.*** *91 575 53 86.*
www.tous.es

MODE FÉMININE

Adolfo Domínguez
Calle de Serrano 18.
Plan 6 E5.
Tél. *91 577 82 80.*

Agatha Ruíz de la Prada
Calle de Serrano 27.
Plan 6 E4.
Tél. *91 319 05 51.*

Ararat
Calle del Almirante 10.
Plan 5 C5.
Tél. *91 531 81 56.*

Glam
Calle de Fuencarral 35.
Plan 7 A1.
Tél. *91 522 80 54.*

Mezcla
Calle de Claudio Coello 81. **Plan** 6 E3.
Tél. *91 435 42 03.*

¡Oh que luna!
Calle de Ayala 32.
Plan 6 F4.
Tél. *91 431 37 25.*

Prenatal
Calle Goya 99. **Plan** 7 A1.
Tél. *91 431 59 30.*
www.prenatal.es

Roberto Verino
Calle de Serrano 33.
Plan 6 E4.
Tél. *91 426 04 75.*

Seseña
Calle de la Cruz 23.
Plan 7 A2.
Tél. *91 531 68 40.*

Zara
ABC Serrano, Calle de Serrano 61.
Plan 6 E3.
Tél. *91 575 63 34*

MODE MASCULINE

Coronel Tapioca
Calle del Carmen 12.
Plan 4 F2.
Tél. *91 531 59 29.*

Custo Barcelona
Calle Mayor 37.
Tél. *91 354 00 99.*

Gallery
Calle de Jorge Juan 38.
Plan 6 E5.
Tél. *91 576 79 31.*

Loewe
Calle de Serrano 34.
Plan 6 E4.
Tél. *91 435 30 56.*

Pedro Morago
Calle del Almirante 20.
Plan 5 C5.
Tél. *91 521 66 28.*

Throttleman
Calle de Ayala 28.
Plan 6 E4.
Tél. *91 577 87 92.*

Antiquités, artisanat et souvenirs

Les boutiques d'antiquités de Madrid et le célèbre marché aux puces d'El Rastro *(p. 61)* offrent un large choix d'objets authentiques, intéressants à rapporter chez soi. Si l'artisanat reste abordable, notamment la céramique, beaucoup de styles traditionnels ruraux sont en voie de disparition. L'âme des terroirs espagnols demeure toutefois vivace dans des spécialités culinaires comme la charcuterie et le vin. D'excellents musiciens réussissent aussi à conserver leurs racines sans renier leur époque, en mariant par exemple jazz et flamenco.

ANTIQUITÉS

La calle Claudio Coello regroupe dans l'élégant quartier de Salamanca les antiquaires les plus chic, tandis que les rues avoisinantes abondent en boutiques spécialisées dans des domaines tels que le mobilier laqué du XVIIIe siècle, chez **María Gracia Cavestany,** la peinture flamande du XVe siècle chez **Theotokopoulos,** ou les outils rustiques chez **Collector.** Le **Centro de Anticuarios** réunit sous un même toit certains des plus prestigieux antiquaires de la ville, tels Pedro Alarcón et Luis Carabe.

Des vitrines regorgeant de vieux livres, de carreaux peints, d'objets liturgiques et de bijoux bordent aussi la calle del Prado, tandis que les amateurs de gravures fréquentent la calle de las Huertas voisine.

Hidalgo, à El Rastro, vend des objets de collection tels que clés et tire-bouchons. Au nord-est du Parque del Retiro *(p. 77),* **La Trastienda de Alcalá** propose de la brocante à prix raisonnable.

La **Casa Postal** propose cartes postales et affiches près de la plaza de Cibeles.

GALERIE D'ART

Les galeries des alentours de la calle Claudio Coello, comme celle de **Juan Gris** offrent un bon aperçu de l'évolution des nouvelles tendances. Malgré une arrivée plus récente, **Juana de Aizpuru** a rapidement acquis beaucoup d'influence à Madrid. **Fúcares** et **Soledad Lorenzo** sont également connus pour le soutien qu'ils apportent à de jeunes artistes. **Estiarte** vend des esquisses de maîtres tels que Picasso, Chillida, Tàpies et Miró. La plupart des galeries ferment le lundi.

ARTISANAT

Près de la plaza de España *(p. 53),* **Cántaro** abrite un large choix de céramiques. Parmi les nombreuses poteries traditionnelles régionales, certaines appartiennent à des styles dits « éteints » car elles ne sont plus fabriquées. **El Caballo Cojo** en propose aussi dans le vieux Madrid, à côté d'un étonnant assortiment de pièces des années 60 et 70.

Quels que soient leurs motifs, les nappes ou les châles brodés à la main, mais vendus à des prix ridiculement bas, proviennent en général de Chine. En revanche, la **Casa Bonet** en vend d'authentiques. **Borca,** une des meilleures boutiques pour les *mantones* (châles en soie) et le linge de maison, se trouve près de la Puerta del Sol *(p. 44).*

Les marchands de vannerie s'approvisionnent le plus souvent en Asie, mais **Joaquín Fernández** entretient la tradition. Les guitares de la **Guitarrería F. Manzanero** sont toujours fabriquées à la main.

LIVRES ET DISQUES

La **Casa del Libro,** sur la Gran Vía, garde en stock de nombreux titres étrangers. Vous jouirez aussi d'un choix important à la **Fnac** qui s'est ouverte à proximité. Un peu plus loin du centre, **Booksellers** met l'accent sur les classiques et reste limité en ce qui concerne les parutions récentes. Les bouquinistes du **Mercado del Libro,** derrière le Ministerio de Agricultura *(p. 82),* présentent surtout de l'intérêt pour les livres de poche bon marché, et détiennent parfois des éditions rares.

Gaudí, près de Chueca, est un des meilleurs spécialistes en livres d'art, mais vous en trouverez aussi dans les succursales de **Crisol.**

La Fnac et les grands magasins **El Corte Inglés** de la calle de Preciados et du paseo de la Castellana proposent une large sélection de disques de tous genres. Les amateurs de flamenco ne rateront pas **El Flamenco Vive.**

CADEAUX

Un spécialiste comme **Patrimonio Comunal Olivarero,** près de Chueca, vous aidera à faire un choix parmi des huiles d'olive provenant aussi bien de Catalogne que d'Andalousie. Le Club du Gourmet, au quatrième étage de la succursale d'**El Corte Inglés** de la calle de Serrano, propose également une large gamme d'huiles d'olive et de produits espagnols typiques comme le vinaigre de xérès.

La **Casa Mira** vend toute l'année du *turrón,* le nougat de Noël. Il existe aussi en bouchées en forme d'amandes, les *almendras imperiales.*

Horno de San Onofre propose dans le centre un beau choix de gâteaux, **Mariano Madrueño** compte parmi les meilleures caves de la capitale et les succursales du **Museo del Jamón** regorgent de charcuteries en tous genres. Une excellente fromagerie, **La Boulette,** se trouve à l'intérieur du Mercado de la Paz, juste à côté de la calle de Serrano. Le traiteur **Mallorca** permet aussi de manger ses spécialités sur place.

Bijoux, articles de cuir et céramiques voisinent à **El Arco**

de los Cuchilleros, l'une des boutiques de souvenirs du meilleur goût. **Asi,** situé dans le centre, vend des poupées de toutes sortes et des articles pour la maison.

SOUVENIRS

Situé dans le marché de la Puerta de Toledo, **La Tienda de Madrid** renferme des souvenirs tels que les *barquilleras,* boîtes à biscuits traditionnelles vendues aussi dans les pâtisseries d'**El Corte Inglés** et à **Mallorca** *(voir Cadeaux).* Le **Sanatorio de Muñecos** vend des poupées en costumes typiques.

Les rues entre la Puerta del Sol et la Plaza Mayor, en particulier la calle Postas, abondent en marchands d'objets religieux, dont **Palomeque** spécialisé dans les reproductions d'œuvres d'art, y compris en cartes postales.

Monsy, sur la Plaza Mayor, propose une large sélection d'éventails. Les tee-shirts d'**El Tintero,** avec leurs inscriptions en espagnol, sont originaux.

ADRESSES

ANTIQUITÉS

Casa Postal
Calle de la Libertad 37.
Plan 7 B1.
Tél. *91 532 70 37.*

Centro de Anticuarios
Calle de Lagasca 36.
Plan 6 E5.

Collector
Calle del Conde de Aranda 18. **Plan** 8 E1.
Tél. *91 575 10 74.*

Hidalgo
Galerías Piquer, Shop 23
Ribera de Curtidores 29.
Plan 4 E5.
Tél. *91 530 56 53.*

María Gracia Cavestany
Calle de Jorge Juan 14.
Plan 6 E5.
Tél. *91 577 76 32.*

Theotokopoulos
Calle de Alcalá 97.
Plan 8 E1.
Tél. *91 575 84 66.*

La Trastienda de Alcalá
Calle de Alcalá 64.
Plan 8 F1.
Tél. *91 576 34 86.*

GALERIES D'ART

Estiarte
Calle de Almagro 44.
Plan 5 C3.
Tél. *91 308 15 69.*

Fúcares
Calle del Conde de Xiquena 12.
Plan 5 C5.
Tél. *91 319 74 02.*

Juan Gris
Calle de Villanueva 22.
Plan 6 E5.
Tél. *91 575 04 27.*
www.galeriajuangris.com

Juana de Aizpuru
Calle de Barquillo 44.
Plan 5 B5.
Tél. *91 310 55 61.*

Soledad Lorenzo
Calle de Orfila 5.
Plan 5 C4.
Tél. *91 308 28 87.*
www.soledadlorenzo.com

ARTISANAT

Borca
Calle del Marqués Viudo de Pontejos 2. **Plan** 4 E2.
Tél. *91 532 61 53.*

El Caballo Cojo
Calle de Segovia 7.
Plan 4 D3.
Tél. *91 366 43 90.*

Cántaro
Calle de la Flor Baja 8.
Plan 2 D5.
Tél. *91 547 95 14.*

Casa Bonet
Calle de Núñez de Balboa 76. **Plan** 6 F4.
Tél. *91 575 09 12.*

Guitarrería F Manzanero
Calle de Santa Ana 12.
Plan 4 D4.
Tél. *91 366 00 47.*

Joaquín Fernández
Calle de Claudio Coello 115. **Plan** 6 F1.
Tél. *91 575 83 11.*

LIVRES ET MUSIQUE

Booksellers
Calle de José Abascal 48.
Tél. *91 442 79 59.*

Casa del Libro
Gran Vía 29. **Plan** 4 F1.
Tél. *91 521 21 13.*
www.casadellibro.com

El Corte Inglés
Calle de Preciados 1-3.
Plan 4 F2.
Tél. *91 379 80 00.*

Crisol
Calle de Serrano 24.
Plan 6 E5.
Tél. *91 577 36 74.*
www.crisol.es

El Flamenco Vive
Calle Conde de Lemos 7.
Plan 4 D2.
Tél. *91 547 39 17.*

FNAC
Calle de Preciados 28.
Plan 4 E1.
Tél. *91 595 61 00.*
www.fnac.es

Gaudí
Calle de Argensola 13.
Plan 5 C4.
Tél. *91 308 18 29.*

CADEAUX

El Arco de los Cuchilleros
Plaza Mayor 9. **Plan** 4 E2.
Tél. *91 365 26 80.*

Así
Gran Vía 47.
Plan 4 E1.
Tél. *91 548 28 28.*

La Boulette
Mercado de la Paz (Calle de Ayala 28). **Plan** 6 E4.
Tél. *91 431 77 25.*

Casa Mira
Carrera de San Jerónimo 30. **Plan** 7 A2.
Tél. *91 429 88 95.*

El Corte Inglés
Calle de Serrano 47.
Plan 6 E3.
Tél. *91 432 54 90.*

Horno de San Onofre
Calle de San Onofre 3.
Plan 7 A1.
Tél. *91 532 90 60.*

Mallorca
Calle de Serrano 6.
Plan 8 D1.
Tél. *91 577 18 59.*

Mariano Madrueño
Calle del Postigo de San Martín 3.
Plan 4 E1.
Tél. *91 521 19 55.*

Museo del Jamón
Carrera de San Jerónimo 6.
Plan 7 A2.
Tél. *91 521 03 46.*

Patrimonio Comunal Olivarero
Calle de Mejía Lequerica 1.
Plan 5 B4.
Tél. *91 308 05 05.*

SOUVENIRS

Monsy
Plaza Mayor 20.
Plan 4 E2.
Tél. *91 548 15 14.*

Palomeque
Calle del Arenal 17.
Plan 4 E2.
Tél. *91 548 17 20.*

Sanatorio de Muñecos
Calle de Preciados 21.
Plan 4 E1.
Tél. *91 521 04 47.*

La Tienda de Madrid
Mercado Puerta de Toledo, 5th floor. **Plan** 3 C5.
Tél. *91 364 16 82.*

El Tintero
Calle de Gravina 5.
Plan 5 B5.
Tél. *91 308 14 18.*

SE DISTRAIRE À MADRID

La vie nocturne madrilène ne s'adresse pas aux couche-tôt. En effet, la sieste ne permet pas uniquement aux Espagnols d'échapper aux heures les plus chaudes de l'après-midi, pour beaucoup d'entre eux elle sert aussi à se préparer à la longue nuit qui les attend. À Madrid, on sort pratiquement tous les soirs, mais les nuits sont les plus animées du jeudi au dimanche. Une soirée typique commence alors à l'heure de l'apéritif dans les cafés, puis se poursuit dans les bars à *tapas* ou au restaurant, en attendant l'ouverture, tardive, des boîtes de nuit. Les réjouissances durent jusqu'au matin, surtout le samedi. Mais pour ceux qui aspirent à des soirées moins intenses, on peut assister à d'excellents spectacles de flamenco et de *zarzuela,* cette forme d'opérette typiquement madrilène. Plusieurs grandes salles proposent aussi tout au long de l'année de l'opéra, des ballets et des concerts classiques, tandis que de nombreux clubs accueillent des groupes de jazz, de rock ou de world-music. Les amateurs de théâtre auront le choix entre des pièces du Siècle d'or et des créations modernes parfois expérimentales.

Artiste de rue au Parque del Retiro

Statue de Philippe IV devant la façade du Teatro Real *(p. 58)*

RENSEIGNEMENTS PRATIQUES

Il existe à Madrid plusieurs bureaux d'information touristique, dont le personnel parle souvent l'anglais. Vous pourrez y acheter la Madrid Card, qui donne accès, gratuitement, à de nombreux musées, des spectacles, des visites guidées ou encore à des bus touristiques. Les visiteurs qui veulent découvrir la ville avec un guide professionnel peuvent s'adresser aux agences spécialisées **A.P.I.T.** et **COSITUR.**

Ceux qui lisent plus facilement l'anglais que l'espagnol s'aideront des programmes de *Lookout,* un magazine destiné à la communauté anglophone de la capitale, et de *In Madrid,* un mensuel gratuit disponible dans quelques magasins de disques et librairies, ainsi que dans la plupart des ambassades et au bureau d'information touristique de l'**aéroport Barajas** *(p. 200).*

Disponible en kiosque, l'hebdomadaire *Guía de Ocio,* qui paraît le vendredi est le guide de programme le plus complet. Attention, il arrive qu'il soit épuisé dès le dimanche.

Les trois principaux quotidiens de Madrid, *El Mundo, El País* et *ABC,* proposent chacun un supplément hebdomadaire consacré aux loisirs. Ces suppléments sont plutôt axés sur les divertissements, mais ils couvrent une large palette d'activités et annoncent parfois des manifestations ignorées de *Guía de Ocio.* Les suppléments culturels d'*El Mundo*, d'*El País* et d'*ABC* paraissent tous chaque vendredi.

RÉSERVER SA PLACE

Le plus simple est de téléphoner directement aux salles pour les spectacles les plus importants comme pièces de théâtre, opéras et concerts. Les plus grandes agences, **Entradas.com** et **Tel-Entrada** acceptent toutes deux les cartes Visa et Mastercard et ne prélèvent pas de commission.

SAISONS ET BILLETS

La principale saison de concerts et de théâtre dure de septembre à juin. Pendant les Fiestas de San Isidro en mai *(p. 34)* et le festival d'Automne *(p. 36),* les autorités municipales invitent de grands noms espagnols et internationaux de la musique, du théâtre et de la danse.

Quand la nuit bat son plein au night-club Joy Eslava *(p. 184)*

Sur le terrain de jeux de la plaza de Oriente

Vous trouverez les programmes dans les bureaux d'information touristique et la plupart des succursales de la banque Caja Madrid.

Les billets pour les grands concerts peuvent être achetés à la **FNAC.** L'agence **TEYCI** propose ceux pour des manifestations comme les corridas ou les matchs de football.

Un autre agence qui vend des tickets pour un grand nombre d'événements, est **El Corte Ingles** (par téléphone ou dans les succursales).

SPECTATEURS HANDICAPÉS

Dans son programme quotidien, *El País* classe de 1 à 4 certaines salles de spectacle, des plus accessibles en fauteuil roulant aux moins adaptées.

Pour se déplacer, chaque ligne de bus possède plusieurs véhicules à plancher surbaissés, repérés par un symbole en forme de fauteuil roulant. **Radioteléfono Taxi** (91 547 82 00) fournit des voitures spéciales : demandez les Eurotaxis. En revanche, le métro n'est pas adapté pour les personnes handicapées.

ATTRACTIONS POUR ENFANTS

Il existe plusieurs aires de jeu dans le centre de Madrid. Si vous voulez que vos enfants jouissent vraiment d'espace, emmenez-les à la Casa de Campo *(p. 112).* Effectuer le trajet avec le **Teleférico** les amusera. Ce parc renferme le **Zoo-Aquarium,** le **Parque de Atracciones,** un lac où canoter et plusieurs piscines. Dans le Madrid des Bourbons, des magiciens, des jongleurs et des clowns distraient les promeneurs au Parque del Retiro *(p. 77).*

Joueur de flamenco au Parque del Retiro

De nombreux théâtres, en particulier la **Sala San Pol,** proposent des spectacles pour jeune public.

Terrasse de café sur la plaza del Dos de Mayo *(p. 101)*

ADRESSES

BILLETS

El Corte Inglés
Tél. *902 40 02 22.*
www.elcorteingles.es

Entradas.com
Tél. *902 48 84 88.*

FNAC
Calle de Preciados 28. **Plan** 4 E1.
Tél. *91 595 61 00.*

Tel-Entrada
Tél. *902 10 12 12.*

TEYCI
Calle de Goya 7. **Plan** 6 E4.
Tél. *91 576 45 32.*

OFFICES DU TOURISME

Barajas Airport
Tél. *91 305 86 56.*

Calle del Duque de Medinaceli 2.
Plan 7 B3. ***Tél.*** 91 429 49 51.
www.madrid.org/turismo

Plaza Mayor. **Plan** 4 E3.
Tél. *91 588 16 36.*
www.esmadrid.com

INFORMATION TOURISTIQUE

Tél. *901 300 600 (en Espagne).*
Tél. *010 (appels depuis Madrid).*
www.spain.info

GUIDES OFFICIELS

A.P.I.T.
Calle de Ferraz 82. **Plan** 1 B4.
Tél. *91 542 12 14.* **www**.apit.es

COSITUR
Calle del Marqués de Cubas 12.
Plan 7 B2. ***Tél.*** *91 429 89 65.*

AVEC DES ENFANTS

Parque de Atracciones
Casa de Campo.
Tél. *90 234 50 01.*
www.parquedeatracciones.es

Teleférico
Paseo del Pintor Rosales sur la Calle del Marqués de Urquijo.
Tél. *91 541 74 50.*
www.teleferico.com

Teatro San Pol
Plaza de San Pol de Mar 1.
Tél. *91 541 90 89.*

Zoo-Aquarium
Casa de Campo. ***Tél.*** *91 512 37 70.* **www**.zoomadrid.com

Spectacles traditionnels

Les Madrilènes jouissent tout au long de l'année d'une programmation culturelle de haut niveau, qu'il s'agisse de musique, de théâtre ou de danse, classique et contemporaine. Comme dans d'autres grandes capitales européennes, la ville abrite notamment sa propre compagnie d'opéra, l'orchestre national d'Espagne et l'orchestre symphonique de la RTVE. Elle offre en outre les meilleurs spectacles de *zarzuela* *(p. 75)* et le flamenco des gitans d'Andalousie. Les corridas s'y déroulent dans les plus grandes arènes du monde. Le festival d'Automne est une importante rencontre internationale des arts de la scène.

MUSIQUE CLASSIQUE

S'il demeure plus connu en tant que siège de l'opéra, le **Teatro Real de Madrid,** récemment rénové, propose aussi de grands concerts de musique classique donnés par des orchestres nationaux et étrangers. L'**Auditorio Nacional de Música** possède deux salles où se produit notamment l'Orquesta Nacional de España qu'accompagne souvent le Coro Nacional de España, le chœur national espagnol.

Une autre formation prestigieuse joue principalement au **Teatro Monumental** : l'Orquesta Sinfónica y Coro de RTVE, l'orchestre symphonique et le chœur de la radio et télévision espagnole.

L'**Auditorio Conde Duque** accueille également divers concerts classiques.

OPÉRA ET ZARZUELA

Bien que le répertoire n'ait pas évolué depuis des décennies, la *zarzuela,* forme d'opérette spécifiquement madrilène, continue d'attirer un public fervent. C'est le **Teatro de la Zarzuela** qui programme les meilleurs spectacles, mais plusieurs autres salles accueillent aussi des *zarzuelas,* en particulier l'été, dont le **Teatro Albéniz et le Teatro Príncipe.**

En matière d'opéra, aucun lieu n'égale le **Teatro Real de Madrid,** situé non loin du métro Ópera, où se produisent non seulement la compagnie de Madrid mais aussi des troupes internationales.

Le **Teatro Calderón** a également une excellente programmation classique et moderne.

DANSE

Madrid possède plusieurs salles où voir des ballets classiques et modernes. Outre le **Teatro Albéniz,** qui accueille les meilleures compagnies nationales et étrangères, les trois principales sont le **Teatro Madrid,** le **Nuevo Teatro Alcalá** et le **Teatro de la Zarzuela.**

FLAMENCO

Expression des souffrances et des joies des gitans du sud de l'Espagne, le flamenco a pris sa forme classique au XVIIIe siècle en Andalousie, mais d'excellents interprètes résident désormais à Madrid.

La plupart des établissements proposant du flamenco le font dans le cadre d'un dîner-spectacle. Les formations traditionnelles, comme celles qu'accueillent le **Café de Chinitas,** comprennent en général au moins une danseuse, mais il arrive également qu'un chanteur se produise seul sur scène en s'accompagnant à la guitare. Un club comme la **Casa Patas** permet d'apprécier la puissance évocatrice de l'âpre *cante flamenco.* Parmi les autres lieux offrant des prestations de qualité figurent l'**Arco de Cuchilleros,** le **Corral de la Morería, Candela** et les **Torres Bermejas.**

THÉÂTRE

Les deux théâtres les plus prestigieux de Madrid sont le **Teatro de la Comedia** et le **Teatro María Guerrero.** Le premier est le siège de la Compañía Nacional de Teatro Clásico, qui met en scène des œuvres classiques du répertoire espagnol. Le second programme des créations étrangères ainsi que des pièces modernes espagnoles. Parmi les autres grands théâtres figurent le **Teatro Alcázar,** le **Teatro Muñoz Seca** et le **Teatro Reina Victoria.** Les deux derniers accordent une large place à la comédie, à l'instar du **Teatro Lara** et du **Teatro La Latina,** spécialisés dans l'humour madrilène. Le **Centro Cultural de la Villa** présente du théâtre populaire.

La ville compte également un réseau très actif de salles plus expérimentales, telles que la **Cuarta Pared, Ensayo 100** ou encore **Teatro Alfil.** Le **Teatro Calderón,** le **Teatro Lope de Vega** et le **Teatro Nuevo Apolo** accueillent souvent des comédies musicales.

De mi-septembre à mi-octobre, le Festival d'Automne *(p. 36)* donne lieu à un important rassemblement d'acteurs de tous horizons, espagnols comme étrangers, appartenant à des compagnies connues comme à des formations d'avant-garde.

CORRIDAS

La tauromachie *(p. 111)* reste une passion à Madrid, et la ville, avec la **Plaza de Toros de las Ventas,** possède les plus grandes arènes du monde. Des courses de taureaux s'y déroulent tous les dimanches de mai à octobre, et tous les jours pendant les Fiestas de San Isidro *(p. 34),* qui ouvrent la saison.

Lors d'une corrida, trois toreros combattent chacun deux taureaux. Chaque affrontement dure environ un quart d'heure et s'achève toujours par la mort de l'animal. Le prix des places varie en fonction de leur rang dans les gradins et de leur situation, à l'ombre ou au soleil.

FOOTBALL

Plusieurs fois vainqueur de la Coupe d'Europe de football, l'équipe la plus connue de Madrid, le **Real Madrid,** a pour temple l'Estadio Bernabéu, d'une capacité de 105 000 spectateurs. Sa grande rivale locale est l'**Atlético de Madrid,** qui joue à l'Estadio Vicente Calderón, situé au bord du río Manzanares. Il règne souvent une meilleure ambiance dans ce stade, plus petit et moins cher. La troisième équipe de Madrid, le **Rayo Vallecano,** passe son temps à monter et à descendre entre première et deuxième division.

ADRESSES

MUSIQUE CLASSIQUE

Auditorio Conde Duque
Calle del Conde Duque 11.
Plan 2 D4.
Tél. *91 588 58 34.*

Auditorio Nacional de Música
Calle del Príncipe de Vergara 146.
Tél. *91 337 01 34.*

Teatro Monumental
Calle de Atocha 65.
Plan 7 A3.
Tél. *91 429 81 19.*

Teatro Real de Madrid
Plaza de Oriente. **Plan** 3 C2
Tél. *91 516 06 00 (info).*
Tél. *90 224 48 48 (billets).*
www.teatro-real.com

OPÉRA ET ZARZUELA

Teatro Albéniz
Calle de la Paz 11.
Plan 4 F3.
Tél. *91 531 83 11.*

Teatro Calderón
Calle de Atocha 18.
Plan 4 F3.
Tél. *91 420 37 97.*

Teatro de la Zarzuela
Calle de Jovellanos 4.
Plan 7 B2.
Tél. *91 524 54 00.*

Teatro Príncipe – Gran Vía
Calle de las Tres Cruces 8.
Plan 4 F1.
Tél. *91 521 83 81.*

Teatro Real de Madrid
(voir musique classique)

DANSE

Nuevo Teatro Alcalá
Calle Jorge Juán 62.
Plan 6 D5.
Tél. *91 426 47 79.*

Teatro Albéniz
(voir opéra et Zarzuela)

Teatro de la Zarzuela
Calle de Jovellanos 4.
Plan 7 B2.
Tél. *91 524 54 00.*

Teatro Madrid
Avenida de la Ilustración.
Tél. *91 740 52 74.*

FLAMENCO

Arco de Cuchilleros
Calle de Cuchilleros 7.
Plan 4 E3.
Tél. *91 364 02 63.*

Café de Chinitas
Calle de Torija 7.
Plan 4 D1.
Tél. *91 547 15 02.*

Candela
Calle del Olivar 2.
Plan 7 A4.
Tél. *91 467 33 82.*

Casa Patas
Calle de Cañizares 10.
Plan 7 A3.
Tél. *91 369 04 96.*

Corral de la Morería
Calle de la Morería 17.
Plan 3 C3.
Tél. *91 365 84 46.*

Torres Bermejas
Calle de Mesonero Romanos 11.
Plan 4 F1.
Tél. *91 532 33 22.*

THÉÂTRE

Centro Cultural de la Villa
Plaza de Colón.
Plan 6 D5.
Tél. *91 480 03 00.*

Cuarta Pared
Calle de Ercilla 17.
Tél. *91 517 23 17.*

Ensayo 100
Calle de Raimundo Lulio 20.
Plan 5 A2.
Tél. *91 447 94 86.*

Teatro Alcázar
Calle de Alcalá 20.
Plan 7 A2.
Tél. *91 532 06 16.*

Teatro Alfil
Calle del Pez 10.
Plan 2 F5.
Tél. *91 521 58 27.*

Teatro Calderón
Calle de Atocha 18.
Plan 4 F3.
Tél. *91 420 37 97.*

Teatro de la Comedia
Calle del Príncipe 14.
Plan 7 A3.
Tél. *91 521 49 31.*

Teatro Español
Calle del Príncipe 25.
Plan 7 A3.
Tél. *91 360 14 80.*

Teatro La Latina
Plaza de la Cebada 2.
Plan 4 D4.
Tél. *91 365 28 35.*

Teatro Lara
Calle Corredera Baja de San Pablo 15.
Plan 2 F5.
Tél. *91 521 05 52.*

Teatro Lópe de Vega
Gran Vía 57. **Plan** 4 E1.
Tél. *91 547 20 11.*

Teatro María Guerrero
Calle de Tamayo y Baus 4.
Plan 5 C5.
Tél. *91 310 15 00.*

Teatro Muñoz Seca
Plaza del Carmen 1.
Plan 4 F1.
Tél. *91 523 21 28.*

Teatro Nuevo Apolo
Plaza de Tirso de Molina 1.
Plan 4 F3.
Tél. *91 369 06 37.*

Teatro Reina Victoria
Carrera de San Jerónimo 24. **Plan** 7 A2.
Tél. *91 369 22 88.*

CORRIDAS

Plaza de Toros de las Ventas
Calle de Alcalá 237.
Tél. *91 356 22 00.*

FOOTBALL

Atlético de Madrid
Estadio Vicente Calderón, Paseo de la Virgen del Puerto 67.
Tél. *90 226 04 03.*
www.clubatletico demadrid.com

Rayo Vallecano
Estadio Teresa Rivero, Calle Payaso Fofó.
Tél. *91 478 22 53.*
www.rayovallecano.es

Real Madrid
Estadio Santiago Bernabéu, Avenida de Concha Espina.
Tél. *91 398 43 00.*
www.realmadrid.com

Divertissements modernes

À Madrid, une sortie nocturne commence dans les nombreux cafés et bars pour l'apéritif, où les *tapas* constituent un repas. Puis vous prendrez peut-être une dernière *caña* (verre de bière) avant de choisir entre une des immenses salles de cinéma de la Gran Vía et un club accueillant un groupe de rock, de jazz ou de salsa. Il vous permettra de vous mettre en jambes avant de rejoindre une boîte de nuit. Rien ne presse. Beaucoup de jeunes Madrilènes se dirigent vers le métro à 1 h 30 pour attraper la dernière rame, mais leurs aînés ne vont souvent se coucher qu'au petit matin.

CINÉMA

Depuis le succès international, au début des années 90, de *Femmes au bord de la crise de nerfs* de Pedro Almodóvar, le cinéma espagnol connaît une véritable renaissance avec l'apparition d'une nouvelle génération de réalisateurs.

Pour ceux qui maîtrisent un peu l'espagnol, aller voir une de leurs créations dans l'une des vastes salles de la Gran Vía *(p. 48)*, telles que le **Capitol** ou le **Palació de la Música,** est une expérience à ne pas manquer. Beaucoup de cinémas proposent le week-end des programmes spéciaux qui commencent après minuit.

Il existe aussi de plus en plus d'établissements, comme l'**Alphaville,** le **Luna,** le **Princesa** et le **Renoir,** qui diffusent des films étrangers en version originale sous-titrée. Il s'agit souvent de grosses productions hollywoodiennes. Comme en français, ils se reconnaissent au sigle VO *(versión original)* dans les programmes des journaux et des magazines.

CAFÉS ET BARS

Madrid compte tant de cafés et de bars qu'on pourrait croire que l'offre dépasse la demande, mais une grande part de la vie sociale de la ville se déroule dans ces innombrables lieux de détente, et dans la plupart les conversations sont très animées le soir, en particulier le week-end.

Le vaste **Café Comercial** a conservé une authentique atmosphère fin XIXe siècle, et sa proximité du pôle nocturne de Bilbao-Malasaña en fait un excellent point de rendez-vous. Le **Café del Círculo de Bellas Artes** est une institution culturelle qui permet d'observer la Gran Vía à l'endroit où elle croise la calle de Alcalá, tandis que le **Café de Oriente** offre une vue incomparable du Palacio Real. À côté de brasseries établies de longue date comme la **Cervecería Alemana** et la **Cervecería Santa Ana,** qui toutes deux dominent la plaza de Santa Ana toujours animée. On trouve, dans le quartier de la Latina, deux bars très différents : **El Almendro 13** permet de déguster du sherry au 1er étage et des plats locaux au sous-sol ; **Café del Nuncio** est un café traditionnel doté d'une magnifique terrasse sur un escalier en pierre de Calle Segovia.

Enfin, il y a les *tabernas (p. 30-31),* passage essentiel d'une visite à Madrid. **Los Gabrieles** fait partie des plus populaires et **Viva Madrid** attire une clientèle jeune qui vient se mêler à l'intense animation qui règne le soir autour de la plaza de Santa Ana. Plus bohème, essayez la **Casa Carmencita** que rendirent célèbre les artistes et les écrivains qui la fréquentaient dans les années 20. La **Casa Labra,** lieu de naissance du parti socialiste à la fin du XIXe siècle, est un lieu historique mais sert aussi de savoureux *tapas.*

Si la **Casa Alberto, La Bola** et la **Taberna Antonio Sanchez** restent fidèles à une tradition séculaire, l'élégante **Taberna Casa Domingo** possède une ambiance plus moderne. Vous pourrez admirer le décor Belle Époque de **El Parsanillo** en buvant un café ou un cocktail.

BOÎTES DE NUIT

Si certains restent bon marché, de nombreux night-clubs commencent à demander un prix d'entrée élevé le week-end. Beaucoup sont toutefois gratuits en semaine. Deux adresses connaissent une grande vogue actuellement, le **Kapital** et le **Madrid.** Mais vous pourrez aussi essayer le **Berlín Cabaret** qui rythme la nuit de numéros de cabaret ou le **Ya'sta** qui organise à l'occasion des concerts.

Spacieux et plutôt haut de gamme, le **Pachá** tranche sur ses concurrents de Malasaña, généralement peu coûteux mais exigus. La **Villa Rosa,** dans le vieux Madrid, attire de nombreux touristes. Cet ancien bar a conservé une décoration en mosaïque exceptionnelle.

Propriété du célèbre acteur espagnol Javier Bardém, **El Torero** permet de danser sur du flamenco ou de la musique latino-américaine à l'étage, tandis qu'en bas résonne de la house funky.

Le club **Samsara** joue également de la musique latine. Les boîtes madrilènes restent ouvertes jusqu'à 5 h du matin.

CLUBS DE ROCK, DE JAZZ ET DE WORLD MUSIC

Les amateurs de rock apprécieront la **Sala la Riviera** qui a accueilli de grands groupes internationaux, ainsi que le **Moby Dick** et le **Siroco,** deux bons lieux où découvrir les talents locaux et nationaux. Le **Café Central** permet d'écouter du jazz dans un cadre très élégant. Installé dans une ancienne boutique de poterie, le **Populart** voisin possède une atmosphère décontractée et jouit lui aussi d'une excellente réputation. Les environs recèlent aussi les meilleurs clubs de Madrid où passer la nuit à danser au son d'orchestres latino-américains.

Bien plus vaste, le **Clamores** propose une programmation éclectique allant du jazz et du tango à la variété et au blues.

C'est au **Honky Tonk** que se déroulent certains des meilleurs concerts de rock organisés à Madrid. Ce lieu de spectacle proche du río Manzanares *(p. 112)* n'est que partiellement couvert et donc surtout rempli en été.

CLUBS GAYS

En plein quartier de Chueca *(p. 92)*, cœur de la scène gay, le **Why Not** est un petit bar qui s'adresse principalement à une clientèle locale et passe de la musique des années 70 et 80. Malgré son nom, il n'y a guère de cuir au **New Leather,** mais c'est l'un des hauts lieux de la communauté homosexuelle de la ville. Les lesbiennes se retrouvent dans le quartier Alonso-Martínez à l'**Ambient. La Lupe,** qui propose souvent des spectacles de cabaret, attire une clientèle mélangée.

ADRESSES

CINÉMA

Alphaville
Calle de Martín de los Heros 14. **Plan** 1 A1.
Tél. *91 559 38 36.*

Capitol
Gran Vía 41. **Plan** 4 E1.
Tél. *902 33 32 31.*

Luna
Calle de la Luna 2.
Plan 2 E5.
Tél. *91 522 47 52.*
www.cinentradas.com

Palacio de la Música
Gran Vía 35.
Plan 4 F1.
Tél. *90 222 16 22.*

Princesa
Princesa 3. **Plan** 1 C5.
Tél. *91 541 41 00.*

Renoir
C/ Martin de los Heros 12.
Plan 1 C5.
Tél. *91 541 41 00.*

CAFÉS ET BARS

El Almendro 13
Calle Almendro 13.
Plan 4 D3.
Tél. *91 365 42 52.*

El Parnasillo
Calle San Andrés 33.
Plan 2 F3.
Tél. *91 447 00 79.*

La Bola
C/ Bola 5.
Plan 4 D1.
Tél. *91 547 69 30.*

Café Comercial
Gta. de Bilbao 7.
Plan 2 F3.
Tél. *91 521 56 55.*

Café del Círculo de Bellas Artes
Calle del Marqués de Casa Riera 2.
Plan 7 B2.
Tél. *91 531 85 03.*

Café del Nuncio
Calle Segovia 9.
Plan 4 D3.
Tél. *91 366 08 53.*

Café de Oriente
Plaza de Oriente 2.
Plan 3 C2.
Tél. *91 541 39 74.*

Casa Alberto
Calle de las Huertas 18.
Plan 7 A3.
Tél. *91 429 93 56.*

Casa Carmencita
Calle de la Libertad 16.
Plan 7 B1.
Tél. *91 531 66 12.*

Casa Labra
Calle de Tetuán 12.
Plan 4 F2.
Tél. *91 531 00 81.*

Cervecería Alemana
Plaza de Santa Ana 6.
Plan 7 A3.
Tél. *91 429 70 33.*

Cervecería Santa Ana
Plaza de Santa Ana 10.
Plan 7 A3.
Tél. *91 429 43 56.*

Los Gabrieles
Calle de Echegaray 17.
Plan 7 A3.
Tél. *91 429 62 61.*

Taberna Antonio Sanchez
C/ Mesón de Paredes 13.
Plan 4 F5.
Tél. *91 539 78 26.*

Taberna Casa Domingo
Calle de Alcalá 99.
Plan 8 F1.
Tél. *91 576 01 37.*

Viva Madrid
Calle de Manuel Fernández y González 7.
Plan 7 A3.
Tél. *91 429 36 40.*

BOÎTES DE NUIT

Berlín Cabaret
Costanilla de San Pedro 11. **Plan** 4 D3.
Tél. *91 366 20 34.*

El Torero
Calle de la Cruz 26.
Plan 4 F3.
Tél. *91 523 11 29.*

Joy Madrid
Calle del Arenal 11.
Plan 4 E2.
Tél. *91 366 37 33.*

Kapital
Calle del Atocha 125.
Plan 7 B4.
Tél. *91 420 29 06.*

Pachá
Calle de Barceló 11.
Plan 5 A4.
Tél. *91 447 01 28.*

Samsara
Calle de la Cruz 7.
Plan 4 F3.
Tél. *91 532 39 09.*

Villa Rosa
Plaza de Santa Ana 15.
Plan 7 A3.
Tél. *91 521 36 89.*

ROCK, JAZZ ET WORLD MUSIC

Café Central
Plaza del Angel 10.
Plan 7 A3.
Tél. *91 369 41 43.*

Clamores
Calle de Alburquerque 14.
Plan 5 A3.
Tél. *91 445 79 38.*

Honky Tonk
Calle de Covarrubias 24.
Plan 5 B3.
Tél. *91 445 68 86.*

Moby Dick
Avenida del Brasil 5.
Tél. *91 555 76 71.*

Populart
Calle de las Huertas 22.
Plan 7 A3.
Tél. *91 429 84 07.*

Sala la Riviera
Paseo de la Virgen del Puerto.
Tél. *91 365 24 15.*

Siroco
Calle de San Dimas 3.
Plan 2 E4.
Tél. *91 593 30 70.*

CLUBS GAY

Ambient
Calle de San Mateo 21.
Plan 5 A4.
(pas de téléphone).

La Lupe
Calle de Torrecilla del Leal 12.
Plan 7 A4
Tél. *91 527 50 19.*

New Leather
Calle de Pelayo 42.
Plan 5 B5.
Tél. *91 308 14 62.*

Why Not
Calle de San Bartolomé 7.
Plan 7 A1.
Tél. *91 523 05 81.*

ACTIVITÉS DE PLEIN AIR

De splendides espaces naturels s'étendent aux portes de Madrid. En effet, il suffit d'une heure de voiture pour se retrouver au milieu de pics granitiques, de forêts de pins, de lacs glaciaires et de prairies sauvages, un territoire qui offre d'innombrables possibilités de randonnée, d'escalade, de promenade à cheval, de camping et d'activités nautiques ou de sports d'hiver... À moins que vous ne préfériez simplement vous détendre. Au nord et à l'ouest, la sierra de Guadarrama et la sierra de Gredos forment une chaîne montagneuse longue de 250 km qui s'élève au-dessus des pâturages de la *meseta*.

En vélo tout-terrain

On peut aussi bien y suivre à pied le cours d'un torrent au printemps qu'y skier en hiver, ou profiter du calme pour pique-niquer. Les visiteurs et les Madrilènes disposent en ville de terrains de golf, de courts de tennis et de parcs aquatiques très agréables en été.

L'**office de tourisme de la Comunidad de Madrid** fournit des renseignements détaillés sur toutes ces activités de plein air.

Sur un terrain de golf près d'El Escorial

GOLF ET TENNIS

C'est le **Club de Campo** qui possède à Madrid les meilleurs terrains de sport, et bien que le droit d'entrée soit élevé pour les non-membres la qualité des équipements et la beauté du cadre justifient la dépense pour les visiteurs désireux d'échapper une journée aux musées. Le club permet de pratiquer le golf, le tennis et le squash, et abrite des aires de jeux pour les enfants. Si on peut y réserver des courts de tennis par téléphone, il faut se présenter en personne pour le golf. Les tarifs comme la fréquentation augmentent le week-end.

Le tennis offre un bon moyen de se détendre entre deux visites

Un nouveau terrain de golf, **El Olivar de la Hinojosa,** vient d'ouvrir à côté de la route menant à l'aéroport Barajas *(p. 200)*. Il accepte les réservations par téléphone. Comme au Club de Campo, les joueurs de passage peuvent y louer du matériel.

Pour faire une partie de tennis, le centre sportif **Canal de Isabel II,** moderne, cumule plusieurs avantages : une situation pratique, au nord du cœur de la ville, d'excellentes installations et un bar-restaurant agréable. Le complexe **Puerta de Hierro,** qui borde le río Manzanares *(p. 112)*, renferme aussi des courts de tennis.

RANDONNÉE ET VÉLO

Nul besoin de s'éloigner beaucoup de Madrid pour pratiquer la randonnée. Il n'est même pas nécessaire d'avoir une voiture : à une heure de train, plusieurs itinéraires dans la valle de la Fuenfría partent de Cercedilla. L'un d'eux suit une voie romaine *(calzada romana)*. Elle date du Ier siècle, et franchissait jadis la montagne pour rejoindre Ségovie. Le tramway qui relie Cercedilla aux stations de ski des environs grimpe jusqu'à Puerto de Navacerrada, début de parcours plus difficiles.

Plus à l'est, le parc régional qui renferme Manzanares el Real *(p. 130)* s'étend jusqu'à la vallée qui grimpe abruptement en direction des sources du río Manzanares. Bassins et torrents la rafraîchissent et elle attire de nombreux pique-niqueurs. Mieux vaut s'y rendre tôt pour plus de tranquillité.

Il n'existe que peu de pistes cyclables en bordure des routes, et beaucoup d'Espagnols préfèrent pratiquer le vélo tout-terrain. **Karacol Sport** loue, près de la gare d'Atocha *(p. 83)*, des bicyclettes que l'on peut emporter en train jusqu'à

Randonneurs observant les oiseaux près d'un lac de montagne

Cercedilla. Pour d'autres destinations, renseignez-vous auprès de RENFE, la société des chemins de fer espagnols *(p. 204)*. Des agences spécialisées comme **Sport Natura** proposent des randonnées pédestres ainsi que des balades à vélo le week-end, dans des régions comme la sierra Pobre.

N'oubliez pas les précautions de base : en été, porter un chapeau, prévoir une protection solaire et disposer d'amples réserves d'eau ; en montagne, toujours s'informer des prévisions météo.

ÉQUITATION

Les sierras et les *cañadas* (anciens chemins suivis par les troupeaux de moutons) des alentours de Madrid se prêtent à merveille aux promenades à cheval. Cette région sauvage a même servi au tournage de westerns.

À l'ouest du centre-ville, le **Club de Campo** permet de louer une monture pour découvrir la vaste Casa de Campo *(p. 112)*. **El Potril** propose aussi des locations, à l'heure ou à la journée. Le **Centro Ecuestre Alameda del Pardo,** situé dans le village d'El Pardo à 5 km au nord-ouest de Madrid propose des randonnées dans les forêts entourant le célèbre Palacio de El Pardo *(p. 138)*.

Sur la route entre Cercedilla et Puerto de Navacerrada, à l'écart de la ligne de tramway, **Picadero los Ciruelos** propose un large choix d'excursions à cheval d'une journée ou plus, à l'instar de **Rutas Equestres Sierra Norte,** dans la sierra Pobre près de Buitrago del Lozoya. Le point de départ, Braojos de la Sierra, est directement accessible en bus depuis Madrid une fois par jour.

Dans la sierra de Gredos, vous pouvez vous adresser à **Turismo Ecuestre Almanzor,** à proximité du Parador Nacional de Gredos, ou, plus loin sur la même route, à **Gredos Rutas a Caballo (GRAC).**

Pendant les périodes de vacances, en particulier à Pâques, mieux vaut réserver longtemps à l'avance. En toute saison, téléphonez pour vous assurer que le centre est bien ouvert, pour éviter de vous déplacer inutilement.

Promenade à cheval dans une sierra du centre de l'Espagne

Ski à Puerto de Navacerrada, station très prisée

SKI

Située au nord-est de Madrid dans la sierra de Guadarrama, la plus populaire des stations de sports d'hiver de l'Espagne centrale compte 15 pistes à **Puerto de Navacerrada.** Un télésiège conduit au sommet de la « Bola del Mundo », à 2 200 m. Un peu plus éloignée de la capitale, **Valdesquí** offre sans doute les meilleures conditions d'enneigement et possède 24 pistes. Dans la région de Ségovie, **La Pinilla** est plus calme. Toutes ces stations abritent des loueurs de matériel où se procurer skis, surfs et luges.

En saison, des embouteillages se forment souvent le week-end sur la route de Puerto de Navacerrada. Mais il est possible de prendre le tramway à partir de Cercedilla.

L'**ATUDEM** (Asociación Turística de Estaciones de Esquí y Montaña) pourra vous procurer tous les renseignements.

ESCALADE

Il existe d'excellentes parois, pour débutants notamment, à La Pedriza de Manzanares, à Patones, dans la sierra Pobre, ainsi qu'à La Cabrera, à l'extrémité orientale de la sierra de Guadarrama. Les aiguilles et les falaises granitiques de la sierra de Gredos présenteront plus d'intérêt pour les grimpeurs chevronnés. **La Federación Madrileña de Montañismo** vous informera sur les cours et les guides disponibles. Le **Club Ibério de Expediciones** organise des randonnées en 4x4 à l'extérieur de Madrid pour le week-end. Le club se charge du logement et des repas et propose des leçons de conduite de 4x4. La société **Gente Viajera** organise des week-ends d'initiation près de Cuenca. Les participants peuvent s'initier à la descente en rappel dans des gorges, à condition toutefois d'être en bonne condition physique.

Varappe à Escalada en Patones

CHASSE

Vous ne trouverez guère de gibier dans les environs de Madrid, et vous avez plutôt intérêt à aller près de Tolède ou de Ciudad Real, régions beaucoup plus riches en bêtes à plumes comme à poils.

Pour vous éviter les démarches nécessaires à l'obtention d'un permis, contactez **Cacerías Ibéricas.** Ils se chargent des courriers administratifs, de l'organisation de la sortie et de la fourniture du matériel. **Viajes Marsans** propose les mêmes prestations mais sans procurer l'équipement.

SPORTS NAUTIQUES

La chaleur qui règne à Madrid en été rend particulièrement précieuse la possibilité de se baigner. Le **Club de Campo** renferme une immense et splendide piscine, malheureusement souvent bondée les jours de canicule. Le centre sportif de **Puerta de Hierro** possède un vaste bassin où l'on peut se tremper jusqu'au cou, ainsi qu'une véritable piscine. C'est toutefois le **Centro de Natación M-86** qui propose au public la plus belle piscine, mais seulement de juin à fin août. Au complexe sportif **Canal de Isabel II,** vous

Sortie en canoë sur l'un des lacs artificiels des environs de Madrid

Un petit tour en ski nautique

disposerez d'une piscine en plein air, d'une piscine olympique couverte et d'une pataugeoire pour les enfants.

Plusieurs lacs artificiels permettent à l'extérieur de la ville de pratiquer la voile, la planche à voile et le canoë.

Sport Natura possède une succursale au bord de l'Embalse del Atazar près d'El Berrueco, et organise des week-ends.

PARCS À THÈME

Cinq cents animaux vivent en liberté au **Safari Madrid,** et les visiteurs peuvent y assister tous les jours à des démonstrations de dressage de rapaces. Un parc et une plage sur le río Alberche se trouvent non loin.

À quarante minutes en voiture du centre-ville, **Aquópolis** est le parc aquatique le plus vaste de Madrid. **Faunia** propose une alternative intéressante aux parcs animaliers traditionnels, en recréant des écosystèmes. En été, n'espérez toutefois pas trouver un endroit au bord de l'eau qui ne soit pas surpeuplé.

À la Casa de Campo *(p. 114)*, le **Parque de Atracciones** réunit les attractions les plus modernes et de grands classiques comme les montagnes russes. Il comprend un espace pour les jeunes enfants.

ADRESSES

Comunidad de Madrid Tourist Information
Calle del Duque de Medinaceli 2, Madrid.
Plan 7 B3.
Tél. *91 429 49 51.*
www.madrid.org/ turismo

GOLF ET TENNIS

Canal de Isabel II
Avenida de Filipinas 54, Madrid.
Tél. *91 533 17 91.*

Club de Campo
Carretera de Castilla, km 2, Madrid.
Tél. *91 550 20 18 (tennis).*
Tél. *91 550 20 27 (sports nautiques).*
Tél. *91 550 20 10 (école d'équitation).*

El Olivar de la Hinojosa
Campo de las Naciones, Avenida de Dublin, Madrid.
Tél. *91 721 18 89.*

Puerta de Hierro
Carretera de El Pardo, km 1, Madrid.
Tél. *91 316 15 47.*

RANDONNÉE ET VÉLO

Karacol Sport
Calle de Tortosa 8, Madrid.
Plan 7 C5.
Tél. *91 539 96 33.*

Sport Natura
Avenida Donostiarra 4 posterior, Madrid.
Tél. *91 403 61 61.*

ÉQUITATION

Centro Ecuestre Alameda del Pardo
Carretera Fuencarral, km 2.3, El Pardo.
Tél. *91 372 09 58.*

Club de Campo
Voir Golf et Tennis.

El Potril
Avenida de las Caudalosas, Brunete.
Tél. *91 816 42 91.*

Gredos Rutas a Caballo (GRAC)
Calle Trigueras 4, Hoyos del Espino (Avila).
Tél. *920 34 90 85.*

Picadero los Ciruelos
Camino los Ciruelos 30, Carretera Camorritos, Cercedilla.
Tél. *91 852 07 67.*

Rutas Ecuestres

Sierra Norte
Calle Generalísimo 13, Braojos de la Sierra.
Tél. *91 868 09 44.*

Turismo Ecuestre Almanzor
Barajas de Gredos, Navarredonda de Gredos (Avila).
Tél. *920 34 80 47.*

SKI

ATUDEM
Calle del Padre Damián 43, 2e ét. 26, Madrid.
Tél. *91 359 75 26.*

La Pinilla
Tél. *921 55 03 04.*

Puerto de Navacerrada
Tél. *91 852 33 02.*

Valdesquí
Tél. *91 852 39 41.*

ESCALADE

Federación Madrileña de Montañismo
Calle del Ferrocarril 22, 1er ét., Madrid.
Tél. *91 527 38 01.*

Club Ibérico de Expediciones
Avenida Complutense 16, Camarma de Esteruelas.
Tél. *606 72 94 21.*

Gente Viajera
Calle de Santa Alicia 19, Madrid.
Tél. *91 478 01 11.*

CHASSE

Cacerías Ibéricas
Calle de San Pedro el Verde 49.3, Toledo.
Tél. *925 21 25 52.*

Viajes Marsans
Gran Vía 84, Madrid.
Plan 4 E1.
Tél. *90 230 60 90.*

SPORTS NAUTIQUES

Canal de Isabel II
Voir Golf et Tennis.

Club de Campo
Voir Golf et Tennis.

Centro de Natación M-86
Calle de José Martínez de Velasco 3, Madrid.
Tél. *91 409 53 51.*

Puerta de Hierro
Voir Golf et Tennis.

Sport Natura
Voir randonnée et vélo.

PARCS À THÈME

Aquópolis
Avenida de la Dehesa, Villanueva de la Cañada.
Tél. *91 815 69 11.*

Faunia
Autoroute A3, sortie 6, Valdebernardo.
Tél. *91 301 62 10.*

Parque de Atracciones
Casa de Campo, Madrid.
Tél. *90 234 50 01.*

Safari Madrid
Autoroute A5, Salida 32, Aldea del Fresno.
Tél. *91 862 23 14.*

Warner Bros. Park
Carretera M-301, km 15.5, San Martin de la Vega. Ouv. avr.-oct.
Tél. *91 821 12 34.*

TAXI

RENSEIGNEMENTS PRATIQUES

MADRID MODE D'EMPLOI

L'Espagne s'est enfin mise à promouvoir le tourisme ailleurs que sur ses côtes, et elle possède désormais un bon réseau de centres d'information : offices de tourisme nationaux à Madrid et offices régionaux dans les villes de moindre importance. Tous facilitent la découverte des activités disponibles et la réservation auprès des hôtels et des restaurants. L'un des plus pratiques de la capitale se trouve calle del Duque de Medinaceli. Beaucoup de commerces ferment en août, le principal mois de vacances en Espagne et celui où départs et arrivées provoquent, comme en France, le plus de bouchons. N'oubliez pas que les fêtes locales entraînent aussi de nombreuses fermetures et que l'Espagne vit au ralenti entre 14 h et 17 h.

Panneau ancien

LANGUES RÉGIONALES

À côté du castillan *(castellano)*, la principale langue d'Espagne, celle que nous appelons communément l'espagnol et que vous entendrez partout parlée à Madrid, il existe trois grandes langues régionales : le catalan *(català)*, le basque *(euskera)* et le galicien *(gallego)*. Les établissements recevant beaucoup de touristes comptent en général parmi leurs employés au moins une personne parlant anglais et souvent un francophone.

US ET COUTUMES

D'une manière générale, les Madrilènes sont chaleureux, ouverts et très fiers de leur ville. Originaires de toutes les provinces du pays, ils ont apporté avec eux une multitude de traditions culturelles, qui contribuent aujourd'hui à l'atmosphère vivante de la cité. Ne soyez pas surpris de voir des Espagnols saluer des étrangers dans des lieux publics (arrêts de bus, ascenseurs, etc.). Les Madrilènes abordent aisément des gens qu'ils ne connaissent pas, et ils seront très disponibles si vous leur demandez un renseignement.

VISAS ET PASSEPORTS

Pour entrer et séjourner en Espagne sans limitation de durée, les ressortissants de l'Union européenne n'ont besoin que d'une carte d'identité en cours de validité ou d'un passeport périmé depuis moins de cinq ans.

Aucun visa n'est exigé des citoyens canadiens et suisses pour un séjour de moins de 90 jours. S'ils veulent le prolonger, ils peuvent s'adresser sur place au *Gobierno Civil*, représentation locale du gouvernement qui leur demandera de fournir la preuve qu'ils ont un emploi ou les fonds suffisants pour subvenir à leurs besoins.

PRODUITS DÉTAXÉS

Les personnes résidant dans un pays ne faisant pas partie de l'UE peuvent obtenir le remboursement de la taxe à la valeur ajoutée (IVA) sur des articles d'une valeur de plus de 15 000 pesetas, acquis dans des magasins indiquant « détaxe pour touristes ». Toutefois, cette remise ne s'applique pas à la nourriture, les boissons, le tabac, les voitures, les motocyclettes et les médicaments. Au moment de l'achat, le vendeur doit vous remettre un *formulario* à faire tamponner dans les six mois à la douane. Si vous effectuez cette formalité en quittant le pays à l'aéroport Barajas, vous pourrez vous faire immédiatement rembourser par la Banco Exterior.

Détaxe pour touristes

INFORMATION TOURISTIQUE

Les *oficinas de turismo* de Madrid et ceux des principales villes historiques des environs fournissent des plans, des informations concernant les transports, des listes d'hôtels et de restaurants. Celui de l'**aéroport Barajas** (terminal 1) comprend un comptoir de réservation hôtelière et une antenne RENFE, les chemins de fer espagnols *(p. 200)*. Le Terminal 4 s'est récemment doté d'un bureau d'information

L'HEURE DE MADRID

Comme Paris ou Bruxelles, Madrid a une heure d'avance sur l'heure GMT (Greenwich Meridian Time). Le temps est officiellement affiché en Espagne sur 24 heures.

Ville et pays	Avance ou retard sur l'Espagne	Ville et pays	Avance ou retard sur l'Espagne
Athènes (Grèce)	+ 1	Moscou (Russie)	+ 2
Auckland (Nlle-Zélande)	+ 11	New York (E.U.)	– 6
Bangkok (Thaïlande)	+ 6	Paris (France)	0
Berlin (Allemagne)	0	Perth (Australie)	+ 7
Le Cap (Afrique du Sud)	+ 1	Rome (Italie)	0
Chicago (E.U.)	– 7	Sydney (Australie)	+ 9
Dublin (Irlande)	– 1	Tokyo (Japon)	+ 8
Hong Kong (Chine)	+ 7	Toronto (Canada)	– 6
Londres (R.U.)	– 1	Vancouver (Canada)	– 9
Los Angeles (E.U.)	– 9	Washington DC (E.U.)	– 6

◁ La Gran Vía, un des grands axes de circulation automobile

touristique. On en trouve également sur la plaza de Cibeles, la plaza del Calao et la plaza de Felipe II. Les offices du trouisme sont généralement ouverts : du lundi au samedi de 8 h à 20 h ; les dimanches et jours fériés de 9 h à 14 h.

HEURES D'OUVERTURE

À l'exception des grands musées d'art, ouverts à l'heure du déjeuner, les sites touristiques ferment pour la plupart entre 14 h et 17 h, ainsi que le dimanche après-midi et le lundi toute la journée. En revanche, certaines églises ne sont ouvertes que pour les offices religieux.

AMÉNAGEMENTS POUR HANDICAPÉS

L'association nationale espagnole pour les handicapés, la **Confederación Coordinadora Estatal de Minusválidos Físicos de España (COCEMFE),** dirige une agence, Servi-COCEMFE, qui publie des guides sur les équipements adaptés aux handicapés disponibles en Espagne et qui peut aider au cas par cas à organiser des vacances. Vous pouvez trouver des informations sur le site Internet www.yanous.com et auprès du **Groupement pour l'insertion des personnes handicapées physiques (GIHP).** Il existe une agence GIHP nationale et des agences régionales (informations sur le site Internet). Dans chaque ville espagnole, les bureaux d'information touristique et les services sociaux fournissent des renseignements sur les aménagements et les problèmes que vous rencontrerez localement, notamment pour vous déplacer. Des documents, en braille tels que le plan du métro de Madrid sont disponibles auprès de l'organisation nationale des aveugles, l'**Organización Nacional de Ciegos (ONCE).** Il existe en outre des agences de voyages ibériques spécialisées dans les vacances pour handicapés : **Viajes 2000.**

Sigle attribué par la COCEMFE

Étudiantes à Madrid

ÉTUDIANTS

Pour obtenir la carte internationale d'étudiant, vous pouvez vous renseigner en France auprès du **Centre régional des œuvres universitaires et scolaires** (CROUS) et, à Madrid, au **Centro de Información Juvenil (CIJ).** L'agence **Turismo y Viajes Educativos (TIVE)** organise des voyages pour étudiants.

ÉLECTRICITÉ

Le courant est en Espagne de 220 volts, sauf dans quelques vieux immeubles toujours alimentés en 125 volts.

ADRESSES

AMBASSADES

Belgique
Paseo de la Castellana 18.
Plan 6 D4.
Tél. *91 577 63 00.*

Canada
Calle de Nuñez de Balboa 35. **Plan** 6 F4.
Tél. *91 423 32 50.*
www.canada-cs.org

France
Calle de Salustanio Olózaga 9. **Plan** 8 D1.
Tél. *91 423 89 00.*

Suisse
Calle Caracas 25.
Tél. *91 702 20 00.*

OFFICES DU TOURISME À MADRID

Offices de tourisme municipaux
Plaza Mayor 27. **Plan** 4 E3.
Tél. *91 366 54 77.*

Communidad de Madrid
C/ del Duque de Medinaceli 2. **Plan** 7 B3.
Tél. *91 429 49 51.*

Aéroport Barajas
Terminal 1 (International).
Tél. *91 305 86 56.*

Estacíon de Atocha
Plan 8 D5.
Tél. *91 528 46 30.*

Estación de Chamartín
Tél. *91 315 99 76.*

OFFICES DU TOURISME À L'ÉTRANGER

France
43, rue Decamps, 75016 Paris. ***Tél.*** *01 45 03 82 50.*
www.espagne.infotourisme.com

Belgique
Rue Royale 97, Bruxelles 1000.
Tél. *02 280 19 26.*
www.tourspain.be

Canada
2 Bloor Street West, 34th Floor, Toronto M4W-W-3E2. ***Tél.*** *416 961 31 31.*

Suisse
15, rue Ami-Levrier, 2, 1201 Genève.
Tél. *(22) 731 11 33.*

ORGANISATIONS POUR VOYAGEURS HANDICAPÉS

GIHP National
10, rue de Porto Riche, 75014 Paris
Tél. *01 43 95 66 36*
www.gihpnational.org

COCEMFE
Calle de Luis Cabrera 63.
Tél. *91 744 36 00*

ONCE
Centro Bibliográfico Cultural - Braille,
Calle de La Coruña 18.
Tél. *91 589 42 00.*

Viajes 2000
Paseo de la Castellana 228.
Tél. *91 323 11 07.*

INFORMATIONS POUR ÉTUDIANTS

CIJ
Gran Vía 10.
Plan 7 B1.
91 720 11 82.
www.madrid/org/inforjo

CROUS
39, av. Georges-Bernanos, 75005 Paris. **Plan** 7 B1.
Tél. *01 40 51 36 00.*

TIVE
Calle de Fernando el Católico 88.
Plan 1 B1.
Tél. *91 543 74 12.*
www.madrid.org/inforjoven

Santé et sécurité

À Madrid, comme dans toute grande ville touristique, mieux vaut se prémunir du vol en ne laissant rien de visible dans les voitures et en conservant argent, carte bancaire et documents dans une poche intérieure ou une ceinture portefeuille. Si vous perdez vos papiers, contactez votre ambassade *(p. 193)*. Les petits problèmes de santé trouveront une solution à la pharmacie *(farmacia)*. Il y en a toujours une de garde où l'on saura vous conseiller et même prescrire un traitement.

Enseigne de pharmacie

EN CAS D'URGENCE

Tous les services d'urgence possèdent désormais un numéro d'appel commun : le 112. Selon la nature de votre problème, demandez la police *(policía)*, une ambulance *(ambulancia)* ou les pompiers *(bomberos)*. Vous pouvez aussi vous rendre directement aux *urgencias* d'un hôpital.

Panneau d'un service d'urgence de la Cruz Roja (Croix-Rouge)

PHARMACIES

En cas de problème de santé sans gravité, le plus simple consiste à demander d'abord conseil à un pharmacien *(farmacéutico)*. Il est habilité à prescrire des médicaments et beaucoup parlent le français ou l'anglais. Une croix verte signale les officines. Un panneau en vitrine indique les pharmacies de garde la nuit ou le week-end. Les journaux locaux publient aussi leurs adresses.

SOINS MÉDICAUX

Les ressortissants de l'UE sont couverts par la Sécurité sociale espagnole s'ils détiennent la carte européenne d'assurance maladie. Celle-ci est fournie, en France, par la Caisse d'assurance maladie. Vous devrez la présenter à chaque fois que vous aurez à régler des frais médicaux. Une notice accompagnant cette carte précise vos droits. Vous pourrez avoir à régler certains frais sur place ; dans ce cas, vous serez remboursé plus tard. Par ailleurs, sachez que tous les soins ne sont pas remboursés. Il est donc recommandé de souscrire une assurance médicale avant votre départ, prévoyant la prise en charge directe des frais, voire un rapatriement. Les bureaux d'information touristique, les hôtels ou votre ambassade pourront vous fournir l'adresse de médecins ou de dentistes parlant français ou, à défaut, anglais.

SÉCURITÉ DES PERSONNES

Bien que la délinquance violente soit rare à Madrid, il convient de prendre quelques précautions de bon sens comme dans toute grande ville.

À l'aéroport et dans une gare, ne quittez pas des yeux vos bagages. Pour éviter les vols à la tire, gardez les lanières de vos sacs, appareils photo ou caméras passées en bandoulière plutôt que simplement à l'épaule.

Faites une photocopie de vos documents importants et laissez-les à l'hôtel. C'est une précaution qui peut se révéler très utile.

La nuit, évitez les quartiers déserts et peu éclairés, et si vous rentrez très tard, prenez de préférence un taxi.

Guardia Civil

Policía Municipal

LA POLICE ESPAGNOLE

L'Espagne possède trois grands corps de police. Le premier, la *Guardia Civil* (garde nationale), maintient principalement l'ordre dans les zones rurales, en particulier sur les routes de campagne et les autoroutes. Ses agents surveillent aussi les édifices publics et participent aux opérations antiterroristes. Ils portent un uniforme vert olive, et ne sortent plus leur célèbre tricorne noir que pour les cérémonies.

La *Policía Nacional*, à l'uniforme bleu, s'occupe principalement de la sécurité nationale, du terrorisme et de la grande délinquance dans les localités de plus de 30 000 habitants. Responsable du contrôle de l'immigration, elle a aussi en charge l'attribution des permis de travail et des attestations de résidence. Un département spécial, au personnel féminin, a été créé Puerta del Sol pour s'occuper spécifiquement des crimes commis contre des femmes.

La *Policía Municipal* surveille la circulation urbaine. Ce sont ses membres, en particulier, qui infligent en ville les amendes en cas d'infraction au code de la route.

ADRESSES

SERVICES D'URGENCE

Police *(Policía)*
Tél. 091.

Ambulance *(Ambulancia)*

Pompiers *(Bomberos)*
Tél. 112 (ambulance, incendie, police).

Croix-Rouge *(Cruz Roja)*
Tél. 91 522 22 22.
www.cruzroja.es

AIDE JURIDIQUE

Certaines assurances couvrent les frais juridiques, s'il y a litige après un accident par exemple. En cas d'arrestation, vous avez le droit d'appeler votre ambassade *(p. 193)*. Elle doit pouvoir vous fournir une liste d'avocats parlant français. Le *colegio de abogados* (barreau) vous indiquera aussi où obtenir une assistance juridique ou vous recommandera un défenseur.

Si vous avez besoin d'un interprète, contactez votre ambassade ou consultez les pages jaunes de l'annuaire *(páginas amarillas)* aux rubriques *traductores* ou *intérpretes*. Seuls les *traductores oficiales* et les *traductores jurados* peuvent traduire les documents légaux ou officiels.

TOILETTES PUBLIQUES

Bien que récemment quelques-unes soient devenues payantes dans certaines rues, les toilettes publiques restent rares à Madrid, et le seul recours consiste souvent à utiliser *los servicios* d'un café, d'un grand magasin ou d'un hôtel. Dans les stations-service, il faut parfois réclamer la clé *(la llave)* des toilettes.

SÉCURITÉ DES BIENS

Une assurance voyage spécifique peut vous protéger financièrement en cas de perte ou de vol de vos biens. Cela n'empêche pas de prendre quelques précautions, comme utiliser le coffre de l'hôtel par exemple.

Voiture de la Policía Nacional, principal corps de police urbaine

Ambulance de la Croix-Rouge

Camion de pompiers

Vous ne devriez pas avoir besoin de transporter d'importantes sommes en liquide, car aucun pays d'Europe ne possède autant de distributeurs de billets que l'Espagne. Ils acceptent toutes les principales cartes. Si vous en détenez plusieurs, ne les gardez toutefois pas ensemble. Les chèques de voyage se révèlent aussi très sûrs dans la mesure où, en cas de perte ou de vol, la présentation du reçu permet d'en obtenir le remboursement sur place. Une pièce d'identité est nécessaire pour les encaisser.

Il faut faire une *denuncia*, une déclaration de perte ou de vol, auprès de la *comisaría* locale pour pouvoir obtenir un remboursement par une assurance. Certaines compagnies exigent même que cette démarche soit effectuée dans les 24 h. S'il s'agit de votre passeport, contactez votre ambassade, elle l'a peut-être récupéré. Sinon, elle se chargera de le remplacer, mais ne fournira pas d'aide financière. Les objets trouvés aboutissent généralement à la poste centrale de la plaza de Cibeles.

DANGERS DE PLEIN AIR

Vents violents et sécheresse provoquent chaque année des incendies en Espagne. Ne jetez donc pas de mégot par la fenêtre de votre voiture et ne laissez pas traîner de bouteilles vides dans la nature.

En forêt, un panneau marqué *coto de caza* signale une réserve de chasse réglementée. *Toro bravo* signifie « taureau de combat » : n'approchez pas. Un *camino particular* est une voie privée.

En montagne, prévoyez un équipement adéquat et prévenez de l'heure à laquelle vous comptez rentrer. Les téléphones mobiles fonctionnent dans une grande partie du pays.

Banques et monnaie

L'Espagne n'impose pas de limite à l'importation de devises dans le pays, mais il faut faire une déclaration pour exporter plus de 6 000 €. Les chèques de voyage sont largement acceptés et les banques, qui offrent en général les meilleurs taux, les bureaux de change et certains magasins et hôtels. Ce sont les banques qui offrent généralement les meilleurs taux. Le plus simple consiste néanmoins à retirer de l'argent avec une carte bancaire aux nombreux distributeurs de billets.

HORAIRES DES BANQUES

Bien que les grandes agences du centre de Madrid commencent à prolonger leurs horaires d'ouverture, les banques espagnoles ouvrent normalement de 8 h à 14 h du lundi au vendredi et, pour certaines, le samedi jusqu'à 13 h. En août, la plupart ferment complètement le week-end.

CHANGE

La majorité des banques madrilènes ont un bureau de change (*cambio* ou *extranjero*). Il est nécessaire de présenter une pièce d'identité pour toute transaction.

Les principales cartes bancaires permettent de retirer au guichet une somme allant jusqu'à 300 €. Pour des virements en cas d'urgence, il existe le service **Western Union Money Transfer.**

Nombreux dans les quartiers touristiques notamment sur la Gran Vía et autour de la Plaza del Calleo, les bureaux de change signalés par des panneaux « *Caja de Cambio* » ou « *Change* » ne prélèvent pas de commission mais possèdent des taux de change plus élevés que dans la majorité des banques. Ils ont toutefois des horaires d'ouverture plus pratiques puisqu'ils ferment tard le soir. Les caisses d'épargne *(cajas de ahorro)* changent aussi les devises. Elles ouvrent de 8 h 30 à 14 h en semaine et de 16 h 30 à 19 h 45 le jeudi.

Logo de la BBVA, la Banco Bilbao Vizcaya Argentaria

CHÈQUES ET CARTES BANCAIRES

Les chèques de voyage s'achètent auprès de toutes les banques. Tous sont acceptés en Espagne, mais ceux émis par **American Express et Travelex** sont toutefois les plus répandus. De plus, si vous encaissez des chèques American Express auprès des bureaux AmEx, il n'y a pas de commission. Il faut prévenir la banque pour encaisser des chèques d'un montant supérieur à 3 000 €. De même, pour tirer plus de 6 000 € en chèques de voyage, on peut vous demander un certificat d'achat des chèques, conservez-le donc avec vous.

Les cartes bancaires les plus répandues sont les cartes **Visa (Access), Mastercard, Eurocard, American Express et Diners Club,** cette dernière restant rare en dehors de la ville. Les banques acceptent les retraits liquide sur présentation de ces cartes (il faut aussi souvent présenter une pièce d'identité). Ces cartes permettent aussi de retirer du liquide dans les distributeurs automatiques de billets, mais la commission de retrait varie selon la banque émettrice de la carte.

Lorsque vous payez un achat avec une carte, on vous demandera de taper votre code confidentiel. Dans les boutiques, il faut souvent présenter en plus une pièce d'identité. Si vous devez laisser votre passeport à l'hôtel, prévoyez donc d'avoir une pièce d'identité.

Distributeur automatique (24 h/24)

DISTRIBUTEURS DE BILLETS

Les distributeurs automatiques acceptent presque tous les cartes Visa et Mastercard, ainsi que celles portant les logos Cirrus et Maestro. Ils permettent de retirer de l'argent sur son compte, à condition de détenir une carte valable à l'étranger.

Les instructions sont affichées en anglais, en français, en allemand et en espagnol. Si le distributeur se trouve dans un local fermé, glissez votre carte dans la fente près de la porte pour pouvoir entrer.

ADRESSES

BANQUES

Western Union Money Transfer
Tél. *90 211 41 89 ou 90 219 71 97.*

CARTES ET CHÈQUES DE VOYAGE PERDUS

American Express
Pl de Las Cortes 2,
28014 Madrid.
Tél. *902 37 56 37.*

Diners Club
Tél. *901 10 10 11.*

MasterCard
Tél. *900 97 12 31 (appel gratuit).*

Travelex/T Cook MC
Tél. *900 94 89 71 (appel gratuit).*

VISA
Tél. *900 99 11 24 (appel gratuit).*

L'EURO

Douze pays ont remplacé leur monnaie nationale par une monnaie unique européenne, l'euro : l'Allemagne, l'Autriche, la Belgique, l'Espagne, la Finlande, la France, la Grèce, l'Irlande, le Luxembourg, les pays-Bas, le Portugal et l'Italie. Le Royaume-Uni, le Danemark et la Suède, ne font pour l'instant pas partie de la zone euro. Les pièces et les billets ont été mis en circulation le 1er janvier 2002. En Espagne, une période de transition a permis d'utiliser les pesetas et les euros simultanément. La peseta a disparu en mars 2002. Toutes les pièces et les billets de la monnaie unique sont utilisables partout dans les pays de la zone euro.

Les billets

Les billets en euros existent en 7 coupures. Leur taille et leur couleur sont différentes selon leur valeur. Le billet de 5 € (de couleur grise) est le plus petit, le billet de 10 € est rouge, le billet de 20 € est bleu, le billet de 50 € est orange, le billet de 100 € est vert, le billet de 200 € est brun-jaune et celui de 500 € est violet.

5 euros

10 euros

20 euros

50 euros

100 euros

200 euros

500 euros

2 euros

1 euro

50 cents

20 cents

10 cents

Les pièces

Il existe 8 pièces en euros : 1 euro et 2 euros, 50 cents, 20 cents, 10 cents, 5 cents, 2 cents et 1 cent. Les pièces de 1 et de 2 euros sont dorées et argentées. Les pièces de 5, 2 et 1 cent(s) sont couleur bronze.

5 cents

2 cents

1 cent

Communications et médias

Tabac vendant des timbres

L'entreprise de télécommunications Telefónica est passée sur réseau numérique en 1995, et son monopole a pris fin en 1998. La plupart des téléphones publics sont à cartes ou à pièces. Les services postaux (*correos*) sont reconnaissables à leur logo en forme de couronne rouge ou blanche sur fond jaune. Tous les bureaux de poste permettent d'envoyer des recommandés ou des télégrammes et d'acheter des timbres, vendus aussi dans les *estancos* (bureaux de tabac gérés par l'État).

MODE D'EMPLOI D'UN TÉLÉPHONE À PIÈCES ET À CARTE

1 Décrochez et attendez la tonalité et l'affichage du message : Inserte monedas o tarjeta.

2 Insérez des pièces (monedas) ou une carte (tarjeta).

3 Composez le numéro lentement. Mieux vaut faire une petite pause entre chaque chiffre.

4 L'écran affiche le numéro que vous composez et l'argent ou les unités qu'il vous reste. Il indique le moment de rajouter des pièces.

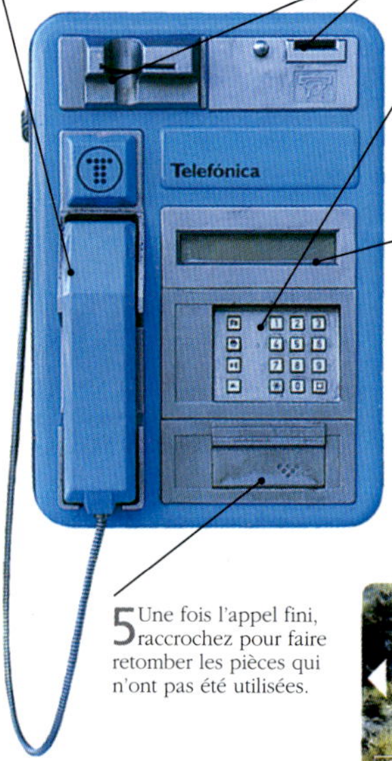

5 Une fois l'appel fini, raccrochez pour faire retomber les pièces qui n'ont pas été utilisées.

Carte téléphonique espagnole

Logo de Telefónica

TÉLÉPHONER EN ESPAGNE

Outre les cabines publiques *(cabinas)*, vous trouverez des publiphones dans les bars. Tous acceptent les pièces, mais les cartes vendues par les marchands de journaux et les bureaux de tabac *(estancos)* se révèlent plus pratiques. Certains téléphones affichent les instructions en plusieurs langues.

On peut aussi téléphoner dans les *locutorios*, bureaux qui permettent de payer après avoir passé ses appels, sans se soucier d'avoir de la monnaie. Les moins chers sont ceux gérés par Telefónica. Les autres, privés, sont souvent installés dans des magasins. Toutefois, une communication effectuée depuis un *locutorio* privé ou une *cabina* revient 35 % plus cher que depuis un domicile. France Telecom propose le service France Direct (carte France Telecom) qui permet de passer des appels depuis n'importe quel poste à touches, le téléphone d'un ami par exemple, et d'être facturé en France. Les appels passés depuis une chambre d'hôtel peuvent revenir très cher. Il n'existe plus d'indicatifs

OBTENIR LE BON NUMÉRO

- Pour appeler de l'étranger en Espagne, composer le 34 (code du pays) et le numéro complet. Les premiers chiffres indiquent la province : 93 pour Barcelone, 973, 972 et 977 pour Lleida, Gérone et Tarragone.
- Pour appeler à l'étranger, faites le 00, l'indicatif du pays, puis le numéro du correspondant (sans le premier 0 pour les appels vers la France, ou de celui des indicatifs régionaux pour les autres pays).
- Les indicatifs pour l'étranger sont le 32 pour la Belgique, le 1 pour le Canada, le 33 pour la France et le 41 pour la Suisse.
- Pour obtenir une opératrice ou les renseignements, composez le 11818.
- Le numéro des renseignements internationaux est 11825.
- Pour téléphoner en PCV, faites le 1005 suivi de l'indicatif du pays pour l'UE, du 15 pour le Canada ou du 41 pour la Suisse. Les numéros des autres pays se trouvent au début de l'annuaire (volume A-K) à la rubrique « *Indicativos Internacionales* ».

régionaux en Espagne depuis 1998. Il faut donc composer le numéro complet, y compris le 9 du début. Pour appeler depuis la France, tapez d'abord 00 pour obtenir l'international puis 34, l'indicatif de l'Espagne.

SERVICES POSTAUX

La poste (Correos) est lente, et même s'il est possible d'envoyer un courrier en express *(urgente)* ou en recommandé *(certificado)* les entreprises privées de messagerie assurent un service plus fiable et plus rapide.

Il existe quatre gammes de tarifs postaux en fonction de la destination : l'Union européenne, le reste de l'Europe, les États-Unis et le reste du monde. Les paquets doivent être pesés et affranchis dans les bureaux de poste. Mieux vaut fermer avec de la ficelle, car si c'est le guichetier qui s'en charge, il faut payer un supplément.

Les principaux bureaux de poste ouvrent de 8 h à 21 h du lundi au vendredi et de 9 h à 19 h le samedi. En banlieue ou dans les petites localités, ils ferment souvent dès 14 h en semaine et à 13 h le samedi.

Timbres espagnols

RÉDIGER UNE ADRESSE

Dans les adresses espagnoles, le nom de la voie précède le numéro de l'immeuble que suit celui de l'étage de l'appartement. Les deux premiers chiffres du code postal indiquent la province.

LETTRES ET TÉLÉCOPIES

Le courrier expédié dans une grande poste arrivera en général plus vite que celui glissé dans une boîte aux lettres *(buzón)*. Celles des villes sont jaunes et de grande taille, et diffèrent de celles des bourgs et des villages, plus petites et fixées à des murs.

Les lettres en poste restante doivent porter la mention *Lista de Correos* et le nom de la ville. Vous les récupérerez, en présentant une pièce d'identité, à la poste centrale. Pour recevoir ou envoyer de l'argent, demandez un *giro postal*.

Certains *locutorios*, des hôtels et de nombreux commerces proposent un service de télécopie. Cherchez les enseignes indiquant *telefax*.

Boîte aux lettres

TÉLÉVISION ET RADIO

Le service public de télévision, Televisión Española, diffuse les deux chaînes TVE1 et TVE2. Plusieurs régions autonomes possèdent aussi leur propre chaîne émettant en langue locale. Celle de Madrid, Telemadrid, est une bonne source d'informations sur les manifestations organisées dans la capitale et aux alentours.

Il existe aussi trois chaînes nationales indépendantes : Antena 3, Tele-5 (Telecinco) et Cuatro. Pour les chaînes par satellite, vous devrez souscrire un abonnement.

La plupart des films étrangers du petit écran sont doublés. Dans les magazines, le sigle VO signale ceux qui sont en *versión original*.

Les hôtels captent par satellite CNN, Eurosport et Cinemanía. La radio de service public, Radio Nacional de España comporte quatre stations : Radio 2 et Radio 3 diffusent de la musique, Radio 1 et Radio 5 sont des stations d'informations.

JOURNAUX ET MAGAZINES

La majorité des kiosques installés près de la Puerta del Sol, de la Gran Vía, de la calle de Alcalá et du paseo de la Castellana vendent des quotidiens et des périodiques étrangers. Des journaux du matin comme *Le Figaro* et *Libération* sont disponibles le même jour qu'en France, *France-Soir* et *Le Monde* arrivent le lendemain.

Les journaux espagnols les plus lus sont, dans l'ordre, *El País*, *El Mundo* et *ABC*. *Marga El Mundo* possède plus de chroniques et s'adresse à une clientèle plus jeune que les autres, qui offrent une présentation plus approfondie de l'actualité internationale.

Les principaux magazines de programme comprennent *Guía del Ocio*, qui paraît le vendredi, *Metrópoli*, supplément gratuit de l'édition du vendredi d'*El Mundo*, *Tentaciones*, supplément gratuit du vendredi d'*El País*, et *Salir*, qui paraît le vendredi.

Hors de la capitale, les journaux locaux constituent de précieuses sources d'information sur les manifestations prévues dans les villes et les villages.

Il existe également des périodiques s'adressant aux anglophones de Madrid : *Guidepost*, magazine d'informations générales et économiques, *In Madrid*, mensuel gratuit diffusé dans les pubs, les librairies et les magasins de disques, et *Lookout*. La Chambre française de commerce et d'industrie publie *Perspectives*.

Quotidiens espagnols

ALLER À MADRID

Madrid se trouve au cœur des réseaux routier et ferroviaire espagnols. Ils ont été grandement améliorés en 1992 pour l'organisation de l'Exposition universelle de Séville et des Jeux olympiques de Barcelone. Des trains à grande vitesse desservent désormais au départ de Madrid des destinations dans tout le pays. Des autoroutes rayonnent aussi depuis la ville dans toutes les directions. Il existe des liaisons aériennes régulières entre l'aéroport Barajas et beaucoup de capitales européennes ou de grandes villes de province comme Bordeaux et Nice. Barajas est également une des grandes voies d'accès à l'Amérique du Sud.

Panneau indiquant l'aéroport

ARRIVER EN AVION

La compagnie nationale espagnole **Iberia** assure des vols réguliers directs quotidiens avec toutes les capitales d'Europe occidentale (sauf Dublin), et deux ou trois navettes hebdomadaires avec celles d'Europe de l'Est. **Air France** propose des vols directs à partir de Paris mais aussi de certaines villes de province. **Swiss** et **Sabena** assurent des liaisons quotidiennes au départ de Genève et de Bruxelles.

Si les compagnies aériennes régulières offrent toute une gamme de tarifs, il existe aussi de nombreuses compagnies de charters et le mieux est de comparer les prestations et les tarifs, sur Internet notamment.

DE L'AÉROPORT AU CENTRE-VILLE

Il faut environ 20 min par la route pour rejoindre le cœur de Madrid depuis Barajas. Le bus de l'aéroport part du terminal 1 ; il mène à la station Avenida de América.

En taxi, la course ne devrait pas vous revenir à plus de 30 euros. Il faut environ 12 min en métro pour rejoindre la station Nuevos Ministerios, où de nombreuses compagnies aériennes ont des bureaux d'enregistrement.

Les bus qui mènent à l'aéroport partent de la station Avenida de América. Ils vous déposent au terminal 1, 2 et 3 (bus 200) et au terminal 4 (bus 204). Départ toutes les 12 min de 6 h à 23 h 30. Coût du trajet : 1 €.

TARIFS

La fréquentation des vols à destination de l'Espagne varie en fonction des périodes de l'année et c'est en hiver, hors vacances de Noël et de Pâques, que vous avez des chances d'obtenir les meilleurs prix, en particulier sur des forfaits week-end comprenant le transport, l'hébergement et, parfois, des spectacles ou des visites. N'hésitez pas à comparer les offres, notamment avec celles de compagnies aériennes espagnoles comme **Europa Air, Spanair** et **EasyJet.**

VOLS INTÉRIEURS

Iberia propose un service de navettes *(puente aéreo)* entre Madrid et Barcelone avec de très nombreux vols quotidiens. Les passagers peuvent acheter leur billet à un distributeur automatique jusqu'à 15 min avant le départ.

Comme Iberia, **Air Nostrum,** Air Europa et Spanair assurent des liaisons avec les capitales régionales. Moins fréquentes que le *puente aéreo,* elles sont aussi un peu moins chères. Il existe un système de remises, comparable au système Apex, qui permet de voler meilleur marché à condition de réserver. Pour obtenir la réduction la plus intéressante, il faut s'y prendre au moins une semaine à l'avance.

Panneau du service de navette reliant Madrid et Barcelone

ARRIVER EN TRAIN

La compagnie espagnole de chemins de fer, **RENFE** *(Red Nacional de Ferrocarriles Espanõles),* possède deux terminus de grandes lignes à Madrid : **Atocha** *(p. 83),* au sud du centre, et **Chamartín,** au nord. C'est à Atocha qu'arrivent les trains en provenance du Portugal et du sud et de l'ouest de l'Espagne, ainsi que les AVE à grande vitesse venant de Séville et Cordoue, Saragosse, Tolède et Barcelone. Les passagers arrivant de France et du nord et de l'est de l'Espagne descendent normalement à Chamartín. Un tunnel relie les deux gares et certains trains s'arrêtent aux deux.

Le nouveau service AVE entre Madrid et Barcelone via Guadalajara et Saragosse

Un avion d'Iberia, la compagnie nationale espagnole

La gare d'Atocha, l'une des premières structures en fer et en verre

prévoit d'aller jusqu'à la frontière française pour 2007. Cela permettra l'ouverture d'une ligne à grande vitesse reliant Madrid et Barcelone avec les TGV français et ceux du reste de l'Europe.

Il y a également les TALGO (trains express) qui peuvent circuler à la fois sur des rails pour AVE et des rails européens et des trains moins rapides *(largo recorrido)*. Le service TALGO signifie que l'on peut voyager d'une grande ville à l'autre de façon très rapide.

Des trains-couchettes arrivent de Lisbonne, Paris et d'autres régions d'Espagne. Il est possible de charger à l'avance une voiture qui voyagera dans le train. Les vélos ne peuvent être transportés que dans les compartiments couchettes de ces trains-auto. Ils doivent être démontés et emballés.

ARRIVER EN AUTOCAR

L'autocar offre un moyen économique de voyager, y compris sur de longues distances et, en Espagne, il permet souvent de se déplacer plus vite qu'en train, en particulier depuis les stations balnéaires.

La compagnie **Eurolines** assure des liaisons régulières dans toute l'Europe. Ses autocars sont confortables et les passagers disposent le plus souvent de la climatisation et de dossiers inclinables, mais mieux vaut le vérifier au moment de prendre son billet.

Panneaux routiers madrilènes

Madrid abrite trois gares routières principales. Située au sud-est, non loin du centre-ville, l'**Estación Sur de Autobuses** dessert tout le pays, tandis que les bus partant de l'**Estación Auto-Res** rejoignent Valence, Lisbonne, et l'est et le nord-ouest de l'Espagne. La **Estación de Av. de América** se trouve à l'est du centre-ville et dessert le nord de la péninsule et Tolède.

L'échangeur entre transports en commun de la calle de Méndez Alvaro permet un accès pratique aux bus urbains, au métro et aux trains régionaux.

ARRIVER EN VOITURE

Les panneaux de signalisation et le code de la route espagnols diffèrent peu des français *(p. 195)*. Les autoroutes à péage sont relativement chères, mais plusieurs grands axes de communication à doubles voies restent gratuits.

Madrid possède deux autoroutes périphériques, la M40 extérieure et la M30 plus proche du centre. Toutes les autoroutes rejoignent la M30. Les sorties sont identifiées par le nom de la rue à laquelle elles donnent accès.

ADRESSES

AÉROPORT

Renseignements Aéroport Barajas
Tél. *91 305 83 43.*
www.aena.es

COMPAGNIES AÉRIENNES

Air France
Tél. *0820 820 820.*
(renseignements).
www.airfrance.fr

Iberia
Tél. *0820 075 075.*
(Orly-Ouest)
www.iberia.com

VOYAGISTES

Air Europa
Tél. *902 40 15 01.*
www.air-europa.com

Air Nostrum
Tél. *902 20 02 22.*

Brussels Airlines
Tél. *0826 10 18 18.*
www.brussels-airlines.com

Swiss
www.swiss.com

Nouvelles Frontières
Tél. *0825 000 825.*
www.nouvelles-frontieres.fr

OTU Voyages
Tél. *0820 817 817.*
www.otu.fr

Anyway.com
Tél. *0890 890 890.*
www.anyway.com

Spanair
Tél. *902 13 14 15. (Espagne).*
www.spanair.com

GARES FERROVIAIRES

Atocha
Plaza del Emperador Carlos V. **Plan** 7 C5.
Tél. *902 24 02 02.*

Chamartín
Calle de Agustin de Foxá.
Tél. *902 24 02 02.*

Principe Pío
Estación del Norte.
Plan 3 A1.
Tél. *902 24 02 02.*
www.renfe.es

COMPAGNIES ET GARES ROUTIÈRES

Estación Sur de Autobuses
Calle de Méndez Alvaro, Esquina Calle de la Retama.
Tél. *91 468 42 00.*

Eurolines
Tél. *91 506 33 60 (Madrid).*
Tél. *(020) 7730 8235 (UK).*
www.eurolines.es

Auto-Res
Calle Fernández Shaw 1.
Tél. *902 02 09 99.*
www.auto-res.net

Continental-Auto
Avenida de América 9.
Tél. *91 745 63 00.*
Tél. *902 33 04 00 (billets).*

Circuler à Madrid

La marche à pied est le meilleur moyen de découvrir le centre de Madrid où les sites d'intérêt sont concentrés à courte distance les uns des autres. Toutefois, si vos visites vous emmènent plus loin, le métro, avec ses rames propres et rapides, est le plus pratique des transports en commun. Si on dispose de plus de temps, un excellent réseau de bus permet de visiter la ville tout en se déplaçant. Vous pouvez aussi prendre un taxi. Ils sont des milliers à sillonner les rues de Madrid. Si vous projetez de vous rendre dans les sites en dehors du centre, n'oubliez pas que beaucoup de musées et de magasins ferment entre 14 h et 17 h.

Autobus urbain à la couleur caractéristique devant la Puerta de Toledo

MADRID EN BUS

Avantageux, le *Metrobús,* ticket autorisant dix trajets en bus ou en métro, coûte environ 6,50 euros. Le nouveau *pass* touristique, à partir de 3,50 euros, permet de se déplacer dans Madrid et au-delà. Les *Bonobuses* s'achètent dans les débits de tabac *(estancos),* chez les marchands de journaux et dans les kiosques de l'**EMT,** sur la plaza de Colón, la plaza de Cibeles, la plaza del Callao, la plaza de Manuel Becerra et la Puerta del Sol. Ces kiosques fournissent des plans et des renseignements sur les transports publics, y compris les trains régionaux.

Des panneaux installés aux arrêts de bus indiquent le numéro de la ligne et son parcours. En montant à bord, vous pouvez soit acheter votre billet au chauffeur, soit composter votre *Metrobús.* Il suffit d'appuyer sur le bouton proche des portes de sortie pour demander l'arrêt. L'expression « *piso bajo* » (« plancher bas ») signale les véhicules surbaissés au niveau des portes arrières, conçus pour les personnes en fauteuil roulant.

Les lignes les plus pratiques sont la 2, qui traverse le centre de Madrid d'est en ouest, la 5, qui relie la Puerta del Sol à la gare de Chamartín en passant par la plaza de Cibeles, et la 27 qui suit, du nord au sud, le paseo de la Castellana de la plaza de Castilla à la glorieta de Embajadores.

Les bus circulent de 6 h à 23 h 30. La nuit, ils passent toutes les demi-heures entre minuit et 3 h, puis toutes les heures jusqu'à 6 h. Vingt bus de nuit *(buhos)* partent dans différentes directions de la plaza de Cibeles.

Taxis en attente

MADRID EN MÉTRO

Le métro est le mode de déplacement le plus rapide à Madrid. En outre, beaucoup de stations abritent des boutiques et des bars, et celle du Retiro renferme même une galerie d'art. Le métro est ouvert de 6 h à 1 h 30.

Le réseau se compose de 200 stations reliées par 12 lignes, repérées chacune par une couleur différente, plus la liaison Ópera-Príncipe Pío *(voir plan des transports, à la fin du guide).* Un ticket permet d'effectuer un trajet illimité. Les stations vendent des *Metrobús,* forfaits de dix trajets valables aussi pour les bus. Une ligne permet de rejoindre l'aéroport Barajas.

Panneau d'une station de métro

MADRID EN TAXI

Il existe environ 15 000 taxis à Madrid. Ils portent tous une bande oblique jaune sur la portière. Quand ils sont libres, ils allument la lanterne verte sur leur toit.

Dans les limites de la ville de Madrid, y compris jusqu'à l'aéroport, les taxis doivent impérativement mettre en route leur compteur. La prise en charge est de 1,50 euro, et divers suppléments s'appliquent : pour les bagages, pour un chien (sauf un chien d'aveugle), si la destination est l'aéroport ou le Parque Ferial, et enfin si la course part d'une gare entre 11 h et 18 h un samedi, un dimanche ou un jour férié.

Pour commander une voiture, appelez **Radio Taxi ou Radioteléfono Taxi** qui propose aussi des véhicules pour handicapés *(p. 173).*

Autobus d'une compagnie de visites organisées

VISITES EN BUS

Les bus à impériale de **Madrid Vision** circulent toute la journée. Les passagers disposent d'écouteurs diffusant un commentaire. Il existe 14 points d'embarquement qui vous permettent de monter ou descendre où vous voulez. Les visites sont possibles toute l'année.

Juliá Travel propose une gamme variée de visites organisées, certaines comprenant une corrida *(p. 109)* ou un spectacle de flamenco en soirée *(p. 182)*.

MADRID EN VOITURE

Le conducteur d'un véhicule doit pouvoir présenter à tout moment son permis de conduire, une pièce d'identité, la carte grise et une attestation d'assurance. Un permis de conduire national suffit pour les ressortissants de l'Union européenne, les habitants d'autres pays doivent se munir d'un permis international.

Conduire à Madrid n'a rien d'une sinécure : les Madrilènes se montrent agressifs au volant, la signalisation se révèle trompeuse ou insuffisante, les stations-service sont rares et il est difficile de se garer. Des embouteillages se forment aux heures de pointe, en particulier sur la M30, le périphérique intérieur. Si jamais vous vous perdez, faites signe à un taxi, criez l'adresse et suivez-le. Il vous en coûtera le prix de la course.

La vitesse est limitée en Espagne à 50 km/h en agglomération, à 100 km/h sur route et à 120 km/h sur autoroute.

LOUER UNE VOITURE

Pour pouvoir louer une voiture, il faut avoir plus de 21 ans et posséder un permis valide (international pour les étrangers n'appartenant pas à l'Union européenne). Le paiement s'effectue par carte bancaire, en liquide ou en chèques de voyage.

Plusieurs sociétés, telles que **Avis, Europcar, Hertz** et **National Atesa** possèdent des comptoirs au Terminal 1 de l'aéroport Barajas. Des loueurs sont aussi installés dans les gares d'Atocha et de Chamartín. Il est vivement recommandé de souscrire une assurance complète et, l'été, de demander des voitures climatisées.

Logos de grandes sociétés de location de voitures

SE GARER

Il est difficile de trouver où se garer à Madrid et, si vous venez en voiture, vous avez intérêt à choisir un hôtel offrant la possibilité de stationner. Il existe toutefois dans le centre des parkings souterrains payants. Les mots « *libre* », en vert, ou « *completo* », en rouge, vous indiqueront s'il reste des places disponibles. Attention au stationnement interdit : récupérer une voiture emportée par la fourrière coûte 180 euros. Dans le centre, des lignes bleues et vertes sur la chaussée délimitent des zones de stationnement. Les lignes vertes indiquent le stationnement résidentiel, bien que les non-résidents soient autorisés également à se garer pour une heure. Les lignes bleues permettent de se garer deux heures. Il faut acheter toutefois les tickets correspondants aux horodateurs de couleur.

Panneau d'interdiction de s'arrêter

ADRESSES

RENSEIGNEMENTS DES BUS ET DU MÉTRO

Renseignements des bus EMT
Tél. *91 406 88 10.*

Renseignements métro
Tél. *902 44 44 03.*
www.metromadrid.es

TAXIS

Radio Taxi
Tél. *91 447 51 80.*

Radioteléfono Taxi
Tél. *91 547 82 00.*

VISITES EN BUS

Juliá Travel
Gran Vía 68. **Plan** 4 F1.
Tél. *91 559 96 05.*
www.juliatravel.com

LOCATION DE VOITURES

Avis
Tél. *902 18 08 54.*
Tél. *91 393 72 22 (aéroport Barajas).*
Tél. *(800) 331 1084 (US).*
www.avis.com

Europcar
Tél. *902 10 50 30.*
Tél. *91 393 72 35 (aéroport Barajas).*
www.europcar.com

Hertz
Tél. *901 10 10 01.*
Tél. *91 393 72 28 (aéroport Barajas).*
Tél. *(800) 654 3001 (US).*
www.hertz.com

National Atesa
Tél. *902 10 01 01.*
Tél. *91 393 72 32 (aéroport Barajas).*
www.atesa.com

Pepecar
Parking Plaza de España.
Tél. *807 41 42 43.*
www.pepecar.com

VÉLOS

Karacol Sport SA
Calle de Tortosa 8. **Plan** 7 C5.
Tél. *91 539 96 33.*

MADRID EN VÉLO

Karacol Sport SA loue des bicyclettes près de la gare d'Atocha, mais se déplacer à vélo n'est agréable à Madrid que le dimanche et les jours fériés. Le reste du temps la circulation est trop intense.

Circuler hors de Madrid

Logo des chemins de fer espagnols

Chacun des principaux sites des environs de Madrid peut être visité en une journée. Mais quelques jours d'excursion hors de la capitale vous donneront l'occasion de séjourner dans une ville ou un village au rythme plus paisible, ou encore de découvrir des hébergements typiques à la campagne. C'est la voiture qui vous offrira le plus de liberté, bien que le train relie toutes les villes historiques. L'AVE permet ainsi de rejoindre Séville, Barcelone, Valence ou Cordoue en quelques heures. Des agences de voyages proposent des visites organisées de Tolède, El Escorial et Ségovie. Pour un long trajet en bus, assurez-vous que vous prenez la liaison la plus directe.

Trains AVE en gare d'Atocha

CIRCULER EN TRAIN

Cinq types de trains partent de Madrid : *cercanías* (de banlieue), *regional, largo recorrido* (longue distance), TALGO (longue distance express), Alaris (pour Valence) et AVE (liaison à grande vitesse avec Ciudad Real, Puertollano, Cordoue, Séville, Guadalajara, Saragosse, Calatayud et Lleida).

Le *cercanías* C-2 assure des dessertes fréquentes d'Alcalá de Henares et de Guadalajara au départ de Chamartín, Nuevos Ministerios, Recoletos et Atocha. Des *cercanías* partent aussi toutes les demi-heures d'Atocha pour Aranjuez. De mi-avril à mi-juillet et de mi-septembre à mi-octobre, le *Tren de las Fresas* (« train des Fraises »), tiré par une locomotive à vapeur, circule le week-end entre Aranjuez et la gare d'Atocha. Une dégustation de fraises est comprise dans le prix du billet qu'il faut réserver à l'avance. Pour rejoindre Puerto Navacerrada et les stations de ski, le plus simple consiste à prendre à Atocha le *cercanías* C-8b jusqu'à Cercedilla puis à changer pour le C9. Le C-8a conduit à San Lorenzo de El Escorial. Le C-8b continue après Cercedilla jusqu'à Ségovie qu'on peut aussi rejoindre avec le *regional* qui part d'Atocha, à l'instar du *regional* pour Tolède.

BILLETS

Horaires et billets de chemins de fer sont disponibles aux bureaux de la **RENFE** et dans les gares, ainsi qu'auprès des agences de voyages. Les prix dépendent du type de train, les services TALGO, Alaris et AVE étant les plus chers.

Les cyclistes peuvent emporter leur vélo dans un train *regional* pendant les week-ends, les jours fériés et à certaines heures creuses de la semaine. Les bicyclettes sont aussi acceptées, démontées et emballées, dans les compartiments couchettes des trains TALGO et *largo recorrido*.

Les tarifs sont plus élevés le week-end et les jours fériés. Les enfants de moins de 11 ans ont droit à une réduction de 40 %, et de 20 % s'ils sont âgés de 12 à 25 ans (à condition de poursuivre des études). Les billets de retour sont valables quinze jours. Certains jours, la RENFE accorde des prix préférentiels sur de longs trajets. **Iberrail** propose d'intéressants forfaits train + hôtel. *Ida* signifie aller simple, *ida y vuelta* aller et retour.

CIRCULER EN VOITURE

Vérifiez avant votre départ les risques que couvre votre assurance en Espagne, notamment si elle prévoit la prise en charge directe des frais de dépannage ou de rapatriement du véhicule.

La loi impose que le véhicule porte à l'arrière un autocollant indiquant son pays d'immatriculation. Il est obligatoire d'avoir à bord un triangle de détresse, des ampoules de rechange et une trousse de premier secours. En hiver, prévoyez également des chaînes en montagne. En été,

Sur une route de montagne dans une sierra espagnole

Station-service d'une chaîne implantée dans tout le pays

n'oubliez pas d'emporter de l'eau si vous vous écartez des sentiers battus, surtout si vous voyagez avec des enfants.

Il existe deux sortes d'autoroutes en Espagne. Les *autopistas* à péage et les *autovías,* gratuites. Un « N » signale une route nationale *(carretera nacional).*

Six *autovías* (gratuites) numérotées de A1 à A6 rayonnent de Madrid dans différentes directions, et la A42 rejoint Tolède. Elles sont reliées par deux périphériques, la M30 (intérieur) et la M40 (extérieur), qui dessert l'aéroport et relie quatre autoroutes à péage : la R2, la R3, la R4 et la R5.

Le numéro gratuit de l'**Información de Tráfico de Carreteras** permet d'avoir des renseignements sur les conditions de circulation.

FAIRE LE PLEIN

Toutes les stations-service vendent de l'essence *(gasolina),* du gazole *(gasóleo)* et de l'essence sans plomb *(gasolina sin plomo),* mais les plus petites n'acceptent pas toujours les cartes bancaires.

LIMITATIONS DE VITESSE ET AMENDES

Les limitations de vitesse pour les voitures sans remorque sont de 120 km/h sur les *autopistas* (autoroutes à péage), 100 km/h sur les *autovías* (autoroutes gratuites), 90 km/h sur les *carreteras nacionales* (routes nationales) et les *carreteras comarcales* (routes secondaires), et de 50 km/h en agglomération. Les amendes pour excès de vitesse s'élèvent à 6 euros par km/h au-dessus de la vitesse autorisée et sont payables immédiatement. Les tests d'alcoolémie sont de plus en plus répandus.

VISITES ORGANISÉES ET COMPAGNIES DE BUS

La plus grande compagnie madrilène de visites organisées en autocar, **Juliá Travel** *(p. 203),* prend directement les réservations, tandis que **Pullmantour** impose de passer par une agence de voyages. **Madrid Vision** propose aussi des visites guidées en bus.

Des liaisons en bus permettent de rejoindre de nombreux villes et villages. Au départ de l'**Estación Sur de Autobuses, Autocares Samar** dessert Aranjuez, **Autocares Cevesa** va à San Martín de Valdeiglesias, **La Sepulvedana** à Ségovie et **Floravilla** à Sigüenza (un seul départ à 18 h). **Continental-Auto** assure des navettes régulières avec Tolède.

Continental-Auto (situé dans l'avenida de América) dessert aussi Alcalá de Henares, **La Veloz** (plaza de Conde Casal) Chinchón, **Hijos de J. Colmenarejo** (plaza de Castilla) Manzanares el Real, **Larrea SA** (métro Moncloa) Puerto de Navacerrada et **Autocares Herranz** (métro Moncloa) San Lorenzo de El Escorial. **Enatcar** propose un service compétitif vers le littoral.

Autocar d'une compagnie proposant des visites guidées

ADRESSES

CHEMIN DE FER

Iberrail
Tél. 91 571 66 92.
www.iberrail.es

RENFE
Tél. 902 24 02 02.
www.renfe.es

RENSEIGNEMENTS ROUTIERS

Información de Tráfico de Carreteras
Tél. 900 12 35 05.
www.dgt.es

DÉPANNAGE ROUTIER

RACE
Calle General Perón 32.
Tél. 902 12 04 41.
www.race.net

VISITES ORGANISÉES ET COMPAGNIES DE BUS

Autocares Cevesa
Tél. 91 539 31 32.

Autocares Herranz
Tél. 91 890 41 22.

Autocares Samar
Tél. 91 468 48 39.

Continental-Auto
Avenida América station.
Tél. 91 745 63 00.
www.continental-auto.es

Alsa
Estación Sur de Autobuses.
Tél. 902 42 22 42.
www.enatcar.es

Floravilla
Tél. 91 530 88 29.

Hijos de J Colmenarejo
Tél. 91 845 00 51.

Larrea SA
Tél. 91 392 03 96.

Madrid Vision
Tél. 91 779 18 88.
www.madridvision.es

Pullmantur
Tél. 91 556 11 14.

La Sepulvedana
Tél. 91 530 48 00.
www.lasepulvedana.es

La Veloz
Tél. 91 409 76 02.

ATLAS DES RUES

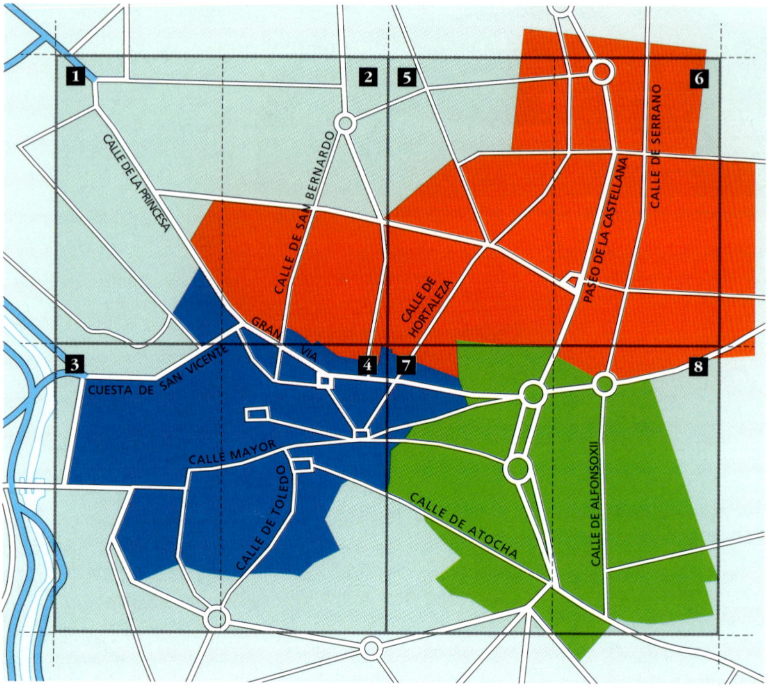

LÉGENDE DE L'ATLAS DES RUES

- Site exceptionnel
- Site intéressant
- Autre édifice
- Gare ferroviaire
- Station de métro
- Arrêt de bus principal
- Gare routière
- Station de taxis
- Parc de stationnement
- Information touristique
- Hôpital de garde
- Poste de police
- Église
- Monastère, couvent
- Bureau de poste
- Voie ferrée
- Rue piétonne

ÉCHELLE DES PLANS

0 200 m

A

Q

R

S

T

V

Y-Z

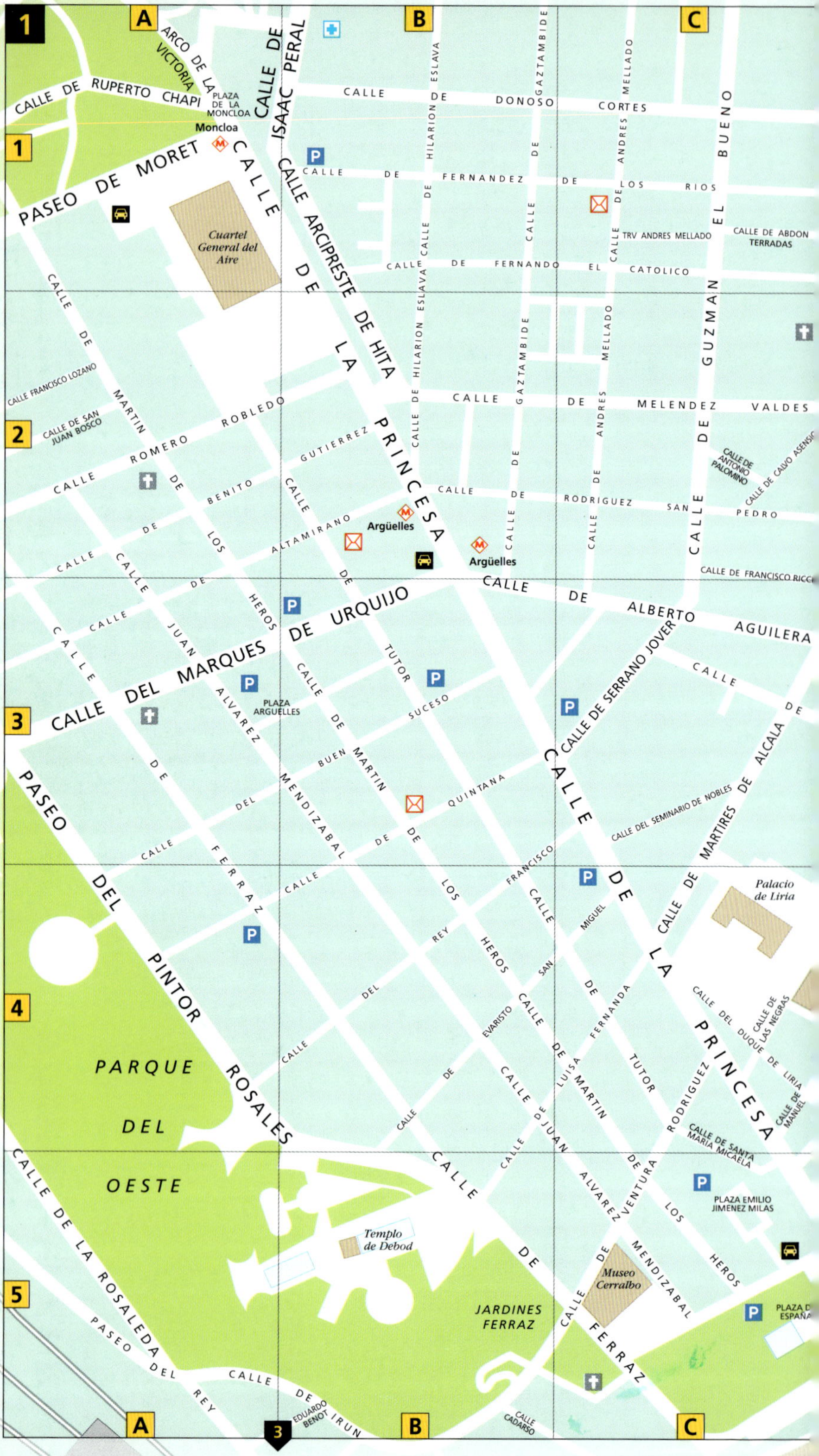
1
A
B
C
1
2
3
4
5
A
B
C
3
ARCO DE LA VICTORIA
CALLE DE RUPERTO CHAPI
PLAZA DE LA MONCLOA
Moncloa
PASEO DE MORET
CALLE DE ISAAC PERAL
CALLE DE DONOSO CORTES
CALLE DE FERNANDEZ DE LOS RIOS
CALLE DE FERNANDO EL CATOLICO
CALLE ARCIPRESTE DE HITA
Cuartel General del Aire
CALLE DE LA PRINCESA
CALLE DE HILARION ESLAVA
CALLE DE GAZTAMBIDE
CALLE DE ANDRES MELLADO
TRV ANDRES MELLADO
CALLE DE BUENO
CALLE DE ABDON TERRADAS
CALLE DE GUZMAN EL BUENO
CALLE DE MELENDEZ VALDES
CALLE DE MARTIN DE LOS HEROS
CALLE FRANCISCO LOZANO
CALLE DE SAN JUAN BOSCO
CALLE ROMERO ROBLEDO
CALLE DE BENITO GUTIERREZ
CALLE DE ALTAMIRANO
CALLE DE ANTONIO PALOMINO
CALLE DE CALVO ASENSIO
CALLE DE RODRIGUEZ SAN PEDRO
Argüelles
Argüelles
CALLE DE FRANCISCO RICCI
CALLE DE ALBERTO AGUILERA
CALLE DE JUAN ALVAREZ MENDIZABAL
CALLE DEL MARQUES DE URQUIJO
CALLE DE TUTOR
CALLE DE SERRANO JOVER
CALLE DE ALCALA
PLAZA ARGUELLES
CALLE DE BUEN SUCESO
CALLE DE QUINTANA
CALLE DE MARTIRES DE ALCALA
CALLE DEL SEMINARIO DE NOBLES
PASEO DEL PINTOR ROSALES
CALLE DE FERRAZ
CALLE DEL REY
CALLE FRANCISCO
CALLE SAN MIGUEL
Palacio de Liria
CALLE DEL DUQUE DE LIRIA
CALLE DE LAS NEGRAS
CALLE DE MANUEL
CALLE DE EVARISTO SAN MIGUEL
CALLE DE LUISA FERNANDA
CALLE DE RODRIGUEZ
CALLE DE SANTA MARIA MICAELA
PARQUE DEL OESTE
CALLE DE LA ROSALEDA
CALLE DE VENTURA RODRIGUEZ
PLAZA EMILIO JIMENEZ MILAS
Templo de Debod
Museo Cerralbo
JARDINES FERRAZ
PASEO DEL REY
CALLE DE IRUN
EDUARDO BENOT
CALLE CADARSO
PLAZA DE ESPAÑA

D
E
F
2
1
2
3
4
5
GLORIETA DE GENERAL ALVAREZ DE CASTRO
C/ DE GARCIA DE PAREDES
CALLE DE BLASCO DE GARAY
CALLE DE GALILEO
CALLE DE VALLEHERMOSO
MAGALLANES
CALLE DE BRAVO MURILLO
ALVAREZ DE CASTRO
CALLE DE DONOSO CORTES
CALLE DE VIRIATO
CALLE ESCOSURA
CALLE DE CERCEDILLA
CALLE DE FERNANDEZ DE LOS RIOS
CALLE DE FEIJOO
CALLE DE PONTEVEDRA
ANGEL POZAS
CALLE DE CASARRUBUELOS
CALLE DE FERNANDO EL CATOLICO
CALLE DEL CARDENAL CISNEROS
CALLE DE MAGALLANES
CALLE DE ELOY GONZALO
GLORIETA DE QUEVEDO
Quevedo
CALLE DE FERNANDO GARRIDO
CALLE DE ARAPILES
CALLE DE SAN BERNARDO
CALLE DEL JORDAN
CALLE DE GONZALO DE CORDOBA
CALLE DE RODRIGUEZ SAN PEDRO
CALLE DE BELVIS
CALLE DE OLID
CALLE DE JERONIMA QUINTANA
CALLE DE FUENCARRAL
CALLE DE EMILIO CARRERE
PLAZA DEL CONTE DEL VALLE DE SUCHIL
CALLE DE MONTELEON
CALLE DE ALBERTO AGUILERA
San Bernardo
CALLE DE SANDOVAL
CALLE DE HARTZENBUSH
GLORIETA DE RUIZ JIMENEZ
CALLE DE BALTASAR GRACIAN
CALLE DE SANTA CRUZ DE MARCENADO
CALLE DEL ACUERDO
CALLE DE CARRANZA
RUIZ
CALLE DE MANUELA MALASAÑA
GLORIETA DE BILBAO
CALLE DE SAN HERMENEGILDO
C/ DE LA GALERIA DE ROBLES
Bilbao
CALLE DE MONTSERRAT
CALLE DEL CONDE DUQUE
CALLE DE SAN ANDRES
CALLE DE QUIÑONES
CALLE DE SAN DIMAS
CALLE DEL DIVINO PASTOR
Cuartel del Conde Duque
PLAZA DE LAS COMENDADORAS
CALLE DE DAOIZ
PLAZA DEL DOS DE MAYO
CALLE DEL LIMON
CALLE DE CRISTO
CALLE DE VELARDE
PLAZA DE GUARDIAS DE CORPS
CALLE DE LA PALMA
MALASAÑA
CALLE DEL NORTE
CALLE DE BERNARDO LOPEZ GARCIA
CALLE DE AMANIEL
CALLE DEL DOS MAYO
TRAVESIA DEL CONDE DUQUE
CALLE DE SAN VICENTE FERRER
CALLE DE SAN PABLO
CALLE DE NOVICIADO
CALLE DE ESPIRITU SANTO
CALLE DE SANTA LUCIA
Noviciado
PLAZA DE JUAN PUJOL
CALLE DE JUAN DE DIOS
CALLE DE PONCIANO
CALLE DE SAN BERNARDINO
TRV DE LAS POZAS
CALLE DE LAS POZAS
CALLE DE LAS MINAS
CALLE DEL TESORO
CORREDERA ALTA DE SAN PABLO
CALLE DEL MARQUES DE SANTA ANA
CALLE DE SAN LEONARDO
C/ DE LOS DOS AMIGOS
CALLE DE LOS REYES
CALLE DE CASTO PLASENCIA
CALLE DE JESUS DEL VALLE
C/ DE DON FELIPE
PLAZA DE SAN ILDEFONSO
MAESTRO GUERRERO
PLAZA DEL CONDE DE TORENO
CALLE DE LA MANZANA
C/ DE LA CRUZ VERDE
CALLE DE ANDRES BORREGO
CALLE DE LA MADERA
CALLE DEL ESCORIAL
Pl España
C/ DE SAN IGNACIO LOYOLA
C/ DE ANTONIO GRILO
CALLE DEL MOLINO DE VIENTO
CALLE DE PIZARRO
CALLE DE LA LUNA
PLAZA MOSTENSES
TRAVESIA BEATAS
CALLE DEL GENERAL MITRE
CALLE DE RICARDO LEON
C/ DE GARCIA MOLINAS
PLAZA DE CARLOS CAMBRONERO
CALLE CORREDERA BAJA DE SAN PABLO
CALLE DE LA BARCO
GRAN VIA
TRAVESIA PARADA
CALLE DE LA ESTRELLA
CALLE DE SAN ROQUE
CALLE DEL PEZ
Iglesia de San Antonio de los Alemanes
C/ DE LEGANITOS
CALLE DEL DR CARRACIDO
CALLE DEL RIO
CALLE DE LA FLOR BAJA
CALLE DELMARQUES DE LEGANES
CALLE DE LA NAO
CALLE DE LA PUEBLA
4

3
A
B
C
1
2
3
4
5
Estación del Norte (Príncipe Pío)
Príncipe Pío
PO DE LA FLORIDA
GLORIETA DE SAN VICENTE
AVENIDA DE PORTUGAL
PASEO DEL REY
C/ ESTANISLAO FIGUERAS
CALLE DE LA ILUSTRACION
CALLE DE ARRIAZA
CALLE DE CADARSO
CUESTA DE SAN VICENTE
JARDINES DE SABATINI
Palacio del Senado
Convento de la Encarnación
C/ DE SAN QUINTIN
JARDINES DEL CABO NOVAL
JARDINES DEL PALACIO REAL
CAMPO DEL MORO
PASEO DE LA VIRGEN DEL PUERTO
Palacio Real
PLAZA DE ARMAS
PLAZA DE ORIENTE
CALLE DE REQUENA
CALLE DE NOBLEJAS
CALLE DE REBEQUE
PLAZA DE RAMALES
LEPANTO
Iglesia de San Nicolás
CALLE DEL FACTOR
C/ DEL BIOMBO
PLAZA DEL BIOMBO
Catedral de la Almudena
C/ DE LA ALMUDENA
C/ DEL PRETIL DE LOS CONSEJOS
C/ DE LA VILLA
PASEO DE LA CIUDAD DE PLASENCIA
PARQUE DE ATENAS
CUESTA DE LA VEGA
GTA AZORIN
GTA BOCCHERINI
Muralla Arabe
CALLE DE BAILEN
PARQUE EMIR MOHAMED I
CALLE DE SEGOVIA
PLAZA DEL ALAMILLO
C/ DEL TORO
JARDINES DE LAS VISTILLAS
CUESTA DE JAVALQUINTO
CALLE DE VALLICIERGO
CUESTA DE LOS CIEGOS
GALINDO
CTA DE RAMON
CALLE DE BEATRIZ
PLAZA DE GABRIEL MIRO
CAÑOS VIEJOS
MORERIA
PLAZA DE LA MORERIA
CALLE DE ALFONSO VI
C/ DE GRANADO
PLAZA DE GRANADO
CALLE ANGOSTA DE LOS MANCEBOS
CALLE DE REDONDILLA
C/ DE LOS MANCEBOS
COSTANILLA DE SAN ANDRES
CALLE DE YESEROS
CALLE DE DON PEDRO
PLAZA DE LOS CARROS
CALLE DE SAN BUENAVENTURA
TRAVESIA DE LAS VISTILLAS
CALLE DEL MANZANARES
CALLE DE MAZARREDO
RONDA DE SEGOVIA
CALLE DE MORENO NIETO
CALLE DE LINNEO
CALLE DE JUAN
CALLE DEL FOSFORO
CALLE ALGECIRAS
CUESTA DE LAS DESCARGAS
CALLE DE JERTE
PLAZA DE SAN FRANCISCO
San Francisco el Grande
CARRERA DE SAN FRANCISCO
CALLE DE SAN ISIDRO LABRADOR
CALLE DE LAS AGUAS
C/ DE TABERNILLAS
CALLE PIZARRA
CALLE JEMENUNO
PASEO DE LOS MELANCOLICOS
CALLE REAL DE NIEVA
CALLE DE SANTA MARIA LA REAL DE NIEVA
PASEO IMPERIAL
GRAN VIA DE SAN FRANCISCO
CALLE DE CALATRAVA
CALLE DEL ANGEL
AGUILA
C/ DEL MEDIODIA CHICA
CALLE DEL ROSARIO
CALLE DE SAN BERNABE
CALLE DE LA VENTOSA
CALLE DE LA PALOMA
C/ DE RUY GONZALEZ DE CLAVIJO
GILMON
TRAVESIA DE GILMON
CALLE DE LEONOR DE LA VEGA
CALLEJON DEL MERCADO
GLORIETA DE PUERTA DE TOLEDO

D
E
F
4
1
2
3
4
5
7
GRAN VIA
Santo Domingo
Callao
PLAZA DEL CALLAO
PLAZA DE SANTO DOMINGO
CALLE DE JACOMETREZO
CALLE DE PRECIADOS
CUESTA DE SANTO DOMINGO
PLAZA DE LA ENCARNACION
PLAZA DE LA MARINA ESPAÑOLA
CALLE DE TORIJA
CALLE DE LA BOLA
CALLE DEL REloj
CALLE DEL FOMENTO
CALLE DE LEGANITOS
C/ DE ISABELLA CATOLICA
C/ DE SANBERNARDO
Telefónica
Gran Vía
CALLE DE MONTERA
PLAZA DEL CARMEN
CALLE DEL CARMEN
Monasterio de las Descalzas Reales
PLAZA DE SAN MARTIN
Teatro Real
PLAZA DE ISABEL II
Opera
CALLE DEL ARENAL
CENTRO
Iglesia de San Ginés
PLAZA DE SAN GINES
PLAZA DE LOS HERRADORES
CALLE MAYOR
PLAZA DE LA PUERTA DEL SOL
Sol
CARRERA DE SAN JERONIMO
PLAZA MAYOR
Torre de los Lujanes
Mercado de San Miguel
PLAZA DE LA VILLA
PLAZA DE LA PROVINCIA
Palacio de Santa Cruz
PLAZA DE SANTA CRUZ
CALLE DE LA BOLSA
CALLE DE ATOCHA
PLAZA DE JACINTO BENAVENTE
Basílica Pontificia de San Miguel
CALLE DE SEGOVIA
CALLE DE TOLEDO
Colegiata de San Isidro
CALLE DE LA COLEGIATA
PLAZA DE TIRSO DE MOLINA
Tirso de Molina
CALLE DE LA MAGDALENA
CALLE DEL DUQUE DE ALBA
La Latina
Mercado de la Cebada
PLAZA DE LA CEBADA
EL RASTRO
CALLE DE LA RIBERA DE CURTIDORES
CALLE DE EMBAJADORES
CALLE DEL MESON DE PAREDES
CALLE DE LAVAPIES
CALLE DEL AMPARO
CALLE DE SOMBRERETE
La Corrala
CALLE DE TRIBULETE
CALLE DE MIRA EL SOL
Puerta de Toledo
CALLE DEL CAPITÁN SALAZAR MARTINEZ
Hotel
Desigual

5
A
B
C
1
2
3
4
5
7
CALLE DE GARCIA DE PAREDES
CALLE DE VIRTUDES
CALLE DE SANTISIMA TRINIDAD
CALLE DE MEDELLIN
CALLE DE PONCE DE LEON
CALLE DE ALONSO CANO
CALLE DE MODESTO LAFUENTE
CALLE DE FERNANDEZ DE LA HOZ
CALLE DE ZURBANO
CALLE DE VIRIATO
CALLE DE BALMES
GLORIETA DEL PINTOR SOROLLA
PASEO DEL GENERAL MARTINEZ CAMPOS
Museo Sorolla
CALLE DE ELOY GONZALO
Iglesia
CALLE DE SANTA ENGRACIA
CALLE DE QUESADA
CALLE DE JUAN DE AUSTRIA
CALLE DEL CASTILLO
CALLE DE SAGUNTO
CALLE DE MURILLO
CALLE DE RAFAEL CALVO
CALLE DE SANTA FELICIANA
PLAZA DE OLAVIDE
CALLE DE RAIMUNDO LULIO
PLAZA DE CHAMBERI
PASEO DE EDUARDO DATO
CALLE DEL GENERAL
CALLE DE LUCHANA
CALLE DE TRAFALGAR
CALLE DE ALBURQUERQUE
CALLE DE GARCILASO
CALLE DE PALAFOX
CALLE DEL ESPAÑOLETO
CALLE DE CARACAS
CALLE DE MANUEL CORTINA
Bilbao
CALLE DE FRANCISCO DE ROJAS
CALLE DE MANUEL SILVELA
CALLE DE ALMAGRO
CALLE DE NICASIO GALLEGO
CALLE DE ZURBARAN
CALLE DE EGUILAZ
CALLE DE JOSE MARAÑON
CALLE DE COVARRUBIAS
CALLE DE BLANCA DE NAVARRA
CALLE DE SAGASTA
CALLE DE MANUEL GONZALEZ LONGORIA
Alonso Martínez
CALLE DE FERNANDO EL SANTO
CALLE DE ANTONIO FLORES
PLAZA DE ALONSO MARTINEZ
CALLE DE SERRANO ANGUITA
C/ DE LOS HERMANOS ALVAREZ QUINTERO
TRV. FLORIDA
CALLE DE ORFILA
CALLE DEL MONTE ESQUINZA
CALLE DE APODACA
CALLE DE CHURRUCA
CALLE DE BARCELO
CALLE DE MEJIA LEQUERICA
PLAZA DE SANTA BARBARA
CALLE DE CAMPOAMOR
CALLE DE GENOVA
CALLE DE LARRA
JARDINES DEL ARQUITECTO RIBERA
Museo Municipal
Tribunal
CALLE DE LA BENEFICENCIA
Museo Romántico
CALLE DE SAN MATEO
CALLE DE ORELLANA
CALLE DE JUSTINIANO
CALLE DE ARGENSOLA
CALLE DE GARCIA GUTIERREZ
CALLE DEL GENERAL CASTAÑOS
CALLE DE SANTA TERESA
CALLE DE FERNANDO VI
TRAVESIA DE SAN MATEO
CALLE DE SAN LORENZO
CALLE DE SANTA AGUEDA
PLAZA VILLA DE PARIS
CALLE DEL MARQUES DE LA ENSENADA
C/ DE SAN JOAQUIN
C/ DE STA BARBARA
CALLE DE SANTA BRIGIDA
CALLE DE HORTALEZA
CALLE DE REGUEROS
CALLE DE PELAYO
CALLE DE BELEN
CALLE DE BARQUILLO
PLAZA DE LAS SALESAS
Iglesia de Santa Barbara
Tribunal Supremo
CALLE DE COLON
CALLE DE LA FARMACIA
CALLE DE SAN GREGORIO
TRAV. BELEN
CALLE DE SAN LUCAS
CALLE DE SANTO TOME
CALLE DE BARBARA DE BRAGANZA
CALLE DE HERNAN CORTES
CALLE DE GRAVINA
CALLE DE LUIS DE GONGORA
CALLE DE PIAMONTE
CALLE DEL CONDE DE XIQUENA
CALLE DEL MARQUES DE MONASTERIO
CALLE DE TAMAYO Y BAUS
CALLE DE FUENCARRAL
CALLE DE AUGUSTO FIGUEROA
CALLE DE PEREZ GALDOS
COSTANILLA DE LOS CAPUCHINOS
PLAZA DE CHUECA
Chueca
CALLE VALGAME DIOS
CALLE DEL ALMIRANTE
Cafe Gijón

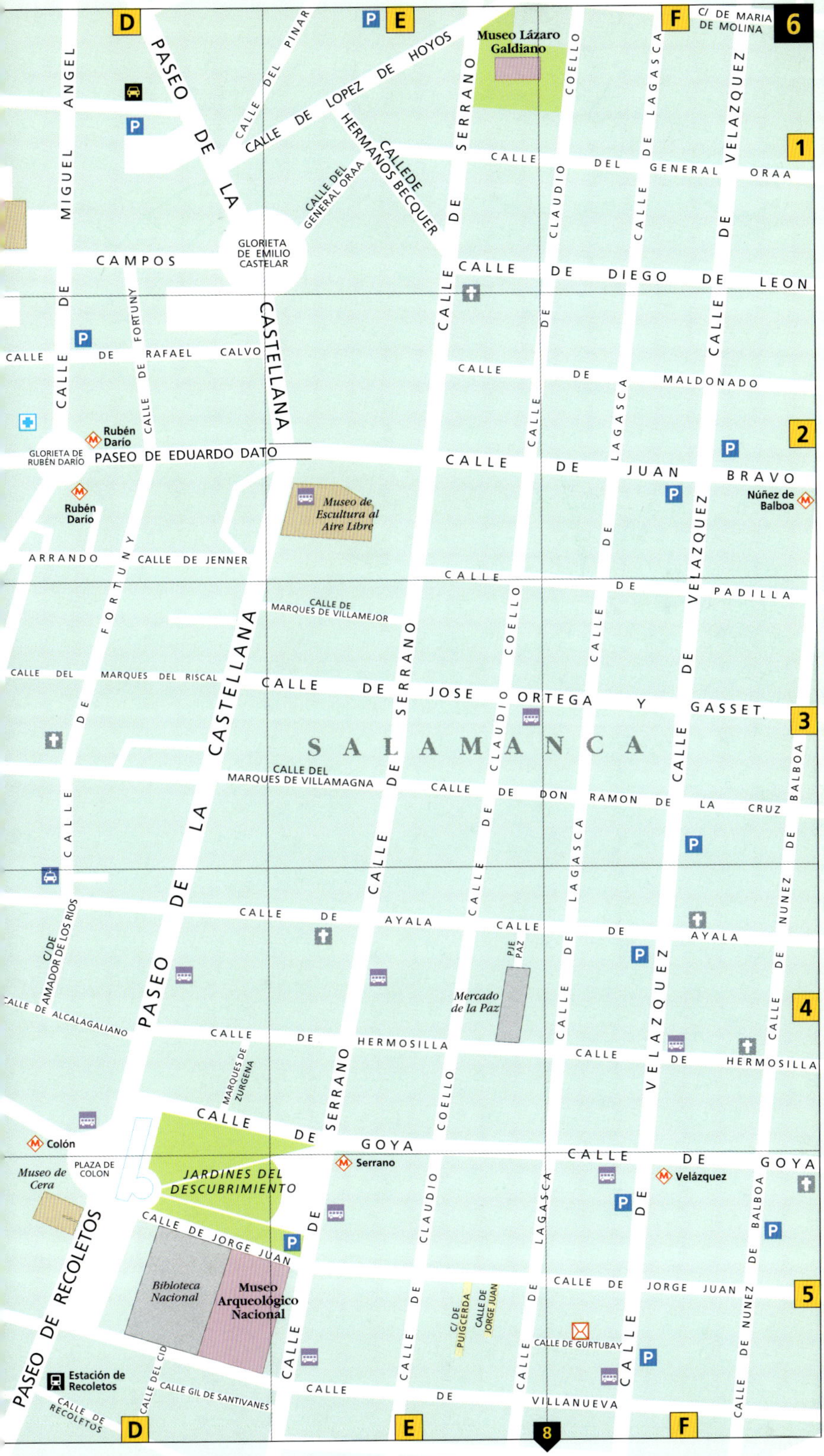

D
E
F
6
C/ DE MARIA DE MOLINA
Museo Lázaro Galdiano
PASEO DE LA CASTELLANA
CALLE DEL PINAR
CALLE DE LOPEZ DE HOYOS
CALLE DE HERMANOS BECQUER
CALLE DEL GENERAL ORAA
CALLE DE SERRANO
COELLO
CALLE DE LAGASCA
CALLE DE VELAZQUEZ
CALLE DEL GENERAL ORAA
1
MIGUEL ANGEL
CALLE DE CLAUDIO COELLO
GLORIETA DE EMILIO CASTELAR
CAMPOS
CALLE DE DIEGO DE LEON
FORTUNY
CALLE DE RAFAEL CALVO
CALLE DE MALDONADO
Rubén Darío
GLORIETA DE RUBÉN DARÍO
PASEO DE EDUARDO DATO
CALLE DE JUAN BRAVO
2
Núñez de Balboa
Museo de Escultura al Aire Libre
ARRANDO
CALLE DE JENNER
CALLE DE MARQUES DE VILLAMEJOR
CALLE DE PADILLA
CALLE DEL MARQUES DEL RISCAL
CALLE DE JOSE ORTEGA Y GASSET
3
SALAMANCA
CALLE DEL MARQUES DE VILLAMAGNA
CALLE DE DON RAMON DE LA CRUZ
BALBOA
CALLE DE NUNEZ DE BALBOA
CALLE DE AYALA
PJE PAZ
C/ DE AMADOR DE LOS RIOS
Mercado de la Paz
CALLE DE ALCALAGALIANO
4
CALLE DE HERMOSILLA
MARQUES DE ZURGENA
CALLE DE GOYA
Colón
Serrano
Velázquez
Museo de Cera
PLAZA DE COLON
JARDINES DEL DESCUBRIMIENTO
CALLE DE JORGE JUAN
PASEO DE RECOLETOS
Biblioteca Nacional
Museo Arqueológico Nacional
CLAUDIO
C/ DE PUIGCERDA
CALLE DE JORGE JUAN
CALLE DE GURTUBAY
5
Estación de Recoletos
CALLE DEL CID
CALLE GIL DE SANTIVANES
CALLE DE RECOLETOS
CALLE DE VILLANUEVA
8

7
A
B
C
5
4
1
2
3
4
5
CALLE DE FUENCARRAL
CALLE DE HORTALEZA
COSTANILLA DE LOS CAPUCHINOS
PLAZA DE VAZQUEZ DE MELLA
CALLE DE SAN BARTOLOMÉ
CALLE DE SAN MARCOS
CALLE DE BARBIERI
CALLE DE LA LIBERTAD
PJE ALHAMBRA
CALLE DE BARQUILLO
CALLE DE PRIM
CALLE DE LAS INFANTAS
CALLE DEL CLAVEL
CALLE DE COLMENARES
PLAZA DEL REY
Cuartel General del Ejército de Tierra
PASEO DE RECOLETOS
Telefónica
PLAZA DE LA RED DE SAN LUIS
CALLE DEL CABALLERO DE GRACIA
Gran Vía
GRAN VIA
CALLE DE LA REINA
CALLE DE VICTOR HUGO
CALLE DEL MARQUES DE VALDEIGLESIAS
Iglesia de San José
Banco de España
PLAZA DE CIBELES
Edificio Grassy
Edificio Metrópolis
CALLE DE LOS JARDINES
C/ DE LA VIRGEN DE LOS PELIGROS
CALLE DE LA ADUANA
Real Academia de Bellas Artes
CALLE DE ALCALA
Círculo de Bellas Artes
CALLE DEL MARQUES DE CASA RIERA
CALLE DEL MARQUES DE CUBAS
Banco de España
Palacio de Comunicaciones
PASEO DEL PRADO
Museo Naval
Sevilla
CALLE DE SEVILLA
CALLE DE CEDACEROS
CALLE DE LOS MADRAZO
C/ DE LOS JOVELLANOS
CALLE DE ARLABAN
CALLE DE ZORRILLA
Bolsa de Comercio
CARRERA DE SAN JERONIMO
PLAZA DE CANALEJAS
C/ DE LA VICTORIA
C/ DEL POZO
CALLE DE LA CRUZ
CALLE DEL PRINCIPE
CALLE DE ECHEGARAY
C/ DE VENTURA DE LA VEGA
Congreso de los Diputados
C/ FERNANFLOR
CALLE DEL MARQUES DE CUBAS
Museo Thyssen-Bornemisza
PLAZA DE LA LEALTAD
Ateneo de Madrid
CALLE SANTA CATALINA
PLAZA DE LAS CORTES
Fuente de Neptuno
Hotel Ritz
CALLE DE NUÑEZ DE ARCE
C/ MANUEL FERNANDEZ Y GONZALEZ
PLAZA DE SANTA ANA
Teatro Español
CALLE DEL PRADO
CALLE DE SAN AGUSTIN
CALLE DEL DUQUE DE MEDINACELI
Hotel Palace
PLAZA DE CANOVAS DEL CASTILLO
CALLE DE FELIPE IV
Casa de Lope de Vega
CALLE DE CERVANTES
PLAZA DEL ANGEL
CALLE DEL INFANTE
CALLE DEL LEON
CALLE DE QUEVEDO
Museo del Prado
PLAZA DE MATUTE
PLAZA JESUS
Real Academia de la Historia
CALLE DE LOPE DE VEGA
CALLE DEL MAESTRO TELLERIA
CALLE DE LAS HUERTAS
CALLE DE SANTA MARIA
C/ DE JESUS
CALLE DE CAÑIZARES
C/ DE SANTA POLONIA
C/ DE SAN JOSE
CALLE DEL AMOR DE DIOS
Antón Martín
PLAZA DE ANTON MARTIN
CALLE DE LA MAGDALENA
CALLE DE MORATIN
PLAZA DE SAN JUAN
PLAZA DE PLATERIA DE MARTINEZ
PLAZA DE MURILLO
CALLE DE LA CABEZA
CALLE DE ROSA
PIE DORE
CALLE DE ATOCHA
CALLE DUQUE F. NUÑEZ
COSTANILLA DE LOS DESAMPARADOS
CALLE DE FUCAR
CALLE DE SAN PEDRO
CALLE DE VERONICA
CALLE DEL GOBERNADOR
CALLE DEL OLIVAR
CALLE DEL OLMO
CALLE DE MARIA
CALLE DE SANSIMON
CALLE DE TORRECILLA DEL LEAL
C/ DE LOS TRES PECES
CALLE DE SAN EUGENIO
CALLE DE ALMADEN
CALLE DE LA ALAMEDA
CALLE DEL CENICERO
CALLE DE TRES PECES
C/ DE SAN CARLOS
CALLE DE SAN ILDEFONSO
CALLE DE SAN BLAS
Palacio de Fernán Núñez
CALLE DE LA ESPERANZA
CALLE DE BUENAVISTA
C/ DEL MARQUES DE TOCA
CALLE DE LA ESCUADRA
CALLE DE ZURITA
CALLE DE SALITRE
CALLE DE SAN COSME Y SAN DAMIAN
CALLE DE SANTA ISABEL
CALLE DE SANTA INES
CALLE DE LA PRIMAVERA
Convento de Santa Isabel
CALLE DEL DR MATA
C/ DE SANCHEZ BUSTILLO
CALLE DEL DR DRUMEN
PLAZA SANCHEZ BUSTILLO
Atocha RENFE
CALLE DE LA FE
PLAZA DE LAVAPIES
Lavapiés
CALLE DEL DOCTOR PIGA
CALLE DEL DOCTOR FOURQUET
CALLE DEL HOSPITAL
PLAZA DEL EMPERADOR CARLOS V
CALLE DE ARGUMOSA
Centro de Arte Reina Sofía
CALLE DE SOMBRERERIA
CALLE DE VALENCIA
CALLE DE MIGUEL SERVET
CALLE DEL DOCTOR FOURQUET
ARGANZUELA
CALLE DE MALLORCA
RONDA DE ATOCHA
CALLE DEL MARQUES DE LA VALDAVIA
PASEO DE SANTA MARIA DE LA CABEZA
PASEO DE LAS DELICIAS
CALLE DE MENDEZ ALVARO
CALLE ESPINO
CALLE DEL AMPARO
CALLE DE TORTOSA

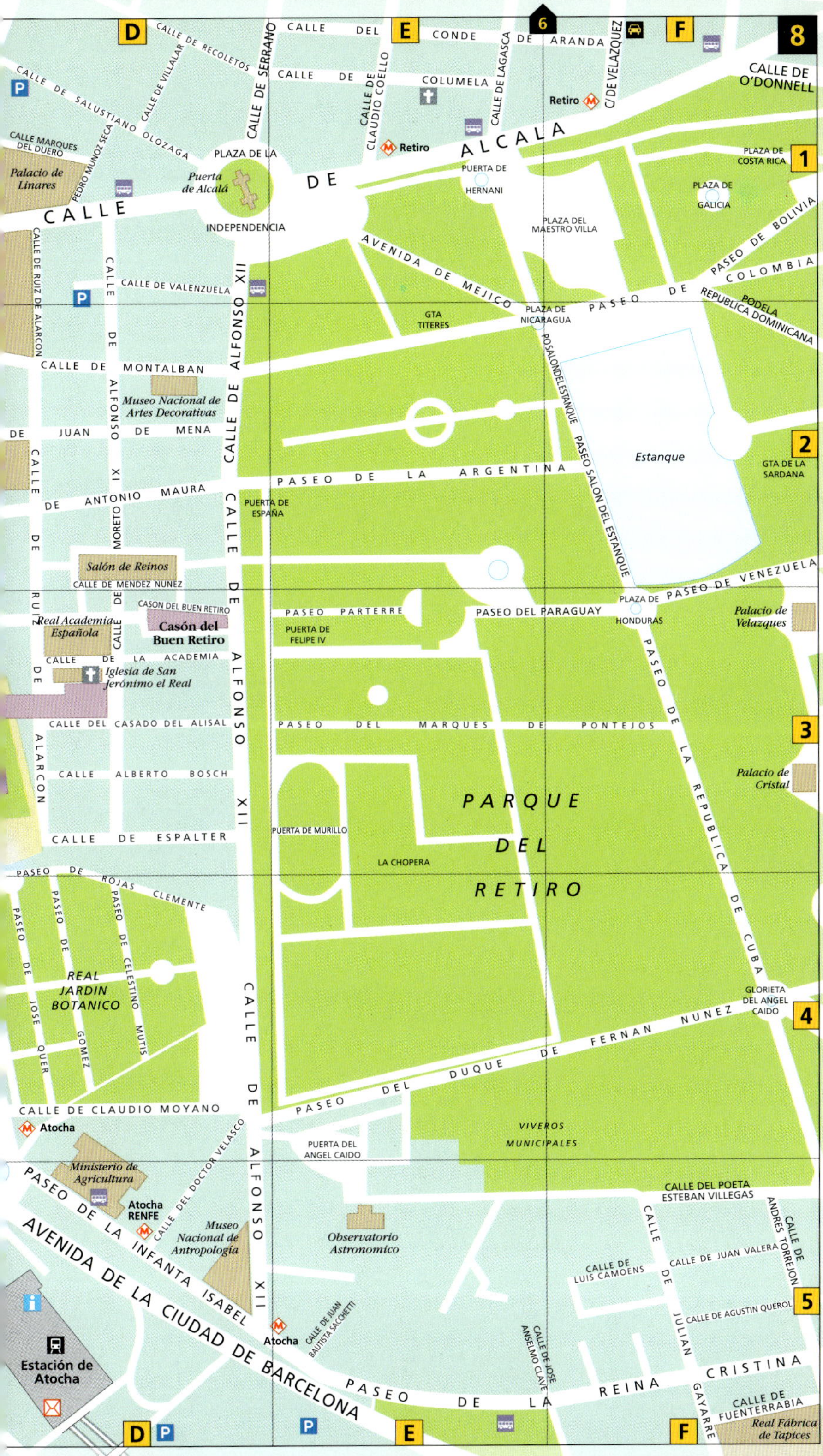
8
D
E
F
6
1
2
3
4
5
CALLE DEL CONDE DE ARANDA
CALLE DE RECOLETOS
CALLE DE SERRANO
CALLE DE COLUMELA
CALLE DE CLAUDIO COELLO
CALLE DE LAGASCA
C/ DE VELAZQUEZ
CALLE DE O'DONNELL
CALLE DE SALUSTIANO OLOZAGA
CALLE DE VILLALAR
CALLE MARQUES DEL DUERO
PEDRO MUÑOZ SECA
Palacio de Linares
Retiro
CALLE DE ALCALA
PLAZA DE LA INDEPENDENCIA
Puerta de Alcalá
PUERTA DE HERNANI
PLAZA DE COSTA RICA
PLAZA DE GALICIA
PLAZA DEL MAESTRO VILLA
AVENIDA DE MEJICO
PASEO DE BOLIVIA
PASEO DE COLOMBIA
PASEO DE PODELA
REPUBLICA DOMINICANA
PLAZA DE NICARAGUA
GTA TITERES
CALLE DE RUIZ DE ALARCON
CALLE DE VALENZUELA
CALLE DE ALFONSO XII
CALLE DE MONTALBAN
CALLE DE ALFONSO XI
Museo Nacional de Artes Decorativas
DE JUAN DE MENA
PASEO SALON DEL ESTANQUE
Estanque
GTA DE LA SARDANA
PASEO DE LA ARGENTINA
CALLE DE ANTONIO MAURA
MORETO
PUERTA DE ESPAÑA
Salón de Reinos
CALLE DE MENDEZ NUNEZ
CASON DEL BUEN RETIRO
Casón del Buen Retiro
Real Academia Española
CALLE DE LA ACADEMIA
Iglesia de San Jerónimo el Real
PASEO PARTERRE
PUERTA DE FELIPE IV
PASEO DEL PARAGUAY
PLAZA DE HONDURAS
PASEO DE VENEZUELA
Palacio de Velazques
PASEO DE LA REPUBLICA DE CUBA
CALLE DEL CASADO DEL ALISAL
PASEO DEL MARQUES DE PONTEJOS
CALLE ALBERTO BOSCH
Palacio de Cristal
PARQUE DEL RETIRO
CALLE DE ESPALTER
PUERTA DE MURILLO
LA CHOPERA
PASEO DE ROJAS CLEMENTE
PASEO DE JOSE QUER
PASEO DE GOMEZ
PASEO DE CELESTINO MUTIS
REAL JARDIN BOTANICO
GLORIETA DEL ANGEL CAIDO
PASEO DEL DUQUE DE FERNAN NUNEZ
CALLE DE CLAUDIO MOYANO
Atocha
VIVEROS MUNICIPALES
PUERTA DEL ANGEL CAIDO
CALLE DEL DOCTOR VELASCO
Ministerio de Agricultura
Atocha RENFE
CALLE DEL POETA ESTEBAN VILLEGAS
CALLE DE ANDRES TORREJON
Museo Nacional de Antropología
Observatorio Astronomico
CALLE DE LUIS CAMOENS
CALLE DE JULIAN GAYARRE
CALLE DE JUAN VALERA
PASEO DE LA INFANTA ISABEL
AVENIDA DE LA CIUDAD DE BARCELONA
CALLE DE AGUSTIN QUEROL
Estación de Atocha
CALLE DE JUAN BAUTISTA SACCHETTI
CALLE DE JOSE ANSELMO CLAVE
PASEO DE LA REINA CRISTINA
CALLE DE FUENTERRABIA
Real Fábrica de Tapices

Index

Les numéros de page en **gras** renvoient aux principales entrées.

G

H

I

Q

R

S

T

Remerciements

L'éditeur remercie les organismes, les institutions et les particuliers suivants dont la contribution a permis la préparation de cet ouvrage.

Auteurs
ADAM HOPKINS, voyageur et écrivain infatigable, est notamment l'auteur de *Spanish Journeys : A Portrait of Spain*.

MARK LITTLE, Américain qui a passé son enfance en Espagne, habite aujourd'hui dans le sud du pays. Il fut pendant de nombreuses années le rédacteur en chef du magazine *Lookout (p. 191)*.

EDWARD OWEN est depuis de nombreuses années correspondant étranger à Madrid pour des journaux comme *The Times* et *The Express* de Londres et *Time Magazine*.

JAMES RUSSO, journaliste indépendant, travaille entre autres pour l'agence de presse espagnole EFE. Il vit en Espagne depuis les années 80.

KATHY WHITE est une journaliste indépendante qui collabore à *The Christian Science Monitor* et à *Newsweek*. Elle a aussi travaillé pour le service français de la BBC et le bureau des actualités internationales de Channel 4 News.

Collaboration artistique et éditoriale
Remerciements particuliers à Hilary Bird pour la réalisation de l'index, Juan Fernández pour la vérification de l'ensemble du guide, Joy Fitzsimmons pour la vérification des illustrations, Elly King pour la vérification graphique, Barbara Minton pour le soutien de DK Publishing, Inc., Roberto Rama et Christina Barrallo pour la vérification des informations générales, Mary Sutherland pour la vérification des renseignements pratiques,Tom Prentice, Mari Ramaswamy, Zoë Ross et Lynda Warrington pour l'assistance éditoriale et Stewart Wild pour la correction.

Photographies d'appoint
Ian Aitkin, Ian O'Leary, Conrad van Dyk.

Autorisation de photographier
© Patrimonio Nacional, Madrid : Monasterio de las Descalzas Reales ; El Escorial ; La Granja de San Ildefonso ; Palacio Real ; Palacio Real Aranjuez ; Palacio de Fernán Núñez propriedad de Renfe Sede de la Fundación de los Ferrocarriles Españoles.

L'éditeur remercie tous les musées, cathédrales, églises, hôtels, restaurants, magasins, galeries et autres sites et établissements trop nombreux pour être tous cités.

Crédit photographique
h = en haut ; hg = en haut à gauche ; hgc = en haut à gauche au centre ; hc = en haut au centre ; hdc = en haut à droite au centre ; hd = en haut à droite ; cgh = au centre à gauche en haut ; ch = au centre en haut ; cdh = au centre à droite en haut ; cg = au centre à gauche ; c = au centre ; cd = au centre à droite ; cgb = au centre à gauche en bas ; cb = au centre en bas ; cdb = au centre à droite en bas ; bg = en bas à gauche ; b = en bas ; bc = en bas au centre ; bcg = en bas au centre à gauche ; bd = en bas à droite ; (d) = détail.

Les œuvres d'art ont été reproduites avec l'aimable autorisation des organismes suivants :

Guernica Picasso © Succession Picasso/DACS 1999 85bd ; *Lugar de Encument* Chillida © DACS 1999 97c ; *Mosaïque* Miró © ADAGP, PARIS et DACS, Londres 1999 105h, première de couverture c.

L'éditeur exprime sa reconnaissance aux personnes, sociétés et photothèques suivantes qui ont aimablement autorisé la reproduction de leurs photographies :

ACE PHOTO : Bill Wassman 180b ; AISA, Barcelona : 7 (encadré), 16cb, 19b, 23bg, 23bc, *Retrato de Camilo Jose Cela* Alvaro Delgado © DACS 1999 28h, 29h, 56c, 76b, 78h, 80h, 81b, *La Tertulia del Café de Pombo* Jose Gutiérrez Solana © DACS 1999 85h, 102b ; ALAMY IMAGES : Dan Atkin 158cg ; Robert Fried 159hg ; David Kilpatrick ; La Belle Aurore/Steve Davey 118hd ; Phil Robinson/PjrFoto 10cgh ; Alex Segre 161hd ; Ken Walsh 24 ; MAX ALEXANDER : 116 ; MUSEO ARQUEOLÓGICO NACIONAL, Madrid : 94, 95 ; THE ART ARCHIVE : Museo del Prado, Madrid/Dagli Orti (A) - Sainte Cécile, patronne des musiciens, Nicolas Poussin (1594-1665) 81cd.

BRIDGEMAN PICTURE LIBRARY : *L'Adoration des Bergers* Le Greco 78ch, *L'Annonciation* Fra

Angelico 78cb, *La Maja vestida* Goya 79h, *La Maja desnuda* Goya 79ch, *Les Trois Grâces* Rubens 79cb, *Le Martyre de saint Philippe* Jose Ribera 79b, *L'Intronisation de saint Dominique de Silos* Bermejo 80c. CARREREY CARRERA : 10hc ; CORBIS : Patrick Ward 77tc ; JOE CORNISH : 132c ; CORRAL DE LA MORERIA : 114hc ; COVER : Quim Llenas 29b ; Matias Nieto 37c.
EL DESEO : 102hd.
AGENCIA EFE, Madrid : 35b, 36b.
COMISSION EUROPÉENNE : 197 ; Mary Evans Picture Library 16b, 121 (encadré), 147 (encadré), 191 (encadré).
FUNDACIÓN LÁZARO GALDIANO : 27h ; 98/99.
HULTON GETTY : 135b ; GODO FOTOS : 129b.
ROLAND HALBE : 10bg ; 114 bg ; 118cg ;
ROBERT HARDING PICTURE LIBRARY : James Strachan 53hd, 113h ; P. Robinson 40.
IMAGES COLOUR LIBRARY : A.G.E. Fotostock 25hd, 109cdh ; Horizon 109c ; INDEX, Barcelona : 15b, 16c, 18b, 20b, 22ch, 22cbg, 23hg, 23hc, 23bd, 28c, 28b, 29c ;
NICK INMAN : 185c, 201h.
ANTHONY KING : 76h. LONELY PLANET IMAGES : Guy Moberly 119bg ; Richard Nebesky 114cd ; Damien Simonis 117bd.

ARXIU MAS, Barcelona : 12b.
NATURPRESS, Madrid : 186b ; J.L. González Grande 187b ; A. Ibanñez & Fco González 188c ; Diana Kvaternik 25bc ; W. Kvaternik-R. Olivas 2/3, 36c, 186c, 188h, 189h ; Luis Olivas 34b ; Petro Retamar 188b ; Carlos Vegas 35c ; Jaime Villanueva 1, 21c, 25ch, 34c, 111h, 186h ;
MUSEO NAVAL, Madrid : 65 bd.
ORONOZ, Madrid : 15h, 16h, 17h, 17c, 17b, 19c, 21h, 22hg, 22hd, 22cd, 26h, 26c, 26b, 47b, 56h, 56b, 57h, 57c, 57b, 67b, 75ch, 75b, 80b, 81h, 116bd ; Moro Cabeza Crispolo 119hd. *Portrait II,* Miró © ADAGP, PARIS et DACS, Londres 1999 84h, *Femme en bleu* Picasso © Succession Picasso/DACS 1999 84ch, 100b, 101b, 109cgh, 122, 123.
MUSEO DEL PRADO, Madrid 78b.
PRISMA, Barcelona : 11h, 11bd, 14, 18h, 18c, 20h, 20c, 23hd, 23cgb, 60b.
CENTRO DE ARTE REINA SOFÍA, Madrid : *Retrato de Josette* Juan Gris © ADAGP, PARIS et DACS, Londres 1999 27b, *Paysage à Cadaqués* Dalí © Salvador Dalí – Fondation Gala – Salvador Dalí/DACS 1999 84c, 84b ; *Toki-Egin (Homenaje a San-Juan de la Cruz),* 1952 Eduardo Chillida © DACS 2002 85bg ; *Guitarra ante el Mar* Juan Gris © ADAGP, PARIS et DACS, Londres 1999 86h ; *El Profeta* Pablo Gargallo © ADAGP, PARIS et DACS, Londres 1999 86c ; *Minotauromachie* Picasso © Succession Picasso/DACS 1999 86b, *Muchacha en la Ventana* Dalí © Salvador Dalí – Fondation Gala – Salvador Dalí/DACS 1999 87h ; *Toute la ville en parle* Eduardo Arroyo © DACS 1999 87b.
6 TOROS 6 magazine : 109cd.
MUSEO THYSSEN-BORNEMISZA, Madrid : 25cd, 70hd ; *Arlequin au miroir* Picasso © Succession Picasso/DACS 1999 70cg, 70bg ; *Portrait du Baron Thyssen-Bornemisza* © Lucian Freud 70bc, 71hg, 71cdh, 71cdb ; *Paysage d'automne en Oldenburg* Karl Schmidt-Rottluff © DACS 1999 71bg, 72 (3), 73 (2).
M. ANGELES SANCHEZ : 35h, 103b ; Juan Carlos Martínez Zafra 52b ; ARCHIVO DEL SENADO : Oronoz 53b ; SCIENCE PHOTO LIBRARY : Geospace 8 ; STOCKPHOTOS : Marcelo Brodsky 34h ; TONY STONE : 172b.
PETER WILSON : 38 ; WORLD PICTURES : 173c.
COUVERTURE : photos de commande à l'exception de PRISMA : 1re de couverture h.
PREMIÈRE PAGE DE GARDE : photos de commande à l'exception de MAX ALEXANDER hd.

Toutes les autres images © Dorling Kindersley. Consultez www.dkimages.com

Lexique

En cas d'urgence

Au secours !	**¡Socorro!**	so-**ko**-ro
Arrêtez !	**¡Pare!**	**pa**-ré
Appelez un médecin !	**¡Llame a un médico!**	**ya**-mé a **oun mé**-di-ko
Appelez une ambulance !	**¡Llame a una ambulancia!**	**ya**-mé a **ouna** ahm-bou-**lahn**-ssi-a
Appelez la police !	**¡Llame a la policía!**	**ya**-mé a la po-li-**ssi**-a
Appelez les pompiers !	**¡Llame a los bomberos!**	**ya**-mé a los bohm-**bé**-ros
Où est le téléphone le plus proche ?	**¿Dónde está el teléfono más próximo?**	**dohn**-dé és-**ta** él té-**lé**-fo-no **mas prox**-i-mo
Où est l'hôpital le plus proche ?	**¿Dónde está el hospital más próximo?**	**dohn**-dé és-**ta** él os-pi-**tal mas prox**-i-mo

L'essentiel

Oui	**Sí**	si
Non	**No**	no
S'il vous plaît	**Por favor**	por fa-**vor**
Merci	**Gracias**	**gra**-ssi-as
Excusez-moi	**Perdone**	pér-**do**-né
Bonjour	**Hola**	**o**-la
Au revoir	**Adiós**	a-di-**os**
Bonne nuit	**Buenas noches**	**boué**-nas **no**-chés
Matin	**La mañana**	la ma-**nya**-na
Après-midi	**La tarde**	la **tar**-dé
Soir	**La tarde**	la **tar**-dé
Hier	**Ayer**	a-**yér**
Aujourd'hui	**Hoy**	oil
Demain	**Mañana**	ma-**nya**-na
Ici	**Aquí**	a-**ki**
Là	**Allí**	a-**yi**
Quoi ?	**¿Qué?**	**ké**
Quand ?	**¿Cuándo?**	**kouahn**-do
Pourquoi ?	**¿Por qué?**	por-**ké**
Où ?	**¿Dónde?**	**dohn**-dé

Quelques phrases utiles

Comment allez-vous ?	**¿Cómo está usted?**	**ko**-mo és-**ta** ous-**téd**
Très bien, merci.	**Muy bien, gracias.**	moui bi-**én gra**-ssi-as
Ravi de faire votre connaissance.	**Encantado de conocerle.**	én-kan-**ta**-do dé ko-no-**ssér**-lé
À bientôt.	**Hasta pronto.**	as-ta **prohn**-to
C'est parfait.	**Está bien.**	és-**ta** bi-**én**
Où est/sont... ?	**¿Dónde está/están...?**	**dohn**-dé és-**ta**/és-**tahn**
À quelle distance se trouve... ?	**¿Cuántos metros/kilómetros hay de aquí a...?**	**kouahn**-tos **mé**-tros/ki-**lo**-mé-tros **ail** dé a-**ki** a
Comment aller à... ?	**¿Por dónde se va a...?**	por **dohn**-dé sé **ba** a
Parlez-vous français ?	**¿Habla frances?**	**a**-bla frahn-**ces**
Je ne comprends pas	**No comprendo**	no kohm-**prén**-do
Pouvez-vous parler plus lentement s'il vous plaît ?	**¿Puede hablar más despacio por favor?**	pwé-dé a-**blar mas** dés-pa-ssi-o por fa-**vor**
Excusez-moi.	**Lo siento.**	lo si-**én**-to

Quelques mots utiles

grand	**grande**	**grahn**-dé
petit	**pequeño**	pé-**ké**-nyo
chaud	**caliente**	ka-li-**én**-té
froid	**frío**	**fri**-o
bon	**bueno**	**boué**-no
mauvais	**malo**	**ma**-lo
assez	**bastante**	bas-**tahn**-té
bien	**bien**	bi-**én**
ouvert	**abierto**	a-bi-**ér**-to
fermé	**cerrado**	ssér-**ra**-do
gauche	**izquierda**	iss-qui-**ér**-da
droite	**derecha**	dé-**ré**-cha
tout droit	**todo recto**	to-do **rék**-to
près	**cerca**	**ssér**-ka
loin	**lejos**	**lé**-hos
en haut	**arriba**	a-**ri**-ba
en bas	**abajo**	a-**ba**-ho
tôt	**temprano**	tém-**pra**-no
tard	**tarde**	**tar**-dé
entrée	**entrada**	én-**tra**-da
sortie	**salida**	sa-**li**-da
toilettes	**lavabos, servicios**	la-**va**-bos sér-**bi**-ssi-os
plus	**más**	**mas**
moins	**menos**	**mé**-nos

Les achats

Combien cela coûte-t-il ?	**¿Cuánto cuesta esto?**	**kouahn**-to **koués**-ta **és**-to
Je voudrais…	**Me gustaría…**	mé gous-ta-**ri**-a
Avez-vous ?	**¿Tienen?**	ti-**yé**-nén
Je ne fais que regarder.	**Sólo estoy mirando, gracias.**	**so**-lo és-**toil** mi-**rahn**-do **gra**-ssi-as
Acceptez-vous les cartes de crédit ?	**¿Aceptan tarjetas de crédito?**	a-**ssép**-tahn tar-**hé**-tas dé **kré**-di-to
À quelle heure ouvrez-vous ?	**¿A qué hora abren?**	a **ké** o-ra **a**-brén
À quelle heure fermez-vous ?	**¿A qué hora cierran?**	a ké o-ra ssi-**ér**-rahn
ceci.	**Éste**	**és**-té
cela.	**Ése**	**é**-sé
cher	**caro**	**kar**-o
bon marché	**barato**	ba-**ra**-to
la taille (vêtement)	**talla**	**ta**-ya
la pointure	**número**	**nou**-mér-o
blanc	**blanco**	**blahn**-ko
noir	**negro**	**né**-gro
rouge	**rojo**	**ro**-ho
jaune	**amarillo**	a-ma-**ri**-yo
vert	**verde**	**bér**-dé
bleu	**azul**	a-**ssoul**
l'antiquaire	**la tienda de antigüedades**	la ti-**én**-da dé ahn-ti-goué-**da**-dés
la boulangerie	**la panadería**	la pa-na-dé-**ri**-a
la banque	**el banco**	él **bahn**-ko
la librairie	**la librería**	la li-bré-**ri**-a
la boucherie	**la carnicería**	la kar-ni-ssé-**ri**-a
la pâtisserie	**la pastelería**	la pas-té-lé-**ri**-a
la pharmacie	**la farmacia**	la far-**ma**-ssi-a
la poissonnerie	**la pescadería**	la pés-ka-dé-**ri**-a
le marchand de légumes	**la frutería**	la frou-té-**ri**-a
l'épicerie	**la tienda de comestibles**	la ti-**yén**-da dé ko-més-**ti**-blés
le coiffeur	**la peluquería**	la pé-lou-ké--**ri**-a
le marché	**el mercado**	él mér-**ka**-do
le marchand de journaux	**el kiosko de prensa**	él ki-**os**-ko dé **prén**-sa
la poste	**la oficina de correos**	la o-fi-**ssi**-na dé kor-**ré**-os
le marchand de chaussons	**la zapatería**	la ssa-pa-té-**ri**-a
le supermarché	**el supermercado**	él sou-pér-mér-**ka**-do
le débit de tabac	**el estanco**	él és-**tahn**-ko
l'agence de voyages	**la agencia de viajes**	la a-**hén**-ssi-a dé bi-**a**-hés

Les visites

le musée	**el museo de arte**	él mou-**sé**-o dé **ar**-té
la cathédrale	**la catedral**	la ka-té-**dral**
l'église	**la iglesia**	la i-**glé**-si-a
	la basílica	la ba-**si**-li-ka
le jardin	**el jardín**	él har-**dihn**
la bibliothèque	**la biblioteca**	la bi-bli-o-**té**-ka
le musée	**el museo**	él mou-**sé**-o
l'office de tourisme	**la oficina de turismo**	la o-fi-**ssi** na dé tou-**ris**-mo
l'hôtel de ville	**el ayuntamiento**	eél a-youn-ta-mi-**én**-to
fermé les jours fériés	**cerrado por vacaciones**	ssér-**ra**-do por ba-ka-ssi-**o**-nés
l'arrêt de bus	**la estación de autobuses**	a és-ta-ssi--**ohn** dé aouto-**bou**-sés
la gare	**la estación de trenes**	la és-ta-ssi **ohn** dé **tré**-nés

À l'hôtel

Avez-vous une chambre libre ?	**¿Tiene una habitación libre?**	ti-**é**-nén **ou**-na a-bi-ta-ssi-**ohn**-**li**-bré
une chambre pour deux personnes	**habitación doble**	a-bi-ta-ssi-**ohn do**-blé
avec un grand lit	**con cama de matrimonio**	kohn **ka**-ma dé ma-tri-**mo**-ni-o
une chambre à deux lits ka-	**habitación con dos camas**	a-bi-ta-ssi-**ohn** kohn dos mas
une chambre pour une personne	**habitación individual**	a-bi-ta-ssi-**ohn** in-di-vi-dou-**al**
une chambre avec bains	**habitación con baño**	a-bi-ta-ssi-**ohn** kohn **ba**-nyo
douche	**ducha**	**dou**-cha
le portier	**el botones**	él bo-**to**-nés
la clef	**la llave**	la **ya**-vé
J'ai réservé une chambre.	**Tengo una habitación reservada.**	tén-go **ou**-na a-bi-ta-ssi- **ohn**-ré-sér-**ba**-da

Au restaurant

Avez-vous une table pour… ?	**¿Tiene mesa para…?**	ti-**é**-né mé-sa pah-**rah**
Je voudrais réserver une table.	**Quiero reservar una mesa.**	ki-é-ro ré-sér-**bar ou**-na **mé**-sa
L'additon s'il vous plaît.	**La cuenta por favor.**	la **kwén**-ta por fa-**vor**
Je suis végétarien/ne.	**Soy vegetariano/a.**	soy bé-hé-ta-ri-**a**-no/na
serveuse	**camarera/**	ka-ma-**ré**-ra
serveur	**camarero**	ka-ma-**ré**-ro
la carte	**la carta**	a **kar**-ta
menu à prix fixe	**menú del día**	mé-**nou** dél **di**-a
la carte des vins	**la carta de vinos**	la **kar**-ta dé **bi**-nos
un verre	**un vaso**	oun **ba**-so
une bouteille	**una botella**	ou-na bo-**té**-ya
un couteau	**un cuchillo**	oun kou-**chi**-yo
une fourchette	**un tenedor**	oun té-né-**dor**
une cuillère	**una cuchara**	ou-na kou-**cha**-ra **chah**-rah
le petit déjeuner	**el desayuno**	él dé-sa-**you**-no
le déjeuner	**la comida/ el almuerzo**	la ko-**mi**-da/ él al-**mouér**-sso
le dîner	**la cena**	la **ssé**-na
le plat principal	**el primer plato**	él pri-**mér pla**-to
l'entrée	**los entremeses**	los én-tré-**mé**-sés
le plat du jour	**el plato del día**	él **pla**-to dél **di**-a
le café	**el café**	él ka-**fé**
saignant	**poco hecho**	**po**-ko **é**-cho
à point	**medio hecho**	**mé**-di-o **é**-cho
bien cuit	**muy hecho**	moui **é**-cho

Lire le menu

al horno	al **or**-no	cuit au four
asado	a-**sa**-do	rôti
el aceite	a-**ssi**-**é**-té	l'huile
las aceitunas	a-ssé-**toun**-as	les olives
el agua mineral	**a**-goua mi-né-**ral**	l'eau minérale
sin gas/con gas	sin gas/kohn gas	plate/pétillante
el ajo	**a**-ho	l'ail
el arroz	ar-**ross**	le riz
el azúcar	a-**ssou**-kar	le sucre
la carne	**kar**-né	la viande
la cebolla	ssé-**bo**-ya	l'oignon
el cerdo	**sserh**-do	le porc
la cerveza	ssér-**bé**-ssa	la bière
el chocolate	cho-ko-**la**-té	le chocolat
el chorizo	cho-**ri**-sso	le chorizo
el cordero	kor-**dé**-ro	l'agneau
el fiambre	fi-**ahm**-bré	la viande froide
frito	**fri**-to	frit
la fruta	**frou**-ta	le fruit
los frutos secos	**frou**-tos **sé**-kos	les fruits secs
las gambas	**gahm**-bas	les crevettes
el helado	é-**la**-do	la crème glacée
el huevo	ou-**é**-vo	l'œuf
el jamón serrano	ha-**mohn** sér-**ra**-no	le jambon cru
el jerez	hé-**réz**	le xérès
la langosta	lahn-**gos**-ta	la langouste
la leche	**lé**-ché	le lait
el limón	li-**mohn**	le citron
la limonada	li-mo-**na**-da	la limonade
la mantequilla	mahn-té-**ki**-yale	le beurre
la manzana	mahn-**ssa**-na	la pomme
los mariscos	ma-**ris**-kos	les fruits de mer
la menestra	mé-**nés**-tra	la soupe de légumes
la naranja	na-**rahn**-ha	l'orange
el pan	pahn	le pain
el pastel	pas-**tél**	le gâteau
las patatas	pa-**ta**-tas	les pommes de terre
el pescado	pés-**ka**-do	le poisson
la pimienta	pi-mi-**yén**-ta	le poivre
el plátano	**pla**-ta-no	la banane
el pollo	**po**-yo	le poulet
el postre	**pos**-tré	le dessert
el queso	**ké**-so	le fromage
la sal	sal	le sel
las salchichas	sal-**chi**-chas	les saucisses
la salsa	**sal**-sa	la sauce
seco	**sé**-ko	sec
el solomillo	so-lo-**mi**-yo	le rumsteack
la sopa	**so**-pa	la soupe
la tarta	**tar**-ta	la tarte
el té	té	le thé
la ternera	tér-**né**-ra	le bœuf
las tostadas	tos-**ta**-das	les toasts
el vinagre	bi-**na**-gré	le vinaigre
el vino blanco	**bi**-no **blahn**-ko	le vin blanc
el vino rosado	**bi**-no ro-**sa**-do	le vin rosé
el vino tinto	**bi**-no **tihn**-to	le vin rouge

Les nombres

0	**cero**	**ssé**-ro
1	**uno**	**ou**-no
2	**dos**	dos
3	**tres**	trés
4	**cuatro**	**koua**-tro
5	**cinco**	**ssihn**-ko
6	**seis**	seils
7	**siete**	**si**-é-té
8	**ocho**	**o**-cho
9	**nueve**	**noué**-vé
10	**diez**	di-**éss**
11	**once**	**ohn**-ssé
12	**doce**	**do**-ssé
13	**trece**	**tré**-ssé
14	**catorce**	ka-**tor**-ssé
15	**quince**	**kihn**-ssé
16	**dieciséis**	di-é-ssi-**sé**-**is**
17	**diecisiete**	di-é-ssi-si-**é**-té
18	**dieciocho**	di-é-ssi-**o**-cho
19	**diecinueve**	di-é-ssi-**noué**-vé
20	**veinte**	**bé**-ihn-té
21	**veintiuno**	bé-ihn-ti-**ou**-no
22	**veintidós**	bé-ihn-ti-**dos**
30	**treinta**	**tré**-ihn-ta
31	**treinta y uno**	tré-ihn-ta i **ou**-no
40	**cuarenta**	koua-**rén**-ta
50	**cincuenta**	ssin-**kouén**-ta
60	**sesenta**	sé-**sén**-ta
70	**setenta**	sé-**tén**-ta
80	**ochenta**	o-**chén**-ta
90	**noventa**	no-**vén**-ta
100	**cien**	ssi-**én**
101	**ciento uno**	ssi-**én**-to **ou**-no
102	**ciento dos**	ssi-**én**-to **dos**
200	**doscientos**	dos-ssi-**én**-tos
500	**quinientos**	ki-ni-**én**-tos
700	**setecientos**	sé-té-ssi-**én**-tos
900	**novecientos**	no-vé-ssi-**én** tos
1 000	**mil**	mil
1 001	**mil uno**	**mil ou**-no

Le jour et l'heure

une minute	**un minuto**	**oun** mi-**nou**-to
une heure	**una hora**	**ou**-na **o**-ra
une demi-heure	**media hora**	**mé**-di-a **o**-ra
lundi	**lunes**	**lou**-nés
mardi	**martes**	**mar**-tés
mercredi	**miércoles**	mi-**ér**-ko-lés
jeudi	**jueves**	hou-**wé**-vés
vendredi	**viernes**	bi-**ér**-nés
samedi	**sábado**	**sa**-ba-do
dimanche	**domingo**	do-**mihn**-go

GUIDES VOIR

Pays

Afrique du Sud • Allemagne • Australie
Canada • Costa Rica • Cuba • Écosse • Égypte
Espagne • France • Grande-Bretagne • Grèce
Inde • Irlande • Italie • Japon • Maroc • Mexique
Norvège • Nouvelle-Zélande • Portugal
Singapour • Suisse • Thaïlande • Turquie

Régions

Aquitaine • Baléares • Bali et Lombok
Barcelone et la Catalogne • Bretagne • Californie
Châteaux de la Loire et vallée de la Loire
Florence et la Toscane • Floride • Guadeloupe
Hawaii • Îles grecques • Jérusalem et la Terre sainte
Martinique • Naples et la côte amalfitaine
Nouvelle-Angleterre • Provence et Côte d'Azur
Sardaigne • Séville et l'Andalousie
Sicile • Venise et la Vénétie

Villes

Amsterdam • Berlin
Bruxelles, Bruges, Gand et Anvers • Budapest
Delhi, Agra et Jaipur • Istanbul • Londres • Madrid
Moscou • New York • Nouvelle-Orléans • Paris
Prague • Rome • Saint-Pétersbourg • Stockholm
Vienne • Washington

PLAN DES TRANSPORTS DE MADRID

Le métro de Madrid circule de 6 h à 1 h 30 tous les jours. Un numéro et une couleur identifient chacune des douze lignes. Des panneaux sur les quais indiquent la station suivante, les correspondances et le temps écoulé depuis le départ du dernier train. Un ticket *(billete)* à prix unique permet de se rendre à n'importe quelle destination. Toutefois, le forfait de dix trajets appelé *Metrobús* se révèle plus avantageux. Le nouveau *pass* touristique est valable dans le métro, les trains régionaux et les bus.

Le métro dessert les gares de chemin de fer Chamartín, Atocha et norte (Príncipe Pío) d'où une liaison express permet de rejoindre Ópera. De ces gares partent les trains longue distance et ceux desservant la banlieue. Le MetroSur dessert la banlieue sud de Madrid ; il part de la Puerta del Sur, sur la ligne 10. Le réseau est en évolution permanente ; il est donc recommandé de se référer aux plans qui se trouvent dans les gares et dans les trains.